ルイ・アルチュセール

阿尾安泰／飯田伸二／遠藤文彦
佐藤淳二／佐藤（平岩）典子
辻部大介……………………………訳

愛と文体 I

フランカへの手紙　1961–73

藤原書店

Louis ALTHUSSER

LETTRES À FRANCA (1961–1973)

Édition établie, annotée et présentée par François MATHERON et Yann Moulier BOUTANG

This book is published in Japan by arrangement with les Éditions Stock, Paris,
through le Bureau des Copyrights Français, Tokyo.

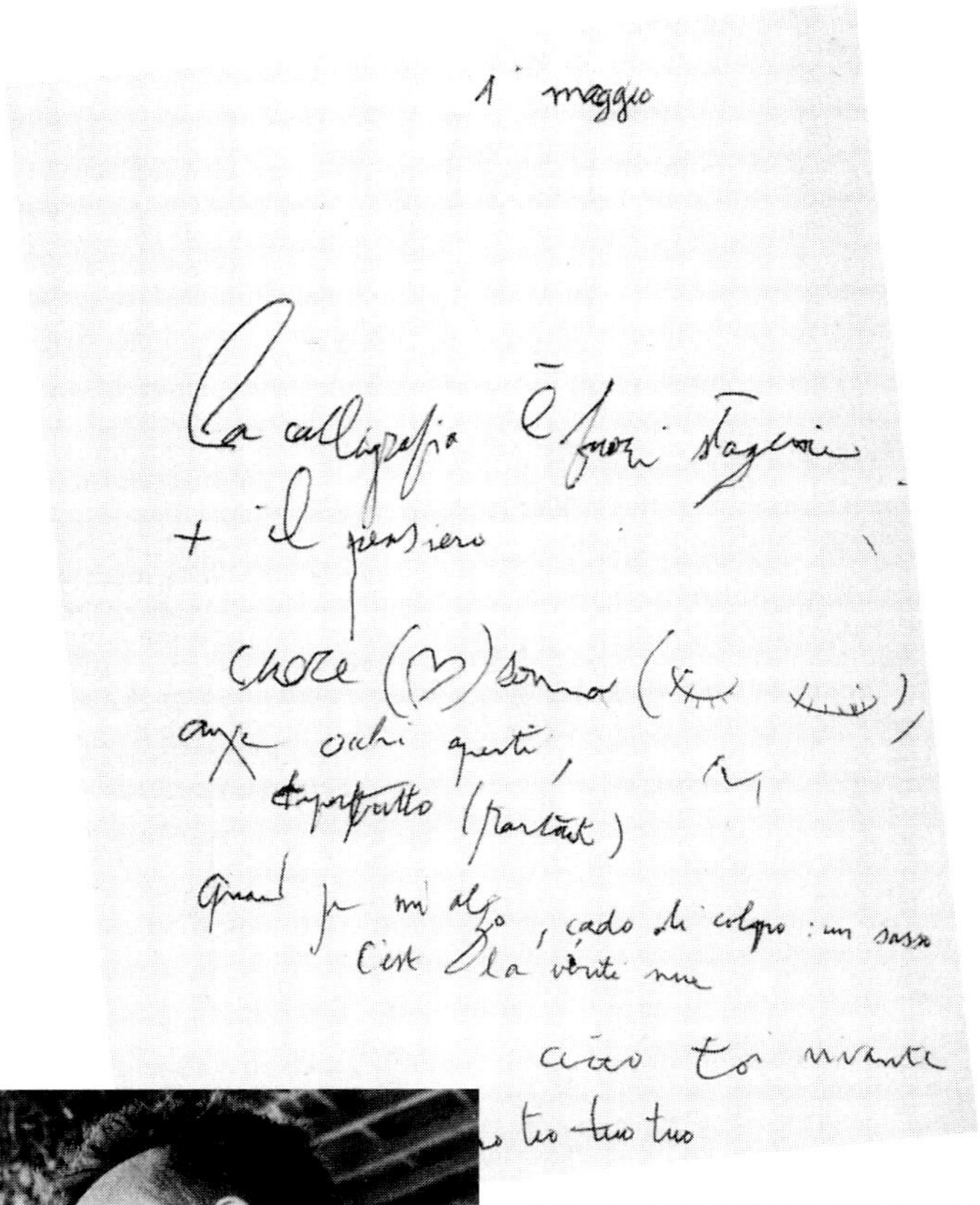

1° maggio

La calligrafia è fuori stagione
+ il pensiero
cuore (♥) sonno
anche occhi aperti,
dappertutto (partout)
Quand je me alzo, cado di colpo : un sasso
C'est la vérité nue
ciao tuo vivante
tuo tuo tuo

ルイからフランカ宛ての1964年5月1日の手紙
©Fonds Louis Althusser / Archives IMEC

ルイ・アルチュセール、1961年夏、パナレーアにて
©Fonds Louis Althusser / Archives IMEC

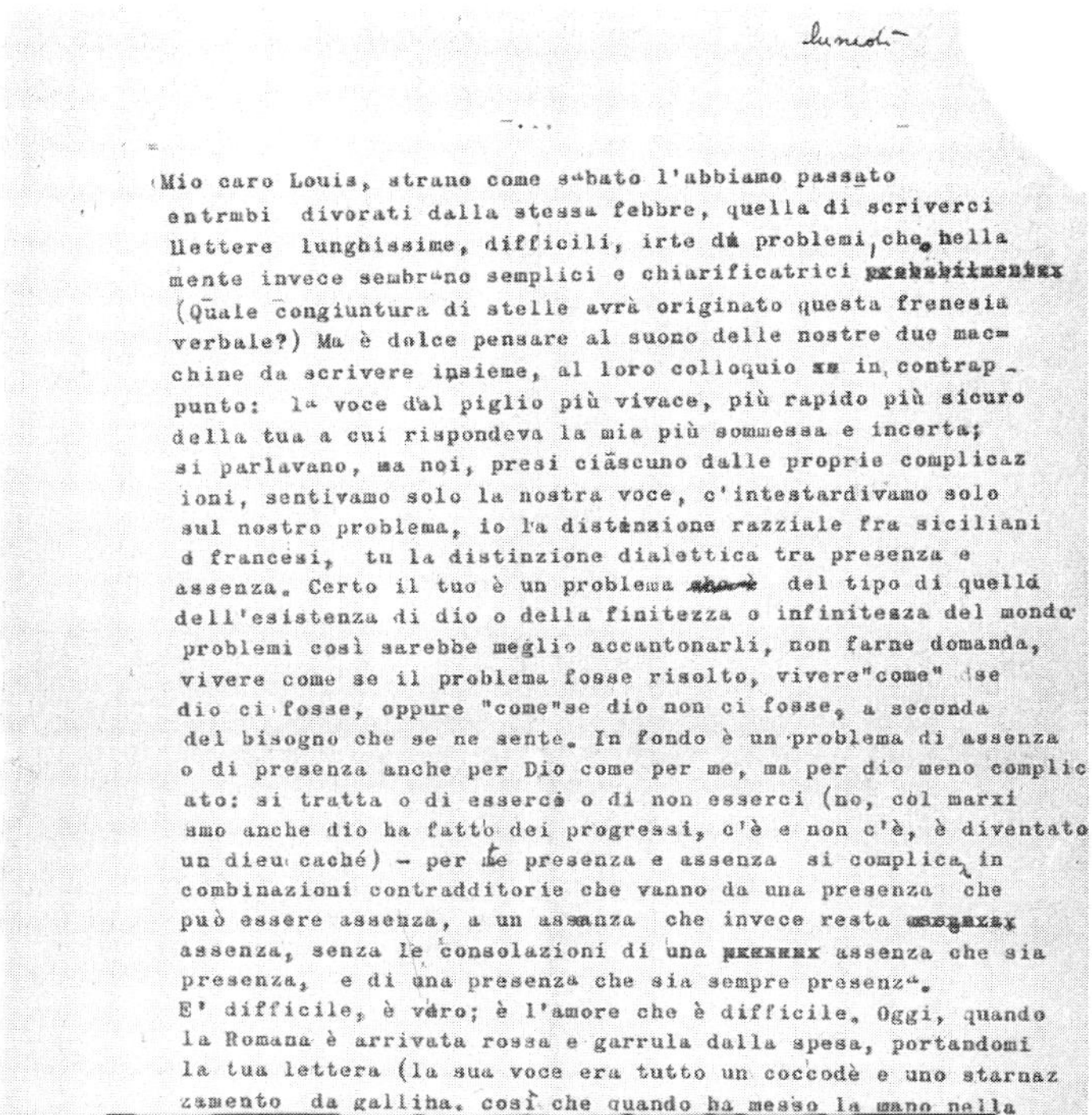

lunedì

Mio caro Louis, strano come sabato l'abbiamo passato
entrmbi divorati dalla stessa febbre, quella di scriverci
lettere lunghissime, difficili, irte di problemi, che nella
mente invece sembrano semplici e chiarificatrici ~~probabilmente~~
(Quale congiuntura di stelle avrà originato questa frenesia
verbale?) Ma è dolce pensare al suono delle nostre due mac-
chine da scrivere insieme, al loro colloquio ~~xx~~ in contrap-
punto: la voce dal piglio più vivace, più rapido più sicuro
della tua a cui rispondeva la mia più sommessa e incerta;
si parlavano, ma noi, presi ciascuno dalle proprie complicaz
ioni, sentivamo solo la nostra voce, c'intestardivamo solo
sul nostro problema, io la distinzione razziale fra siciliani
d francesi, tu la distinzione dialettica tra presenza e
assenza. Certo il tuo è un problema ~~che è~~ del tipo di quelli
dell'esistenza di dio o della finitezza o infinitezza del mondo
problemi così sarebbe meglio accantonarli, non farne domanda,
vivere come se il problema fosse risolto, vivere "come" se
dio ci fosse, oppure "come" se dio non ci fosse, a seconda
del bisogno che se ne sente. In fondo è un problema di assenza
o di presenza anche per Dio come per me, ma per dio meno complic
ato: si tratta o di esserci o di non esserci (no, col marxi
smo anche dio ha fatto dei progressi, c'è e non c'è, è diventato
un dieu caché) - per te presenza e assenza si complica in
combinazioni contradditorie che vanno da una presenza che
può essere assenza, a un assenza che invece resta ~~assenza~~
assenza, senza le consolazioni di una ~~presenza~~ assenza che sia
presenza, e di una presenza che sia sempre presenza.
E' difficile, è vero; è l'amore che è difficile. Oggi, quando
la Romana è arrivata rossa e garrula dalla spesa, portandomi
la tua lettera (la sua voce era tutto un coccodè e uno starnaz
zamento da gallina, così che quando ha messo la mano nella
che
n
o
che
scorsi
anche
per-
di ade

フランカからルイ宛ての1961年9月25日の手紙の第1ページ
©Fonds Louis Althusser / Archives IMEC

タイプライターを打つフランカ、1965年または1966年
撮影ブライアン・リチャーズ
©Fonds Louis Althusser / Archives IMEC

フランカ、1961 年頃
撮影ミーノ・マドーニア

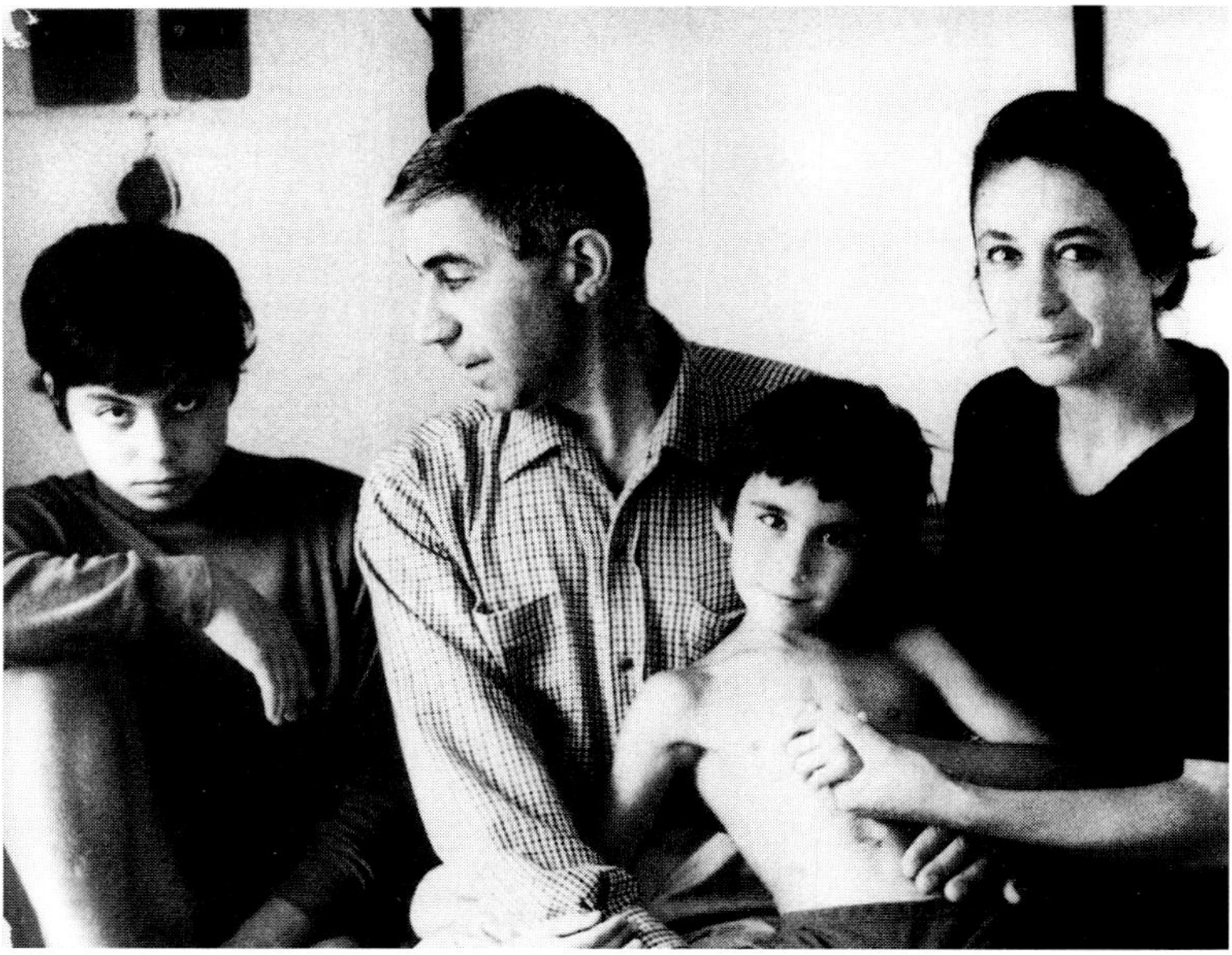

左から右へ
ジョヴァンナ、ミーノ、レオナルド、フランカ
1965年に画家ジャック・モノリにより撮影

フランカ、1962年、撮影ミーノ・マドーニア

フランカと息子レオナルド、1963年、撮影ミーノ・マドーニア

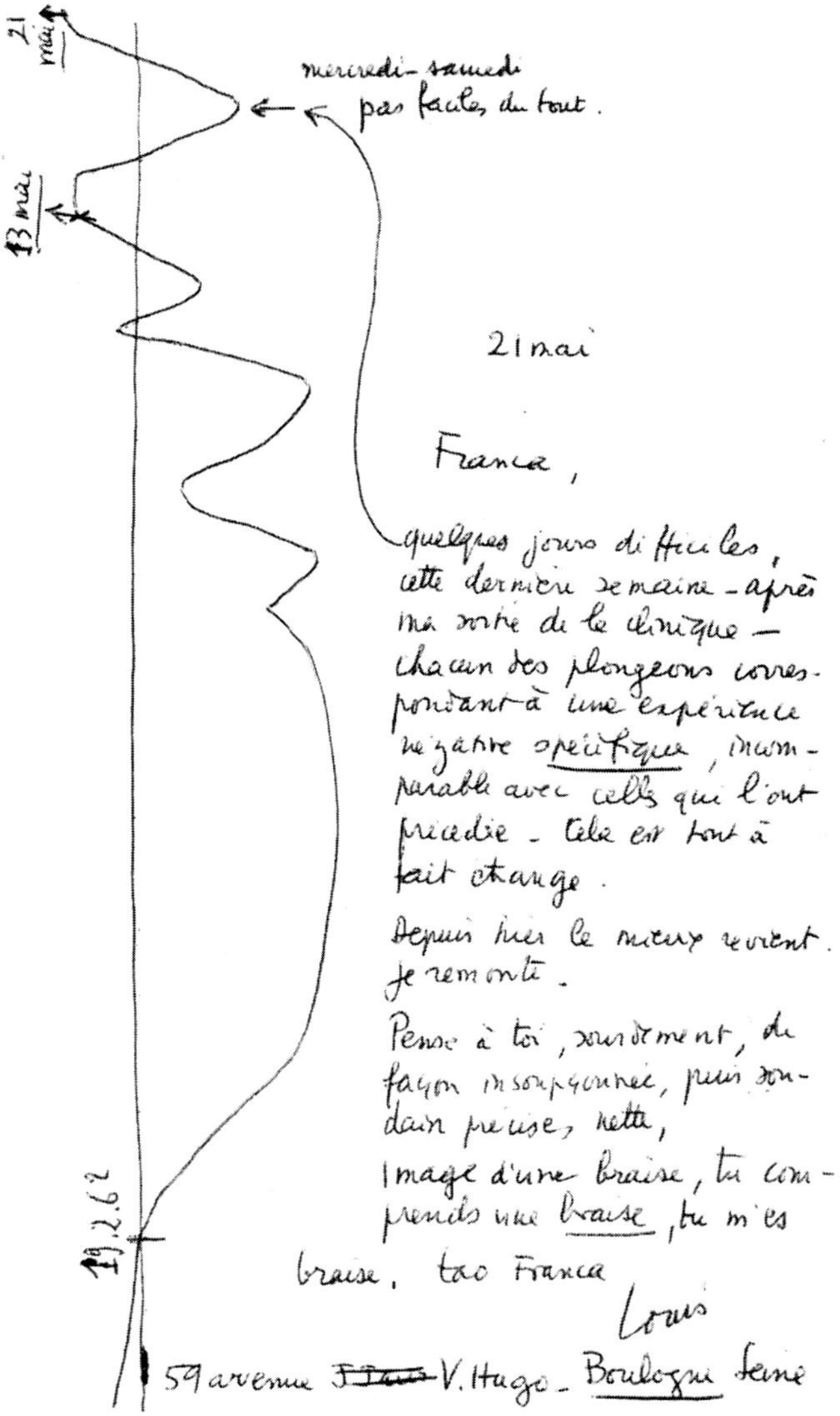

21 mai

13 mai

19.2.62

mercredi–samedi
pas faciles du tout.

21 mai

Franca,

quelques jours difficiles, cette dernière semaine – après ma sortie de la clinique – chacun des plongeons correspondant à une expérience négative spécifique, incomparable avec celles qui l'ont précédée – Cela est tout à fait étrange.

Depuis hier le mieux revient. Je remonte.

Pense à toi, sourdement, de façon insoupçonnée, puis soudain précise, nette,
image d'une braise, tu comprends une braise, tu m'es braise. ciao Franca

Louis

59 avenue V. Hugo – Boulogne Seine

ルイからフランカ宛ての1962年5月21日の手紙

フランカ、1963年、
撮影ミーノ・マドーニア

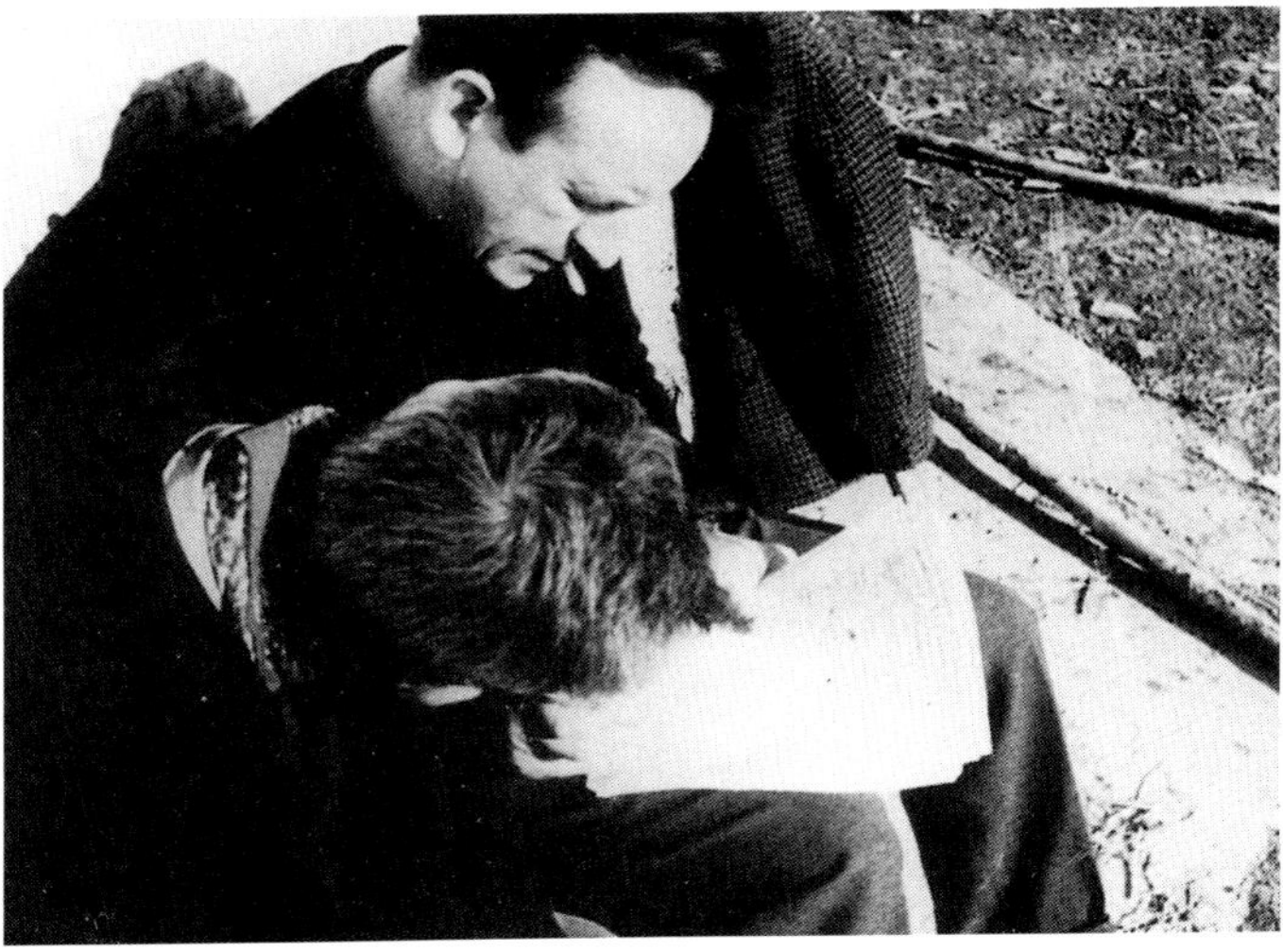

ルイ・アルチュセール、横はおそらくパオロ・マンテガッツィーニ
1961年から1964年のあいだにベルティノーロで撮影

ベルティノーロのマドーニア家とキルコ家
（簡略化した家系図）

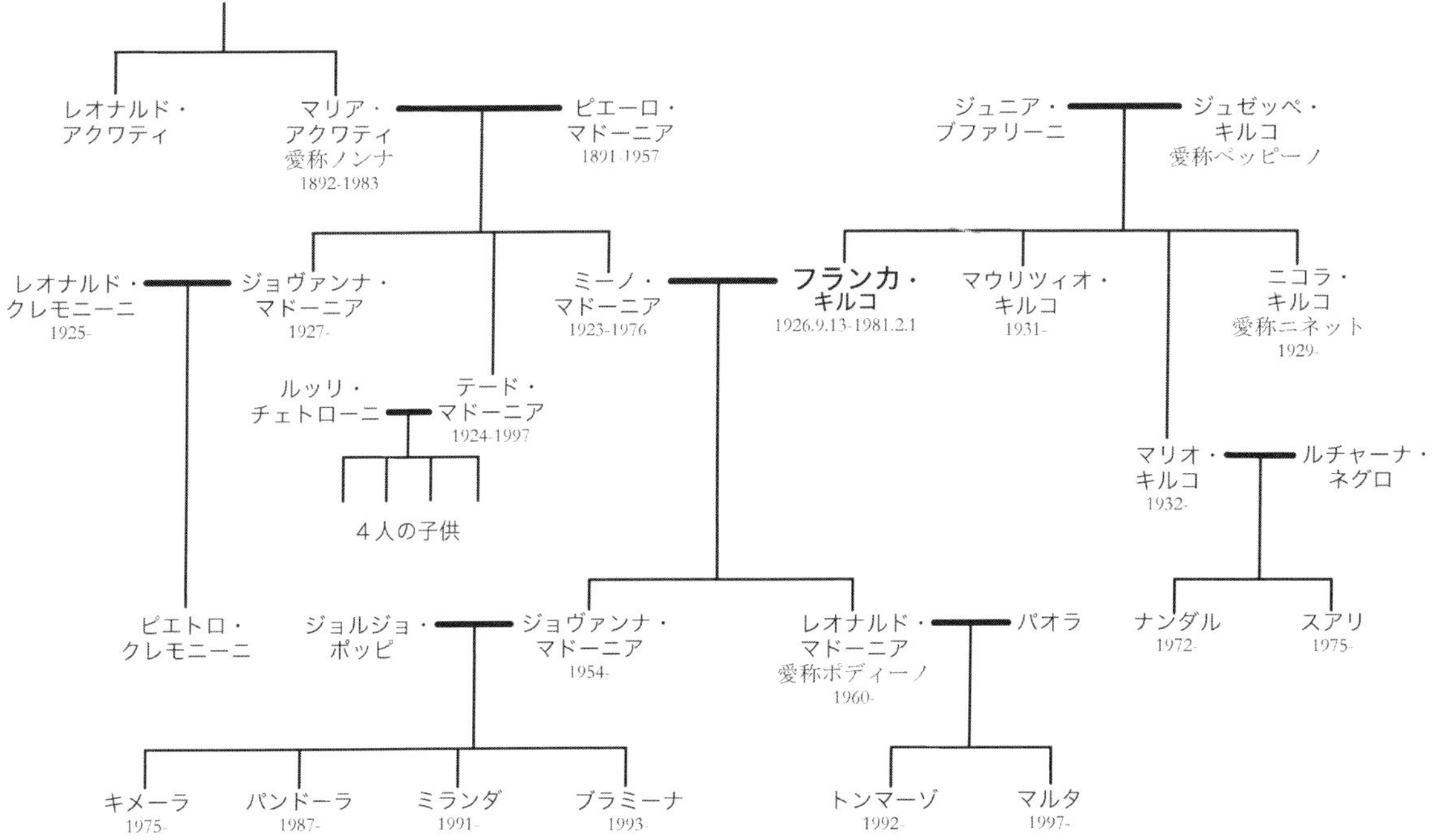

レオナルド・
アクワティ
マリア・
アクワティ
愛称ノンナ
1892-1983
ピエーロ・
マドーニア
1891-1957
ジュニア・
ブファリーニ
ジュゼッペ・
キルコ
愛称ペッピーノ
レオナルド・
クレモニーニ
1925-
ジョヴァンナ・
マドーニア
1927-
ミーノ・
マドーニア
1923-1976
フランカ・
キルコ
1926.9.13-1981.2.1
マウリツィオ・
キルコ
1931-
ニコラ・
キルコ
愛称ニネット
1929-
ルッリ・
チェトローニ
テード・
マドーニア
1924-1997
4人の子供
マリオ・
キルコ
1932-
ルチャーナ・
ネグロ
ピエトロ・
クレモニーニ
ジョルジョ・
ポッピ
ジョヴァンナ・
マドーニア
1954-
レオナルド・
マドーニア
愛称ポディーノ
1960-
パオラ
ナンダル
1972-
スアリ
1975-
キメーラ
1975-
パンドーラ
1987-
ミランダ
1991-
ブラミーナ
1993-
トンマーゾ
1992-
マルタ
1997-

愛と文体　I　目次

凡例　6
編者解説　F・マトゥロン　Y・M＝ブータン　7
編集ノート　36

一九六一年

年・月・日　（頁）　（手紙冒頭部分／**フランカからの手紙には＊印**）

1961.9.3　（43）　［一九六一年九月三日？］［手書き］キオッジア日曜　一三時
1961.9.5　（43）　［一九六一年九月五日］［手書き］火曜　一〇時ヴェネツィア
1961.9.5　（45）　［一九六一年九月五日］［ヴェネツィアからパナレーアに宛てられた電報］
1961.9.8　（45）　［一九六一年九月八日］［ヴェネツィアからパナレーアに宛てられた電報］
1961.9.8　（46）　［一九六一年九月八日］［手書き］金曜――ヴェローナ――正午
1961.9.11　（47）　［一九六一年九月十一日］［キオッジアからベルティノーロに宛てられた電報］
1961.9.15　（48）　［一九六一年九月十五日］［ラヴェンナのマリーナからベルティノーロに宛てられた電報］〔全文イタリア語〕
1961.9.15　（48）　［一九六一年九月十五日］［ボローニャからの手書きの手紙］金曜　一三時
1961.9.17　（50）　［一九六一年九月十七日］［手書き］シャンベリ日曜　九時三〇分
1961.9.19　（52）　［一九六一年九月十九日］
1961.9.19　（57）　［一九六一年九月十九日］火曜　一八時
1961.9.21　（60）　六一年九月二十一日　木曜　正午
1961.9.23　（64）　六一年九月二十三日　土曜
1961.9.25　（69）　＊［一九六一年九月二十五日］月曜
1961.9.25　（75）　六一年九月二十五日　月曜
1961.9.26?　（78）　［一九六一年九月二十六日？］［手書き］火曜一七時
1961.9.27　（79）　［一九六一年九月二十七日］［電報］〔全文イタリア語〕
1961.9.27　（79）　［一九六一年九月二十七日］君のシチリア書簡を受け取った日に……　水曜　一七時
1961.9.27　（85）　［一九六一年九月二十七日］水曜　夜一一時
日付なし　（95）　＊［日付なし、封筒には一九六一年九月三十日とある］
1961.9.28　（102）　［一九六一年］九月二十八日　木曜。一五時［手書き］
1961.9.29　（107）　［一九六一年九月二十九日］［朱インクの手書き］金曜
1961.9.30　（110）　＊［一九六一年九月三十日］［手書き］「独リノ女カラ独リノ男へ」　土曜
1961.9.30　（112）　［一九六一年九月三十日］

1961.10.2 (117) [一九六一年十月二日] [電報] [全文イタリア語]
1961.10.2 (117) 一九六一年十月二日　月曜　一六時
1961.10.4 (125) 六一年十月四日　水曜　一七時
1961.10.6 (128) 金曜　正午（六一年十月六日）
1961.10.7 (136) 六一年十月七日　土曜　一六時。
1961.10.9 (139) [一九六一年十月九日] 月曜　正午
1961.10.10 (148) 六一年十月十日　火曜
1961.10.11 (151) 六一年十月十一日　水曜　一七時。
1961.10.12 (156) 六一年十月十二日　木曜　一六時
1961.10.11 (160) ＊[一九六一年十月十一日] 水曜　夜
1961.10.14 (165) 六一年十月十四日　土曜　一六時
1961.10.21 (170) 六一年十月二十一日　土曜
1961.10.22 (173) [一九六一年十月二十二日]
1961.10.23 (179) 六一年十月二十三日　月曜　一六時。
1961.10.24 (183) 六一年十月二十四日　火曜。一七時
1961.10.25 (185) [一九六一年十月二十五日] [手書き]
1961.10.25 (187) [一九六一年十月二十五日] [電報] [「大好きな人よ」を除き、全文イタリア語]
1961.10.25 (187) 六一年十月二十五日　水曜
1961.10.26 (196) ＊[一九六一年十月二十六日] 木曜
1961.10.30 (205) 六一年十月三十日　火曜
1961.10.29 (217) ＊[一九六一年十月二十九日] 日曜　夕
1961.11.1 (226) [一九六一年] 十一月一日。　水曜　一七時
1961.11.1/2 (228) 六一年十一月一／二日　二三時～二時
1961.11.3 (238) [一九六一年十一月三日] [手書き] 金曜

1961.11.3 (241) [一九六一年十一月三日] 金曜　夜
1961.11.6 (242) 六一年十一月六日　月曜。一八時
1961.11.8 (244) [一九六一年] 十一月八日　水曜。一七時
1961.11.9 (250) 六一年十一月九日　木曜
1961.11.11 (253) [一九六一年] 十一月十一日　土曜。一五時
1961.11.13 (260) 六一年十一月十三日　月曜。一五時。
1961.11.14 (265) 六一年十一月十四日　火曜。一八時
1961.11.15 (270) 六一年十一月十五日　水曜
1961.11.16 (272) [六一年十一月十六日] 木曜　一七時 [手書き]
1961.11.17 (273) 金曜　一八時　（六一年十一月十七日）[手書き]
1961.11.18 (275) 六一年十一月十八日　土曜。一五時
1961.11.18 (279) [一九六一年十一月十八日]
1961.11.20 (284) 六一年十一月二十日　月曜。一六時
1961.11.21 (290) 六一年十一月二十一日　火曜。一四時二二分
1961.11.22 (294) 六一年十一月二十二日　水曜
1961.11.22 (298) 六一年十一月二十二日　水曜
1961.11.23 (301) 六一年十一月二十三日　木曜
1961.11.25 (303) 六一年十一月二十五日　土曜
1961.11.27 (305) [一九六一年十一月二十七日] [電報] [全文イタリア語]
1961.11.27 (305) 六一年十一月二十七日　月曜
1961.11.28 (309) *Sciopero dapertutto* [いたるところ　スト] 六一年十一月二十八日　火曜
1961.11.29 (312) 六一年十一月二十九日　水曜
1961.11.30 (313) 六一年十一月三十日　木曜 [手書き]

1961. 12. 2　(315)　六一年十二月二日　土曜。一八時
1961. 12. 4　(318)　一九六一年十二月四日　月曜［イタリア語による手書き］
1961. 12. 5　(320)　［一九六一年十二月五日］［手書き］火曜　一八時
1961. 12. 6　(321)　［一九六一年十二月六日］水曜　一七時　すでに夜
1961. 12. 7　(324)　木曜　一四時—六一年十二月七日
1961. 12. 8　(331)　金曜　一六時（六一年十二月八日）
1961. 12. 10　(337)　［一九六一年十二月十日］
1961. 12. 12　(338)　［一九六一年］十二月十二日　火曜
1961. 12. 13　(340)　［一九六一年十二月十三日］海 - 曜日〔＝水曜日〕
1961. 12. 14　(345)　六一年十二月十四日　木曜　一五時。
1961. 12. 16　(349)　六一年十二月十六日　土曜。正午
1961. 12. 17　(352)　［一九六一年十二月十七日］domenica buonanotte! alle 22 ore〔日曜　今晩は！　二二時〕
1961. 12. 19　(355)　［一九六一年十二月十九日］火曜
1961. 12. 21　(361)　［一九六一年十二月二十一日］［電報］〔全文イタリア語〕

一九六二年

1962. 1. 5　(365)　［一九六二年一月五日］金曜　一四時
1962. 1. 8　(367)　六二年一月八日　月曜。一六時
1962. 1. 10　(370)　六二年一月十日　水曜
1962. 1. 13　(374)　＊［一九六二年一月十三日］土曜
1962. 1. 11　(378)　木曜　一八時。一月十一日　［一九六二年］
1962. 1. 13　(380)　［一九六二年一月十三日］

第二分冊

1962. 1 . 15 ～ 1962. 12. 30

第三分冊～第五分冊

1963. 1. 2 ～ 1973. 12. 15

年　表
人名索引

愛と文体

フランカへの手紙　1961-73

I

凡例

一　句読点のない場合は、訳文に混乱が生じない範囲で、句読点なしとし、イタリックは太明朝体、下線は右傍線、イタリックと下線の混在は太明朝体と右傍線によって示した（ただし編者のテキストのイタリックは傍点で示した）。「etc.」は、いわば落語でマを置くように、一種の機能語または記号として使用されていると判断したので、すべてそのまま残すことにした。「Pisser」のように頭文字が大文字になっている語句は〈　〉で囲み、「MERDE」のようにすべて大文字で綴られた語句は太字ゴシック体の隔字とした。括弧は、閉じていない場合も含め、原則そのままのかたちで保存した。

二　アルチュセールの個々の手紙に応じて、イタリア語原文または原語（フランカの手紙の場合はフランス語）を残したほうがよいと判断した場合はそのまま残し、原書に仏訳があるときはその邦訳をブラケット［　］で、ない場合は訳者による訳を亀甲〔　〕で括って示した。また、イタリア語原文・原語を残さない場合は、邦訳をカタカナ混じりで表記したり、ルビをふるなどして対処した。文章が長いため読みづらくなるときは、カタカナ混じりとせず、該当箇所を《　》で括って示した場合もある。

三　各書簡の末尾に配した注のうち、アルチュセールによって付加された注および訳注は、〈アルチュセール注〉、〈訳注〉として示した。それ以外はすべて編者注である。

四　「ciao」といった簡単なイタリア語はカタカナ書きとした。カタカナにしても意味の通りにくいものは、適宜日本語に訳した。なお、ひらがなで「ちゃお」と表記されているような場合は、その語を含む文章または語句全体がイタリア語で書かれていることを意味する。

五　本文や注の中に挿入した訳者による補足や短い注は亀甲〔　〕で括った。

六　人名索引は分冊の最終巻（第五分冊）にまとめて付加することにしたが、必要に応じて登場人物の説明を訳注として簡単に記した場合がある。

七　フランカの手紙には日付の冒頭にアステリクス「＊」を付しておいた。

編者解説

ストック出版と現代文学資料館〔IMEC《イメック》〕の協力のもとにここに公刊されるルイ・アルチュセールの未刊遺稿第六巻は、書簡に充てられる〔原書名『フランカへの手紙（1961-1973）』〕。この種の資料、なまの自伝的資料は哲学者アルチュセールの思想の擁護者たちに危惧や警戒心をひきおこすかもしれない。プライベートな生活にこんなふうに土足で踏み込めば、〔思想を生活に還元する〕素朴な単純化志向[1]を促すのでは？、作品行為それ自体の価値を貶めようとする試みに荷担することになるのでは？　どれほど多くの私信が大作家の栄光にプラスとならず、マイナスになっていることか？　どれほど多くの創造的芸術家が、華のない舞台裏をさらす手紙、日記、私的メモを燃やすことをよしとしたことか？

一九九二年の『未来は長く続く』[2]の刊行、続いて生前の著者「公認の」作品に劣らないだけの首尾一貫性はもつ死後出版作品の刊行によってアルチュセールは忘却のそとに出ることになったが、このアルチュセールについては読者の心配を取り除いておこう。哲学的立場において、書いたものにおいて、狂気において、妻殺しの「告白」において「typapart《ティパパール》[3]」であった彼は、書簡においても「ティパパール」のままである。職務上の手紙であれ、政治にかかわる手紙であれ、友人宛ての手紙であれ、ラブレターであれ、書簡は、いまや読者がテキストを片手につくれるようになったユルム通り[4]の哲学者のイメージを、歪めるものではない。

逆である。書簡の最も内密な一部、恋人たちとの手紙というデリケート極まりない問題において別の特異性があらわになるのだ。ここでアルチュセールはみずからの作品の頂点に達する一方、彼自身が別の光のもとに姿を現す。後光に隈取られた伝説とも「呪われた運命」とも違う光である。「大知識人」、刊本に添えられた書評依頼状から浮かび上がる妥協なき或る種のマルクス＝レーニン主義的教条主義の、その謎めいた理論家の背後にいたのは、『未来は長く続く』によって明かされたメランコリアの人であり、彼自身が生前に出版を禁じたいちだんと「振幅多き多様な」作品の作者であった。遺稿出版計画の実現に伴ない、いまやこの二人のアルチュセールが肩を並べている。とはいえ、このようにして我々はフィナーレの言葉〔真相〕、最終的なアルチュセールを手にしたのだろうか？　それは疑わしい。

『哲学・政治著作集』第二巻で止まっていたなら、この出版企画はもう一人のアルチュセールを欠いていたであろう。『捕虜日記』[5]のそこかしこ、家族、終生の友ポール・ド・ゴドマール、リヨン時代〔高校時代〕の教師たちであるジャン・ギトン、アンリ・ウール、ジャン・ラクロワ[6]、戦友[7]、あるいはジャック・ラカン、ルネ・ディアトキーヌ[8]、マウリシオ・マラムード、フェルナンダ・ナバロ[9]、そのほかメラブ・ママルダチヴィリ[10]といった人びととの関係のそこかしこに頭をもたげるアルチュセール、すなわち比類なき手紙の人、生涯にわたり一日の、とりわけ夜の数時間をたゆまず手紙に費やしたアルチュセールである[11]。

成年期のアルチュセールの手紙、職務上のことがらに関しては事務的に流れゆく細い小川であり、相手が友人で「舞台の袖での」政治的な手紙のやりとりでない[12]ときには、穏やかで人当たりのよいソーヌ川であるそれらの手紙も、女性が相手となると別の広がりを獲得する。三人の恋人、エレーヌ、クレール、フランカ[13]と共に、轟々と荒れ狂うローヌ川のように膨れ上がるのである。何百通というその流量、またふつうにはないほど良好な保存状態も眼をみはらせる。哲学者の終の棲家となったアパートには、紐を掛けたいくつかの箱ごとにエレーヌの手紙と自分の手紙、クレールに宛てた相当数の手紙[14]と彼女からの返事がていねいに整理してあった。そして最も大きな段ボール数個には、フランカの手紙が[15]。IMEC《イメック》に託された遺品のうち、手稿の編集作業に携わった誰もが[16]、これらの書簡を読むやすぐに確信を抱くようになった、人間と真の作品に正当な評価を与えるには大部の書簡集を出版することが欠かせないと。真の作品、つまりは、「公認の」著作と遺稿類という巧妙ではあるがいまや無益となったアプリオリな区別を超えたところに、アポステリオリにしか姿を現さない作品のことである。

力強さ、たえず高まっていく緊張、傍らにつねにみいだされる詩的叙情と、またこのうえなく覚醒した思考、どぎつさ、ときに絶望的なほどのアイロニー、聡明さと優しさ、情念のほとばしりをまえにしたときのまったくスタンダール的な歓喜、そして文体、どこからみてもこれらの書簡は、アルチュセールが書いたものに認められる簡潔さ、抑制といった質とはすでに絶対的な対照をなす。回顧のまなざしによって歪められることのないアルチュセールの人生の歴史を構成するためにも[17]、理論にかかわる類縁関係を単に形式的にではなく測り取るためにも、書簡のもつ意義は明らかだ。同様に一九六〇年代をめぐる比類ない証言としての価値も。さらには、すでに強調したことがあるように[18]、書簡における叙述の調子、叙述内容が、ときを同じくして発表されていた壮年期のテキストとのあいだにつくりだす唖然とする落差のことも付言しておこう。問題は、或る理論的テキストをその十五年後に発表された理論的テキストから眺め返すと、そこに矛盾があるということでもなければ、一九九二年に公刊された一九八五年の自伝が、人を惑す戦略的なやり方で作品の読み直しをおこなっているということでもない。青年期におけるヘーゲルへの媚び（一九四七年）と『マルクスのために』（一九六一〜六五年）とのあいだ、『資本論を読む』（一九六五年）と『未来は長く続く』（一九八五年）ないし『哲学について』（一九七六〜一九八七年）[19]とのあいだには、様々な断絶または（認識論的あるいは実存的な）切断を含み込んだ時間の厚みがある。ところが、「アルチュセール主義」の固い核をなす哲学的テーゼのいくつか（たとえば始まりのテーゼ、「徴候的」読解のテーゼ）と書簡とのあいだには、数ヵ月、数日、それどころか数時間の開きしかない[20]。つくったばかりの立言を作者が述べようとしていたその直後を勘定に入れなければ、六〇年代に発表されたアルチュセールの偉大なテキストは読むことができない。おそらくこの媒介なき間隔には、彼の思考の様々な変形と内的断裂を導くと共に、地下に流れる様々な連続性をも導く糸がある。生前に出版された作品と死後出版作品の中で、書簡をどう考慮したらよいのか？　問いだけを提出し、それを今後の哲学的調査研究に委ねることにしよう。

　むしろ別の驚きのほうをきわだたせておこう。もう一人のアルチュセールが浮かび上がってくるのである。長い時間をかけて磨き上げられた公的な聖人画に類する肖像とも、取り返しのつかない殺人をもとに呪われた運命を語る肖像、やはり丹念に手が加えられ、ときに当惑も生むその肖像とも一致しないアルチュセール。『未来は長く続く』の出版後、何度となく口にされた問い、二人のルイのどちらがペテン師なのか？、答えは明快だ、どちらもペテン師である、あるいは、どちらもペテン師ではない。いや、むしろ、『モンテスキュー』とクレールへの手紙を、『マルクスのために』の序文とフランカへの手紙を同じタイプライターで叩いていたアルチュセールのほうに、ほんもののアルチュセールが求められてしかるべきである。何世代にもわたって高等師範学校の学生たちを強烈に魅了し、そのうちの何人かを集団的な真の知的冒険へと引き込んでいったアルチュセールのほうに。こうして第三のアルチュセールが我々の眼のまえに浮かび上がってくる。知の殿堂にいる神‐教祖‐ペテン師でも、悪魔に魅入られた人、きちがいでもない。このアルチュセールは同時にそのいずれでもあるのだ。

ほぼ自然のまま、生まれたての手垢のついていないルイ・アルチュセールの真実に迫ることを許す試金石、そのような位置づけをこの書簡集に与えるのは単純にすぎるであろう。まもなく読者も気づくように、我々が公表する手紙は、それ自体の価値をもつこと、公表が可能であることを鋭く意識されて最初から書かれた。一九六三年十一月十八日、フランカ・マドーニアに宛てて、彼は半ば冗談めかしてこう書いていなかっただろうか？「僕にとって書くことが永遠の自覚的行為であることの証人として君を立てる、来るべき時代において、僕の遺作とフランカとの書簡が編纂されたとき、君にそのことを証言してもらうために[21]」。さりげない通信文にさえ透けてみえるありたけの全力投球が、日常生活の些細なことがらにいたるまで、書簡に丹念な推敲の趣きや計算された乱雑さ[22]をまとわせる。この種の態度は文学的な「ポーズ」につながっても不思議ではなかったろう。情熱の高まり、それに伴なって費やされるエネルギーが、これらの手紙からそのような危険を払拭する。なによりも恋の情熱であり、それに劣らず強く感じ取られる情熱、言語への、言葉への情熱、言葉を極限まで、それどころか言葉そのものの向こうにまで導こうとする情熱である。ふつうであれば切り離されているか互いに遮断されているはずの契機がそこにはすべて揃ってみいだされる、教育家なる語を毛嫌いしていたにもせよ、ともかく疲れを知らない教育家ぶり、高等師範学校文科書記のアイロニーのこもった愛想のよさ、友への熱い思い、政治参加した知識人の熱狂と用心深さ、一週間の精神病院入院後、おぼつかない書体で短い手紙すらうまく書けないときのどうしようもない気分の落ち込み、[23]世界再建の様々な立案を伴なって進む精神的な立ち直り、激しい恋情、毒の効いたユーモアによって紛らわされる苦悩、ときに訪れる優柔不断、中でもめざましい作家的資質、有名な諸テキストの「文体」にもすでに仄見えていた資質だが、しかしここでは政治や自己検閲による制御、敵や論争相手の姿を借りた他者の制御を受けていない。

全体的なまとまりをもたないこうした全体を管理しようとして果たさない矛盾したピランデッロ的[24]主体、一つ一つの声、書くものの一つ一つがその都度それぞれに真新しい身体と特異に結びつくとの意味で物質的である個人、言うまでもなく、伝記作家がつかみたいと思うのはそのような主体、個人である。また、アルチュセールの「偉大な時期」の「歴史的」な諸テキストをいま再び読みこなしてみようとの志ある読者がつかまなければならないのも、やはりそのような主体、個人である。

もう一人のアルチュセールを我々に開示する書簡の世界、宇宙と言うにふさわしくありとあらゆる要素を抱えたこの世界では、対話者の多様性（両親、友人、同僚、政治家、文学者、芸術家、恋人）を証言するアンソロジーを編むこともおそらく考えられないことではなかった。だがアンソロジーでは、期待されたほどの結果は得られず、正確さも欠くことになっただろう。人を倦ませる拡散化という欠点がどうしても入り込むし、説明のためにあふれ返る厖大な注が必要になるからだ。遺された資料を幅広く渉猟することは、進行中の伝記の試み、特定の事件に関連する手紙ごとの一点主義的な刊行がやってきたし、これからもやり続けていくだろう。本巻では逆の立場が採用された。或る持続的な期間にわたってただ一人の人物に宛てられた手紙の全体に焦点が絞られたのである。この刊本の技術的な側面に関しては、編者解説のあとに編集ノートを付けて説明してある。

なぜ特に選んでフランカ・マドーニア宛ての手紙を取り上げることになったのか？　理由は二つである、それらの手紙が書簡の全体をおそらく最もよく代表し、手紙としての完成度もいちばん高いこと、またアルチュセールの手紙に関しては、事実上欠落のない一つの塊をかたちづくっていること。量の多さ、様々に変動するリズム、質、持続期間、その期間が人生に占める時期、どこからみてもこれらの書簡は、哲学者アルチュセールの人生に欠かせない通過点をなす。実際、書簡の時期は、この哲学者が理論面において幸運に恵まれた十二年間に対応する（一九六一〜一九七三年）。それはまた一九六八年がもたらす様々な訣別を含む時期でもある。[25]　フランカ宛て書簡はアルチュセール四十二歳のときに始まり、五十四歳のときに終わる、すなわち熟年期に重なっている。出版された作品から言っても最も生産的であった最初の六年間（鬱のたびに沈黙が広大な砂洲のように広がるときは別にして）、書簡は奔流のようであり、その後、徐々に涸れていく。そこには、幾度と雷雨の通過する恋情がより穏やかな友情に移り変わっていくという、ひとまとまりの運動がある。その一方で、まるで新聞の紙面を眺めるかのように書簡のプリズム――おゝ、なんと広角度に分光することか――をとおして現れてくるのは、ラカン、フーコー、バルト、デリダ、レヴィ＝ストロース、ジュネ、ベケットなど六〇年代という神話的な時代の主役たち、『マルクスのために』

にまとめられる論文、高等師範学校でのゼミ、共産主義学生同盟の戦い、キューバ、中国文化大革命、六八年五月、イタリアの「熱い秋」[26]、そのほか山のような事件の数々。また『未来は長く続く』から引き出される光景とはいちじるしく違うかたちをとって、弟子たちの輪、エレーヌやジャック・マルタンといった内輪の人びとの輪の光景も浮かび上がってくる。

フランカへの手紙が書き継がれた時期と重なる十数年は滾《たぎ》るような熱気にあふれ、まだ「俗界」にあるが、一方でアルチュセールは重要な人物となっていく。フランカのまえ、一九五五年九月から一九六一年八月にかけてアルチュセールの恋人であったクレール[27]との書簡もやはり劣らず情熱的であり、おそらく遥かに文学的であるが、その書簡は脱スターリン主義期、アルジェリア戦争、躍進するド・ゴール主義をくぐる中でやりとりされたのであり、手紙の主もまだ中心から程遠い周辺で弟子もなく生きていた。最初の試論にしてみごとな出来映えを示す一九五五年の『モンテスキュー、政治と歴史』のあと、マルクス主義の平面において「森から出る」よう彼を動かすことになるのは一九六〇年世代である。新しい恋人フランカも同じような知的・政治的冒険を経てきている。マルクス主義者にして革命家、哲学を専攻し、文学、とりわけフランス文学に熱中した彼女は、演出家として数々の現代演劇を舞台に載せると共に、メルロ＝ポンティ、レヴィ＝ストロース、さらにはプレヴェール、ジュネをイタリア語に移し、やがてアルチュセールの翻訳者ともなる。

まさにそれだけで一編の小説にも匹敵するこの情熱の年代記をたどることで問題なのは、帰らぬ失われた時を追いかけることではない。実際、「フロイトとラカン」を初めとする有名な論文を、当時二十歳か三十歳そこらであった人びとと同じ眼で読める人も、ゼミ『資本論を読む』に参加した人びとの体験を彼らと同じように追体験できる人も、もはや誰もいはしないだろう。あのときから、大文字の〈歴史〉という機械仕掛けの中で、共産主義という、あるいは大文字の〈理論〉という「大きな物語」の中で、いくつかのバネが折れたのだ。[28] とはいえ、この振動を説明すること、いまでは曇ってしまっているあの鏡をかつて隈取り、そこに充満し、過剰にまた過小にそれを決定していた輝きを説明することは、事態のうねりと状況をいつも人格の最も具体的、最も肉感的な相貌の中に体現して人を魅了する教祖の、そのカリスマ性を明確に捉える一助になる。フランカとやりとりしたアルチュセールの書簡が、過去のこのような復元へいたる王道である理由はこれなのである。さらに過去のこのような復元は、プルースト的な「みいだされた時」やミシュレ的な「蘇った時」への誘惑から（たとえこうした迂回のほうが、事を目の当たりにするよりも快適であり、陰鬱でないにもせよ）、また、ベルリンの壁崩壊を機にいまも強く叫ばれ続けている目を覚ませとの教えが生む「幻滅」から、我々を守ってくれもする。〈理論〉、〈科学〉、〈共産主義〉、〈革命〉のもつ強力な「魔法」にかつてかかった人びとでさえ、当時の教祖たちの一人が綴った書簡を読めば、必ず得るところがあるはずである。こう太鼓判を押そう、アルチュセールの書簡をとおして、この過去の楽園、青春の逸楽と惑いを再訪することになったとしても、彼らは顔を赤らめることも、幻滅と幻滅に不可避的に伴うルサンチマンとがこもった自堕落なパリノディア[29]を詠じることもせずにすむにちがいない。

この書簡集は「完全版」であると書いた。ただし重要な留保が付く。遺された資料からは、フランカからの手紙も含め、やりとりされた手紙の全体がもたらされたが、それらを交互に並べて公刊することはできなかった。イタリア語から訳した五〇〇ページを追加すれば、アルチュセールのぶんだけでもすでに分厚くなったこの巻をさらに重くしただろう。そこでフランカ・マドーニアの手紙のうちでも特に重要な二二通を選り出すという方針をとることにした。ルイ・アルチュセールとの関係の転換期に位置するか、彼女の人物や公刊されなかった手紙について忠実なイメージを与える手紙が選ばれた。それらの手紙から読者に、文通相手に勝るとも劣らない筆力をもつこの女性の類をみない感受性の強さを測り取ってもらえたなら、というのが我々の願いだった。あの情熱的な関係の裏面史をなす伝記的事実の詳細[30]を、ここでなぞり返すことは無理である。この書簡集の通読に不可欠な補足的情報を提供するだけにとどめたい。おもに文通の以前と以後に、またベルティノーロを中心舞台として登場する数多くの人物にかかわる情報[31]である。

アルチュセールのいくつかの論文は、家族という構成要素を従属化＝主体化の基本的な機構であるとして痛烈に批判していて、書簡も、親しくつきあうようになったおおかたの家族をめぐる辛辣な評言にあふれているが、反面、晩年の彼は理想の家族の幸福な想い出を二つだけ記憶にとどめていた。例外的な場所に密接に結びついた二つの家族が、あの呪詛の言葉を免れている。一つは母方の親族（モルヴァン地方と、祖父母ピエール・ベルジエとマドレーヌ・ベルジエが暮らすラロシュミレの家）であり、もう一つは、伝記作者〔ヤン・ムーリエ＝ブータン〕との談話で彼自身が言った言葉をそのまま使えば、「魔法の場所ベルティノーロ」である。母方親族のイメージが子供時代を覆い尽くしているのは、彼が後年、自分の両親や父方の一族を回顧して描くジード的な絵の対極という特別な価値を、そのイメージが担っていたからである。他方、ベルティノーロという第二の幸福な安らぎの場が彼にとってもつ魅力の由来を伝記作者に訊ねられたとき、彼の口をついて出たのはフランカへの愛ではなかった。そんなことは相手も先刻承知、と知っていたからである。彼が言及したのは「開かれた家族というものの有るべき姿」であり、一つの場所である。

彼がフランカと出会ったマドーニア荘という場所。

一九六一年の春、アルチュセールの友人ピエール・ゴディベールは彼を、一九五一年からフランスに在住し、パリのドラゴン・ギャラリーに作品を展示していたイタリア人画家レオナルド・クレモニーニとその内縁の妻ジョヴァンナ・マドーニアに引き合わせようと、マルヌ川のほとりで昼食会を催した。ジョヴァンナはルイ・アルチュセールをいたく気に入り、ヴァカンスに入ったらベルティノーロに在るマドーニア一族の邸宅に来るよう招待した。ベルティノーロはロマーニャ平原を見下ろす小さな村で、フォルリー近郊に位置し、ラヴェンナからも遠くない。哲学者は八月の後半、そこに赴いた。

この屋敷はその名――マドーニア荘――も示すように、ジョヴァンナの父、一九五七年に他界したピエーロ・マドーニアが一九四七年に手に入れた家である。一八九一年、シチリア島のテッラシーニに生まれたピーエロは、広大な土地を所有する裕福な一族の出であった。ごく早くに両親を亡くした彼は、当時のしきたり通り、名付け親ヴァルダウラ男爵の手で育てられた。十八歳のとき、許されざることと大騒ぎする一族をよそに、理工科学校で勉強するため、ミラノに旅立った。一九一四〜一九一八年の戦争で戦友レオナルド・アクワティ(32)と深い友情の絆で結ばれ、一九二一年にはレオナルドの妹マリアと結婚した。教養高く、上品で、孤独を好むも歓待好きでもあった彼は、フォルリーにあった会社の社長となり、三年後、そこに居を構えた。書簡の中でたびたび「ノンナ」(おばあちゃん)と親しみを込めて呼ばれる彼の妻は、「ミラノの職人貴族」の家系を引いていた。職人貴族とはロンバルディア地方に古くから在る伝統的な職人階層を指し、この階層は教育、健康、衛生、金銭面で厳格な躾を施してきただけでなく、女性解放やスポーツについては極めて現代的な考え方を育んできた。マリア・アクワティは、当時は革命的な教育法であったモンテッソーリ方式を実践するミラノの学校で教鞭を執った。その彼女も、フォルリーのような田舎社会では世間のものさしにみずからを合わせ、実験教育に携わる女性教師の役より企業トップの妻、名士の妻を演じなくてならなかった。アルチュセールがベルティノーロにやってきたとき、彼女は七十一歳であった。

　マドーニア荘はいまも昔の美しさを失わない大邸宅であり、位置する高みの中腹からベルティノーロを眼下に収める。そのベルティノーロの自慢の種は、チェゼーナ、通称ポレンタから遠くない村の一角に小さな愛らしいロマネスクの教会をもっていることである。かつてダンテがフランチェスカ・ダ・リミニの霊に黙祷と祈りを捧げるために、何度かこの教会に足を運んだのであった[33]。村のはずれに在るマドーニア荘は、ブドウ畑と木々の垣根とで篆刻《てんこく》された丘の斜面から迫り出し、下方には沿岸の平野に注ぐ小渓谷が連なる。巧みな曲線を描く一本の小道が庭園を大きくみせ、そこに植えられた高々と屹立する木々が坂道の傾斜のきつさを忘れさせる。小道は一軒の建物に通じる。建物はその巨大さがいささか威圧的だが、魅惑的な趣にもみちている。砂をまぶして黄土色に塗られた外壁、美しく穿たれた出入り口や窓、彩色された幅広い鎧戸、一階の広間を四方から囲むフランス窓、そして二つの大きなフランス窓からは、直接テラスに出られる。「casa giù《カーサジュ》」(下屋)と呼ばれるこの母屋の姿と共に、たいていはまず最初に、自由に遊び回るクジャクの姿が眼に入ってくる。毎晩、夜になると、クジャクたちは遥か上方、レバノン杉の中に陣取り、奇妙な鳴き声を発しては夜のしじまを破る。住居の少し上方、五〇メートルほど離れて丘の斜面により近いところにあったかつての馬小屋は、冬にレモンの木やキョウチクトウを取り込むための温室へと長い時間をかけて改造された。温室は、一九六二年、レオナルド・クレモニーニの勧めで、マドーニア夫妻の長男ミーノとその妻の手によって改築され、「casa sù《カーサ ス》」（上屋）と呼ばれるようになった。二人は温室を人の住める家に変えたのである。彼らは「下の」屋敷にわずかに欠けている快適さをこの家に授け、下方のフォルリーから越してきて、年中ここで暮らすようになった。

マドーニア家にはじつは、一九二三年に生まれた長男ミーノ、翌年生まれた次男テード、そして一九二七年に生まれた長女ジョヴァンナの三人の子供がいた。端整な面立ちの美男子、物腰優雅で鷹揚なミーノは、父と同じくミラノの理工科学校で技師の勉強をし、父の跡を継いで社長となった。フォルリーにあるボナヴィータ社の工場は工業用フェルトを製造するイタリア唯一の工場であった。ミーノはイタリア共産党に党員登録していた。彼の弟は、ファシズム政権下、ヴァレ・ダオスタの共産党員たちと共に抵抗運動に参加したのち、シチリアで医師として働き、カターニア大学聴覚学講座正教授を務めた。音楽をこよなく愛した彼は或る劇団のために定期的に舞台音楽を作曲した。また、政治的な歌をつくってはギターに合わせ一人口ずさむこともあったが、人前ではたいてい、とても美しい声をもつ妻ルッリ・チェトローニ、四人の子供を育てるため、歌手、女優の道を途中で断念した彼女にそれらの歌を歌ってもらった。

一番下のジョヴァンナは、フランカが一九四一年にフォルリーに越してくるとすぐに彼女に出会い、高校時代をとおしずっと同じクラスだった。思春期に絶対の友情で結ばれた二人の乙女は、高校卒業後も、ボローニャ大学でいっしょに哲学を学んだ。一九四八年にミラノに出たジョヴァンナは続いて音楽を勉強し、その甲斐あって、レコード会社「主人の声」（ＥＭＩ）にウォルター・レッジの助手として雇われ、ミラノ・スカラ座管弦楽団をバックに歌うマリア・カラスの最初期のレコーディングに立ち会った。(34) その後、パリに行き、言語学研究へと進路を転じた。やがて一九六八年、ようやく学位論文が仕上がり、ソルボンヌ大学の専任講師に任命されることになる。

　というわけで、マドーニア家の三人の子供が母親ノンナのもとに集まり、顔を合わせるのは、夏であった。ジョヴァンナはレオナルド・クレモニーニとフランスで暮らしていた。彼女は、一九五六年、クロディーヌ・フィッテの家でクレモニーニに出会い、彼とのあいだに、のちに建築家となる一人息子ピエトロを儲けた。テードはルッリと四人の子供といっしょにシチリアにいた。そしてミーノは夏以外はフォルリーに住まっていた。彼は一九五三年にフランカと結婚し、一九五四年に生まれたジョヴァンナ、愛称ピンパ、当時まだ一歳の赤ん坊で両親からポディーノ[35]の愛称で呼ばれたレオナルドの二人の子供があった。アルチュセールは「下屋」に滞在した。上の家はまだ住居に改築されていなかったのである。しかしその後、アルチュセールの、またエレーヌのベルティノーロ滞在は「上屋」で過ごされるようになった。「上屋」の内装は配置から調度まですべてミーノの妻の趣味で設えられた。

　アルチュセールがフランカを初めてみたのは、一族全員と滞在者が一堂に会する古い家での最初の夕食のときだった。書簡がやがてそのときの想い出を長々と語るように、どちらも一目で恋に落ちた。一九五五年九月以来、哲学者の生活を日も夜も占拠し続けてきたクレール、彼が何百通もの手紙を書き送ったクレールは、まるでおまじないでも唱えたかのように一瞬にして消えた[36]。一つの魔法が別の魔法を駆逐したのだった。アルチュセールが到着して三日後、ジョヴァンナとレオナルドはベルティノーロを離れ、アルチュセールはフランカに託された。

　若い人妻は三十五歳、アルチュセールは四十二歳だった。一九二六年九月十三日、フランカはジュニア・

ブファリーニとジュゼッペ・キルコの娘として生まれた。ペッピーノ（ジュゼッペの愛称）は謙虚で善良なシチリア移民で、トリエステのストック印コニャックを扱う外交販売員としてトリーノで働いていた。フランカの母ジュニアの一族は裕福で、ロマーニャ地方の一角チェゼーナ、とりわけアドリア海を臨む港、娘フランカが生まれたチェゼナティコに土地や家を所有していた。ブファリーニ家は様々な学者を輩出したが、中でもマウリツィオ・ブファリーニは著名で、チェゼーナの中央病院は彼の名をとって名づけられた。また、とても美しいマラテスティアーナ図書館の正面にはいまも彼の像が置かれている。ジュニアはイタリア語の教師であった。教師になるまえ、ローマでピランデッロの教えを受けた。[37] メランコリックでユーモアあふれるこの女性から、おそらく娘は言葉への愛着、ルイとの書簡においても発揮される文才というにふさわしい作家的資質を受け継いだのだろう。

キルコ一家はトリーノに暮らしていたが、一九四一年、空襲を避けるため、ブファリーニ家がフォルリーに所有する大きな家に移り住むことを余儀なくされた。こうしてフランカはジョヴァンナ・マドーニアとミーノ・マドーニアと知り合った。結婚するのは十二年も先のこととはいえ、彼女はすぐにミーノに恋した。一家の長女フランカには三人の弟がいた。一九二九年生まれで弁護士となるニコラ（ニネット）、その二年後に生まれ、やはり法曹界に入るマウリツィオ、そしてマリオ。一九三二年に生まれたマリオは電気工学技師の勉強をしたのち、ボローニャ大学の助手となった。四人の子供はとても仲良しであったが、中でもフランカとマリオの絆は特に強かった。マリオは姉のもつマルクス主義と革命への信念を共有していた。ミサイル危機の直後、彼はキューバに発ち、キューバ・サンチャゴ科学大学で教鞭を執った。一九六七年、ミラノに戻ると、ヴァレーゼにあるアルファ・ロメオの工場に職工として就職する決心をし、様々な下部労働者委員会と経験を共にした。一九八二年、職業学校で教えるため、アルファ・ロメオを退職した。彼の妻ルチャーナ・キルコ、旧姓ネグロはイタリア語の教師であったが、木工を学び、建具屋として働くようになった。長いものには巻かれろ、を敢然と拒否するマリオは、現在、母親がベルティノーロの下方に広がる平野の一角、通称インフェルノに遺してくれた土地で、農業を営んでいる。彼とルチャーナのあいだには、演劇をやっていて、ポンテデラのグロトフスキー(38)のもとで三年間勉強したことのあるナンダルと、医学を学ぶスアリの二人の娘がいる(39)。

ミーノ、ジョヴァンナとテード、そしてフランカとその弟たち、彼らは一つ同じ家族のように付き合い、ベルティノーロに集っては、夕食後の長い団欒を熱のこもった議論で過ごした。書簡の密度が最も高い時期である一九六一年から一九六七年、ベルティノーロは、この特権的な場所の疲れを知らない主宰者、家の一切を切り盛りするフランカを中心に回っていた。かたや彼女の夫は屋敷全体の家計、家族の他のメンバー、さらにはひっきりなしに滞在しにくる友人たちへの配慮をいつも心掛けていた。フランカは哲学を学び、この学問が好きでもあったが、現代劇に通暁するミーノといっしょにとりわけ精力をつぎ込んできたのは、実験的な演劇活動であった。一九五九年、彼女は地元自治体の援助を受け、テアトロ・ミーニモという可愛らしい名前のアマチュア劇団を設立し、フォルリーのもう使われていない大きく美しい教会を劇団の拠点とすることができた。教会には公演のある夜しか暖房が入らなかった。フランカが演出を一手に引き受けた。うまい女優であったのに、彼女が舞台に立つのは稀だった。舞台監督はミーノであった。ピランデッロ、ベルトルト・ブレヒトの戯曲のほか、パリで創作されたばかりのジュネ、イヨネスコ、ベケットなど、多数のフランス戯曲、たとえば彼女が翻訳した『女中たち』、『勝負の終わり』が上演された。

ルイ・アルチュセールが演劇に示した関心や、ストレーレルと彼率いるピッコロ・テアトロとによって上演された『われらのミラノ』をめぐって書いた論文[40]の質に、フランカは大きな影響を与えた。彼女はフォルリーでアルチュセールの講演会を開いたが、残念なことに、この日の痕跡は我々の手元からすべて失われている。テアトロ・ミーニモが多大のエネルギーを要求したにもかかわらず、それはフランカの知的活動の一部にすぎなかった。彼女は、哲学書や理論書ばかりでなく（メルロ＝ポンティ、レヴィ＝ストロース、ジェラール・ジュネット、フィリップ・ソレルス、トクヴィル、そしてアルチュセール）、純然たる文学書も含め（ジャック・プレヴェールのほとんどすべての作品、クロソウスキー、ジュネ、ベケット）、いくつもの難しい翻訳をみごとに仕上げていくのである。

テアトロ・ミーニモの冒険はかなり短命であった。上演された劇（とりわけブレヒトの『ガリレオ・ガリレイ』）の性質上、土地の所有者であった教会当局は及び腰となり、続いて直接的な攻撃に打って出てきた。フランカの義母マリアの友人ドン・リッチ神父は夫婦と派手にやり合った。ルイ・アルチュセールの遺された資料には、フランカが憤懣やるかたなく送ってよこした地方紙の切り抜きが保存されている。劇団が長続きするとの幻想をまったく抱いていなかったフランカは、華々しく幕を引く決心をした。共産党市長を擁するフォルリーの市役所の後押しを受け、すべてが自前の劇『抵抗よ、さらば』を舞台に載せたのだった。挿入歌の作詞・作曲を依頼された義理の弟テード・マドーニアは妻のルッリと共にやってきて、それらの歌を歌ってくれた。台本のおもな作者は、作家で大学教師、ランボーとアンリ・ミショーの翻訳者でもあるイヴォス・マルゴーニ、マドーニア一家の女友達で哲学者のフェルナンダ・ミッシローリ、そして手紙の中でディッキーと別名で呼ばれ、ト書きも引き受けたイギリスの作家ブライアン・リチャーズであった。舞台装置はミーノとフランカが担当した。[41] 公演の夕べは物議を醸した。地元の一部の共産党員は、テード・マドーニアのようなかつて党員で、抵抗運動の闘士であった人物から、これほどの反画一主義、あらゆるかたちの記念行事に対するかくも辛辣なアイロニーが出てくるとは予想もしていなかったのである。この最終公演をもってテアトロ・ミーニモは扉を閉じ、劇場に転用された教会は再び静寂の中に戻った。

要するにベルティノーロとは、一つの場所のことであり、一つの大家族のことであり、そして『抵抗よ、さらば』においてすでに出会ったすべての人びとのほか、ガッタ夫妻、マンテガッツィーニ夫妻、マリア＝カルラ・バルトーリ、二人の画家セルジョ・コンポレーシとマッティア・モレーニなど、[42] たくさんのとても忠実で親密な友人たちのことであった。しかしルイとフランカの書簡に出てくるマドーニア荘は、コッラードを欠いては違ってしまっていただろう。見張り番にして管理人、そしてブドウ作りの労働者、酒蔵の主、庭師でもあったコッラードを。彼は一家の一員であり、フランカが最初の手紙の中でじつにみごとにそのイメージを定着させる妻ロマーナと共に、一九八三年の隠居までの五十年近くをマドーニア荘で暮らしたのだった。ベルティノーロはいまも生き続けている。フランカの娘ジョヴァンナは内縁の夫で画家のジョルジョ・ポッピと、様々な連想を呼び覚ます名前を付けられた四人の娘、キメーラ、パンドーラ、ミランダ、ブラミーナと共に、一年中、「上屋」に住まっている。彼女はブドウ園経営を引き継ぎ、新しい苗を移植している。娘のキメーラは、友達といっしょに庭園のはずれの丘の頂に小さな小屋を構えた。その小屋では食事をしたり、この地方のおいしい二種類のワイン、自家製のサンジョヴェーゼ〔赤ワイン〕とアルバナ〔白ワイン〕を賞味することができる。祖母フランカの時代から、この自家製ワインには「フラテッリ・マドーニア〔マドーニアきょうだい〕」（祖父の弟テード、祖父ミーノ、祖父の妹ジョヴァンナ）という名が付いていたが、いまでは、母の名をとって、ジョヴァンナ・マドーニアと呼ばれている。が、もとに戻ろう。

アルチュセールはジョヴァンナとレオナルド・クレモニーニに続き、ベルティノーロのほとんどすべての主役たち、わけてもミーノ、テード、ルッリとマリオを虜にした。さらにフランカの一番下の弟も、フランソワーズ・マンテガッツィーニやベルティノーロにクジャクを持ち込んだその夫パオロなどマドーニア家と親しい一群の人びとも。ノンナとの関係だけはときどき険しいものになった。彼女は息子の嫁の恋愛を快く思っていなかったのである。いずれにせよ、この恋愛は少しも秘められてはいなかった。

マドーニア一家はエオーリエ群島中の一島嶼パナレーアに小さな家を一軒所有していた。その家はいまも一家のものである。一家は一九六一年の八月の終わりをそこで過ごすよう、アルチュセールを招いた。彼は招待に応じたが、さほど気が向いたわけではなく、実際、まるで牢屋にいるようだと不平を鳴らすことになる。九月の初め、それはフランカとアルチュセールの文通が始まったときでもあるが、彼は数日過ごす予定でエレーヌとヴェネツィアで落ち合い、二人はフランスに戻るまえにベルティノーロに立ち寄った。フランカとエレーヌの初めての邂逅であった。

ベルティノーロのもつ魔法の力は何に由来していたのか？　飾り気のなさと気取りなき洗練とが混じり合い、手で触れることができるほどの濃密な「生気」をあの場所に「宿らせていた」、あるいは授けていたからだけではない。来る人びとを歓待し、友達も交え誰をも家族のように一体となって暮らさせる技術、アルチュセールがそれまでついぞ知ることのなかった技術（考えてもみよ、この時期、アルチュセールの手紙でも触れられる妹の抑鬱状態は、彼をしばしば襲うメランコリーや繰り返される彼自身の入院よりも後戻りの利かない曲がり角を、曲がりつつある）のなせる業というだけでもない。あの魔法の力は或る特権的な瞬間に由来していたのでもあった。

魔法は五年続き、その後、ルイとフランカの関係はあいかわらず続いていくにもせよ、徐々に想い出へと色褪せていった。一九六四年、パオロ・マンテガッツィーニがロンドンで軍用トラックにはねられて亡くなった。ミーノの会社は一九六七〜一九六八年の景気の冷え込みの影響を食らった。イタリア共産党に党員登録し、良き下部活動家であったこの社長は、おそらく雇用者としてはあまりにも下で働く労働者たちの将来を慮りすぎ、労働組合との良好な関係を保つことにあまりに固執しすぎたのでは？　彼は多大のエネルギーを費やして工場閉鎖を食い止め――工場が閉鎖されるのはやっと一九九四年のことだ――、一人の失業者も出さずに首尾よく事を運んだ。事態はフランカがルイ宛ての手紙で描く破局的な様相を呈することはなかったが、ミーノはボナヴィータ社を去ることを余儀なくされ、産業公害緩和用フェルト製フィルター分野の研究者として、ドイツの化学会社バイヤー＝ヴォルフィルツファブリークのボローニャ支社に職をみつけた。フランカと家族に求められた最も大きな代償は、ベルティノーロを捨て、ボローニャに移り住むことだった。夫がベルティノーロから毎日通勤することは無理だったのである。フランカは母から譲り受けた土地を売り払い、夫婦はその金でボローニャのど真ん中の屋根裏に一室を購入することができた。そのアパートにはいまも息子のレオナルド、その妻パオラ、彼らの二人の子供トッマーゾとマルタが住んでいる。二、三年のあいだ、ミーノの将来は先がみえなかった。この時期、フランカは、かける手間暇を考えればほとんど実入りがないと言っていい翻訳をやめると決め、哲学教育に邁進することで安定した収入を得ようと考えた。最初、彼女は、ボローニャから遠いことの多い様々な教育機関へと毎年配属を変える非常勤講師であった。哲学のことなどみんな忘れてしまったとこぼしながら、とても熱心に講義の準備をした。

ベルティノーロがお金に困ったことは一度もなかった。そこにあふれていたのは快適な居心地の良さであって、けっして豪奢な贅沢三昧ではなかった。専属の使用人はいなかった。フランカは子供たちがまだ赤ん坊であった頃に一度お手伝いを雇っただけだった。管理人にして見張り番、マドーニア荘の頼れる男コッラードは、地所の酒蔵に寝かされているワインの販売収入で自分の給金を賄っていた。それは彼が現役を引退し、マドーニア荘を暇するまで続いた。ボローニャに転居したからといって、破産したわけでも、借金ができたわけでもなかった。ただお金が減っただけだった。しかしベルティノーロでもボローニャでも、招待される滞在客の数が減ることはなかった。しかもミーノの待遇が急速に好転した。ドイツ語とフランス語を操る語学力が、彼を雇い主にとって貴重な存在に変えたのだった。のちにバイヤー社会長兼社長夫妻が、ミーノの葬儀に参列するため、ミュンヘンからフォルリーに出向いてくるはずである。フランカのほうも地元ボローニャでついに専任講師となった。

だが別の心痛がフランカを蝕んでいった。一九七一年、ジョヴァンナが、なるほど、その後も彼はベルティノーロの義母や一族全員とこのうえなく良好な関係を保ったけれども、レオナルド・クレモニーニと別れた。一九七六年、肺癌の発覚から三ヵ月でミーノがこの世を去った。彼の死からフランカはもう立ち直れなかった。彼女の健康は悪化した。アルチュセールとの関係は、穏やかな、しかしもはや幻想のない相互了解に変わっていた。アルチュセール自身もエレーヌとのいや増す困難な時期を通過しようとしていた。とはいえ、その後、一九七六年に彼は正式にエレーヌと結婚した。父シャルルの死から一年後のことだった。「あれが僕にジャンプする力をくれた」、ひと言ですべてを語るがごとく彼は友人ポール・ド・ゴドマールに告白したが、アルチュセールが親しい人びとの誰にも結婚を知らせていなかったことに、ド・ゴドマールは驚いた。フランカが最後にルイ・アルチュセールに会ったのは、彼がローマに立ち寄ったあとの、一九八〇年六月のボローニャでのこと、彼女がみたアルチュセールはひどく落ち着きがなく、彼女を不安にさせた。

しかし、書簡の放つ緊張感の変化から窺われるフランカの生活の翳りには、政治状況のもつなにかが絡んでもいた。一九七〇年まで、フランカは親共産党派であり、彼女の多くの友人も同じ立場だった。社会運動の激化と党体制面での腐敗と共に、イタリア共産党に対する彼女の個人的な態度はいちじるしく批判的になり、とりわけ「歴史的妥協」[43]についてはそうだった。弟マリオと同じ経路をたどって、彼女はラジカル化していった。おそらく親しい人たちに心配をかけまいとしてのことだろう、自分の活動については一切口をつぐんだが、彼女の生活はいよいよ孤立の度を深め、視力も肝臓の状態も悪くなっていった。長期療養休暇をとり、もはや教壇には立たず、極左政治活動を続けていった。それはイタリア全体が騒然とした時期、アルドー・モーロ暗殺事件に象徴される時期であった。

彼女の最期は酷かった。一九八〇年十一月十六日のエレーヌの死の悲劇に衝撃を受けた彼女は、年を越すやすぐにパリに駆けつけ、サン＝タンヌ病院に収監されてジョリ判事の聞き取り調査を受けていたアルチュセールに会おうとした。精神科医たちは患者が女性に会うことを一切禁じていたので、彼女は面会を果たせなかった。そのことに激しく動揺した彼女は、翌日の夜、腹部の激痛に襲われた。サン＝ルイ病院に収容され、胃に穴を空けていた潰瘍の緊急手術が施された。快方に向かわなかったため、彼女はヴィルジュイフ病院の肝臓病専門医ビスミュート教授の医局に転送されたが、数日後、あっという間に息を引き取った。一九八一年二月一日、エレーヌの死から二ヵ月半後のことだった(44)。

一九八〇年四月、アルチュセールも食道裂孔をひきおこしかねないヘルニアを手術した。一九八一年のその冬、サン＝タンヌ病院オリエ教授の医局にあって、鎮静剤と神経弛緩剤のせいで霧中にいた彼には、我々が公刊する五百通もの手紙を十二年間にわたって書き送った相手の女性の悲劇的な運命を知る由もなかった。彼がやっとフランカの死を知らされたのは、ソワジのオ＝ヴィーヴ診療所を退院するとき、七月のさ中にすぎない。

ルイ・アルチュセールの甥で包括受遺者であるフランソワ・ボダール、フランカ・マドーニアの二人の子供で包括受遺者であるジョヴァンナ・ピンパ・マドーニアとレオナルド・マドーニアは、当書簡集の出版許可を与えてくれた。深く感謝する次第である。また我々の感謝の念は、書簡集を「完全版」にするというたいへんな仕事を企画した次の人びとにも及ぶ。IMEC館長オリヴィエ・コルペ、ストック出版編集長モニク・ネメ、ファイヤール＝ストック出版社長クロード・デュラン。フランカの義理の妹ジョヴァンナ・マドーニアはフランカの手紙のフランス語訳を、時間を惜しまずじつにていねいに読み直してくれた。編者解説の執筆および人名索引についても、彼女の一族に関する部分がより適切に、より正確になるようにと彼女が差し延べてくれた助力が大きく物を言った。人名索引の作成、説明のための注の執筆、草稿の部分的な見直し、資料と写真の収集については、すでに名前を挙げた人びとのほか、次の人びとの協力にも感謝しておきたい。レオナルド・クレモニーニ、ジョルジョ・ポッピ、ピエール・ゴディベール、ルチアーナ・キルコとマリオ・キルコ、ジャン＝ルイ・ボドリ、ロベルト・アルバレス＝リオス、ジャニーヌ・シャルボニエ、ロベール・パリ、アントニオ・ネグリ、アンドレ・シャバン、サンドリーヌ・サンソン、アニエス・イスカンデール、パオロ・ロッロ、ジャクリーヌ・シクレ。

フランソワ・マトゥロン
ヤン・ムーリエ＝ブータン

（1）　この問題はヤン・ムーリエ・ブータンのアルチュセール伝第一巻（Yann Moulier Boutang, *Louis Althusser, une biographie*, vol.1, *La formation du mythe* （*1919-1945*）, Bernard Grasset, 1992――以下 Y. M. B, *Bio.*, I と略記）、および、現在準備中で同出版社から近刊予定の第二巻（*Le Moment Althusser,* *1956-1990*）において議論されている。

（2）　①、『未来は長く続く』（*L'avenir dure longtemps*, suivi de *Les Faits*, Stock-IMEC, 1992）、リーヴル・ド・ポッシュから出た索引付きの増補新版（Le Livre de Poche, 1994）、以下この新版を L. A. *L'avenir...*, (Poche) と略記。②、『捕虜日記』（L. Althusser, *Journal de captivité, Stalag XA, 1940-1945*, Stock-IMEC, 1992）、以下 *Journal de captivité* と略記。③、『精神分析論集』（L. Althusser, *Écrits sur la psychanalyse, Freud et Lacan*, Stock-IMEC, 1993）、以下 *Écrits psy.* と略記。リーヴル・ド・ポッシュから出た再版（Le Livre de Poche, 1995）は *Écrits psy.* Poche と略記。④、『哲学・政治著作集』第一巻（L. Althusser, *Écrits philosophiques et politiques, tome I*, Stock-IMEC, 1994）。⑤、『哲学・政治著作集』第二巻（L. Althusser, *Écrits philosophiques et politiques, tome II*, Stock-IMEC, 1995）。『哲学・政治著作集』の各巻を、以下、*Écrits philo. t. I* および *Écrits philo. t. II* と略記。ここにリスト化した刊本はすべて未刊遺稿であるが、さらに次のものを付け加えておくのが望ましいだろう。講演集『精神分析と人文科学』（L. Althusser, *Psychanalyse et sciences humaines, deux conférences* （*1963-1964*）, Le

Livre de Poche, 1996) ——以下 *Psy. Conf.* と略記。『哲学について』(L. Althusser, *Sur la philosophie*, L'infini, Gallimard, 1994) ——以下 *Philo.* と略記。『再生産について』(L. Althusser, *Sur la reproduction*, Actuel-Marx Confrontation, PUF, 1995) ——以下 *Reproduction* と略記。また、生前に出版されたアルチュセールの作品も大部分が再刊された。エティエンヌ・バリバールによる解説を付した『マルクスのために』(*Pour Marx*, La Découverte, 1996) ——以下 *P. M.* と略記。一九六五年の初版に対する正誤表を付した『資本論を読む』(*Lire le Capital*, Quadrige, PUF, 1996) ——以下 *L. L. C.* と略記。『モンテスキュー』(*Montesquieu, la politique et l'histoire*, Quadrige, PUF, 1985)。最後に論文集『マキャヴェリの孤独』(*La solitude de Machiavel et autres essais*, Actuel-Marx Confrontation, PUF, 1998)。

(3) アルチュセールを指して実従姉妹と妹がつくった「かばん語」。*L'avenir* (Poche), p. 48.〔typapart は type à part =「特別な子」といったほどの謂。『未来は長く続く』によれば、生まれたアルチュセールの大きな頭をみて、母方の祖母が「この子は他の子と違う！」と叫んだと言う〕

(4) 〈訳注〉アルチュセールが哲学の復習教師として勤務し、かつ、居住の場とした高等師範学校の所在地。

(5) *Journal de captivité*, (1992).

(6) 一九五〇〜五一年に書かれたジャン・ラクロワ宛ての手紙 (*Écrits philo., t. I*, pp. 277-325) は、手紙にしては異例の長さをもつ一種の政治的マニフェストで、著者生前にはまったく公表されなかったが、神話というにふさわしいかたちで人口に膾炙した。

(7) Y. Moulier Boutang, *Bio.* vol. 1, (1992).

(8) *Écrits psy.* (1993), pp. 55-110, et pp. 267-305.

(9) *Philo.*, pp. 85-137 (1984-1987).

(10) *Écrits philo., t. I*, pp. 525-529 (1987).

(11) 精神病院に入院中のルイ・アルチュセールが神経弛緩剤と催眠療法がもたらす記憶鈍麻の状態で過ごした時間、通信文の冒頭に時刻、昼であるとか夜であるとかを意味もなく書き付けたままふっつり途切れる音信不通の時期を差し引けば、毎日平均三時間から五時間が手紙に費やされたと推定したくなって当然である。そしてその時間の優に半分以上が恋人たちにさかれたのである。

(12) アルチュセールが共産党幹部やなんらかの政治的役割を担う党員の友人たちに宛てた「政治的」な手紙には、かなり裏表がある。ただ、マリア・アントニエッタ・マッチョッキがイタリア共産党国会議員候補としてナポリから立候補しようとしていた一九六八〜一九六九年に彼女とやりとりされた書簡は別である。これは最初からイタリアで公刊されることを前提にした書簡だった。この往復書簡のフランス語版 (Maria Antonietta Macciocchi, *Lettres de l'intérieur du Parti*, Maspero, 1970) では、アルチュセールは最終的に自分の手紙を削除させた。〔マッチョッキはヨーロッパの政治舞台を代表する知識人の一人で、中国、グラムシ、ファシズムなどを論じた著書をもつ。レジスタンスに参加し、イタリア共産党の有力メンバーとなったが、一九七七年に除名後、新聞記者として活躍し、パリ第八大学でも教鞭を執る。イタリア国会議員、欧州議会議員を歴任。アルチュセールとの交渉の様子は、彼女の自伝『幸福の二千年』(*Deux mille ans de bonheur*, trad. française par Jean-Noël Schifano, Grasset, 1983) で触れられている〕

(13) 話を簡単にするため、ここではこの三人の名を挙げるにとどめる。アルチュセールが晩年、彼の伝記作者〔ヤン・ムーリエ＝ブータン〕との会話において記憶にとどめていた三人である。女性問題の全体についてはY. Moulier Boutang, *Bio., I et II* 参照。

(14) ルイ・アルチュセールがクレール宛ての手紙の一部を所持していた理由は、アルチュセール伝第二巻で明らかにされる。

(15) 一九九一年五月〜六月におこなわれた全遺稿のＩＭＥＣへの移管に先立ち、フランソワ・ボダールの依頼を受けてヤン・ムーリエ＝ブータンが作成した大雑把な目録による。

(16) オリヴィエ・コルペ、フランソワ・マトゥロン、ヤン・ムーリエ・ブータン、クロード・デュラン、モニク・ネメからなる編集班と、ルイ・アルチュセールの甥で遺言により包括受遺者に指定されたフランソワ・ボダール。

(17) アルチュセールによる自伝は彼の伝記ではない。伝記が実証した事実と『未来は長く続く』が語る話とを突き合わせてみれば、この点はじつにはっきりする (cf. Y. Moulier Boutang, « Biographie contre autobiographie », *Le Magazine littéraire*, no 304, nov. 1992, pp. 18-22)。アルチュセール自身の口から得られた情報は、それが第三者との面談によって確証された場合でも、何十年も前に遡る事実であるため、全幅の信頼性を与えるには、書簡の篩をとおす必要があった。書簡は、構成されつつある歴史と記憶をめぐる、文字にされた掛け替えのない情報源なのである。

(18)『哲学・政治著作集』第一巻（一九九四年）のフランソワ・マトゥロンによる編者解題。また『アクチュエル・マルクス』誌に掲載予定の論文 F. Matheron, « Louis Althusser ou l'impure purté du concept » も参照。

(19) L. Althusser, *Philo.* (1994).

(20) 一例だけ挙げておけば、『資本論を読む』序文において、本は開くだけでは読めないと理論化されたが、これはフランカ宛て一九六四年二月二十一日付書簡とは真っ向から食い違っている。

(21) 同年十一月三十日、ジョルジュ・コニヨの批判に答えるかたちで書かれ、なおかつ、共産党の理論誌『ラ・パンセ』の編集委員会で、おそらく、おおやけに読み上げられもしたテキストにおいて、まったく正反対のことを言うことになるにもせよ。「誰も自分の未定稿など公刊しないものだ。いっしょに自分の誤りを公開することになるのだから。ところが、他人の未定稿なら、公刊してしまうこともある」。*Écrits philo. t. II*, pp. 385-387 参照。おまけに相手がアルチュセールときては、なにごとも簡単にはケリがつかない。いま挙げた発言は一度もおおやけにされず、彼の段ボール箱の中に埋もれたままだったのである。

(22) 重要な手紙に関しては、遺された資料に多数の下書きが保存されていた。中にはカーボン紙で複写された写しも。

(23) 本巻図版部に写真を載せた一九六四年五月一日付の手紙を参照。

(24)〈訳注〉ルイジ・ピランデッロ（1867〜1936）は現代前衛劇の先駆をなすイタリアの劇作家。その演劇の力点は人間の外面と内面の矛盾相剋にある。

(25)『哲学・政治著作集』第一巻のF・マトゥロンの編者解題を参照。

(26)〈訳注〉学生と労働者による戦後最大の社会的・政治的闘争が頂点に達した一九六九年の秋を指す。

(27) アルチュセール伝第一巻の末尾と近刊予定の第二巻の初めの数章を参照。

(28) この変化の経過報告は、エティエンヌ・バリバールが一九九六年の『マルクスのために』再版に付した序文を参照。

(29)〈訳注〉前作の詩で歌った内容を否定する古典ギリシアの詩形式。

(30) この詳細については、アルチュセール伝第二巻を参照してもらいたい。

(31) これらの情報を集めることができたのは、次の人びとへのインタビューをとおしてである。アルチュセール、レオナルド・クレモニーニ、ジョヴァンナ・マドーニア、フランカの娘ジョヴァンナ・ピンパ・マドーニア、フランカの弟マリオ・キルコ、マリオの妻ルチアーナ。ベルティノーロで我々を迎えてくれたフランカの家族は、手元にあったアルチュセールの手紙を、IMECに預けるまえに我々に託してくれたことで、我々の仕事を大幅に容易にしてくれた。

(32) レオナルド・アクワティは輝かしい成功を収めた。銀行の支配人、次いでパリ交通公団に相当するミラノ都市交通営団の総裁となったのである。彼には子供がなく、遺産を妹夫妻と、可愛がっていた彼らの子供たちに分与した。

(33) 淫乱な者たちが罰せられる〔地獄の〕第二圏において、不義を犯した男女パオロとフランチェスカが情け深い筆致で描かれるダンテ『神曲』、地獄篇、第五歌、九七～一四二行参照。「すると女が私にいった、『不幸の日にあって　幸福の時を思い出すほど辛い苦しみはございません。それはあなたの先生も御存じでございます』〔平川祐行訳、河出書房新社、一九九二年〕」。チェゼーナ生まれのパオロ・マラテスタはフランチェスカの義理の弟であり、フランチェスカはダンテが最晩年の四年間をそのもとに寄寓した〔ラヴェンナの領主〕グイード・ノヴェッラ・ダ・ポレンタのオバに当たる。フランチェスカの夫、かたわで醜男のジャンチョット・マラテスタは妻と、自分の領地リミニの城に住む弟との不義の現場を取り押さえ、過ちを悔いる間も与えず二人を一刀のもとに斬り殺し、地獄へ送った。彼はダンテによって、肉親を裏切った者たちが堕ちる円、カインの国であるカイーナに入れられる（地獄篇、第三二歌）〔地獄の第九圏コキュトスは罪の種類に従って四つの同心円に分かれている。その第一の円がカイーナである〕。

(34) 〈訳注〉　蓄音機に耳を傾けるフォックステリアのレコードラベルで有名なグラモフォン・カンパニーは、この商標の元になった絵のタイトルの頭文字をとってＨＭＶ（His Master's Voice）とも称された（あのフォックステリアはニッパーという名の実在の犬で、飼い主の死後、その弟が「主人の声」と題するニッパーの絵を描いた）。一九三一年、大恐慌による破産を避けるため、ＨＭＶは当時のライバル会社コロンビア・グラモフォン・カンパニーと合併し、ここにＥＭＩ（Electric and Musical Industries）が成立した。ウォルター・レッジ（オペラ歌手エリザベート・シュワルツコプフの夫）はＥＭＩ所属の才能豊かな敏腕音楽ディレクターで、戦後のクラシック界に大きな影響力をもった。フルトヴェングラー、フォン・カラヤンなどと親交を結び、一九六三年まで、オペラ歌手マリア・カラスのほとんどすべてのレコーディングをプロデュースした。また彼は、ＥＭＩのレコーディング専用の楽団として、フィラデルフィア管弦楽団を創立した。

(35) この赤ん坊は頭からではなく、尻（イタリア語で podalico という）から披露されたので、Podino という渾名がついた。

(36) クレールとの関係の始まりについては、Y. M. B, *Bio. I*, pp. 501-505 および同伝記第二巻第一章を参照。

(37) 〈訳注〉ピランデッロはローマ大学とドイツのボン大学で哲学と言語学の学位を取得したのち、ローマの女子高等師範学校でイタリア文学を講じていた。

(38) 〈訳注〉イェジィ・グロトフスキー（1933～1999）は、アントナン・アルトー（フランスの俳優、劇作家、演出家）を引き継ぐ大胆な演出法で古典演劇を舞台に載せたポーランドの演出家。彼は一九八六年からイタリアのポンテデラに住み、そこで演劇のためのワークセンターを主宰した。

(39) 〈訳注〉原文では「ナンダン」および「スアイリ」だが、本書所収の家系図では「ナンダル」、「スアリ」となっている。いずれが誤植なのか判断がつかないので、家系図に載っている名前を採用した。

(40) 〈訳注〉『マルクスのために』所収の論文「「ピッコロ」、ベルトラッツィとブレヒト——唯物論的演劇に関する覚書」。

(41) ベルティノーロに登場する脇役たち全員についての詳細な情報を提供することはしなかった。補足的な情報を求める読者は、本書巻末〔訳書最終分冊〕の人名索引に当たられたい。図版部に挿入した家系図も、親族関係を特定する一助となるだろう。

(42) 人名索引を参照のこと。

(43) 〈訳注〉一九七三年十月、イタリア共産党書記長エンリコ・ベルリングェルが提案した、カトリックとの妥協路線を指す。

(44) 死因はＣ型肝炎による肝硬変であった。Ｃ型肝炎はすでに一九七九年に判明していたが、完治していなかった。おそらく潰瘍手術のときの麻酔が肝硬変を一気に進行させたのである。

編集ノート

この校訂版書簡集は、ルイ・アルチュセールとフランカ・マドーニアの手紙のオリジナルをもとにしてなった。アルチュセールの手紙は、伝記執筆用資料という制限付きで、一九九三年、フランカの娘ジョヴァンナ・マドーニアからヤン・ムーリエ・ブータンの手に託された。その後、彼女はこれらの手紙をＩＭＥＣ《イメック》に移管した。大部分の手紙はアルチュセールの手でほぼ完全な日付が記されているか、消印の押された元の封筒に収められていた。しかし八六通だけは曜日のみ記されているだけで、封筒なしの裸で発見されたため、日付特定が厄介な問題になった。フランカ・マドーニアの手紙は、アルチュセールの遺された全資料と共に、フランソワ・ボダールによってＩＭＥＣ《イメック》に託された。アルチュセールの手紙より短めであることが多いものの、フランカの手紙も最初のうちは彼に負けないくらい多数に上る。しかし、一九六三年を境に徐々に頻度は落ち、一九六六年以降は間隔がひどく空くようになる。しかもかなりの数の手紙が失われているように思われる。フランカ・マドーニアは曜日しか記さないことがじつに多く、しばしば封筒なしでか、アルチュセールによって元の封筒とは別の封筒に入れられて発見されたため、彼女の手紙については何度も日付特定が大きな問題になった。

完全な往復書簡のかたちでの出版は実際上できないという事実に直面した我々は、フランカ・マドーニアの手紙からかくべつ重要な二二通を選り出すことにした。仮に紛失がないとすれば、あったとしても、いずれにせよ、ごく少数であろう、本書でおおやけにする五〇七通の手紙、葉書、電報が、フランカに宛てられた通信文のすべてである。ただし、送られずに遺稿の中に残っていた手紙、日付を決定できない短信、かなりの数に上る図形詩《カリグラム》(1)、別に発見された書きかけの手紙、そして存命中か亡くなって間もない第三者の私生活を侵害するおそれのあるいくつかの文章(削除は(・・・)によって示した)は別である。

ブラケットで括り[手書き]と、特に断ってない限り、本書を構成する手紙のオリジナルはタイプで打たれている。日付の書き方は当事者たちの癖を尊重したが、不可欠な補足はブラケットに括って追加し、重大な疑問が残る場合は、日付のあとに疑問符を添えた。綴り《スペリング》と句読法はほぼつねにオリジナル通りとした。とりわけ、大文字で書き始められない文章やピリオドなしの文章はそのままのかたちを保存した。この手法は単なる不注意とみるにはあまりにも頻繁に使われているからである。もちろん、明らかな誤字は我々の手で訂正し、本文の理解に不可欠な句読点をかなり付け加えた。イタリック体(2)にした文章・語句は、オリジナルでは、タイプされた手紙の場合にはタイプライターによる下線が打たれた箇所、手書きの手紙の場合には中断のない一本の下線が引かれている箇所に相当する。本書において下線が引かれた文章・語句は、タイプされた手紙の場合に手書きの下線が引かれている箇所に相当する(大部分はアルチュセールによるものだが、たぶんいくつかはフランカによるものが混じっている)。本書において下線が付いて、なおかつイタリック体になっている文章・語句は、タイプされた手紙ではタイプライターによる下線と手書きの下線が同時に付けられ、手書きの手紙では二本またはそれ以上の下線が引かれている箇所に相当する。ブラケットで括り〔アルチュセール注〕[2]と、特に断りのない注はすべて編者によるものである。固有名が出てくる人物についての説明は人名索引に回した。

日付のあとにブラケットに入れて注意を促したいくつかの例外はあるが、アルチュセールの手紙はフランス語で書かれた。全部が、またはほとんど全部がイタリア語で執筆された手紙についてはフランス語に翻訳し、訳文のみを載せた。それらの手紙の中に出てくるフランス語の文章・語句は、訳文では二つのアステリクス〔*〕で囲んである。アルチュセールの書くイタリア語の見本を提供しようとの配慮から、イタリア語で書かれることの多かった電報と、イタリア語混じりのフランス語の手紙の中に挿入されたイタリア語は、逆に原文・原語を保存し、その訳をブラケットで括って付した。最後に、フランス語の単語とイタリア語の単語が解きほぐし難く混淆した文章はそのままとした。それらイタリア語単語をフランス語に直しても、ただ歪曲にしかならないだろうと考えたからである。明らかなタイプミスを除き、いかなる場合もアルチュセールのイタリア語を添削することは避けた。

すべてイタリア語で書かれているフランカ・マドーニアの手紙は我々の責任で翻訳し、ジョヴァンナ・マドーニアに校閲してもらった。原文中に出てくるフランス語の文章・語句は二つのアステリクスで囲んだ。この書簡集にはじつに緊密なまとまったリズムがあるため（或る手紙に対する答えが、四、五通の手紙をやりとりしてからなされるといったような）、我々は厳密な日付順とはせず、フランカの手紙を、それに応えるか、それが応えるアルチュセールの手紙の次にもってくることにした。[2]

（1）〈訳注〉視覚的効果を狙い、詩行を絵のように配置した詩、詩人アポリネールによって創出された技法。
（2）〈訳注〉これらの説明は翻訳では無意味にみえるが、読者に原書の状態を或る程度想像してもらうため、敢えてそのまま訳した。本邦訳では原則として「凡例」のようなかたちを採用した（例外もままあり）。

一九六一年

【一九六一年九月三日？】

［手書き］

キオッジア(1)　日曜　一三時

ナポリ～ロッカラーソ。リミニでイヴォス(2)は列車に乗った。ベルティノーロ（一六時）にはテードとルッツリがいた。テードが来たのは正午。フォルリーでヴィリアーナ(3)と合流。まちがいなくヴィリアーナは多くのことを察している、口にこそ出さないけれど。その後、夜にラヴェンナ　河　河　また河　いまキオッジア。

おやすみ　フランカ　チャオ　フランカ　おはよう　フランカ

ルイ

(1)　ヴェネツィア近くの町。このときアルチュセールは、マドーニア家の別宅がある、エオーリエ群島中の一島嶼パナレーアでの滞在後、ヴェネツィアでエレーヌと落ち合うことになっていた。当時、マドーニア一家はロマーニャのフォルリーを通常の居住地とし、フォルリーに近いベルティノーロにはヴァカンスのあいだだけ滞在した。

(2)　すべての人名については、〔分冊最終巻〕巻末索引を参照。

(3)　〈訳注〉この Viliana は六一年九月二十四日の手紙から察するに、「ウィッリアーナ Williana」のことだと思われる。誤記か？、あるいは Williana は「ヴィリアーナ」と発音するのかもしれない。本書では「ウィッリアーナ」とした。

【一九六一年九月五日】

［手書き］
火曜　一〇時　ヴェネツィア(1)

フランカ　今日の夜　真夜中　人が僕を起こし　君からの電報(2)をもってきてくれた。信じられないくらい素晴らしい夢をみさせてくれた誰に感謝したらいいのか、〈郵便局〉、それとも〈ホテル〉？――眠りの中で君が僕のもとに来てくれた。君でいっぱいの眠りの中で。――ごく手短に、ごく手早く君に言っておきたいことが二つある　1／H［エレーヌ］の発作はとても激しく深かった、彼女はそれをうまく活かした――ほとんどすべてを独力で切り抜けてみせた――ここに着いて一時間後、彼女はすべてを告白し、すべてを話して聞かせてくれた――結果はこのうえなく良好　パリで味わったきつい日々を　いま彼女は自分で吟味している。僕の診断は当たったわけだ。

2／どこでどのようにかはまだわからないけれど、出発前に**どうしても**君にもう一度会わなくては。ベルティノーロに君宛てで知らせる。うまくお膳立てするから、任せて……

フランカ　フランカ　フランカ
フランカ　フランカ　フランカ
フランカ
フランカ

（1）　ティエポロ〔Giambattista Tiepolo 1696 ~ 1770. フラスコ画の達人と言われたヴェネツィア派の画家〕の絵『ヴェネツィアに富を恵

むネプチューン』の部分図をあしらった葉書。

（2） アルチュセールとエレーヌに宛てられた一九六一年九月四日付イタリア語の電報、「ぜひともおいでくださるよう唯一の手段〔電報〕にて　心よりお伝えする」。

【一九六一年九月五日】

［ヴェネツィアからパナレーアに宛てられた電報］

電報に感激　二人ともヴェネツィアで元気〔エレーヌは〕カーサ・フロッロ(1)で蘇る　ミーノ　フランカ　ピンパに心よりの抱擁を

ルイ　エレーヌ

（1） カーサ・フロッロはヴェネツィアのジュデッカ島にあるペンション。

【一九六一年九月八日】

［ヴェネツィアからパナレーアに宛てられた電報］

参加制民主主義団は決定　十日　日曜　ヴェネツィアを離れる　キャンプ場《カンペッジョ》の近くに泊まるところを探すつもり　ベルティノーロ友愛訪問団の受け入れを考えて　あとで手紙にてベルティノーロに知らせる　心を込めて

ルイ　エレーヌ

【一九六一年九月八日】

［手書き］

金曜――ヴェローナ――正午

……フランカ、フランカ、ダンテ広場（別の！）[1] から、ヴェローナから、君にこの手紙を書いている（マンテーニャの展覧会《モストラ》をみにいくための駆け足旅行）――今朝出掛ける前にヴェネツィアから送った「参加制民主主義団」の電報は受け取ったはず。電報の目的は

1／十日以後も君がパナレーアにいるつもりなら、そうさせないため……

2／十日、日曜にヴェネツィアを離れると君に知らせるため

3／ラヴェンナ近郊、君にわかる浜辺近くに宿をとるということも――カサル・ボルセッティ（軍人用カフェ）、マリーナ・ロメア[2]のどこかのホテル（モレーニよりも小さいホテル）、トレ・モーリ、それらのどれか。

4／これは海の近くにするため。四日間の海水浴で、みんな大いに楽しめる

5／君に会うため――君にだ（周囲の眼がダンダン厳シク《センプレ・ペッジョ》なっていく中で）それとできればテード、ルッリ、ミーノにも会いたい。

十一日月曜の午前中の遅く、十一時か十一時半には**ほぼまちがいなく**僕らは軍人用の浜辺にいるはずだ。

テードとルッリ、それにピンパを連れてこれるなら、会ってみんなで話し、別の場所でまた会うことにしようと「民主的‐全員参加的」に決めることもできるだろう。浜辺のことを言うのは、僕のほうからベルティノーロの君たちを訪ねるのはまだ時期尚早で、まずいと考えるからだ。テード‐ルッリといっしょに来られないなら、もちろん、**一人でおいで**。なにかの理由で**来るのがまったく無理**なときは、午後の早いうちに（二時から三時のあいだ）ベルティノーロに**僕から電話する**（召集《プレノタツィオーネ》を掛けるために）。——これが僕の立てた計画……。エレーヌはとても元気——イタリアに来てまだ少しはしゃぎすぎているところもあるけれど。彼女は広場や市場を駆け回っている。もう少ししたら、いま手紙を書いているこのカフェに戻ってくるだろう。そうしたら、カンパリソーダで君に乾杯だ。

フランカ　君にはいっぱい話すことがある、パナレーアのこと、君のこと、僕のこと、君と僕のこと。続いている。僕は君を僕の中に宿してしまった、なんと重いこと、重いよ、僕の黒い太陽、(3) なんと軽いこと　僕の軽快な歓び。続いている、いつも同じことだ、毎日、それが始まる。

ルイ

（1）〈訳注〉フォルリーにも同じ名の広場があり、そこが当時のフランカの住所。
（2）ラヴェンナ近くの温泉地。
（3）〈訳注〉フランカは黒い瞳と黒い髪と褐色の肌をもつ。

【一九六一年九月十一日】

［キオッジアからベルティノーロに宛てられた電報］

こんにちは　民主的協同組合の決議を尊重するよう旅人は願う　月曜　九時半　ベルティノーロの郵便局に電話する

書記長ルイ

［一九六一年九月十五日］

［ラヴェンナのマリーナからベルティノーロに宛てられた電報］〔全文イタリア語〕

二時頃ベルティノーロ到着　僕たちを待っていて　よろしく

ルイ　エレーヌ

［一九六一年九月十五日］

［ボローニャからの手書きの手紙］

金曜　二三時

知らぬ間にもうラヴェンナ、まず沈黙があった、続いて君の話をした、この刺すような沈黙の中に唯一住み込んでいるその名前を声に出して言える、それが一つきりの方法、ラヴェンナ、食事、道、トランクがここに、もうすぐ十一時　嫌がうえでも出発の身支度、短かすぎるであろう今日の夜、そして道、道――その果てに勝手知った古い世界、過ぎ去った僕の人生のすべてである古い世界がある、そこに君を案内しよう、その世界に君を紹介しよう。こちらがフランカ、フランカです、闇、夜、火、美しく醜く、情熱と理性の極み、激越にしてまたおしとやか、なんとでもお好きなようにおっしゃるがいい、能う限りなんとでも、でもこれが僕の愛するフランカです、恋人よ　僕は君を愛することでくたくただ　今夜は脚が棒でもう歩けやしない――だからといって、君のことを考え　君のあとを追い　君を愛する以外、今日の僕に何ができたろう?、棒となった脚、まるで果てしなく歩いたかのよう――いや、おそらくそれだ、君が僕の前に開く空間を踏破するための果てしない歩み。わかっている、これは僕の歓び、僕は何度でもうべなう、明日も続くこのかくもたやすい労を、この愛おしい疲れを、あらゆる苦痛を――僕たちに蒙るいわれなどない苦痛、無意味な苦痛をさえも、隔たりと不在という理不尽な苦痛をさえも。

君が僕にくれた富、君が僕にくれる富は無尽蔵だ。僕は独りで出発するのではない、尽きることのない発見と認識をもたらすこの贈り物といっしょに出発するのだ。発見し認識することは、君から僕を隔てるすべての日を埋めるための――おっと、ただし、この埋める作業に僕がのめり込んでしまわない限りで、悪いことが僕の愛しいフランカに起きない限りで――来る日も来る日も続く務めであり仕事だ。恋人よ僕はそう言っておく、そうほんとうのことを言っておく――だが僕がそう言っておくのはまた、君を求めたい、君にこの場にいて欲しい、君の顔がみたい　君と話したい　君に触れたい、君を抱きしめたい、そういう欲望と戦うためでもある（ただ僕にはどうしたらこの欲望に堪えられるのかわからない――どうしたら堪えられないものに堪えられるのか）（僕が君に手紙を書く理由もそれだ――君にはわかりすぎるほどよくわかっているはずだ、書くとは現前させる或る種のやり方であるということ、不在に対する闘いであるということ）……

……………………………………………………………

今日の午後、君に言ったことのすべてを一つも忘れないで欲しい――先日、美しい田園で言ったことも。それらすべてを心に刻んで欲しい、それらすべてが君の肉　君の血　君の息になって欲しい。フランカ、僕の愛しい人、僕の優しい恋人、僕の激しい恋人、僕の最愛の人、僕は心から君にこう言いたい（けっしてなにも言うことのないこの僕が!!）、二人で長い旅を**始めよう**、長い歴史だけを**始めよう**、暁が射してきた、眼をお開け、夜がまだ小枝に引っかかっているが、眼をお開け　恋人よ、日の光がそこにある、それは少しずつ生まれようとしている、まるで僕たちのようにゆっくりと、まるで僕たちのようにジリジリしながら、まるで僕たちのように間近に素早く。

僕は君のすべてを受け止める　僕は君を迎え入れる、僕は言う　君を愛していると　僕は言う　チャオ　フランカ　フランカ　フランカと、夜を日に継いで僕は言う　フランカ　フランカ　フランカと　何度も繰り返しそう言うために　ルイ。

［一九六一年九月十七日］

［手書き］

シャンベリ　日曜　九時三〇分

このとても古い紙の上で
とても古い家の中で
とても古い友人たちのもとで
しかし朝はかくも若々しく　僕はまさにその朝の年齢をもつ
君にご挨拶　フランカ、チャオ　チャオ　チャヤオ
昨日のあの旅　あの暑さで　すっかり憔悴しきっていたものの
夜はすべてを修復してくれ　僕はめざめる
と　そこに君がいた
そう　僕は全力で眼の前に再び君をつくりだしたのだ　君の顔　君の声　君の仕草　君のまなざし　君の
体を
君の未完成さを　僕の大好きな未完成さを
君をみるたび僕の心を衝くのは
完成された　そう　完成された未完成さ
それ以外のなにものでもない（なにかを欠くもの、欠陥ではない）（君は欠くものをもたない）
さらに君の額と
君の微笑みとのあのコントラストも
そのほか　もろもろのことどもも
おしゃべりしている時刻でも時機でもない

陽は昇った　出発だ　町　桟橋　別世界へ
僕は自分の中に僕の別世界を携えていく
心に適い　選ばれた　なくてならない僕の世界
それは僕の中に深く根を延ばす
根が張るのを感じる　フランカ

チャオ　恋人よ　チャオ　僕の愛しい人　君の全身を抱擁する　そう　**全部を**

ルイ

【一九六一年九月十九日】

フランカ

　こう君に言うためのこれは手紙

　１／僕から毎日、いや、毎日でなくとも、一日おきとか、二日おきとか、手紙が来るのは当たり前と思ってはいけないよ。こんなにたびたび僕が君に手紙を書いてきたのは、僕のせいじゃない、仕方ないのさ、どうしようもできないのさ、つまり、止めようったってできなかったということ、要するに……手も足も出ない！　わかったかい、ええ？　それはそのようにしかありえないものと諦めてくれ、ひょっとしてこんなふうに思うことがあったら、シャンソンにあるようにコレカラモソレハ続ク《クサヴァデュレ》、コレカラモソレハ続ク《クサヴァデュレ》とか……、今日もまたあの人はわたしに向けて駄弁で紙を埋め始めるだろうとか、たとえばこの瞬間にも、このいまにも、すぐにでも、あの人はよもやま話をしようとタイプライターかなにかでわたしに手紙を書き出すだろうとか、そのほかもろもろ、そしてあの人は、もちろん、一日中わたしのことを考えているにちがいないとか（君はそうあってくれさえすればいいと思っている、白状したまえ！）、君がそんなことを思っているなら、さて、いいかい、僕の可愛い人、君は自分一人の世界に入り込んでいるse ficher dedans《スフィシェドゥダン》（訳、思い違いをしている）(1)、これでわかったかい？　君を愛してる、君に首ったけ、寝ても醒めてもまるで僕の命でもあるかように君のことが取り付いて離れない、etc. etc.、と言うために僕が自分の時間を使うだろうと、君がそんなふうにも思っているなら、さて、いいかい、僕のお美しい恋人さん、君は〔指を鼻の穴にではなく〕眼に突っ込んでいるse mettre le doigt dans l'œil《スメトルルドワダンルイユ》（訳、編者注1に同じ）。

僕が君に手紙を書くのは、君に手紙を書くためではない、ああしたことを君に言うためではない。僕が君に手紙を書くのは、ただ書くから、どこかに潜んでいるなにかが君に手紙を書くよう僕を駆り立てるから（まったく、ふと気づくと、手紙を書いている真っ最中……、おやっと思った瞬間、すでにすっかりはまり込んでる！）、要するに（結論《ドゥンクエ》(2)）、言いたかったのは次のこと、僕が君に手紙を書くのは（あれ、なんだっけ？、話の筋がわからなくなった）、こんなふうに思ッテはいけない（「思う」は接続法）（時制の一致《コンコルダンス》……、時間の同調《コンコルド》‐ダンスと理解したまえ、波長が合うと、時間と時間は踊りだすと）、こんなふうに思ってはいけない……、いったい何をどう思っていけないんだっけ？　またもや忘れてしまった。僕はなんでも忘れる、これは有名な話（少なくとも君にはお馴染み、すべてを書きとめ、すべてを比較し、すべてを記憶する君には）、僕のほうはなんでも忘れる、ひどいときには（また或る種の人びとに対しては）（特別な瞬間とまったく特別な人びと）忘れているというそのことさえまま忘れてしまう、そういうとき僕には、憶えているかのみかけが与えられる（そう、みかけ！）。このことを（も）忘れないで欲しい、ともかく、僕のためにこのことを記憶にとどめておいて欲しい（そのことさえ忘れてしまうとも限らないから）。なんてこった、いったい全体何を言おうとしていたんだ？　始めるために確か1／と置いたはずだが、次のページを始めようといういまになって、どうだ、まったくの無駄骨、だって次の2／がどうあるべきかわからないもの、たとえその2／がほんとうにあるとしてもだ。でもね（ともかく）わかってくれ、今日は暑いんだ、ありがたいことにとてもよく寝たんだ、校長-その他-係-の-会議はとてもうまくいったんだ、君のことは（そのほか、フォルリー生活の細かなことも）彼らに話さなかった（まだ）、管理人のおばさん（六十五歳、根が助平）は僕をみて、色艶よし、「すっかり回春した」ようねと言った、メルシー、マダム、僕らは学校運営にかかわるすべての問題を徹底的に話し合った、微に入り細を穿ちつつ、parcimoineusement《パルシモワヌーズマン》〔小出しに〕（辞書を!!、どこに君は辞書を置いたんだ!!、階下の右側の最初のドアを開け、一九二三年に調整されたルイ十六世様式の調度品が陳列してある部屋の後ろの、小さな居間をみよ）僕は勿体をつけた意見をいくつか述べた、僕らはいかにも満足げに解散した、それとこの同じ場所、この同じ時間にみんながみんな勢揃いしたことに少し驚きながら、世の中にはあんなにたくさんの場所、あんなにいろいろな時間があるというのに（だがこんな奇跡もあるのだ、それは起きた）、君に何を言おうとしていたんだったか　またもや話の端緒を忘れてしまったが、それはどうでもいい、続けよう（この前のときのようにだ、彼女がベルティノーロにいないなら、続けよう、フォルリーにいるかもしれない、前進！、次にフォルリーでふと閃いた、僕は考えた、あの美容院でもちょいと覗いてみるか、ひょっとしてひょっとするかも？　美容師のクソ野郎は中に入れてくれなかった、まちがいない、僕が彼のお客を強姦するとおそれてのこと、しかも僕があいつの代わりにだ！　君はいままでこんなのみたことあるかい、こんな美容師連中を？）、続けよう、しかし何を？、どこから来たのか、どこへ行くのかわからないというときに（たぶらかされているのと違うか、君のベケットは？　そう言えば、知ってるかい？、あれは学校の丁稚だ、戦前、ここ師範学校で外国人英語教師をやっていたんだ、イギリス人だが、フランス語で「おしゃべりする」イギリス人、そしてこの学校のどんな人間の語る話も（もちろん、僕は別）真に受けちゃいけないのだよ）。ともかく続けよう、我々がまだ始めていないことを、やがて仕上がるとも我々にわからないことを（「我々」と複数形で言う、独りぼっちという感じが薄らぐので……、教皇のように話すわけだ、哲学の小論文のように話すわけだ、一人称複数は結論を言う言葉、一人称単数は分析する言葉であり、その分析は危険にみちた発見をなすことといかにも信じたふりをして使う言葉……、我らが大学的‐文化的‐国民的遺産の一部をかたちづくっているのはニュアンスというものだ、そうしたニュアンスがもう一つよくわからないと言うなら、説明してあげてもいい）（今度会える日に）、だが、ほら、僕は（いま文章の冒頭を読み直したところ、そうできるのも、その文章が同じページにあるから。君は気づいただろうか？、タイプライターで書くというのは人生の中にいるようなもの、後戻りが利かないのだ、何を書いたのだっけとページを後ろに繰ることができない）、だが、ほら、僕は、とそう言いかけたところだった、けっして始められていなかったこと、けっして仕上げられはしないことの章に差し掛かったところだ、深遠な主題である、いかにも素晴らしい敷衍が待ち受けている、高尚に生まれついた人びと（哲学的な魂の持ち主たち、才能にあふれ、無限のもつ深さに敏感に反応する人びと）を考えさせる主題、だが僕はそんな人びとを笑いたい、自分を笑う（自嘲スル《プレンデルミ・イン・ジロ》）ほうがまし、君にこんなふうに言うよりも、これが、この主題が、僕になにかを、誰かを思い出させるとか、偶然によってではなく、君に手紙を書くことと同じで、またも或る種の無意識的な宿命によって僕はこの主題にたどり着いたとか、それでもやっぱり（しまった、ここで新しい用紙を継がなくちゃ、信じられんよ、君は僕を破産させるつもりか、まったくこの紙にこのインク‼）、それでもやっぱりいますぐこの主題から離れたほうがいいとか、でないと、君に書いてる手紙をやめられなくなるとか、次に書く手紙でこの主題（始まりはないこと、終わりはないこと）については洗いざらい話をするよと君に告げて、いますぐそこから離れたほうがいいとか、離れたほうがいい理由は一つしかない、僕の心臓のように、僕の呼吸のように、君が僕の中に住み込んでいるからさ、そこから身をもぎ放すなんてできやしない、心臓から離れる一つきりのすべ、それは心臓に鼓動を打たせておくこと、呼吸から離れる一つきりのすべ、それは呼吸に息づかいを任せておくこと。だったらたぶんわかってくれるだろう（君はノータリンじゃない）、君から自由になる一つきりのすべ、だって君は僕を放してくれない、だって君は世界の果てにいる、それは君にこう言うこと、君を愛している、それは続く、それは収拾に向かうことはないと、少なくともそうすれば、そう言ってしまえば、たぶん少しは平静になれるだろう。そうしておいて次に君の名前を呼んでみれば、ちょっと確かめてみよう、フランカ、フランカ、フランカ……

ルイ

（1）編者注［アルチュセールが付けた注〔以下、〈アルチュセール注〉として示す〕］。

（2）〈訳注〉原文は「duncque」となっている。これを後期ラテン語「dumque」と俗ラテン語「dunc」の中間形態ととることもできないではないが、アルチュセール流のイタリア語と解する。イタリア語では通常「dunque」と綴られる。

【一九六一年九月十九日】

火曜　一八時

今日一日が暮れる前にちょいと短い手紙を、朝から仕事仕事の忙しい一日　面会、あれやこれやの相談、運営会議、生徒また生徒、と休む暇もない。お次は思いがけない人とばったり出くわす（ほんと、師範学校はおかしな交差点だ）、たとえばレーモン・アロン、モンテスキューに関する君の小著は云々とくる、要するに誰もが動きっぱなし、バテ気味だよ　超多忙なあの生活に戻ったわけだ、あゝ、ロマーニャはいまいずこ、ベルティノーロはいまいずこ、麗しき夏、香しき空気、抜けるごときの空間は……、ところがパリ、八月かと思わせる熱波の中、車の騒音に耳をつんざかれる排ガスまみれのパリ……

しかしどれもこれもなんということはない

ほとんど手当たり次第に公務を片づけていった

手紙を書き　山積する案件に手をつけ

やっといま一服、君に向けてこの短い言葉を書きつける

まったくなんでもない短い言葉

こんにちは　フランカ　と

大海に岩をみつけたように、このくっきり浮かぶ固い名にしがみつく

「フランカ」とこの名を口で言ってみるのが僕は好き
君のように野性的で、生《き》のまま、非の打ちどころのない爽やかな名
決断のようにすっきりした名
山を突っ切る道
平原を走る
一筋の道のように真っ直ぐな名
君の欲望の強烈さが僕は好き
君の情熱が好き
なんていいんだろう　考え込んでいる君　自分の情熱の中で自分の情熱について考え込んでいる君
事が起こる前に起こる事を深く思い　深く考える君をみるのが僕は好き
僕の全部を愛して欲しい
あれはいいがこれはと区別しないで欲しい
敢えて事をなす君　必ず道は開けるわと口にするときの頼もしい君がいい　そう言って笑う君が
笑わない君がいい　笑う君がいい
僕の望むことはなんでもやって欲しい　自分を少しも失わず　それでいて僕の思い通りの君であって欲しい
なんていいんだろう　生真面目な君　生真面目でありながら軽くもなれる君
君の口元に　微笑みに宿る子供っぽさ　君の眼の中にある老成さが僕は好き
君の男っぽい声が好き

すべてを忘れられる君がいい
なにも忘れられない君がいい
君を愛することの正気を使い尽くさぬままに君を愛していけるよう願う
でも君の名にまつわる夢想に終わりはない
君がその名をもつのは君のせいじゃない
僕はその名を口に出してみる　君を握りしめ　逃さぬよう捕まえた気がするから
僕はその名を口に出してみる　まるで君の全部を口の中　喉の中につなぎ止めたかのようだから
「フランカ」と
よし　とりあえずたっぷり夢はみさせてもらった
もし君が僕に手紙を書いているなら　読まずにいられない
それとも　すでに書いたのでは？
それはこの数日にやがてわかること
これは緊急なんだとイタリアの郵便局が理解してくれるなら……、僕の味方についてくれる気があるなら
（少なくとも手紙に関しては！、だって電報ときたら……）
（ちゃんと受け取った、金曜の電報は？）
チャオ　チャオ　チャオ（そうページの終わりまで、そう天の果てまで書き連ねよう）　チャオ　チャオ
フランカ

六一年九月二十一日

ルイ

木曜　正午

フランカ　昨日　君からの速達　今日　別の速達(1)　天にも昇る心地だ。普通郵便で手紙をくれてもかまわないのだよ、君を愛する時間ならある　君からの手紙を待つ時間ならある（この不在の時間を工夫して過ごさなくてはならないのだから君の手紙を待つことはできる、国際郵便の気紛れに任された手紙を……）

君の馬と君のラクダ。君の動物体験に登場する美しい主役たちの仲間に僕も入れてもらえたわけだね。そうした主役たちの一員として四足類の生態を授けられて（四足類の中でいちばん機動力のある、いちばん高貴な生き物の一員として）（ただしラクダには、その外観を雑に観察するだけでは明かされない微妙な生態がいくつかあることを付記しておく、世界でいちばん耐久力のある動物として名高いラクダが、じつはいちばん華奢な被造物の一つであることを知ってるかい？　ちょっとしたことですぐに死んでしまうんだ、だからラクダは「いたわってやる」必要がある、たとえばラクダでする砂漠の小旅行は、道のりが長めのときは背に跨ってばかりでなく、同時に、ラクダと並んで進む旅行にもなる。背に揺られたあと、ラクダを休ませるため、ラクダを引いて行程の一部を延々徒歩で進まなくてならない……、ね、わかるだろ、背に乗れないときでも、旅の道連れではある……）（ラクダと言えば、僕のモロッコでの体験は――これについてはもう君と話し合わなかったかな？——自動車に乗っていてラクダに出会ったときのあの途方もないが、しばしば起きる出来事に要約される……、自動車が来るのをみつけるとラクダは動き出し、自動車に追い越されまいと道の中央を断固占領しつつ駆け始める……、こちらが加速すると、ラクダも加速する！、こちらがもっと加速すると、ラクダもさらに加速する！　追い越そうとしてもお手上げ……、何キロ、何十キロにもわたってこのありさま……、いやはや、この底意地の悪さ、この徹底した体系的な、ああ言えばこう言うの精神。高貴さに加え、ラクダはのろまさと脆さをもつ。光栄にも僕をラクダの仲間に入れてくれたとき、そのいずれもが君の頭にあったのならいいけれど）。

君はそこそこ元気で、秋の大潮とともに君のもとにやってきたあの歓びの一部を（多くを）、しかるべきすべての人びとに惜しみなく分けてあげているようだね。君が僕をわかり、理解してくれたこと、僕が君に言ったすべてが君の中に浸透し、しかるべき場所に達し、それが歓びとなって現れたことを嬉しく思う。君が僕を信じてくれたことの証しを僕はそこにみる、単に言葉のうえでだけでなく、頭と心で、さらにはたぶん心を遥かに超えるものによって僕を信じてくれたことの。この世でいちばん難しいのは信じてもらうことだが、それを君から得たことになる、しかもびっくりするほど簡単に。フランカ、いまの歓びといまの力を上手に使ってくれ。それ、いまの歓びといまの力についても、目一杯「計画的な」使い方をしなくてはいけない。君の人生の（たとえ二次的であっても）重要なことがらにそれを使わなくてはいけない。君の奮闘、君の日課、君の勉強（劇団、ピンパ、etc.）が重荷になるのを防ぐためにそれを使わなくては（重荷になるのでは、と君は気に懸けていたのだ、こんなふうに僕に言うときに、そのうちわたしはこうした日課という日課に再び足をとられてしまう、どうしたらいいの、この束縛の中で自由でいるには……)、それらを逆に容易で、豊かで生産的な義務に変えるためにだ、そのようにして君自身にむかって、また僕にむかって新しい一歩を踏み出すために(君が自分を変え、自分の中にある変えるべきものを変えるなら、その変化は僕の中でも起き、僕も君をもっとよく知るために、君をもっとよく愛するために変えるべきものを変える)。このことを君は理解してくれるだろう、このことを君は生きてくれるだろう、君の明察力、君の美質である先見の明と理解力すべてに僕は信頼を寄せている、やがて君はそうした能力を働かせて実生活の中にわが道をみつけだし、自分と僕の幸せからなにも失わせないようにするだろう、と。

君は勉強しなくてはいけない、本を読まなくてはいけない。そのうちエレーヌが『民衆演劇』[3](ドルトの雑誌)に関する資料を君に送るはずだ。僕の興味を引きそうなイタリアの雑誌になにか面白いことをみつけたら(『ソシエタ』、トリーノの『哲学雑誌』、そのほか何があったっけ、ちょっと本屋を覗いてみてくれないか)(僕に興味ありそうなものは君にもわかっている、政治哲学、哲学、絶対君主制の役割という歴史的問題、etc. ——そのうちリストを送ることにする)(そのときもっと詳しい話をするよ)、僕のことを思い浮かべてくれ、そのうえで読んで、それを僕に話してくれ、必要なら、論文か論文の要約を送ってくれ、ともかくこうしたことに関しても全力を尽くすことだよ。

フランカ、予定を立てることを考えなくてはいけない、相手がいるときに備えるばかりか、相手がいないときにも備えて、なぜなら不在を受け入れなくてならないこともあるからだ。不在のときの愛に内容をもたせなくてはいけない、欲望や叫びといった内容だけでなく（君を欲しいと思うときの自分がいい、僕を欲しいと思うときの君がいい、叫ぶときの君がいい、君を呼ぶときの自分がいい、――こういうことについても、次回、話すことにする）、勉強、思考、自己鍛錬という内容を。わかってくれるかい、愛しいフランカ？

君の名を口に出すとき、僕は心の底から突き動かされる、フランカというかくも壊れやすく、かくも力強い語を。壊れやすい語というのも、たぶん僕がその語を口に出せるほどに自分を強いと感じるから、力強い語というのも、自分の力を少しも失っていないのに、僕が限りなく弱くなって、君に頼ることがあるから、そしてそういうときは、要するに君が僕の力を支えているのだ。

チャオ　チャオ　フランカ

ルイ

[4]フランカ、ミーノにはなんて言ったの、ミーノは元気でいるかい、彼がどう考えていると君は思う――リーナにはなんて言ったの（君がリーナに打ち明けたということに僕はとても心を打たれた）。君が好きだ、君が好きだ

L

（1）一九六一年九月十八日のフランカの手紙。もう一通はみつかっていない。

（2）本書にみられる傍線付きの語句は、タイプで書いた手紙にアルチュセールが手で下線を入れた語句である。

（3）　国民民衆演劇の雑誌（一九五三～一九六四年）。ベルナール・ドルトは当時、この雑誌の主宰者の一人であった。
（4）　以下、手書きによる追加。

六一年九月二十三日　土曜

フランカ　僕の愛しい人　君と束の間
大声で話したい
聞いてくれ

変なことが僕に起きた
しかし僕にはよくわからない
どうやってそれを受け入れたらいいか
こんなことは初めてだから

君は僕の中のたくさんのことを引っかき回した、あるいはこう言ってもいい、この夏によって、この夏の中心であった君によって、僕の中のたくさんのことがひっくり返された、
とりわけ僕の愛の作法が

以前（以前と僕が言うとき、それは君以前ということだ、フランカ、フランカ以前、フランカ以前——）以前、愛するのに僕には相手が眼の前にいないことが必要だった、不在は僕の味方だった、それは僕の隠れ家、逃げ場、力の貯蔵庫、新しい空間に乗り出していくためにひきこもる巣穴だった

以前（君以前ということだ、フランカ）、僕はとりわけ不在の中で愛した。彼女がいるとき（彼女、つまり僕の愛する女性のことだ）、僕は確かに彼女を愛していた、愛そうとしていた、そして二人のあいだにいろいろなことが通り過ぎていく、——しかし後には決まって袋小路、沈黙が、空虚、深淵が現れる。こうして僕は或る密かな欲望にときに素早く、ときにゆっくりと包み込まれていく感じを募らせていった、彼女が去っていって欲しいとの欲望。彼女が姿を消して欲しい……。或る種の倦怠が僕を捉えた、彼女の側の倦怠におそらく呼応する倦怠、それは行き詰まったことの、半分行き詰まったことの、いわば暗黙の確認であり、どこかへ行ってしまいたい、彼女が去っていって欲しいとの欲望はそこから生まれてくる。僕が消えるか、彼女が立ち去るか。相手が眼の前にいることに二人がどれだけの時間堪えていられるか、結局、これが問題のすべてとなった、二日ならいいが、三日以上はだめ、——いや、やはり最大限で二日、できるなら二日よりは一日。

僕が去るか、彼女が去るか。大きな欠伸を感じながら別れることなど滅多になかった（二回、三回、あるいは四回あったかなかったか）。別れたほうがいい、別れれば二人とも幻滅や閉塞感を味わわずにすむ、ほとんど決まってそう感じながら僕らは別れたものだ、——相手に期待できる大したものなどほんとうに

ありはしない、もう終わっている、終わりかけている、また始めるにはなにか奇跡が起きなくては、と感じながら。僕らの過ごした時間はすべてこんなふう、おしなべてこんなふう。
僕が去るか、彼女が去るか。ひとときの音信不通がある。続いて僕は例のごとくまたぞろ始める、ふうは僕のほうからまたやりだすのだ、**不在の中で**。僕は彼女に手紙を書き始める、僕は書き、語り始め、そして現前の、僕たちが逸した現前の等価物を**不在の中で**つくりだすには何が必要かを言うのだ。現前が僕らに与えてくれなかった現前を不在の中でつくりだすのだ。

これにはたくさんの理由があると知ってはいるが、それについてはたぶん君に話す日が来るだろう。理由はいましばし脇に置く。結果だけを取り上げる。要するに一度も僕は（数時間、数日のことを除けば）不在の中でほど彼女をこよなく愛したことはなかった。不在こそ僕の隠れ家、僕の頼みの綱、僕の助け船だった（僕は彼女の現前がもたらす不幸の予感に、不在で対抗することができた）。おそらくそれは、僕が現前の中でより不在の中でのほうが自在になれるからだろう。いや、まちがいなくそうだ。わかってくれるかい、フランカ？　彼女が眼の前にいるときよりいないときのほうが、自分の思うまま自由に彼女をつくれる。彼女をそんなふうにつくってはつくり変えていくことがたぶん僕には必要だった、彼女がそばにいるときに無意識に彼女に欠けていると思ったもの、それを埋め合わせるために。それが必要だったのは、現前の中ではもてない想像力と自在さを不在の中でならもてたから。不在の中でなら、現前の中でとは別の能力をもてたから。心理学者なら、僕は昇華を必要としていたと言うだろう、僕には、自分の愛を捏造してそれを不在のもつ想像力の中に投影することが、現前の中で自分の愛を生きることと同じほど必要だったと。わかってくれるかい、フランカ？（ここにいたら、たぶん君は言うだろう、わかるわ、と……）。こうしたことすべてが僕に、愛するときの或る種の癖を植えつけた、愛を生きるときの或る種の「スタイル」、或る種のやり方を、この癖はけっして直らないだろうと僕は思っていた。自分はそういうふうにできているんだと信じ込んでいた。憶えているかい、フランカ？　そんなに前ではない、僕は君にこう言ったことがある、僕には逃げ場が要る、独りになることが必要だと。そう、確かに、僕には逃げ場**も**必要だ。独りになること**も**必要だ。いまでさえそうだ。しかしその必要はもはや前と同じ必要ではない。もう以前と（君以前ということだ、フランカ）同じ理由で逃げ場と孤独が必要なわけではない。

僕に起きた奇妙なことというのは、僕にとって不在がもうなんの役にも立たなくなったということだ。孤独は僕の役に立つ。君の不在はちがう。君を愛するのに、僕にはもう不在をかつてのように「昇華する」必要がない。以前（君、フランカ以前）、僕は不在からなにか**得る**ことがあった、以前、僕の愛は不在からなにかを得ていた。その愛は再び生まれ、自分で動き出し、いわば無から旅立っていった、自分で自分にみずからの誕生を授け、自分で自分をこしらえ、つくりだしていった、自分が何であるかを自分で資格づけ、自分の存在を認めさせ、自分で自分に存在証明を与え、自分で成長し、自分の中で大きくなっていった、そして或る種の歌声がその愛から漏れた、低い、胸を締めつける歌声、美しい、震える歌声、――歌う自分の声を聞き、自分が存在することを希望と絶望に染め上げられながら信ずるためにも、この愛にこの歌声が必要であるかのように。

いま僕はみいだした、フランカ、不在が僕になにも得させてくれないことをみいだした。不在から僕の愛がなにも得ないことをみいだした。愛するのに僕に不在が必要でないことをみいだした。不在が僕からなにかを失わせるとの意味ではない。そうではない。不在は単に技術上の問題にすぎない。待つという仕事をするという。そうではなく、熱情を煽って捏造させるという魔法の力を不在が失ったとの意味だ。不在という単純な事実から取り出してきたなにかを君に付け加える権利を僕は自分に感じない。(こんなとても抽象的な話を君はわかってくれるだろうか、フランカ?)。願望のままに君をつくり、つくり変え、でっち上げていく権利が僕にあるとは感じない。そうする権利を感じないどころか、そもそもそうしたい気にならない。そうしたくないし、そうすることもできない。あの空想の自由を欲しないし、その自由を行使できもしない。その自由を行使すれば、それは君を否定すること、君のもとで君のそばでみいだした命にかかわる深いなにかを、否定することだとさえ感じる。わかってくれるかい、フランカ?、僕にもうあの自由は要らない、そしてそれがもう要らないのは、君に対してあの距離をとる一つの理由さえ君が僕に与えたことがなかったからだ、君を**こしらえ**たくないからだ、僕はただ君を**発見**したいだけ。要点はすべてここにあると言っていい、誰かをほんの一部であれ、強いてこしらえねばならなくなるくらいなら、不在のほうがまだましということ。しかしその人を発見することだけを望んでいるときは、ほんの一時間の現前ですら、それに勝るなにもないということ。現前の真実、すなわち不在の中で、相手がどのようにその不在を生きているか知ることを僕も君もそれぞれの側からなさなくてならないのだ。

わかってくれたかい、フランカ? 僕は君を迎え入れる、迎え入れる、めでたしフランカ、アベフランカ フランカ フランカ(1)……

（1）〈訳注〉おそらくここは、「天使祝詞」の冒頭の句「アベマリア（＝めでたしマリア）je te salue, Marie」をもじった表現であると思われる。

ルイ

＊【一九六一年九月二十五日】

月曜

わたしの大切なルイ、同じ土曜に同じ熱望の虜になってわたしたち二人がかくも長い手紙を相手に書き送ろうとしていたとは奇妙なこと、触れれば刺すような問題をいっぱい抱えた難しい手紙でありながら、それを単純で光を投げかけてくれる手紙と思いなして（どんな星の巡り合わせがあの日、同時に言葉への熱狂を生み出したのでしょう？）。でも、二人のタイプライターが奏でる音、違う場所で同じときに生まれるその音が響き合うのを思うことはうっとりさせてくれる、あなたのタイプライターの闊達でテンポの速い確かな声と、それに呼応するわたしのタイプライターの低くかぼそい声との対位法。二つの声は互いに相手に語りかけていたけれど、自分の厄介事にすっかり気をとられていたわたしたちどちらにも、ただ自分の声しか聞こえていなかった、どちらも自分だけの問題にこだわっていた、わたしはシチリア人とフランス人の人種的違いに、あなたは現前と不在の弁証法的違いに。明らかにあなたの問題は、神は存在するか否か、世界は有限か無限かといった問題にいくらか似ている、この種の問題は脇に置くのが、立てないでおくのがいいと思う、そういう問題は解決済みとみなして生きること、必要に応じて、神は存在すると「みなして」か神は存在しないと「みなして」か生きるのがいいと思う。そこにいること、いないことは、わたしにとってと同様、じつは神さまにとっても不在か現前かの問題、ただ神さまにとっては込み入り方が少ないだけ（いいえ、マルクス主義とともに神さまも進歩したわ、いまでは神さまはそこにいてそこにいない、《隠れた神[1]》になったのだもの[2]）――あなたにとって現前と不在は解きほぐし難い矛盾した仕方で結びついて、不在になることもある現前からそれとは反対のもの、不在でしかない不在へと変わっていくのね、現前でもあるような不在と、つねに現前でしかないような現前とへ重さを減じることなしに。

難しい、ほんとうに難しい。愛は難しいわ。そして今日[3]、駆けて真っ赤になったロマーナがハァハァと息せき切ってあなたの手紙を届けにやってきたとき(彼女の声は羽音をたててコッコッと鳴く雌鶏のようで、あなたの手紙を取り出そうと前ポケットに手を差し入れたとき、そこから生みたての新鮮な卵でも取り出すのではないかと思ったほど)、手紙の少し厚すぎることにすぐさま不吉な運命の予感を信じた(だってわたしは経験的に知っている、長い話と、話以上に長い説明が必要なのは、まさに「君を愛してない」と言うときで、「君を愛してる」と書き送るには切手一枚でも足りる、最初の「君を愛してる」をもらったのは、わたしが十三歳になりたてのころ、乳房がいまのかたちになるまでの長い道のりをまだ歩み始めたばかりのときで――でも、あなたに気に入ってもらえるのは、このいまの乳房のほう、このすっかり垂れ下がった……――その「君を愛している」は、実際、家族全員への賛辞をちりばめた絵葉書の、切手の下に書いてあったの――すぐにわたしは葉書を整理簞笥の大理石板の下に隠したけれど、運悪く、或る日、上の抽斗が大理石板に引っ掛かって動かなくなり、母がその板を取り外させ、片づけてしまった、彼女はわたしの切手コレクションに働いている蒐集家としての才能を認めてくれなかった、こうしてわたしの初恋は終わった。その人はチェゼナティコの中学教諭で——いまもそう——彼にむかっていま一度さよならを言わせて、やっと今日の今日になって、この想い出が浮かび上がってきたのだもの）。届いてすぐにあなたの手紙を読もうとはしなかった、先に『女中たち』の翻訳を片づけておきたいと思って（そう言えば、ベケットの戯曲の翻訳が出たことは知っている？）、そうしなくてはならなかったの、恋愛問題がかかりっきりにさせる前に。実際、そのとおりになったわ、あなたの手紙を手にとりベッドに行くと、わたしは一日中寝室に籠もり、あなたがわたしに書いてきたことを何度も読み返し、あなたに言われたようにそれについて考えた（月曜の午後にあなたは何をしたの？）、そしてあなたの疑問に答えるつもりで、ついにはこう決心した、明日パリに行き、わたしの現前を燔祭《ホロコースト》(4)の生け贄としてあなたに捧げよう（《事態を動かし》、事のなりゆきをみること、結局、蟻から人間、すべての生き物に共通の自己保存本能ゆえに、わたしはこの解決法を避けた、あなたがわたしと会って「幸福な気分」になれるとの確信がもてていたなら、そうはしなかったでしょうけど！）。

あなたの手紙についてなんて言ったらいいか？　ほんのわずかなことのみにとどめておきましょう、まだ始まったばかりの過程のその続きを待ったほうが、わたしの全般的な精神状態を要約することがらだけをあなたに言っておくほうがいいから。あなたに返事を書く前に鏡の前に行き、（ルター派であること、カルヴァン派であること、ローマ・カトリック派であることが十七世紀の人びとの容貌に現れるように）自分の顔に今日刻まれた愛のしるしを認めたとき、どうしてくれるのとあなたの手紙に抗議したい気持ちがうねるのを感じた、なぜならあなたの手紙はほとんど雲をつかむよう、なぜならあなたの手紙はまったく正反対のことを同時に言おうとしているかのよう、なぜならあなたの手紙は意味不明（あなたの言っていることはすべてわかる、でもいったいなぜそう言うのかがつかめない）――なぜなら丸一日かけても、結局、わたしには、自分がほんとうは悲しいのか嬉しいのかわからずじまいであったから（何を意味する語であれ、もう二言三言付け加えてくれていたなら――あるいは控えてくれていたなら――多くの疑問を吹き払えていたことにあなたが気づいていなかったなんて考えられない）。不在を捕まえ、縦にしたり横にしたり、ひっくり返してみること、不在のアンダースカートを持ち上げて中身を覗いてみること、貯金箱のように不在を振ってチャリンチャリンと小銭が音を立てるか確かめてみること、そういうことならいつだってできるわ――言葉を湯水のように費やしても、生身の本人を**必要**としているのか否かの問題は少しも解けはしない。だって、必要が実在をつくりだすのだもの（前に言ったように、神は神を必要とする人には実在する。必要が問題のときは、偽造された不在か袋小路としての現前かなんて、もうどうでもいいこと、どんな現前にだって、それが現実となって一度途切れたなら、いつも袋小路的な面はつきまとうものよ、でも、不在が癒してくれるなら、痛みは大きくない、癒しがないときに痛みは大きいのよ。同じようにいついかなるときでも、現前の中にはいかほどかの袋小路がある、それがどんなときかは、《わかるでしょ》[5]……）。

わたしはあなたに、まさにあなたルイ以外についてはなにも言いたくない。いつもと違うなにごとかがあなたに起きているけれど、それが（もちろんわたしにとって）よい方向に向いているのかどうか、わたしにはわからない、だから的を逸するかもしれない解釈を強いてやってみようという気にはならない。わかったのは、パリがなにか問題をつくりだしたようだということ、パリがたくさんの変化を意味したようだということ（手書きを止めてタイプライターで書くようになったことに象徴されるような変化。もちろん、文体と内容の変化のこと、書体の変化は言うまでもなく。前回と前々回、わたしもタイプライターを使ってみたけれど、それは単にいちだんと明快さを加えるためだけではなく、自分の身を守るためでもあった。だって、手書きであったらいつわたしはこんなふうに書いてしまうかもしれない、わたしの好きな人　わたしの好きな人　わたしの好きな人）。あなたを手助けするためにわたしにできることは二つ、1、わたしの生活はここにあって、国家による徴用を待つ知事のように、すべての意味で「準備万端待機している」とあなたに告げること。2、自分で撮った（そう、あなたのために）写真[6]を送って、この不在の中に少しばかりの現前を感じ取ってもらうこと、あなたに不在のもつ力、「熱情を煽って捏造させるという魔法の力」を少しだけ取り戻させること。それらの写真は、あなたの気紛れに沿ってでなく、わたしの真実に沿ってわたしをつくり変えてもらうよう促すもの、美しいふるまいであれ、醜いふるまいであれ、ともかくわたしの移ろいやすいふるまいをとおして変化する真実、でも一つしかない真実に沿って。一枚一枚ポーズをとるたびにあなたのことを思った、黒いショールで顔を覆うときもそう（あなたが帰っていくとき、わたしがつけていたあのショールよ、あなたが出発するというので、わたしは黒づくめにしたのだった、南部の人間がよくやる奇を衒った弔意のしるし――あゝ、南部とそのバロック性、もう一つ別のきわだった特徴、でもこれについては、後日、話すことにするわ――ところが北部の人間ときたらなんと野蛮なんでしょう、黒いバッジのようなものをボタン穴につけるのよ）。写真を撮ったのは先週の日曜、一週間前のその日をわたしはとても幸福な気分で過ごした、現前するあなたを強く感じて、あらゆる話の中にあなたはいた、あなたはその場にいて、わたしは両手で包むように、掬い取るようにあなたに触れていった、あなたの髭、額の右の美しい黒子、鼻、続いて唇、そしてかくも熱い舌、ストロベリー・アイスクリームのように甘い、しかし同時に罪の味もする舌……、なんという美味……、それはわたしに十七世紀イタリアの或る王女のことを思わせる、灼熱の一日の夕方、夢見心地でアイスクリームを頬張り、こう叫ぶ王女、「これが罪でないとは罪なこと」。今日もまたわたしはあなたに夢想の糧を送り届ける、きっとスタンダールの気に召したにちがいないこの王女を。

おやすみなさい　わたしの好きな人

あなたを
愛する
フランカ

写真は送り返して。引き延ばしたり修正するために、ミーノがもう一度必要としているの。気に入った写真の裏に印をつけておいて、あなたのために焼き直してもらうから。

（1）原文で使われているフランス語は《 》で囲む。

（2）〈訳注〉フランスのマルクス主義者ルシアン・ゴルドマンのパスカル論『隠れた神』への仄めかしであろう。

（3）とりわけこの箇所におけるフランカの言葉づかいの美しさをフランス語に移すのは難しい。以下の文章のイタリア語原文を挙げておくのが望ましいであろう。« Oggi, quando la Romana è arrivata rossa e garrula dalla spesa, portandomi la tua lettera (la sua voce era tutto un coccodè uno starnazzamento da gallina, così che quando ha messo la mano nella tasca sul ventre per prendere la tua lettera, ho creduto che tirasse fuori il suo uovo appena espulso)... »

（4）〈訳注〉生け贄の動物を火に焼いて神に捧げるユダヤ教の供犠。
（5）〈訳注〉アルチュセールの口癖「わかってくれるかい、フランカ」を転用した一句と思われる。
（6）残念ながら、これら素晴らしいフランカの写真をここに公開することはできなかった。

六一年九月二十五日　月曜

フランカ　僕の愛しい人　フランカ　フランカ　聞いてくれ。

1／日付と時間を手紙に書いてくれ、何日の何時に君が手紙を書いたかわかるように。

2／いつ君たちがB［ベルティノーロ］を離れフォルリーに行くかを教えてくれ。それがすでにわかっているなら。いずれにせよ、あらかじめそれを僕に教えてくれ。いま君がどこにいるか知っていたいから。どこに移動するかを。

3／ヴェネツィアに行ってドルトに会うつもりかどうか教えてくれ、彼のほうはすごく会いたがっている、ヴェネツィアに行く決心がついたら、いつ行くかを教えてくれ。

4／僕のいないところで君がやってること、君の生活、君の考えていることを僕に教えてくれ。全部でなくてもいい、全部なんていかにも子供っぽい、でも重要なことだけは。たとえそれが僕とはおよそ関係ないようなことであっても。僕から遠く離れているときの君のこと、僕に関係ないことを考えているときの君のことも知りたい。

5／君の「計画」を話してくれ。きっといろいろな「案」を立てているはずだ。僕にかかわりある案だったら、隠さないで。何ヵ月も手紙だけをやりとりしているわけにもいかない。こんなのは人生じゃない。いつどのようにしたら会えるか、あらかじめ少し考えてみなくては。君のほうできっとそれは勘考するにちがいない。こちらに届く声で考えておくれ　フランカ

６／こちらに届く声で考える。そうすれば僕も君のために考え、君を助けることができる。たとえば、バンビ夫婦のどちらかが一度使ったあの旅行代理店に頼んで寝台車で、なんてもう考えないこと、僕の記憶違いでないなら、あの会社は潰れたはずだ。

７／君に会いに、そのうち僕のほうがボローニャかどこかに向かう列車に乗ってもかまわないことは、忘れないで欲しい。でも、時間はあまりとれないだろう、こちらでの公務があるし。しかし君が近いうちにこっちに来れそうもないなら、僕が列車に乗ってもいい。これ、どう思うか教えてくれ。

８／十四〜十五日はトゥールーズにいる確率が高い、地元の哲学協会支部で政治と哲学についての報告をする[1]（R・アロンも来る予定、自分が君に、言うまでもないが！、あんな興味を抱かせたなんて思ってもみずに[2]……）。こんなことを言うのは、その日は偶然にも（ほんと、何が起こるかわかったもんじゃない）僕の誕生日で、誕生日は僕らにとって意外と都合がよく、ひょっとして君が当日あたりに、パリの空気を吸いに行こうかな、なんて考えるかもしれないと思って……、いや、ほんとは「木に触る〔お祓いする〕」ため（イタリア語では「鉄」になるのだったかな？）、だって君に会うことばかり考えているから、それにこの考え（考えではない……、それを実現することの難しさ）が君を苦しめるなら、もうこんな話はあまりしたくないから、ほんとうに難しすぎるかできないことであるなら、こんな話は止めにしたいから。

etc.

・・・・・・・・・

フランカ　フランカ　砂粒の混じった君の手紙[3]　浜辺からの手紙かと思ったが、違う、そこにモレーニがいたから……、もたらされた抑えきれない歓びの中でその手紙は僕に苦痛に近いものを与えた。嫉妬を知らぬ僕は嫉妬する能力を身につけねばならぬ、——ところが僕のどこか一部に嫉妬への反撥がいっぱい詰まっていて、嫉妬を認めまい、抑えようとの強い気持ちが働く、嫉妬なんて軽蔑すべきもの、そんなもんは一生御免だと……、だがこの手紙を読んでいて、なにかが喉を締めつけた、いまは息苦しさも通り過ぎたので話すよ、それがいい、あんなことはきれいさっぱり忘れてくれ、僕が君の手紙は苦痛を与えたと言ったことなんか、手紙は僕に内心の歓びをくれもしたのだ、だって、あんなことすべては、あの束の間の苦しみでさえ、君を愛することであったのだから。(自分の中で何が起きたか僕にははっきりわかる、僕は無意識にこう考えたのだ、その場に僕が、生身の、現実の僕がいたなら、M〔モレーニ〕は彼が君に言ったことをけっして言いはしなかっただろうと。冗談であれ、現実に彼はそれを君に言った、君を口説こうとのことであれ、なにしろ彼は女たらし、彼はそれを君に言うことができた、なぜなら僕がそこにいなかったからだ。君を独りぼっちにしてあの駆け引きに独りで応戦することを余儀なくさせてしまったことを僕は悔いた。でも、君はみごとに身を守り抜いた、独りで。それは君が独りでなかったことの証拠だよ、フランカ……、こう考えることで僕には、あの苦しみの幻影を追い払っていい根拠が有り余るほど与えられるのだ)。

君を愛している。君に会いたい。君の笑い声を聞きたい、君の微笑みの誕生に立ち会いたい(誕生、と僕は言う、君にはこれ以上ないほどの生真面目さから微笑みへ、真剣さから僕を歓びでいっぱいにする幸福へと移る独特の仕方がある)、眼を閉じる君もみたい……、こうしたイメージすべてを僕は追い払う、そうしたイメージ、まさにそれが僕を苦しめるから、フランカ　フランカ　フランカ

ルイ

（1）最終的に中止となったトゥールーズ大学でのシンポジウム計画。報告「政治のマルクス主義的概念構成」の準備用関係書類を集めたファイル（「政治理論」）がアルチュセールの遺された資料に含まれている。
（2）一九六一年九月二十一日のフランカの手紙を指す。
（3）一九六一年九月二十二日付書簡。

【一九六一年九月二十六日？】

［手書き］
火曜　一七時

君の肖像（写真）を、フランカ、君の肖像を忘れず送ってくれ、出来映えが悪くても、出来なんて二の次、僕にはどうでもいいこと、たまには君にだって最高でないときはある、はしたないとき、etc. が、肖像を送ることを忘れないで、どんなのでもかまわない、昼の、夜の、正面からの、横顔の、座った、立った、おしゃべりしているときの、黙っているときの、独りの、独りでないときの、服を着けた、一糸もまとわぬ、どの肖像でもいい――眼の前に手をかざしていようがいまいが――フランカ、君のいくつかの像《イメージ》を、

もう一度言う、その出来映えがよくなくてもいい――それらの像《イメージ》の中にも僕は君をみいだすだろうが　それでも僕を信じてくれていい――この差し延べられる手が僕には必要だ

猛烈に僕は働いている（どれもこれも公務）三日前から胃が痛み（二ヵ月続いた外国料理のせい!!!――違う！、ひっきりなしに飲み続けた氷水のせい）なにも食べていない！、君は僕の女神　君の名を僕は叫ぶ　僕は君に首ったけ　僕は君を愛撫する　君を抱きしめる

ルイ

【一九六一年九月二十七日】

［電報］〔全文イタリア語〕

君のことがみえる　君のことがわかる　君のシチリア書簡(1)にはまったく感嘆させられた――そうだとも僕は何度もうなずいた　僕の黒い太陽　フランカ――君は僕の女神だ　フランカ――ルイ

（1）　シチリア生まれであることに言及したことの明らかな、しかしまだみつかっていないフランカの手紙。

【一九六一年九月二十七日】

君のシチリア書簡を受け取った日に……

水曜　一七時

フランカ、君の口調にはまちがいなくrovesciato《ロヴェシャート》がある、でもそれは、ほかでもない、「ひっくり返される」ことを指すのか？　心の底から揺さぶられることを？　理性より強力な無数の動きに運び去られることを？　フランカ、君は僕をわかってくれた、いつだって君は僕をひじょうによくわかってくれた、僕を人として理解してくれた、人というこの単純な、この貧しい語の意味を君は理解してくれた……。僕は政府のようにはrovesciato《ロヴェシャート》とはならなかった……、あるいは、爆撃されたりハリケーンに吹き飛ばされた家のようには……、また僕の中ですべてがケツを頭の上にもってこられたわけでも、つまり、さかしまに翻ったわけでもなかった……、そうではないのだ、僕は動揺したが、それは嵐の海のごとくだ、嵐であっても海はいつも海であり、水底《みなそこ》にどっかり腰を据え、海盆の隅々まで延べ広がっている、――僕は動揺したが、疾風に横切られる空のごとし、――雲は逃げ、つむじ風は葉や砂を運び去るが、空は動かず深く空のままに、空気は流れ、つかみ難くいつも空気のままにある。

動揺させられ、感動させられ、魅惑され、感嘆、慈愛、驚愕、歓喜にみたされ、まるで君を理解するという重労働の中にあるかのごとく、君に、君の生に、君の心に費やされる労働、体のすべて、思考のすべて、心のすべてを打ち込み動員する辛く深い労働の中にあるかのごとく、難渋を重ねつつ。

このようにして僕は君のシチリア書簡を読んだ、それはすでに「僕の中で」一つの呼び名、これからも変わることのない呼び名をもつ、すなわち君の〈マニフェスト〉。

いま僕は君の全部を手にしている、フランカ。僕は選ぼうとしない、全部を欲しているのだと考えてくれていい。君が君自身について考えるこの仕事を僕は待っていた、望んでいた、自分の情熱を省察し、起きることがらを考え、すべてを見逃さないその姿を僕がしばしば眼にした君、対照によってもう一方の半分に輝きを与えるこの君の半分（情熱と省察の対照こそが対照をなす要素のそれぞれに比類なき価値を授けるのだ。情熱だけでは情熱の力、絶対さは弱まる。省察だけでは省察は遠くをみとおせない、――だが近づき、並び、向かい合い、いっしょになると、それらはなんとも途方のない、なんとも純粋な出会いをつくりだす、稀であること限りなし、美しいこと限りなしと僕に言わしめる出会いを）、僕はその半分をも自分の前、この手紙の中、眼の前、両手のあいだにもつ。いま僕は君の全部を手にしているのだ　フランカ、だから君はこの手紙からあの手紙へと移っていっていい、言いたいことを言っていい、僕はもう独りで片方の部分、そこにないこともある部分を再構成することができる、――君のリズムに合わせて、時と事情と願望に合わせて。ちゃんとわかってくれるかい、フランカ？（文を一つ書くたび僕は、わかってくれるかい、フランカ？、と君に訊ねたくてしょうがなくなる、それは君のほうに向くことの、文を中断することの歓びを味わうため、しゃべることを止め、限りない価値のあるただ一つのことをなすため、すなわち、君のほうに向き、君にまなざしを注ぎ、君をみて、君の声を聞くこと、そうよ、そうよ、そうよ、と言う君の声を……――それはまた君の名を、**君の名**、僕の心を優しさで激しく打つ脆く強く決定的なあの二音節を発音することの歓びを味わうため。君の名、それだけを君に言うために何ページも何ページも費やしていいほどだ……)

(僕は逆らわない、君の名……、フランカという君の名、僕にとってフランカは長い時間をかけて積もった落石の山のよう、てっぺんにある最初の石に触れるだけで、それはほかの石の上を転がり、ほかの石すべてを巻き込み、ついには物凄い雪崩を打って斜面全体が滑り落ちる、ただし危険はない。これは僕の子供時代、マルセイユにいた頃に遡るイメージ。毎週日曜日、僕らは周囲の山にでかけた、岩の多い丘の斜面に落石の巨大な堆積があった。僕らは回り道をして堆積の頂上に届くところまで登り、その堆積に一歩足を踏み込む。すると次々に転がり出す石は音を立てて大きな運動となり、振動に乗せて僕らを下まで運んでくれる。想像できるかい、子供たちの歓喜ときたら! 君の名は僕にとってそのようなもの、その音を発し始めるが早いか、僕の中に抗い難い大きな蠢動が起きる、天にも昇る歓喜にみちた騒々しい大滑落が。なんと澄み切った、なんとくっきりした君の名、フランカ……、その名はまた(これも子供のときの想い出)、石工たちが石灰岩を切り出して空けた南仏の巨大な洞穴の中に大声で響き渡る言葉のよう、それら巨大な地下採掘場には高さ三〇メートルや五〇メートルの大洞《おおぼら》がいくつもあるんだ、まるで白いカテドラルのような大洞、高くどこまでも突き抜ける大洞が……、言葉を、名前を叫ぶと、無数の木霊が永遠に止むことなく響き合う。叫び声、言葉、名前をこんなふうに増幅する岩石のもつ力の発見が子供だった僕を有頂天にさせた……、岩石にむかって言葉を一つ与えると、岩石は十、二十、百もの言葉を返す……、一つの脆い単純な語でさえそれを声に出せば、あふれるおびただしい語に変わり、自分が豊かになったと感じさせる、豊かになったと……、君の名もそれと同じだ、君の名は無限の反響をいっぱい抱えていて自分自身を反復する、それを声に出し始めると、もう僕にはわかっている、それは十倍、二十倍、百倍になって僕に返ってくると……、フランカ、フランカ、フランカ……、もっと続けたっていい、僕の最愛の人、君は僕の豊かさだ、千倍に膨れ上がる君の名、反響に次ぐ反響になって無限に反復される君の名、――切り出されたあの石灰岩の肌のごとく清潔な君の名、清潔で、艶やかで、優しく、傷もなく、掌のごとく柔らかな――水のごとく清らかに澄んだ、僕を止めてくれ、フランカ、でないと土のあらゆるイメージが寄り集まってきてしまう、さらに僕は水と君とについても語り出し、水となれば、もう語ることを止められなくなる……）、僕はどこに来てしまったのか、恋人よ、僕はどこに来てしまったのか、フランカよ、僕は君と再会したあのときと同じ場所にいるのだ、温泉の噴き出すあの現実とは思えない公園[1]に、あるいは最後の日に君の家へ行ったときと同じ場所、僕はまったくなにもできなかった、君の名を呼び、君を眺め、幸せと希望から笑うこと以外、途方もない希望と途方もない幸せ、僕は人生になにも望まなかった、君に会い、君の名を呼び、こう言ってみる以外、彼女はまちがいなくここにいる、現実にここにいる、それは彼女で、彼女は実在する、いまならなんでもできる、でも、このなんでもはあまりに多すぎて、僕のできたことはたったの一つきり、その一つきりのことをこんな無力な、こんな単純な所作に込めることだけ、君をみること、君の名を呼ぶこと、君に触れること……

　僕はどこに来てしまったのか、フランカ？　僕はうわごとを言っている、なぜなら君は僕のうわごと、――君のシチリア書簡に答えようと思った僕が、なんたる結果を君に提供してしまったことか！　どこに来てしまったのかもうわからないのだ。君の中で道に迷ってしまった。しかしこれは祝福された迷い道、僕は君の中で迷うこと、君の中で自分の道を探すことしか望まない、僕がまちがうことはありえないのだ、すべての道は正しく、すべての道は僕を君のもとに連れていくのだから。

承知した、別の日に僕もきちんと考える言葉づかいをすることにする。君が僕に言ったことすべての分析と総合をやってみせる。君が僕に言ったことのすべてを結わえる紐をみつけてみせる。それをみつけるのは難しくない。でも、ともかく一つのことがらは知っておいて欲しい、肝腎要の基本的なことがらだから。この手紙もほかの手紙も同じように僕に君を好きにさせる、どの手紙がいいかなんてもうわからない、――でもこうはわかる、この手紙はほかの手紙をいっそう美しいものに変えると、――ほかの手紙がこの手紙を限りなく美しいものに変えるように。

君も知る詩の中で「一段上がろう」とエリュアールは言っている。僕らは一段上がったのだよ、フランカ、ともかく僕にはそのことがわかる、僕は君にそのことを言い、君にそのことを告げる、それは福音、幸福な知らせなのだと、僕は歓びの中でそれを君に告げる、フランカ、フランカ、この歓びを受け取れるだけ受け取ってくれ、この歓びに包まれてくれ、そしてすべての人にそれを知らしめよ！　僕は君を熱愛する、僕は君にキスする、両眼　両手　唇　顔に、僕の黒い太陽、僕の美しい生ける人　僕の美しい死せる人、僕は君の全身を抱きしめる　僕の恋人よ　フランカ　僕の恋人　フランカよ。

ルイ

（1）〈訳注〉一九六一年十二月十九日の手紙参照。

【一九六一年九月二十七日】

水曜　夜一一時

フランカ
夜がそこにある　フランカ
パリの上に大きく延べ広がる夜
街灯りに淡く朱に染め上がる空
怒りと切迫とに押されるように行き交う自動車たちの息づかいの途切れた　空っぽの通りの沈黙
ほんの短い時間の切れ目に　或る種の静けさがそとを占領し　僕が君に向けて手紙を書くこの部屋を包み込む
窓のまえに在るアカシアの葉音がふと耳もとに届く
街は巨大なフランカだ
僕は君に書く
フランカ　震えながら君の名を書く
Franca
それだけを
君の名 Franca だけを書きつけたい抗い難くつかみどころのない欲望に震えながら
このページとそれ以外のすべてのページを

僕の家の壁と街中のすべての壁を
僕の人生のすべての日を君の名で埋め尽くしたいとの欲望
Franca
僕の唇から発せられる君の名で君を覆うこと
僕の唇で君を覆うこと　フランカ　o《オー》　フランカ
僕の苦しみ
一瞬だけでも君の名を黙らせること、助けて　フランカ　手を貸して
君の名なしで文をつくることに
君の名を別の語で置き換えることに
別の語も君の名以外の意味をもちはしないけれど
しかし君にむかって君のことを語るのに必要な長い道のりを経て
君の名に戻るには　僕は君の名から離れる必要があるのだ
手を貸して　フランカ

そう、僕は読んだ、何度となく君のシチリア書簡を読み返した
その書簡の考えていることをつなげていく糸なら、確かに僕にはみえる、はっきりみえる気がする
君は僕にたくさんのことを言った　フランカ
中には既知のことがらもあった、しかし君はそれらの鍵をくれた

漠然としか知らないことがらもあった、それを君は明快に言ってくれた
僕らが生きているこの途方のない歴史、眩しい光でなおかつ闇でもある僕らの歴史の中で君が君について
知っていること、少なくともそれだけは明快に言ってくれたのだ

君がシチリア人であると僕は直ちに理解した　フランカ
いやむしろ自分が何をシチリアについて知っていたかを、君によって君をとおして認識したのだ
シチリア人の君と僕の知るシチリアとは同じこと、君が僕の唯一知るシチリアなのだから
僕にはたぶんいつまでもシチリアをみることさえないだろう。その必要がない。僕は君をみたいのだから。
君は僕に君の故郷を語る、フランカ。じつは君は僕に君を語っていて、そのうえに君の故郷をも語っているのだ。
誤解はない。僕は有りのままの君をはっきりみた、理解した、認識した。
堪え難い光であり、なおかつ闇に限取られた闇
じつに光の中心にある闇
じつに歓喜の中心にある深淵。
死せる人のごとく美しい、この言葉を思い出して欲しい、フランカ、君のまえでその言葉はひとりでに浮かんだ、それは僕にとりついている
死せる人のごとく美しい　かくも生に貪欲なその君が
なぜならその生が死に居つかれた生なので

僕は君をはっきり理解してしまった、フランカ
別の世界からもたらされるアイロニー、別の岸辺からやってくるあのアイロニーをさえ
生きることの悲劇性、宿命性から、不安、激情、魂の嵐から身を守るためのアイロニー
フランカ　僕ははっきり君を理解した
僕は君を僕の黒い太陽と呼んだが　いいかい　それは
君の髪　君の眼ゆえでも
どんな太陽もが黒くしようとしてできない君の体ゆえでも
君の魂ゆえでもない
あのありえない、しかし君のもとには確かにある同盟、永遠に結びついた敵同士であってなおかつ兄弟で
もある光と闇の同盟ゆえなのだ
僕のことがもっとよくわかったとき　フランカ　君は知るだろう
茫漠たる時の始まりから、記憶にあるかないかの子供のときから　僕もまたあの重なり合いつつ敵対する
光と闇のイメージを生きてきた
このイメージは僕にパンと葡萄酒以上に必要なもの　空気のように　胸の中を行き来する呼吸のように必
要なもの
やがて君は知るだろう
僕が光と闇の二重の対立するあのイメージをとおして　生き　考え　呼吸していることを
（それはたぶん僕もまたシチリアほどには南緯にある地方で生まれたせいだろう）（地理への参照は僕らに

必要なこと、無視できない意味をもつから）
そのことを理解すれば、君自身が僕への質問の答えになるだろう、いや、その答えをすでに君は知っているのだ、フランカ、なぜなら、君が知ることになる僕の答えの深い理由は
そう、君がいまの君のままで、「シチリア人」のままであって欲しいということなのだから

もう少し付け加えておきたい、フランカ
君のつねなる同伴者、あのおそれも僕は理解する
おそれ、怯え、苦悶、そのすべてが僕にはわかる
おそれを友に苦悶といっしょに僕もまた育った
僕もまた世界があれら獰猛な道連れどもの攻撃にさらされて転覆する瞬間を何度も経験した。
君と同じだ。
そしてあのおそれ、あの苦悶と、光と闇の対位的イメージ、君が僕にシチリアを描いてみせるときの、また僕の生全体を養ってきたのでもあるあのイメージとのあいだには、隠れた、しかし現実的な関係がおそらくあるのだ

君は、或る日、僕にこう言ったことがある、フランカ、君が僕を好きなのは僕が君と違うからと。まるで僕が言ってみれば君にない力、頼もしさ etc. をもつからでもあるかのように。

そうかもしれぬが、しかしもっと別の深いところをみれば、僕らは兄弟のごとくよく似通っている、その

過去ゆえに、僕らの生を支配してきた大いなるイメージと大いなる恐怖ゆえに、君の言葉を借りれば、血筋と土ゆえに、とても似ているのだ。

たぶんただ一つ違うのは僕が君より少し年上だということ、ちょうどそのぶんだけ（だがこれは年齢の問題ではない）僕のほうが少し絶望との戦いを推し進めているということ。君はいい年齢にいるのだよ、フランカ。まさに君自身が言うように、それは或る種の完成、或る種の均衡に達した年齢、いずれにせよ、「第二の誕生」が男に女に恵みを注ぎ、男に女に第一の誕生を修正すること、第一の誕生から自由になることを許す年齢。この第二の誕生を君は進んでアイロニーと呼び、このアイロニーを捉えて君にみずからの情念と懸念を、それらに溺れないでいられるよう、迷わないでいられるよう傍観させる批判的判断力であると言う。この「アイロニー」に対し君は少し厳しすぎると思う、それは否定的なだけではない、防衛的なだけではないとの感じが僕にはする、それはまちがいなく君が言うより遥かに能動的、肯定的だと思う、そう僕が言うのも、劇的状況のもとでそれがそのように君の中で働くのをこの眼でみたからだ。パナレーアのときのことを考えてごらん、フランカ、パナレーアに続く日々のことを（僕の出発のときのことを）。君を救ったのは単なる「傍観する」アイロニーではなかった、君があいかわらずアイロニーと言いたいなら、それは飛び抜けて能動的で力強いアイロニー、働きかけるアイロニーだった。確かに君の中でそのアイロニーは別のものに支えられていた。しかし或る人間の中でアイロニーが味方をみいだすときこそ、それは単なるアイロニーではなくなるんだ。すでにそれはアイロニーを遥かに超えるなにかなのだ。生に欠かせないその一部をなす力、生の内側でも働く力なのだ――外側だけでなく。すべてを言ってしまったが、たぶんそれを言ってしまうのは早すぎるが、しかし僕の言ったことはまちがっていないと思う。それを言ったのは最初の指摘に戻るためでもある、苦悶と懸念とがもつ宿命性、あるいは宿命との感覚を、僕が僕なりの道を通って抜け出せたというそのことが唯一僕と君の違いだとの指摘に。君も知っているように、だって僕はそれを言った、フランカ、僕はまだ弱く、仕草や行為にはまだ生まれつきのこの弱さの刻印がある。しかしこの弱さから僕は遠ざかる、僕が強いとすれば、それはこの弱さ、この不安、この苦悶を乗り越えたとの意味でだ。君もまたいまそれをなそうとしている、君なりのやり方で。用いる手段は違え、この点でも僕らは同じ種族だ。

人が偶然に偶然の理由で誰かを愛せるとは思わない。相手が自分と正反対というだけで誰かを愛せるとは思わない。自分と正反対の人を愛するとき、その人を心からいつまでも愛するとき、それは相手が自分と正反対でないとの理由のゆえでもある、いつも一部は隠れたままのどこか深いところで人が、自分と正反対の人間に自分と同じ血筋の存在を認めるからなのだ。

いまや君にもわかるだろう、フランカ、自分の手紙について君が僕に言ったことすべてが、どんなに僕の胸を打ち、僕を動転させたか。

君の手紙が何であるのか、僕にはわかっている、フランカ。
イタリアとフランスの郵便電話局の信じられない蛮勇のおかげでもたらされた君からの知らせ　今週月曜朝九時　オデオン〇六 - 四五[1]　の与えた歓びが絶望的な歓びであることを、僕は知っていた。フランカ、

フランカ、そのことを理解するのに僕はあまり遠くまで行く必要はない。自分の中を覗いてみるだけでいい。もしこの僕が君と同じ状態にいないなら、いったいどうしていましているように君に手紙を書くことなどするだろうか、かくも頻繁に、かつ手紙を書くことのみを念じつつ、一通に十通書きたいとの思いを込めて君に手紙を書くことなど？　フランカ、僕にとって、すべてそれはあらかじめ引かれた道だと思うかい、あとは進むだけでいいような道だと？　フランカ、僕が君の手紙の絶望的な叫びを理解しなかったと思うかい？　僕が望みない願いを、飽かない欲望を、沈黙の中での呼びかけをほんとうに**実物**に変えたと思うかい、**手で触れられる**物のようにテーブルの上に置かれた実物に？　フランカ、この歓びに内容をもたせなくてはいけない、と君に書いたとき、[2] フランカ、いつまでも手紙のやりとりだけを続けているわけにいかない、君に会わなくては、と君に書いたとき、[3] ——僕がそれをそう書いたとき、愛する人よ、君は理解してくれなかったのか、僕が必死でなそうとしていたのは言葉のもつ空しさという空しさを**祓い除ける**こと、不在を祓い除けること、僕らを隔てる空間を祓い除けることだったと？　**実物**の話を出したのもまた絶望的な愛の叫びだった、僕の一つきり望む実物がそこにないからこその話だったのだから。僕は自分の言葉に惑わされはしなかった、フランカ、それは君が自分の叫びに惑わされなかったのと同じだ、愛する人よ。そう、フランカ、僕が期待していたのは君が返事に応えて、それどころか返信などまったく届かないうちから政治哲学の情報を僕に寄せてくれることではなかった……。ケチな政治哲学、僕にはまさにお笑い種！（別のまったく違う視角からみればお笑い種でないけれど、——ただしそれは問題が全然別！）。つまりは、夜に君の名を叫ぶこと、君に呼びかけることをしないですむよう僕は実物の話を出したのだ。人がこんな魔法の身振り、不在を**祓い除ける**ための身振りに訴えるときは決まってそうであるように、言うまでもなく僕は自分の中にとても淡い、とても脆い、とても子供っぽい、絵に描いた餅のごとき希望をもっていた、こうすれば君の不在を別のもので置き換えることができるかもしれないとの希望……。湧くが早いか壊れる希望。沈黙の中で叫ぶこれが僕なりのやり方だったのだ。

そう　愛する人よ、僕は君のリズムを尊重する。そう　フランカ　僕は時間の値打ちを知っている。そう、最愛の人よ、すべては来るべきときに来るものだ。

僕は君の近くにいるときがある、そう感じるときが、まるで君の寝顔に見入っているかのようだ（眠る僕をみたのは君一人だけ、o《オー》　フランカ）君の寝息、夢の中でする君の身動きを僕は注視する、限りない欲望でいっぱいになって僕は願う、君のために夜が続くよう、長く続いていくよう、君が夜から取り戻せるだけの富をすべて取り戻すよう、――そして僕は眼を開けたままでいる、君のために眼を開けたままで、もうすぐ朝がやってくる……

恋人《モナムール》よ、僕の理性の使い方を知ってくれ。僕の理性の使い方のほとんど理性的でないことを知ってくれ。不在の空虚を祓い除けようというときのそれが、とにかくまったく理性的でないことを。恋人《モナムール》よ　君を愛するときの有りのままの僕を知ってくれ。

いまやそうであるところの僕を。

それを除けば、フランカ、畑の改良etc. について君の言ったことすべてに僕は同意する。そんなことは君も知っている。知っていた。僕が同意しないなら、君はこれからも長く僕を知識人の或る種のカテゴリーに分類しつづけるだろう、君の批判が容赦なく及ぶカテゴリーに……

いまなら僕はたぶん君の名を声に出せる

Franca
しかしそれでも「フランカ」と言った途端
次に何が起きるか僕にはわかりすぎるほどわかっている
夜通し君に手紙を書いてしまう！
僕にはもちろんよくわかっているのだ　これが君といっしょに夜を過ごすための僕の発明したやり方であると
o《オー》　フランカ　君といっしょの夜
フランカ　フランカ　ça《サ》 va《ヴァ》 de《ド》 pire《ピ》 en《ラン》 pire《ピール》〔いよいよひどくなっていく〕
これはsempre《センプレ》 peggio《ペッジョ》に当たるフランス語
フランス語　イタリア語　どちらでも苦痛に変わりなし
フランカ

ルイ

午前一時半[4]　フランカ
チャオ　フランカ　チャオ　チャオ　チャオ
君から離れるすべなし、フランカ　僕の胸を掻きむしる恋人
チャオ　チャオ　チャオ　フランカ

ルイ

（1）高等師範学校の電話番号。
（2）〈訳注〉九月二十一日のアルチュセールの書簡参照。
（3）〈訳注〉九月二十五日のアルチュセールの書簡参照。
（4）以下、手書きの追加。

＊［日付なし、封筒には一九六一年九月三十日とある］

わたしのルイ、手紙に感謝、電報[1]に感謝、すべてに感謝、電話で声を聞けることに感謝、わたしの気分を爽快にしてくれる声、シャワーのようにわたしの体を洗ってくれる声、それはわたしの声になる――平静でないときにわたしが失う声に。いま気分は新しくなり、わたしは微笑むことができる、いまは話すことも――でもこの四日間はひどく神経が尖っていて、パナレーア再びといった雰囲気だった。それはわたしのせい、それはあなたのせい、それは離れていることがもたらす避けられぬ誤解のせい、エレーヌとのあ

いだにもちょっとした行き違いが生じた、むしろ滑稽な間違いが、でもそれがまたわたしを苛立たせ、ペシミズムを昂進させた。わたしはエレーヌにとても長い手紙（別の種類のマニフェスト）を書いた、上手に書けたかわからないけれど、たくさんの内容、多すぎる内容を盛った手紙、エレーヌの感受性には或る種の節約が必要だという感じをわたしはもっている、過敏で無防備すぎる感覚に根ざすその言葉は調合をまちがえれば相手にひどい火傷を負わせかねない。その点、あなたはちがう、あなたはわたしにいつも「僕の黒い太陽」の電報を送ることができる、エレーヌはもちろんだめ、そうできない、つまり彼女のもとに到着するには正しい道を（たとえより長い道であれ）選ばなくてはいけないことをそれは言っている、超えられない障害と張り合うのは避けなくてはと、ほんとうのことだけでなくやり方と抑制とを考えなくてはと、そう、情熱だけでなく、そしてまさにそれ、抑制された情熱をわたしは彼女への手紙に込めようとした、でもときどき堤防は決壊し、少しあふれるほどに水位は高まった、確信はないけれど、情熱と抑制のあいだにわずかの不均衡があった気もする。もしそうだったのなら、エレーヌにせめて思い出してもらいたい、わたしを『イタリア年代記』の女主人公たちに擬し、わたしの中に生まれつきの半端でない真の情熱を認めたのは彼女自身であったことを、スタンダールが言ったように、外国の習俗がわたしたちを野蛮にし、イギリスやフランスのダンディーたちの醒めた、悟りきった、泰然とした物腰をわたしたちに強いたまえのイタリアにそうした情熱が存在したことを。そうした情熱の潑剌たる形姿は、愛がかくもおびただしい悲劇の種を播いてきたこの麗しきイタリアのうち、ほかでもないシチリアに（ギリシアの神殿とともに）いまも残っている、愛と憎しみに身を焦がすときのシチリア人に不可能の文字はない、そのことよ、わたしが「いつだって解決策はあるわ」と理性の篩にかけた言葉に翻訳して言うのは——それはなにごとかを欲するそのことに注ぎ込まれる力のこと、いつでも与える用意のあるもののこと（早く老け込んでしまうというそれだけの理由で情熱を断つ人がいる、眼を傷めないために読書をしない人同様、心を傷めないために愛することをしない人が――中には口元に跡を残さないために、多くの場合は皺をつくらないために、笑うこと、そう泣くことでなくて笑うことさえやめようとする女たちも、そして母親たちはとりわけ感情を面《おもて》に出さないことを娘たちにしつける）。この欲する力は内なる他の傾向といっしょに年齢とともに成長していくものなのに（若いときは体の成長を感じ、そのあとは心の成長を感じる、じつに面白いこと）、二十歳で人は愛そうとする意志を断ち、むしろ愛から自由になろうとさえする、そんな意志を《厄介なもの》、これからまだ到来すべきものすべてを到来させなくする足枷のように感じ、人は別のことがら、別の感情、別の愛を待とうとする、すぐにでもみずから出かけいくことを望まずに――意志は否定し、愛への、それがまことの愛でも、拒絶がある。成熟した人のもとにはおそらく愛への意志というより、愛そうとする意志がある。どんな愛も征服、どんな愛も新たな地平、愛の成功はよく言われる無償の賜もの。人は愛することを欲し、愛するために全力を傾けようとする、たとえそれが真実でないと気づいても。「現前と不在」の手紙(2)（わたしたちの手紙はまさしく教皇の回勅(3)のようなものになった）であなたは言っていた、「彼女を愛そうとしていた」と。愛そうとするこの意志、愛のもつ価値についてのこのような意識は、今日成熟に達した世代、わたしたちの世代の戦利品であるようにわたしにはみえる、かつてあった禁止に対して今日では理性による情熱の肯定がある、情熱に道を示し、道を容易にし、道を外れれば情熱を元の道に戻してやる理性。時代は大きく変わった、かつて理性は動きを止めるもの、ブレーキをかけようとするもの、情熱への抵抗だった（感情と義務のあいだで心千々に乱れるかつての悲壮な姦通女の姿、恥ずかしさと寒気でぶるぶる震えながらホテルの一室にたどり着き、青ざめて疑念に苛まれる哀しい女、たとえ仮に罪の後に必ず克己と救いがあったとしても、身を許してやがて夜も日も後悔に、のちの人生に押されて消えない不名誉の烙印に、強迫される女)。今日では意志の努力は完全に情熱の側に就いている。マリア・カルラ、自分の生きている社会に献身的なあのマリア・カルラでさえ、こないだの晩、恥じらうような悔恨を込めてわたしに言った、「わたしに勇気があったら」！　彼女のもつささやかな批判の感覚は、どんなにささやかであっても、彼女にこう理解させたのよ、罪は場所を変えたと、天国と地獄、善と悪は場所を入れ替わったと、罪とはあらゆる真実から懸け離れたまま、いまいる場所に居続け、いま生きている人生を続けていくこと、救いとはいわば跳躍を成し遂げること。そう、あのマリア・カルラがよ、考えてもみて、こないだの晩、家で食事したとき「こんなことは言うものでないと心得ているけれど、でもそれはほんとうにとてもよいことだわ」と言ってわたしたちを、わたし、リーナ、そしてピンパまでをも大笑いさせたそんな教育を受けてきたマリア・カルラが（何年もまえにマリア・カルラを主人公にした小さな物語を書いた、探してみつかったらあなたに送る）。それでもリーナは彼女をとても褒めていて、「貴婦人の鑑」と言っている。リーナは本能的に気づいているのよ、たぶん上流社会にまことの情熱は少なく、多くの事件、多くの裏があると。リーナのようなかなりはしこい女性、一般にお手伝いさんは、すべて順調で生真面目な家庭にはうまく溶け込めない。意外な出来事から決まってなにかを察知する彼女たちは、社会の隠された悪徳を嗅ぎつける感覚をもっているのだわ。なにかが起き、自分の能力である狡知と機転を活かせる場所、秘密や駆け引きに荷担でき、部外者である自分もその社会で一役買え、観客でなく俳優としてふるまえる場所、それが彼女たちの望む場所。そして他人のために嘘をつき、隠し立てをしていくうちに、秘密めいた生活の幻想が膨らみ、人は思う存分想像力を逞しくできる。家の女たちはみんな（わたしだけでなく）あなたが発ってしまったことのひどい後遺症を感じていて、すべてがとても退屈に、もうなにをしゃべることもないほど飽き飽きしてみえる。わたしは書いたり読んだりで自分の時間のほとんどを過ごしている……、毎日、晩になるとわたしはすっかり疲れ切っている（わたしを殺すのは煙草でなくあなたと思うけれど、わたしがやめたのは煙草で、あなたではない、でも煙草をやめてしまったとはなんと残念なこと、煙草はそれ以外になにも要らない単純な楽しみ、誰にも迷惑をかけないし、他人の参加を必要としないというのに――歳をとり独りになったときのための、それは楽しみ、でも人生は忌々しい、ふつうはそういうときになってやめなくてはいけなくなるのだもの）、女たちのおしゃべりにあなたが空けていった空虚をみんな痛感している、ロマーナはもうほとんど笑わない、いろんなものを詰め込んだお腹のポケットからわたし宛ての手紙、電報、速達を取り出すとき以外は、そのときだけは彼女の大きな笑い声がよみがえる、幸福な興奮しきった笑い声が。「お気に入りの女たち」組織をつくり、心の鍵を預けていい人を選び出し、わたしの愛を彼女に分かち合ってもらうべきなのかも……、それとなくリーナに話をしたとき、わたしはとてもまじめな口調で彼女に出会いの価値、生きることに前向きである必要性、人の善性を言って聞かせた、それを言って聞かせたのは、婚約者のネッロとうまくいっていない彼女を慰めるため、この頃は彼女との痴話喧嘩が絶えないの。というのは、ちょうどいまは葡萄の取り入れ時、いつもながらの素晴らしい時期で、家は娘たちを物色する逞しい腕をした葡萄職人[4]や農夫でごった返している（わたしもみつめられているのよ、それは二十歳そこそこにちがいない若者で、わたしを純朴そうにじっとみつめるけれど、まなざしに激しさはない――それにひきかえ、あゝ、ルイ、あなたの眼、食卓でのあなたのまなざし、電流のようにびりびりさせるまなざし、わたしたちみんながどう感電死せずにすんだのかわからない、少し頭をかしげてあなたはわたしをみつめていた、考えていることすべて、感じていることすべてをわたしに伝えようとするかのようにわたしをみつめていた、まるで眼でわたしの体を撫で回し、眼でわたしを裸にし、僕は君の体をまさぐる、僕は君の服を脱がすとまるで眼でそう言うかのようにわたしをみつめていた、まるで他はすべて視野のそとに追いやるかのようにわたしの眼を真っ直ぐみつめていた、どんなまなざしもこれほど深くわたしの中に入ってきたことはなかった、それは会ったその日から、最初の夜からもうわたしの体を奪ったかのようにわたしを奪った、でもそのときのわたしも同じまなざしをあなたに返せたのかわからなかった、わたしはきょろきょろし、しゃべり、落ち着かないままだった、そのあとになっても、あなたの眼をまえにすると平静ではいられなくなった、そしてほんとうにそれに堪えられなくなると、わたしは立ち上がり、リーナのつくったおそるべき料理のごときものを給仕しにあなたのそばに行き、自分の体をあなたの肩、あなたの膝に軽く触れさせた、溜まった電気を放電するかのように、そうするとわたしは再びあなたをみることが、あなたの眼をみつめることができるようになるのだった、ルイ、太陽の眼——わたしの可愛い農夫のほうは労働者の眼、誠実で慎ましやかな眼をしているの、彼がわたしをみつめるそのふうは、黒い太陽のようでなく、彼の党の旗にプリントされた未来の太陽のよう)、ここで話をリーナに戻すと、あの男たちの行列にもちろん彼女は反応しないわけでないの、それでネッロが焼き餅を焼き、喧嘩になる、喧嘩して仲直りしてまた喧嘩。ここで吸う空気がそうさせるのだわ、搾りたての葡萄汁が空気を濃厚な葡萄酒に変え、それを肺は呷《あお》り、それを喉は味わう。めざめていようが眠っていようが、みる夢は深刻かつ甘美なもの。この空気にみんなが酔い痴れ、蝿さえそう、狂ったように窓にぶつかる蠅もまた、葡萄汁が全身に回り、まるでパッと宙に舞う葡萄の粒のよう。葡萄の収穫期は素晴らしい、昔、リーナとコッラードが愛し合っていた時代、まだ圧搾機のなかったその頃は、いつも蔵でリーナともう一人、とても若いお手伝いの女の子が樽の中に立ち、いつ果てるともなく踊り狂うバッコスの信女さながら葡萄を踏み潰したもの——彼女たちのそれは扇情的なことと言ったら、誰もが葡萄の房のごとく彼女たちを嘗めずり、頬張ったことでしょう、服も着けず、頭のてっぺんから爪先まで濡れそぼち、ときにはズロースさえ穿かず「自然」をさらしたまま、そして二人をからかう男たちに、ネンネじゃ、まだ一本も生えちゃいまいと言われて若い女の子が腹を立てるのをみたことがあるけれど、あれはそんな男たちに、生え揃っていると、あるべきところにちゃんとあると示すため。今日では機械とともにあんなことはすっかりやんでしまった（技術は愛をとめる、技術は教化する、技術は計画化する、技術は「自然」をもたないというわけ）、でも毎年いつも、なるほどこういうことかというたくさんのことがらを学び取るわ、翌月、十月にはもう頭の中から忘れ去られてしまうけれど。今年最高に美しいことがらは一人の老葡萄職人、わたしの若い崇拝者の父親から教わった。葡萄の木は何年くらい生きるのと訊くと、彼はわたしに答えた、「何年って、ずっとだがね、一本死んだら、また一本植えるでよ」。思わず彼を抱きしめたくなった。

いいえ、これは冗談、わたしが抱きしめたいのはあなた、あなた一人（たとえ二人しても、わたしたちがこんな賢いことなど言えなくても）、こんなことをだらだらあなたに話す気が失せた（そうしたのはあなたがそうしろと言ったから、すべて話せと）、わたしはあなたを抱きしめたい、あなたをキスで埋め尽くしたい、あなたが欲しい。

この気持ちはわたしの日々毎日の甲冑、それはそこ、あらゆる仕草の、あらゆる思念のうしろにあり、どこからでも読み取れる欲求、わたしをみる誰もがわたしの肌に刷られたあなたの名を読んでいるような気がする。裸の感じ、身に着けるものとてあなたの名だけ、わたしをすっかり裸にしてしまうあなたの名。でもそれがいい、わたしは幸せ、あなたを愛せて幸せ、あなたが愛してくれて幸せ、いつまでも幸せ、あなたを愛せる限り、あなたが愛してくれる限り、あなた、ルイ

[黒い太陽のデッサンによる署名]

(1) 一九六一年九月二十七日の電報。
(2) 〈訳注〉一九六一年九月二十三日の手紙。
(3) 〈訳注〉一国または世界の全司教に向けて教皇が社会・政治問題に関する教会の統一見解を伝える手紙のこと。
(4) 〈訳注〉葡萄栽培および葡萄酒作りのプロ。日本語には座りのよい簡潔な用語がみあたらなかったので、とりあえず「葡萄職人」としておく。

[一九六一年] 九月二十八日　木曜。一五時

[手書き]

チャオ　フランカ　チャオ　アモーレ、僕のまわりは君でいっぱい　僕の大切な人よ、笑う君と笑わない君　微笑む君と微笑まぬ君、死のごときあの重い雰囲気を漂わす君と生より生にあふれる君、チャオ　フランカ、手書きの手紙でかまわない、望むならたったひと言だけでいい、長い話など語ってくれなくても。

自分の愛について、自分について、僕について、君はほんとにたくさんの仕事をした（僕もまた！）。君にはもう休む権利がある。眼を閉じて　僕の愛しい人、時間と生をなすがままに任せよ、タイプライターに静寂を、愛しい手に休息を　一枚の切手に、無に、木の葉に書いてくれてもいいのだよ、僕に手紙を書くことさえしなくても（そうは言ってみたけれど……、この忠告に君が従うのを僕はどう堪えたらいいだろう!!）——ただし条件が一つ、勝ち取られたこの誇らしく輝かしい愛に君が少しは幸福を感じてくれること——この愛が君のおぼつかぬ気持ちを凌ぎ、君がこの愛を掌の中につかみ取れること——この愛の傍らで君が眼を閉じて身を横たえられること（もうざわめく血の流れしか聞き取れぬほどに）——君が一瞬の、ただし狂おしいほどの幸福を感じられること　フランカ　フランカ　僕の狂気　ありうるほどにリアルな　ありえないほどにリアルな僕の美しい恋人　優しさにみちた荒々しい　思い通りにならない　反抗的な恋人　チャオ　フランカ　チャオ　チャオ

ルイ

不在についての手紙①

君はあの手紙を理解していない、モナムール。あれには二つの意味はなかった。ただ一つの意味があるだけだ。

大きな変化を自分の中にみていること、自分の中のなにかが性質を変えたこと、それを僕は君に言おう

としていたのだ。それは号外　福音、君にも僕にも、おゝ、なんとよき知らせ！　なににも替えがたい知らせ、値などつけようもないほどに貴い知らせ。子供が初めて歩いたと、子供が初めてしゃべったと告げる知らせにも似て。それまで歩かなかった子供。その子供がいまは歩く！　それまでしゃべらなかった子供。その子供がいまはしゃべる！　人生の多くのことどもを変える大きな突然変異の知らせ。

君に出会って気づいたこと、愛し方が変わったことを僕は君に言おうとしていた。君に出会って一段上がったこと、決定的な段階を跨ぎ越えたことに僕は気づいた。この変化の自覚は**不在について**生じた。君以前、僕は愛することのほとんどを**現実のそとで**なしていて、僕には愛の対象とその愛自体をつくりだすこと（想像力でこね上げること）（ゆえにおおかた**人工的**な仕方で愛すること）が必要だった。わかってくれるかい？　なにかつくられたもの、人工的で人為的なものがつねに僕の愛にはあったのだ。

だからこそ、そこでは**不在**があれほどの成功をもたらした！　愛する人がその場にいないから思うようにその人をつくれる、想像的欲望をみたす想像的対象にその人を変えることができる。C［クレール］のいるときよりいないときに僕の愛が遥かにうまくいったことの、それが理由さ。

いまではすべてが一変した。自分の愛をつくる必要のもはやないことに僕は気づいている、君がこの場にいなくても、（かつてCについてなしたごとく）自分のために君の人工のイメージをつくる必要がもう僕にはない。美しい愛を生きるのに**不在**が以前のように僕に必要であることがもはやなくなったと言うとき、それはこう意味する、僕はもう人工を必要としない、心の人工、想像力の発明をさえもはや必要としない。

こうした美的人工物のすべてを僕は拒否する、こうしたつっかい棒のすべて、こうした虚飾のすべて、想像力の「人工楽園」[2]での、こうしたすべての技巧を僕は拒否する、フランカ。

僕が**不在**を語った理由はただ一つしかない、自分の愛を美化するために僕はまさに**不在の中**であれらすべての人工物、あれらすべての虚飾、あれらすべての技巧をつくっていたということだ。

さて、いま君はいない。ところが、どうだ、**君のいない**そのあいだ、僕はもはやあれらの人工物の一切を必要としないとの**経験**をしている！　自分の愛を**人工的に**つくり直す必要なしとの経験を！

これの意味することがわかるかい？　それは二つのことを意味する、1／君のいないときに僕が自分のためにつくりうる君についてのどんな観念よりも、君は豊かでかつ美しいということ。君のうちに在るなにも僕の期待を裏切らない、君のうちに在るすべてが僕を魅了し、僕を昂揚させ……、人工物と想像力の魔法という助けがもう僕には必要ない！　2／それはまた、僕が君を受け入れていること、かつて一度も味わったことのない自由と信頼とをもって僕が君を愛していることを意味する。

この二つのことは、言うまでもなく、一つで同じこと。

僕は明快かい？　僕の言ったことをわかってくれたかい？　君のすべての疑いを僕はキレイニ晴ラシタ《ブッタート・ヴィア》かい？

わかるかい、これは自分について僕のなした大きな発見だということが、フランカ、それでいて君にまっすぐかかわっていく発見でもあることが？　根本的に新しく、興奮させるなにかであることが？　それはどこまでもよきことがら、無限の富を含むことがら……

僕の手紙が神の存在を論じていたのではまったくないことも、わかってくれるかい？　神の存在なんて、不在と現前の理論なんて、僕にはどうでもいいことが？　不在はこの発見の条件であったということがわかるかい？　それ以外のなんでもなかったことが？

やだ　やだ　やだ　心のことがらを外国語はとても複雑にしてしまう……、恋人よ　いつなんどきでもこの難しさを勘定に入れてくれ、――君に僕が話すときは言われたことより**声**の調子が大きな価値をもち、それは言われたことの意味を指し示す。だけど、書くときは声の調子が失われる。僕の手紙を読むときは、いつも声の調子を付け加えてくれ、フランカ、声の叫びを、そしてこの声とこの叫びをけっして疑うことなかれ。

ルイ

（1）　一九六一年九月二十五日のフランカの手紙参照。ここからアルチュセールの手紙はタイプで打たれている。
（2）〈訳注〉英国の作家トマス・ド・クィンシーと大麻を論じた十九世紀フランスの象徴派詩人シャルル・ボードレー

ルの本の題名。

【一九六一年九月二十九日】

［朱インクの手書き］

金曜

①足の踏み場もない書斎から　フランカ　君にご挨拶（まるで戦場だ、床のそこらじゅうに散らばる本、破かれた紙――新しい書架を据えてもらったので、本を放り出し、選り分け、並べているところ）、いたるところ君の写真だらけ、どこでも君に出会う、腕から顔を覗かせ君は僕をみてる、君が喪に服していることを言う黒いベールの下の君の眼が僕をみてる（このまなざし　フランカ　この圧倒的なまなざしが）、座った君が思念の奥底から僕をみてる、両眼を閉じた君が眠りの中で、夜の、黙想の、欲望の奥底から僕をみてる、君が僕をみてない　君が僕をみてる　眼を伏せて君が僕をみてない、君が、ドアに映ったあるかなしかの影が。肖像いくつかではまだ多いとは言えない――多くないけれど、それらはどこにでもあるような肖像じゃない　フランカ――僕のことを思いながらポーズをとったとの君の言葉を僕は信じる　君②はときどきあの同じまなざしをもつことがある、大勢の人びとの中で、君の友達の輪の中で、僕が君をみていたあの夕食のときの君がもっていたのとまったく**同じまなざし**を――沈黙のまなざし、沈黙の中に在るまなざし、すべての人びとをまえにして告白をなすあの堪え難きまなざし――そのまなざしを再びみいだしたとき僕は、胸を締めつけられた――そのまなざしを僕は昨日の朝からひっきりなしにみてる、僕を

有頂天にも打ちひしがれさせもするあのまなざしを。かつて一つや二つの肖像が僕の上にこれほどまでの**物理的**な力を振るったことはなかった、フランカ。（昨晩、僕はヴェルサイユの「戴冠の間」に行ってきた――その館で催された国際政治学会議のレセプションに（!!）――君に話したあの女友達、フェヌロンの専門家にして……〈会議〉の専門家！でもあるその小柄な法律家③のエスコート役として――なんで括弧なんかつけたのか、とっても変だ④――黒いショールの君の写真を僕はもって行った――そしてときどき、ごった返す人びとの中で、壁画に彩られた天井の下で（ちっともルネッサンスでない壁画、まったく！）夜に沈む⑤素晴らしい庭園の前で――それでも、ボーッとであれ、なんとかみえはする――ときどき僕は君を眺めた（おゝ　あのまなざしだ　フランカ！、それは僕に傷を負わせる、それは　叫び　祈り　刹那の刃、待機、苦痛　さしもの苦痛）――そして僕は僕のもつすべてを君に送り届けようとしていた、ここの夜会を、この光　この夜を、群がる人びとのすべてを、僕に出くわしてありやりやとの顔をするすべての友人を、僕の場違いな言動のすべてを、僕は君にあの女友達を送り届けようとしていた、誰もが――エスコート役とはなんと羨ましい、あの男はいったい誰だと頭の中で問いつつ――舐《なめず》るような眼でみていた彼女を、彼女に語ったイタリアのことを、この夏のことを（彼女に君のことをしゃべりたくて仕方なかった、このしゃべりたい衝動に抗うには蛮勇が要る）すべてを君に送り届けようとしていた――また彼女に語らなかったことのすべてをも（なんて簡単なことだったたろう　フランカ　君のことしか考えないのは　君をしか欲しないのはなんてたやすいことだったたろう）　フランカ　僕の愛する人よ――その後、僕は帰宅して君の手紙を丹念に読み返した⑥――夜の十一時にテニスをしに行き、改めて君の写真すべてをみたあと寝た――君のまなざしすべてを。僕は子供だ　フランカ、子供のように僕は君を愛す、僕は全然子供じゃない　フランカ、子供のするのとはまったく違う仕方で僕は君を愛す……

（喪のしるしのあのショールについて君の言ったことにも、僕は動転した。パナレーアの最後の日、黒づくめの君を僕はみたが、列車の中で話していたときにウィッツリアーナも　彼女　とっても悲しいのよ　全身黒づくめだったもの　と僕に言った――僕は知らなかった　フランカ　君が意味あってそうしたことを絶望が君を苦しみの源にまで、生まれ故郷の衣装にまで引き戻したことを――でもいまは、あのショールを被った君がかくも美しい、かくも美しく生き生きとしている……）、だが肖像ではショウガナイ《バスタ》！　**君のことが大好きだ**　フランカ　君ニちゃおヲ

ルイ

チャオ　チャオ　アモーレ　チャオ　チャオ

（1）最初のページの余白に下から上にむかって、こう書かれてある。「赤色で君に手紙を書く！　黒の鉛筆をなくしてしまったんだ。チャオ　フランカ　（この余白を借りて再び君にチャオ　チャオ）」。

（2）二ページ目の余白に下から上にむかって、こう書かれてある、「「チャオ　フランカ」と君に言えるどんな機会も逃さない――ね、それを言える手段をまたここにもみつけた！、チャオ　アモーレ」。

（3）〈訳注〉六二年十月五日の手紙に言及がある「フランソワーズ」のことだと思われる。原書の人名索引はこの箇所の「フランソワーズ」を拾っていないので、断言はできないが、おそらくピエール・ゴディベールのガールフレンドであるフランソワーズ・バッシュ。フェヌロンは、次世紀ユートピア思想の先駆と言われる十七世紀フランスの高位聖職者（1651～1715）で、教化的な文学作品『テレマックの冒険』で知られる。

（4）〈訳注〉「昨晩、僕は……」の前につけられた括弧を言う。それ以下に続く文章を閉じる括弧は付けられていない。

（5）　三ページ目の余白に下から上にむかって、こう書かれている、「(またもや余白!、君の眼にキスを――それは君の魂――君の唇に――それは君の吐息――君の口に――それは君の心、君のすべてに　すべてに　すべてに　フランカ――チャオ　フランカ)」。

（6）　四ページ目の左右どちらの余白にも、下から上にむかって、こう書かれている、「チャオ　チャオ　チャオ　フランカ!」。

*［一九六一年九月三十日］

［手書き］

「独リノ女カラ独リノ男へ」　土曜

ルイ、ルイ、ときどきあなたの手紙から心に痛い絶望の叫びが聞こえて、わたしは、凍りついて、生きたまま死んでもいるわたし、あなたの望む、あなたの考える、あなたの好きなわたしになる――打ちのめされてなにも考えられないわたしになる、手紙からわたしの唇に移るほどにも強く響くその叫びはあなたの叫びであることをやめないままにわたしに溶け込み、あなたをわたしが愛しているのかもう見分けがつかなくなる、まるで自分自身を愛しているかのよう、まるでわたしはあなたで、あなたになって自分の顔をみ、自分の名前を愛し、自分の体温を感じ、わたし自身にむかって自分の滾《たぎ》る思いと自分の名前を叫びにしているかのよう、あなたの眼をとおしてわたしはみる、あなたの掌に残るわたしの感触をとおしてわたしは自分を感じる、わたしの漆黒の闇は形のない途方もなく大きな影になって、すべてを包み、すべてを、意識も本能も呑み込む、この闇、この夜の中で　ルイ　わたしは道を見失う、夜は魅惑する抗い難い呼びかけになる――血の中に染み込んだこの影で我をみたせ、その影の中に消え入れ――止まれ、すべてを止めよ、自分でなす一つの仕種も、自分で言う一つの言葉ももはやなし、もうほかの木々に付け加わる木も、海に付け加わる雨も、空に付け加わる雲もなく、あらゆるもの、無のモザイクの断片が一つになり、起源の無、無の全体、無の一様さが再び形をなす。複数は孤独を意味する――そう、あなたとわたしは単に独りを意味する、「我、汝を愛す」は最も過酷な分離のこと。文法規則をすべてひっくり返しましょう、ルイ、あらゆる代名詞の意味を変えましょう――「汝、ルイよ、愛せ」、「汝自身を愛せ、我の内なる汝を」、「汝の内なる我よ、愛せ」、「汝の外なる我を、汝から分離されたる我を、感じることなかれ」、「我を欲することなかれ」、「我よ、汝の体のうちに我をみいだせ」。

我は汝の歯　我は汝の口
汝の口に触れよ　さすれば汝はわが唇に触れよう
汝の手に触れよ　さすれば汝はわが爪をみいだそう、小汚い小娘に嚙みしだかれた爪を
ルイと呼べ　さすれば汝は我を呼ぼう
さすれば汝は「フランカ、フランカ」と我に添わされたわが名を呼ぼう
黒き太陽はルイとフランカを言う
一方は他方の属性なり
我が影なら我は汝の影
汝を愛せ、ルイ、我を愛すがために汝を愛せ

我を愛せ、ルイ、汝を愛すがために我を愛せ
ルイ、フランカ、ルイ、ルイ、わが愛

わが愛
フランカ

［一九六一年九月三十日］(1)

「わが」庭の花一輪、（僕の［園芸的］側面……）、それはそれはか弱い……(2)

チャオ　フランカ　チャオ

土曜　六一年‐九月‐三十日‐一七時

フランカ　フランカ
君をヴェネツィアに迎え入れるためのこれは手紙
ヴェネツィアが君にとって美しくあらんことを
わくわくする忘れえぬたくさんのことどもを君がなし　かつ　みんことを
君の歩で僕の歩を踏め　君の歩で君と僕の二人の残した足跡を踏め

フランカ　フランカ

……よしよし、鎮まれ　わが理性！、役に立つことを君に言わなくては　フランカ　いつも君のこと　僕のこと　君への愛のことばかりでなく　いつも「悲しいかな《エラース》」ばかりでなく……、朝から晩まで晩から朝まで君のことしか頭にないと、それはそれはいろんなかたちで君に言い募って、すべての時間を過ごすわけにもいかない（あゝ！、朝　めざめるなり君が襲いかかってくる　なんという襲撃！、昼間は昼間で、これまたいちだんと休みない戦いだが、[3]眠りの薄靄《うすもや》から這い出してまだはっきりめざめていない朝　君が僕に仕掛ける襲撃ときたら　フランカ！）、よし、わかった、ここで元に戻る！、段落を変えよう、そのほうがたぶんうまくいく。

というわけで役に立つアドバイス——

1／考えた末、トゥールーズには行かないことにした。[4]招聘は断るつもり。

2／必要なだけヴェネツィアにとどまったらいい。ヴェネツィア、ベルナール（・ドルト）、演劇、彼の友人たち、特にピッコロの人たちを、できる限り自分に役立てること。滞在を切り詰めてこの出会いの機会を無駄にしてはいけない。ピランデッロの『アンリ四世』を観なさい（僕の勘違いでなければ、これは最新の公演だ）。じゅうぶん時間を都合すること。

3／フランカ、六日にどうしても来ることはない。ほんとうにヴェネツィアを自分に役立てたいなら、それでは短すぎる。僕は君を待つことができる、じりじりはするだろうが。モレーニといっしょに自動車でという手もあるが、車でする旅がどんなものか僕は知っている、二日はかかるし、それにとてもくたびれる。鉄道ならたった一晩ですむ。ただM〔モレーニ〕との車の相乗りoccasion[5]は、節約になる面はある。フランカ、こういう金銭的問題は問題ではない。植民地主義も大財閥主義も（!!）頭から追い払うことを受け入れて欲しい（どうかそうしてくれ　フランカ）……、この手の問題だったら簡単に解決策はみつかるというもの。

4／結論、僕はトゥールーズに行かない。僕は君を待つことができる、フランカ。しかるべく事をなすのに必要な時間を必要なだけかけたらいい。ヴェネツィアについても、荷物を移す必要があるのなら[6]ベルテイノーロについても。それが終わったら僕に会いにパリにおいで、夜に、列車で。二等の寝台車か一等の座席にすること（一等の座席についているクッションを敷けばよく眠れるらしい！）。

じゅうぶん自分の時間をとりながら、おいで、君からみていちばん都合のいいようにものごとを片づけながら、また処理しなければならないすべての問題からみて。

賛成してくれるかい　フランカ？

いずれにせよ、君のほうが正しかった。君は僕に会いに、ここパリに来なくちゃいけない。僕が暮らしている世界を知らなくては。僕もそれを望む。

さて、君が来る、近いうちに来るということになったわけだから、僕は待つことにする、いつどんなふうが最適かの判断はすべて君に一任するよ。僕は十五日はいる、トゥールーズには行かないからね。好きなときに来ていいよ。ただ時間だけは知らせてくれ、駅に迎えに行くから、おー、フランカ、出迎えの歓びを僕に味わわせてくれ。

僕の家に泊まってかまわないよ。長くいる予定でも、ともかく一度僕のところへ来て、あとは好きなようにすればいい、ジョヴァンナ‐ディッキーの家に泊まることだってできるしね。だが滞在が数日だけなら、僕のところへおいで。言いたいのは、宿泊先の問題は君の「計画」から外しなさいってこと。そんな問題なら、こっちに着いてからのほうが遥かに簡単に片づくから。わかった？

急いでいる、出発前にこの手紙をベルナールに渡したいんだ。一時間後に彼は発つ……。でも彼が発つ前に君にこう言っておきたい、フランカ、なにも心配しないで欲しい、いいかい、一切なにもだ。言葉のうえでの、文通のうえでの、etc. のうえでの「誤解」なんてまったく気にすることはない。そんなことはどれもこれもなんでもないことなんだよ、君。君が僕を、僕と君自身をどこまでも信頼してくれていて欲しい。なにかが（たとえば手紙の中で）曖昧にみえて、この意味は正しいのかまちがっているのかと思うことがあったら、**正しい**と自分に言い聞かせてくれ、曖昧さは言葉の中、僕らの愛にまで背くこのしょうのない外国語の中にあるのだと……、おー　フランカ　君が好きだ　君が好きだ　息が詰まるほどにも、もうほかのなにごともできなくなるほどにも。僕は君に占領されてる、僕の村の隅々に、いたるところに、僕のあらゆる草原に、僕のあらゆる丘の上に、僕のあらゆる川岸に君の軍隊が陣取る。僕のどの町ででも、僕の土地のどこででも、僕は君に出会う。僕は慈悲を請い、降参し、御意《ウイ》と言う……、僕が君の国を、君の領分を侵略したのなら（僕がどこででも君に出会うということは、なるほど、たぶん僕が君のもとにいるっていう証拠だな、フランカ）……、ね、ごらんのとおり、僕の領地の形はいまやめちゃくちゃ！、でも境界線と歴史的権利がどうなったって、この敗北とこの勝利が僕には嬉しい、君は僕の奴隷でなおかつ僕の支配者、それとも僕が君の奴隷であって、また君の支配者か、どちらだってかまやしない、結果は同じこと、しかしなんという結果!!　君の言うとおりだよ　フランカ、ほんとによく働いた、郵便でね。手紙また手紙。それらの手紙を読むこと。それらの手紙を書くこと。その他おびただしいあれやこれや、それも一日中（それ以外の本職のすべての仕事の傍らで！、ほんとの話、僕はいま三つの仕事を同時に抱えてる！　一つは師範学校のための仕事、残りの二つは君のための！）。じつによく働いた、「進むは進むは」、「捗るは捗るは」、面白いほどに、ほんとなんだから。君のほうもそうあるといいと思う、君よ[7]　フランカよ　わが優しき人　君よ　わが誇り　君よ　わが歓び　君よ　わが矜持、君よ　わが命。

ヴェネツィアにご挨拶、君が眼にするすべてにご挨拶、君をみるすべての人にご挨拶（彼らが妬ましい、とっても！）、そこに行くなら、フランカ、キオッジアにもご挨拶（おー　キオッジア[8]……）、君にチャオ　チャオ　チャオ　チャオ　チャオ　僕の最愛の人よ

ルイ

このご挨拶は駅のホームでするご挨拶だ、列車が遠ざかっていくときの、なにもかもが小さく小さくなっていくときのご挨拶、――この手紙のごとくに　チャオ　チャオ　チャオ　フランカ　チャオ　僕の最愛の人よ

ルイ

(1) ベルナール・ドルトに託してヴェネツィアに送られた手紙。一輪の花が中に添えられていた。
(2) 手書きの銘。おそらく花はこの手紙に同封されたものだろう。
(3) 〈アルチュセール注〉 君と戦っているのだよ、モナムール、君と取っ組み合って僕は引き裂かれ、壊れ、折れ、幸福で、へとへとになって、嬉しくて なんて美しい戦いなのか、君を愛するというのは フランカ、しかもなんて僕はこの戦いが好きなのか、君を愛するための、君に愛してると言うためのこの戦いが、なににも代え難いこの勝利が!
(4) 一九六一年九月二十五日の手紙参照。
(5) 〈訳注〉 この傍線はたぶん「強調」というより、occasion が特殊な意味で使われていることを示すためのものと思われる。ふつう「好機、機会」を意味する occasion が「相乗り」の意味で用いられるのは、北アフリカのフランス語圏においてである。
(6) 〈アルチュセール注〉 一等の寝台車は最悪(エレーヌが経験済み)。
(7) 以下手紙の最終部は手書き。
(8) 〈訳注〉 一九六一年九月三日の手紙の編者注参照。

【一九六一年十月二日】

[電報]〔全文イタリア語〕

ようこそヴェネツィアに　を君に言う手段がこれしかない　信頼　歓び　優しさを君に送る　フランカ
モナムール　ルイ

一九六一年十月二日　月曜　一六時

チャオ　フランカ。今夕、月曜、君はヴェネツィアに着く、ベルナールが君に僕からの「よろしく」を伝えるだろう。それに君宛ての手紙を。

ベルナールは君に会う。君と話をする。君の声を聞く。たぶんやがて君を君の名で「フランカ」と呼ぶのだ。いやだ、いやだ、いやだ、フランカ……

ベルナール。土曜の晩、夜も更けて雨の降る中、僕は駅まで彼に付き合うことにした。なんの風の吹き回しかと彼は思ったにちがいない。パリは巨大で、人びとにはやることがたんとあり、彼に僕がこんなことをするなんて初めてのこと。彼に会うため。彼と話をするため。

僕は彼に会いたいと思った、彼が君に会いに行くから。彼と話がしたいと思った、彼が君に話をしに行くから。ヴェネツィア、ピランデッロ、カーサ・フロッロ[1]、彼の演説、グラムシ etc. etc. の話を彼にしたいと――彼に君のことを話したかったから。

僕の口に言うべき名はただ一つ。彼女のためにこれをしてくれ、彼女のためにあれをしてくれ、くれぐれも頼む、B〔ベルティノーロ〕にいらしてと彼女が君に言ったら、心から言っているのだから、その気があるなら「喜んで」と答えてやってくれ、遠慮は無用、会えばすぐにわかることだが……。彼女はまったく素晴らしい。どこからどこまで。「たぶんわかるとおり」と僕はこんなことさえ言ってしまった（抑えることができなかったんだ、フランカ）「僕はフランカにすごく興味がある……」（そのことはエレーヌをとおして彼も先刻じゅうぶん承知、彼は八月十五日のあと、Bから帰ったエレーヌに会っている）。僕はいつになく舞い上がり、とても気が張り、じっとしていられなかった、この状態は彼が出発したあとも何時間も続いた、フランカ。まるで手のつけられないありさま。

あとになって説明がついた。こんなふうにして人は気づかぬまま敷居を飛び越えていくのだと。そう気づいたとたん、僕は幸福で誇らしげな気分になった。僕がなにかしたわけではない。君がすべてをなしたのだ、君が僕をこんな状態に投げ込むのだ、君が犯人、僕の最愛の人よ。それでも僕が幸福で誇らしげであったのは君ゆえ。結局、これ以上よくはならない　フランカ、ひどくなっている、ひどくなる一方……

僕が君に手紙を書くのは、文字通りには、君に手紙を書こうとする自分を抑えることができないから（でも、ほんとうは抑えなくてはいけないのかもしれない。書く回数を減らして君から必要な休息、「ヴァカンス」を取り上げないようにしなくては。だがどうすればいいのか、どうすれば？　僕が君に言えるのは次のことだけ、君のほうは、フランカ、僕に書かないようにしてくれていい、いや、書く回数を減らしてくれていい、いや、書いて欲しいが、あまり疲れない程度に、エネルギーを使い果たさない程度に、心身をくたくたにさせない程度に、ただそれでも書いてはくれ、ほんのひと言でいいから……）。君は僕についた悪い癖だ、フランカ。煙草や酒のような癖ではなく、自然に吐く息、腕や腹で鳴る血の鼓動のようについた癖。書くことは悪い癖だ。僕は書くことを抑えられない、フランカ。書くことがいまでは僕の血になっている。それはどんどん広がっていくので、いくらかでもお行儀を取り戻すには、いずれ限度を設けなくてはならなくなるだろう、――君をきりきり舞いさせないために、また別のことをする余裕をつくるためにも（だって仕事も僕を呼んでいる！）（だが考えてみると、僕はそれでももりもり仕事をしていて、この最後に言った理由はうまくない……、違う理由をみつけなくては。）しかしお行儀を取り戻すと言っても、この何日か僕にはもはやそれが何を意味するのかよくわからなくなってる……、ショウガナイ《パツィエンツァ》、我慢《パツィエンツァ》シテクレ。

‥‥‥‥‥‥‥‥‥‥‥‥‥‥‥‥‥‥‥‥‥‥‥‥

フランカ　いま五時　君からの二通の手紙をいっしょに受け取ったところ。それは僕に　おー　鎮痛効果をもたらした、おー　鎮痛効果、常識への（非常識な）希望を、フランカ　ところがその希望は（生まれたときから）とても淡く、すでにしてもう影も形もない。〈葡萄収穫〉の手紙（いつ書いたの、たぶん金曜？）と、取り付く島のない手書きのもう一通、左から右へと登るほどにスピードを増して頂上に向かうほとんど読めないそれ、速すぎて読めない支え難いほどの〈至高ノ山《モンテマッジョーレ》〉、息は荒くなり、息は切れる、フランカ、止まっておくれ　恋人よ、息を継いでおくれ　僕の大好きな人、僕を凭れとせよ……、ほとんど読み難いこの土曜の手紙、それを僕はなんとすらすら読むことか、フランカ、読めることか、なんとそれは透明で、まぶしくあることか
息せき切って走っていくかのように君はこの手紙を書いた、いよいよ速く
どんどん速く
まっしぐらにゴールめざして
この苦しい呼吸を使い果たすために
僕はちゃんといる、フランカ、逸《はや》らないで　恋人よ
僕の腕の中で息を継いでくれ

チャオ　フランカ　チャオ　憩ってくれ　僕の大好きな人よ
心臓に少しずつ穏やかなリズムを取り戻させせよ
眠れ　恋人よ、眼を閉じてくれ、僕は口をつぐみ　君を眺めるだろう
眠っていいのだよ　なにも怖がるものはない
君はあんなに力を出した
君はあれほどに駆けた
君はかくも遠くからやってきた　フランカ　君は道という道を駆け抜けた
独りで、勇敢に、嵐にも負けず
君はいくつもの夜と昼を横切ってきた——夜である昼をも
古いパナレーアを、新しいパナレーアを——よく戦った　僕の大好きな人
疑いと　不安とよく戦った
襲いかかる幻覚、影をみな追い返した、あらゆる攻撃を押し返した
独りで
恋人に安らぎを　わが女戦士に安らぎを
フランカに

君の叫びは僕の叫びだ　フランカ　叫びを変えることなく僕もまた、君の叫びから自分の叫びへ、自分の
叫びから君の叫びへ移る

僕らが同じ叫びをもつのは
同じ流れに乗って駆けめぐるかくもたくさんの手紙を僕らが書いているのは
僕らが完全に知っているからだ　何を僕らが欲しているか　何が僕らに欠けているか　欠けているのは僕
の眼のまえにいる君、君のまなざしだ　フランカ、君の声、君の手、君の足音、君　君、いままで僕が一
度も味わったことのないあの一致、君が全身全霊から言う「そのとおり」、時間とものごとを生きる仕方
　君　君　君
僕は「君」と言う　フランカ、「君」というこの語を君もまた受けて同じことがらを言い、同じことがらを
僕に書くことができると僕にはわかってる
それは同じ叫びになるだろう、同じ叫びなのだから

君にご挨拶　フランカ　僕は何ページも何ページもかけて君に挨拶を送りつづけるだろう
僕は手紙を書く　君に「おはよう」と言い　ただ一つのことがらを言うために
「おやすみ」と言い　ただ一つのことがらでしかない千のことがらを言うために
〈葡萄収穫〉の手紙は美しい
君はなすべきことをみごとにやり遂げた　フランカ
いま何が起きているかを君は僕に話してくれた
だがこのなすべきことは横滑りしていった　フランカ、それは調子を変えた、フランカ
話を語って聞かせることとはまったく違うものにそれはなった

最初それは女性、愛、シチリア、理性についてのとても理論的な（かつ、いちじるしく興味深い）論であった（ほんとうに美しい精華たるテキスト）
続いてそれは葡萄の取り入れと家のことことを語る類い稀な物語になった
（なんという縦横無尽さ！、なんという文才！、僕にだって文学の良し悪しを見分けるくらいの感覚はあるのだよ……）
しかしそれは痩せ我慢だった　フランカ、それまで君は、結局、僕の名をほとんど口に出さず、三ページにわたってまったくというわけでなかったけれど「お行儀よく」してたが、三ページの真ん中ほどで、ほんとに言いたいことの周りを真面目な口調になって回り始めた……、もやは長くは歯を食いしばっていられなくなるほどのそれは　フランカ　痩せ我慢だった
君は僕と同じようなことをした　フランカ、君の名、君の名を書きつける十もの二十もの場所をみつけようとする僕と同じようなことを　フランカ
手紙の末尾に驚いたといったらない……

この手紙は何度でも読み返す！、もう一通の手紙、読んでわかるあの読み難い手紙も‼

おやすみ　恋人よ　ヴェネツィアが君にとって麗しくあらんことを　ベルナールが君によくしてくれんことを　彼の友人たちが君を愛してくれんことを（弱い意味で！）
僕はベルナールと彼の友人たちを〈人民代表団〉、いわば親善大使として君のもとに送る

大使たちにあまり高望みしてはいけないけれど　ともかく君のもとに彼らを送る
君がまったくの独りぽっちにならぬように（彼らをとおして僕のなにかが君のもとに達するように）

君のすべてに抱擁を　フランカ
すべてに
僕は君に首ったけ　君は僕の命　フランカ　フランカ
フランカ

（間近の夜のための
明日の夜明けのための
昼のための
長い無言の
いつまでも終わらない呼びかけがここで始まる
沈黙からの長い呼びかけが　フランカ　フランカ　フランカ　フランカと）

ルイ

（1）〈訳注〉一九六一年九月五日の電報、編者注参照。

六一年十月四日　水曜　一七時

僕のフランカ、今朝エレーヌから電話があって、彼女が君の手紙を受け取ったことを知らされた（今日、まだ水曜だというのに！　あゝ　国際郵便ってやつは……）。君の手紙にとても感激している様子だった、とても感激し、また感嘆しているようでもあった。これ以上ない最良の反応だった。電話で彼女は多くを語らなかったけれど（明晩、彼女と会う）、彼女が僕に言った言葉は、君が目的を達したことを証明している、目的よりも遠くにさえ達したことを。（H〔エレーヌ〕は僕に君のことを素晴らしいと言った、「考えていたよりすべての予想を超えて」「遥かに素敵な人」だと……）

君を誇りに思う、フランカ。ここでも君はよく働いた、モナムール。君を祝福する、フランカ。君は僕の力仕事をどんなにたやすいものにしてくれることか、君はじつによく僕を助けてくれる、あらゆることがらをじつにきちんと理解してくれる。僕にとって汲めども尽きせぬ感嘆の泉だ。こんなふうにしてどれほど、どんなに深く、僕の人生を素晴らしいものに変えてくれるのか君は知らない、君は僕の人生を変えてくれるのだ。君は頼もしい、フランカ。

ヴェネツィアに発つ前のベルティノーロから最新の手紙[1]が、今朝、届いた。

フランカ、ヴェネツィアで君が少しでも僕のことを思い出してくれたのなら嬉しい。ベルナールをとおして。彼に伝えた言葉をとおして。彼に託した手紙をとおして。ベルナールといっしょに駅のホームに立っていた僕は、もうじっとしていられなかった、彼が君に会いに行くことを考えると……。まるで君と僕のあいだに在る距離が縮まったかのようだった、まるで僕がもうすぐ物凄いスピードで君に会いに出かけるかのようだった……。君にとってもベルナールがいくらかそんな存在であったのならいいが。彼をとおして君が僕をほとんど傍らに感じてくれたのなら……。君が彼を友人と感じてくれたにちがいないと僕は思う、自信がある。彼は非の打ち所のない男だ、ちゃんとした考えももってる。

フランカ、僕はすこぶる元気。君のいないことの痛切さ、いくら望んでも僕のもとにないもの、君に向けた僕のあらゆる絶望的な叫び、そうしたことのすべては、僕にとってあらゆることを容易にしてくれる軽快な気分と別にあるわけではない。

僕の生きているスピードはあまりに速くて、自分の中で起きていることがらを一から十まで観察している暇がない。あまりにたくさんのことをなしているので、すべての変化を観察することができない。でも僕には変化がどちらに向いているのかはわかってる、フランカ。とてもいい方向だ。

フランカ、昨晩、アニウタ（・ピトエフ）彼女の夫　娘に会いに行った。僕が帰ってから彼女はずっと電話をしていて、僕に会いたがっていた。（彼女は小説を書いている……、彼女が全然面識のないわけではない「実存主義」知識人たちを登場させる小説なんだが、僕にサルトルとハイデガーの話をしてくれと言うのだ!!!）。

フランカ、僕は胸がきゅんとなる思いでドアの呼び鈴を押した。そのドアを君が開けに来るかの思いで（憶えているかい、僕は君にこう言ったことがある、君はアニウタに似ている、顔が少し）。そう、君と彼女にはなにか共通するものがある（だから僕の考えでは君の祖先はカフカスのチェルケスの出にちがいない憶えてる？）。僕は彼女をみつめた　穴の空くほど……、と、それをあからさまに悟られまいと僕は猛烈にしゃべりだした！、阿呆なことを言いまくった（快調　快調）……。信じて欲しいが、妙ちくりんでもこれが友人たちと夜を過ごすやり方なんだ！　僕は危うく彼女に君のことを話しそうになった、危うく、だがすんでのところでやめた（こんなふうにはしゃべれないものさ）。ただ僕はアニウタに、この夏、〈ピトエフ家〉に関心のあるイタリアの友人たちに何度か彼女の話をしたと言っただけ――それから僕らは一家がこの夏出かけたギリシアの話をした。

よかったら、君が来たときにアニウタを紹介するよ。

（フランカ　君は比べものにならないくらい彼女よりいい！　なぜ君にアニウタのことを二度としゃべらなくなったのか、いまの僕にはわかる。君と知り合ったばかりの最初の頃、僕は君に彼女の話をしたが、それは君の顔、いくつかの仕種、物腰の二、三の特徴のせいだった……、それから僕はもう君に彼女の話をしなくなった。なぜだかいまはわかる、もう君たちを比較することができなくなったから、君たちは比較できないから。）

フランカ、僕はまだ君の写真を手元に置いている。君が会いに来たときに返せばいいと考えて。それでいい？　一にも二にもショールをつけた君の写真は途轍もなく美しい、それに君がしゃがんでいる写真も

（それはみごとに君を写している、顔と思念とが湛える陰影を）。
この二枚は、なんとしても君に返すつもりはない！　ミーノは焼き増ししてくれるだろう、僕のために頼んでみてくれ　お願いだ。

パリの上には雨が注いでいる。僕はこの雨が好きだ、フランカ。優しく、確実に、ゆっくり降る雨、それは忠実な友。この秋の雨が好きだ。秋が好きだ。
めでたしフランカ。人生は麗しい、僕はいままでになく豊かで、それが僕にはわかる、それが僕に比類ない力を与えてくれる（今日の午後のテニスのときだってそうだった、――毎週水曜の午後、二時から四時まで板張りの室内コートで僕はテニスをする）（今日のプレーは半ば神業だった!!……）、君ゆえに豊か、僕の無限の富たる君ゆえに。すべての意識、すべての自覚、すべての責任を込めて僕はこの言葉を言う。僕は幸せだ。
チャオ　チャオ　僕の最愛の人　チャオ　僕の最高の人　チャオ　僕の暗い太陽　さよなら　僕の秋雨
僕の冬の火　チャオ　チャオ　僕のたおやかな人　チャオ　僕の狂暴な人　チャオ　君

ルイ

（1）　一九六一年十月二日。

金曜[1]　正午（六一年十月六日）

フランカ、昨日の晩、エレーヌが君の手紙をみせてくれた。僕も彼女に君の手紙（シチリア書簡、〈葡萄収穫〉書簡）からいくつか抜粋を読んで聞かせた。僕たちは自分宛ての法王からの回勅をちょっぴり報告し合ったわけだ……。君の手紙はとても美しい、君は押さえるべきツボを外さなかった、進んだ方向もまちがえていず、立派にお役を果たした。情熱と理性のあいだにきちっと釣り合いをとることができたかなんて（理性によるコントロール……）心配に及ばない、君はそれを知らぬ間にみつけだしているのだよ。君のみいだした釣り合いは完璧だ。

H〔エレーヌ〕は君の手紙にとても感激していて、深く琴線をゆさぶられている。君の手紙は僕さえみたことのない反応を彼女の中にひきおこした。彼女自身も味わったことのないと僕に思える新しい反応。そんなふうに反応する習慣を彼女はもたないっていうか、とうの昔になくしてしまっていたのだ。自分の気持ちを表にあらわすのに必要な時間を彼女に与えてやらなくてはいけない。彼女にはたくさんの仕事があって、手紙を書く暇がほとんどない。だが問題はそれではない。彼女にはこの出来事、この自分自身の反応に慣れるまでの時間が必要なのだ。彼女にとっていちばん大切なのは、じつは何年も何年も経って初めて、実質的には戦争が終わって以来初めて、いま彼女が或る可能性の前に立っているということなんだ。もう永遠になくしてしまったと彼女が思い込んでいた可能性、受けた拳と傷のせいで彼女が人生から抹消せねばならなかった可能性、自己検閲、自己監視、自己制御をしなくても、ごく自然な自己発露の形態（献身、情熱、さらには暴力といった、少なくともフランスでは多くの人びとが嫌悪するそういうもの……）を自己に禁じなくても彼女自身がまったく安心して入っていける、憂いなき豊かで深い友情への可能性。
　僕は戦後の彼女しか知らない。彼女のほとんどすべての友人は戦争中に死んでしまった、銃殺されたり（その中には組合・政治運動の若く高潔なリーダーたちがたくさんいた、たとえばミシェル、タンボーなど）、夭折したりして（ポール・ヴァイヤン＝クテュリエなど）。彼女の親友[2]も戦争中のいろんな事件がもとで彼女から別れ、外国、イギリスにいた。ルノワールでさえ劇的な事情を背景に、すでに四〇年にフランスを離れていた（ほとんど敵前逃亡と言ってよかった）、それは政治が大きく絡んだ一種の訣別だった。この憔悴、このすべての死の直後、四五年十二月か四六年一月頃に僕は彼女と知り合った。事態をさらにひどくしていたのは、彼女が党内で置かれた立場だった、むしろなぜだかわからないまま党内に彼女の居場所がもはやなくなり、親しい仲間までが彼女を避けるようになっていたことだった。言うまでもなく、そこには精神的に堪えられない状況があった。その後もいろいろ辛いことが続いたが（きっと彼女はそれを君に話して聞かせると思う）、どれもこれも向いている方向は同じだった、崩壊、廃墟、孤独。[3]
　僕は彼女がそこから出る手助けをした、――彼女も僕が個人的理由から陥っていた深い奈落から出る手助けをしてくれた。しかし**何年もの**あいだ、彼女は僕を仲立ちにしてしか世界と人びとにかかわってこなかった。何年ものあいだ、彼女には言ってみれば真の友達がいなかった、男友達も女友達も。僕が**彼女のただ一人の友達**だった（友達以上であったけれど、また友達でもあった）。彼女は自分の殻に閉じこもってしまっていた。イギリスの大親友、ヴェラ、たぶん君はこの親友のことを彼女から聞かされただろう、そのヴェラもまた彼女を深く裏切り、会うたびに彼女を絶望の中に投げ込んだ。[4]こうしたことがあって、彼女はなにもかも堪え難いと考えるようになった、人びとは悪意にみちすぎていると（実際の話、事と次第で人びとは恐ろしいことをやってのけた、彼らは根っからの人殺しだった。そんなことを言えるのも、僕は彼らが事をなしてる現場をみたことがあるからだ。僕もまた殺されかけたことがある。でも僕たちはそんな人びとより強かった)、戦争の前にもっていたものを、もうけっして取り戻すことはないだろうと、いっしょにいてなんの憚りも感じず信頼していられる真の友達、しゃちこばったり出かかった言葉を呑み込む必要のない友達、明日にも終わるのではとの不安を感じずにすむ友達を。

そんなことはすべて変わるさ、いままでいちばんいい君を取り戻すさ、以前より遥かにいい君を、と僕はいつも彼女に言ってきた。彼女もそうなって欲しいと心から望んだ、そのように納得しようと望んだ——けれど、納得することができなかった。

いまは君がいる、フランカ、この夏があった、あの家も(家もまた彼女の託つ毀《こぼ》れた古い夢だ。路頭に迷わず、世界のどこかに安らげる、愛してくれる人のいる、etc. そんな場所をもちたいとの古い夢)。君が、有りのままの君がいて、君が彼女に言う言葉、君が彼女に書く言葉がある。手に届く一種の夢が。それのすべてが夢でないことを呑み込むのに必要な時間を、彼女に与えてやらなくてはいけない。それのすべてが真実で現実であると。幸福の味を思い出すのに必要な時間を彼女に与えて、少しずつ確実に信じさせ、納得させてやらなくては、これがほんとうに嘘でないことを、これがほんとうに幸福であることを。

そしてまた、言うまでもなく、僕たち、つまり君と、フランカ、僕とのあいだで進んでいることがらもある。昨日、エレーヌはじっと長く考え込んだ末にこんな言葉をぽつんとつぶやいた、「つまりね、フランカを……、二人で愛することにしない?」これは訊ねているのであっても、同時に断言しているのでもあった。しかしまた訊ねているのでもあった。それはほぼこう言おうとしていたのだった、「あなたはフランカを愛している。わたしも彼女を愛していいかしら？　二人が彼女を愛したら複雑なことにならないかしら？　厄介なことにならないかしら？　なんらかのかたちであなたかわたしの側に煩悶や苦痛をひきおこすことにならないかしら？　互いに痛むことなしにほんとうにできることかしら？」彼女にしてみれば、そこにも過去に遡る悪い想い出が働いているのだ。じつに彼女は辛い思いをした、僕が彼女を苦しめたのだ（僕の不器用さ、素直でないところ、気兼ね、etc. 陰にこもったところ、etc.）、数年前、フランス語で言うように「女の子」の問題でね。ああいうふうに言うことでまた彼女は、未来を信じることができるかしら、と自問してもいる。これは夢で、またもや幻滅の中に消えていくのでは、――それともこれは現実なのかしらと。

これで肝腎なことは言えたと思う、フランカ。肝腎なことは、彼女がどこから来たのか知ってもらって、彼女がなにかよきことのほうへ向かうよう、君から彼女に手を差し延べてくれることだ。彼女の迷い、後込み、不安がどこから来ているのか理解してもらって、――彼女がそれらを払い除ける手助けを君にしてもらうこと。どれもこれも時間ヲ要ス、君ノ言ウヨウニ方法、制御、慎重サ、気長ヲ要ス。しかしそんなことなら、君はとうに鋭敏に感じ取っている。まさにそれゆえに君の手紙はとても美しくもあり、とても好ましくもあるのだ。

君は僕の誇りだ、フランカ、僕の歓びだ。君は頼もしい、フランカ、びっくりするくらい頼もしい……。

僕は震撼し、驚き、君への賛嘆に包まれる。

さて……、田舎の両親を訪ねるため、これからパリの北へ車を一走りさせる、父と母の顔をみるため、玉葱、チューリップを植えるため、庭いじりをするため、etc. やっぱり両親のことをすっかり投げてしまわないようにもしなくてはね！……
曇り空で、ときどき雨がぱらつく。

今日、君はヴェネツィアを離れる。面白いあれやこれや、面白い人びとを君がみたといいな。それを洗いざらい僕に報告するのだよ。

ルイ

君のことが大好きだ　フランカ。僕は君でいっぱい……、君であふれ返っている。君をどこに置いたらいいかもうわからない、僕の人生は小さすぎて！、君の全部を容れるには僕の体は小さすぎ、僕の家は小さすぎる。これはいいことだよ、僕は一度もこれほどの充満、これほどの未来をもったことがない。チャオチャオ（チャオは君の全部が入る言葉だ——ただし何百回、何千回、休みなく繰り返し言うことで……）
チャオ　チャオ　チャオ　僕の大好きな人　チャオ　フランカ
もう一回チャオ　もう十回チャオ(5)
君から離れるすべなし‼　チャオ　君

（ことほど左様に新しい文法――ひっくり返し文法――は僕にはありがたい！　僕は僕を愛する、フランカ――君ゆえに――いま僕が僕の中で愛するのは君、君の痕跡、君のしるし、君の現前、僕のうちで語りかけてくる君の声、僕のうちで見開かれ閉じられる君の眼、僕のうちにある君の手、僕のうちにある君の脚　君の唇　君のお腹　おゝ　フランカ　フランカ　フランカ　フランカ）

（1）一ページ目の上のほうは、ハイフンでつながれた手書きによる九つの「チャオ」で囲まれている。

（2）ヴェラ・トライユ。Cf. Yann Moulier Boutang, *op. cit.*, p. 423-444.

（3）〈訳注〉アルチュセールの伝記作者ヤン・ムーリエ＝ブータンはエレーヌのレジスタンス期の経歴を次のように書いている（『アルチュセール伝』前掲、五一四～五一六ページ）――

彼女は一九三一年にコミュニストになっている。ソルボンヌの学部で歴史を専攻していたとき、ロシア系ユダヤ人でコミュニストの若い女性エミリー・リトエと知り合っている。その直後、きわめつきの美人で貴族的なヴェラ・トライユと出会った。ヴェラの旧姓はグチコヴァで、サン＝タンヌ病院から退院する折にエミリーから紹介されている。エレーヌは、友情、わずかな人間的ぬくもり、ひどい暮らしのなかで知り合いになれた数少ないすばらしい人たちとの関係、こうしたものすべてをこのふたりのおかげで手に入れていた。彼女は六区の担当区域で活動したのだが、一九三四年のシトロエンの一大ストの際に、のちに銃殺されるジャン＝ピエール・ミシェル、ジャン＝ピエール・タンボーと知り合っている。彼女は一時、既製服製造の女工をしていたことさえあった。マリー＝クロード・ヴァイヤン＝クテュリエをよく知っていたヴェラ、そしてマリー＝クロードの最初は恋人で、わずかな期間だがのちに夫となり、ＡＥＡＲ（革命的作家芸術家協会）の会長だったポール・ヴァイヤン＝クテュリエ、このふたりを通じてウジェーヌ・エナフと出会い、ＣＧＴ（労働総同盟）がＣＧＴＵ（統一労働総同盟）と融合した委員会において一九三五年に彼の下で働いた。ジャン＝ポール・ドレフュス゠ルシャノワ、そして以前にアルチュセールには話をしてあったマルク・モーレットとともに、一九三六年から三七年にかけ、ジャン・ルノワールの『人生はわれらのもの』、さらに『ラ・マルセイエーズ』のスタッフに入り、制作調整係の秘書として働いたが、これは人民戦線のただなかで幸福感にひたりながらできた仕事だった。AEARではルイ・アラゴンと知り合ったが、彼にのぼせてあがってしまい、友人たちのあいだで笑われた。ヴェラとともに、国際義勇団に参加してスペイン内乱を戦う義勇兵の面倒をみた。彼女はアンドレ・マルティ、そして一二区の区会議員であるヴィタル・ゲマンとも出会った。このゲマンと一九三九年に知り合ったことが彼女の共産党との最後の接触だった。独ソ不可侵条約が締結され、四十名ほどの国会議員や共産党の議員とゲマンが袂を分かってしまうと、共産党との接触が一切失われてしまった。エミリー・リトエは一九三九年にソ連に戻ってしまっていたし、ヴェラは九月二日に自宅で逮捕され、ついでマンド［フランス中部］近くのリュークロ収容所に移送された。奇妙な戦争のあいだ、エレーヌはレオン・ピエール゠カンの秘書を務めて細々と暮らしていたが、ピエール゠カンはジッドの伝記を書いたことで知られる人で、シモン・クラのサジテール出版を任されていた。フランス軍の潰走がはじまると、彼女はピエール゠カンに随いてマルセイユまで行く。『カイエ・デュ・シュッド』のジャン・バラールが雑誌の出版業務をしている社屋にふたりを泊めてやった。エレーヌはバラールの妻マルクーと友情で結ばれるようになり、ジャン・トルテル、さらに戦前はジョルジュ・ポリツェルの親友だったガストン・ベセットにも会った。アルプ゠マリティム県［地中海沿岸］衛生視察官だったベセットは旅行に出ることが多かった。彼女は、彼がモントーすなわちモンペリエに近い彼女の家族の農地とニースのあいだの地域を回る際、途中まで随いていった。イタリアでの撮影から戻っていたルノワールが、十二月二十一日にカンヌから出る船でアメリカまでいっしょに来ないかと誘ってくれた。だが彼女は、そうして逃げ出すのは脱走にも等しいと考え、残る道を選んだ。シルヴィア・バタイユとも知り合いになり、彼女の「アジト」を海岸にみつけてやり、その際、何事にも満足するということを知らない夫ジャック・ラカンと仲違いをしてしまった。ジュリアン・バンダ、そしてリュークロ収容所に入れられているヴェラにも会いにいった。出版という仕事柄、さらに、例のカプラグのために舞台用の翻案をしたこともあり、カプグラにあいかわらずしつこく追い回され、仕事をしないかと誘われていたため、頻繁に旅に出る結果となり、占領地域に足を延ばすこともあったが、北部では、ソ連が侵入してくる直前の炭鉱ストの際にルケールに会っている。ルケールはかつて国際義勇軍に参加していたジュリアン・アピオにかくまわれていたのであり、そのアピオにエレーヌが恋心を抱いたかどうかは神のみぞ知るといったところだ。レジスタンスの渦中で労働階級とこうして接触を持てたのは、暗い時代のなかでも最高のひとときだった。

（4）〈訳注〉戦後、イギリスに住むヴェラに会いにいったときの様子を語るエレーヌの言葉をムーリエ＝ブータンはこう伝えている――「ヴェラはイギリスにいた。それにもうコミュニストじゃなかったわ。わたしがロンドンに滞在したとき、彼女とは罵り合いになってしまっていたし。党も彼女のことは疑わしい目で見ていた。そうじゃなくたって、デュクロはわたしが英国諜報機関の一員だとして非難していたんですからね」（『アルチュセール伝』五二三ページ）。

（5）以下、手書きによる加筆。

六一年十月七日　土曜　一六時。

僕のフランカ、たったひと言であれ、ほんとうの言葉を君に書き送ることの（抑え難い、抑え難いと言うしかない）欲望－歓びに僕は逆らえない、今朝あれほど書いた紙片のほかに！（でもあんなふうに君をからかってみたかった、僕は君がみたい、君があれだけの封筒をいっぺんに開けるところをみるためだったら、どんなに高くついたって平気！　あれが全部いっしょに届いたらの話だけれど！）

調子がいい、フランカ、すこぶる調子がいい。

いままで僕の人生で（そう、僕の人生でだよ、僕は語を慎重に選んでる）こんなに元気のよかったことはなかった。
きびきびしてて、速く、軽快で、直線的で、「一発でかかり」（このフランス語の言い方は知ってる？、エンジンが「かからない」って言うだろ）、言うなれば薄く、鋭く、弾力性のある、柔らかで折れない、とても硬い剃刀のごとし
新種の金属、真新しく高密度の完璧な金属
それが確実に表に出ているか、確実に表に感じられるかはわからない
それを敢えて人に言ったりしないからね、フランカ。でも君にはそれを言わないでおれない。君になら、すこぶる調子がいいと言える気がする、そう口にしてしまうことでこの僥倖を危うくするおそれなしに。僥倖を人に言うことにいつもまといつく不運を祓うために「木に触る」おまじないさえ（君の母国語では「鉄に」だったね！）僕には要らない……。昨日、両親に会いに行った。自分がこんなにも調子がよかったので、両親もめっぽう達者でいるように思えた。
……嘘、冗談、でも両親は両親でそれなりにまめだったよ！　僕は行って、昼飯を食べ、話をした……、僕はハリケーンのごとしで、この静かな家に疾風を吹かせ、ルーチン、染みついた考え方、etc. を飛び散らかしてやった。僕に掻き回されることが、彼らには嬉しいんだよ。彼らは掻き回されたくて掻き回されてきたのさ、ほんとだよ！
　売り言葉に買い言葉でぐっとテンションが上がったところで（僕は彼らを「茶」にするからね、prendere in giro《プレンデレ イン ジーロ》（からかう）ってこと）出し抜けに僕はこう言った、よし！、みせてあげよう、僕の恋人たちを……、僕はポケットから君の写真を三枚取り出して父に渡し、母に渡した……、父の口からわーお、君の美しさ

にガツンときて（ショールをつけた君の写真にはとりわけ）、すっかり眼を回してたけれど、わが息子がこれほどの娘と知り合えたなんて、と内心はとてもご満悦……、（ショールの下、胸元のV字型カットにまで眼が行く始末……）、なにか言いたそうだったけれど、母の無言の圧力で口が開けない、写真にほとんど眼をやらない母の。「ほら、ちゃんとみてよ！」と僕は彼女に言った。母はようやく一秒か二秒、写真に注意を向けた。「ねえ、ねえ、どう思う?!」と僕は言った、「彼女の印象は？」。母はついに口を開いて言った、いい娘《こ》ね、が、すぐ付け加えて、彼女（彼女って母）にはなんとも言えないと言うのだった、あなたの女性関係はまったく理解できないわ、こんな子に育てた覚えもこんな教育を受けさせた覚えもないのに、ともかくとっくの昔にあれこれ言うのはやめてしまったわ、言ったって誰も耳を貸してくれやしないもの、etc. ……。僕は彼女がそう言うと端から思っていた、僕はいつもいくらか意図的に彼女を「逆撫でする」ことにしている、彼女が「許せない」と思っていること、とどのつまりは要するに僕の生き方のことなのだが、それに彼女を慣れさせることがどうしても必要だから!!! 対照的なのが父、「いつおまえはその娘《こ》を紹介してくれるのかね？」（興味津々なのだ、父は！）（ここで慌てちゃいけない！）――会わせるよ、と僕は言った、たぶんそのうちにね……

心配ご無用、フランカ。両親に会う必要はない。でも、庭をひと目みるくらいはかまわないだろ！（パリの北、師範学校から車で一時間くらいのところだ）。

いずれにせよ、これもまた君について話す一つの手段だった……、君のことになるとおとなしくしていられなくて、どうしても君について話す手段をみつけなくてはならなくなる、でないと僕は窒息してしまう！

そういうわけだが、それでもやっぱり仕事に戻らなければならないだろうな。今年学生たちにヘーゲルを講義する予定なので、それのためにいまカントを読み直している。そんなの、わたしの知ったことじゃない！　君の言うとおり。僕もまた君の知ったことじゃないは知ったことじゃない。今度は僕に理あり。

君を抱きしめていいかい、フランカ？

（それのことはあまり言わないでおこうと僕は思っている、あまりに露骨になってしまうので。人生において人が遠く離れているときには、我慢しきれない誘惑から守ってくれる曖昧さを、遠望のもつ霞を、いくつかのことがら、いくつかの行為に掛けておかなくてならない。そうでないと、もはや人生でなくなってしまう!!!）

わかった、僕は君を抱きしめないでおく、そのほうがいい……、抱きしめないが、君にお別れの挨拶を、フランカ、千回のチャオ、千回の　千回の、チャオ　チャオ　僕の大好きな人　僕の女神　僕の逸品　僕の夜の太陽　僕の眩しいほどの夜　僕のたおやかな人　チャオ　チャオ

ルイ

【一九六一年十月九日】

月曜　正午

わが最愛の人、フランカ、フランカ
今朝九時　キオッジアから君の葉書
十時半に
フォルリーからの手紙（演劇のあとの雨ノ降ル《ソット・ラ・ピオッジャ》金曜の晩のそれ）
自分の愛を怖がらないでくれ
おー　いけない　怖がってはいけない　雨も
秋も　季節の移り行きも
なにも怖がらないで
なにもだ　フランカ　この世のなにもかも

今日にもその証拠を一つ君におみせしよう　フランカ
二日にわたる過酷で、多大のエネルギーの要る、全力投球の仕事を終えたところ
二日間というもの、この愛のために僕は休みなく働いた
君のために　フランカ　僕のために　僕たちのために　僕はすごく働いたんだよ

事の始まりは金曜日、ゴディベール（ピエール）が僕に電話をかけてくる、ジョヴァンナから長い手紙をもらったので僕に会いたいと言う。わかった。土曜の夜、家へ来ないか、僕は彼を招待する。晩飯でもいっしょにどう？　エレーヌも来るはずと僕は言った（彼はエレーヌをあまりよくは知らない）。

土曜の朝、ふと思った、ディッキーも呼ぶか？　彼にはまだ会っていなかった。彼はピエール・Gとも顔見知り。きっと喜ぶだろう。彼に電話。答えはオーケー。よし。さっそく支度にとりかかる。一日は過ぎる。午後、友人たちを訪ね、エレーヌのための住宅交換をお膳立てしてみる――手ごたえ良好、望み大――四時頃帰宅……、部屋に通ずる小さな階段を上っていく。

ドアの前に、レインコートを着て手に傘、ハンドバッグのクレール[1]がいた。

一時間前に彼女はジュネーヴで飛行機に乗った。一分で決断、飛行場に電話した。奇跡的に空席が一つあった。十五分後、彼女は機上の人。一時間半後、僕の部屋の前。

これを突然湧いたどうしようもない気持ちって言うんだな。

なんというシチュエーション!!　数時間後にはピエール、ディッキー、エレーヌが来る。クレールはエレーヌに一度も会ったことがない、知り合いになることを望まなかったのだ、僕の人生の中でそのエレーヌが根本的な役割を果たしていることを彼女は徐々に理解していったのだった。

いやはや妙なことになったもんだ。妙ちくりんなことと僕はすぐに思った。奇妙でいて、スパイスが効いていて、面白いことと。僕にはこのシチュエーションがとても刺激的に思われた。へまをやらかさないことが肝腎と僕は自分に言い聞かせた。いざ、出陣！

そうだな。リュクサンブールでも散歩するかい？　そう、リュクサンブール（ここから遠くない）。僕らはリュクサンブールに行く。僕は彼女に昨日会ったのごとし。彼女のほうは、明らかに少し緊張気味。とてもリラックスした僕。とても不安そうな彼女。話をした。僕は彼女に夏のこと、ベルティノーロのこと、君のこと、そして君のこと、また君のことを話した。二時間も続けざまに。僕は有りのままを言った。たとえ耳に痛くても、いつも真実を言わなくては。僕は変わらず彼女に注意を払い、聞く耳をもち、彼女を受け入れる態勢でいた。しかし彼女はほとんど話さず、不安をしまい込んでいた(僕にはお見通しだった)。

おや。もう六時。どこに泊まるの？　ホテルを探さなくちゃ。しかしどのホテルも満杯で、空き部屋なんて一つもありゃしない（モーターショーをやっていて、極めてフランス的な現象なんだが……地方からパリにどっと人が上ってくるというわけ）、それはわかりきっている。僕は彼女に言う、どうにもならないなら、僕のところに泊まってかまわないよ、ベッドが一つ空いてる。ベッドは三つある、一つは君、一つはエレーヌ、一つは僕。今夜、エレーヌが僕のところに泊まるんだ。でも、取って付けたふうにしないために、君も僕たちといっしょに食事をしに来なくちゃ。ピエールとディッキーも来る（もちろん彼女は彼らに面識はない）。そう言いながら僕は、これは天才的な解決策だと思った。僕がどれほど自分に満足したか、君には想像もつかないだろう！　うん！、と彼女は言う。以前はエレーヌに会おうともしなかった彼女が……。なるほど、と僕は心の中で独りごちた。エレーヌのせいでやって来た彼女がエレーヌと食事をして、エレーヌと同じときに僕の家に泊まる!!　なんという急展開！　これは見ものだ!!

僕は彼女を連れて家に引き返し、言った、テーブルをつくって、簡単でいいから食事の用意をしてくれ

(彼女はとても手際がいい)。僕はエレーヌを迎えに行ってくるから。クレールが来ていて僕の家で夕食をともにし、泊まることを知ったときのエレーヌの顔といったら!! 彼女もまたこのシチュエーションの意味の大きさを認めた、いざ出陣! 僕らはその場をあとにした。

彼女たち二人はすぐにしっくり馴染んだ。しかもこの二日間というもの、相手への受け答え、洞察、慎み、愛情、なにからなにまでエレーヌは、始終、まったく完璧、非の打ち所なし。彼女は僕を文字通り驚かせた、そのことを僕は彼女に言ったが、君にもそれを言っておきたい。彼女は「すごい」のだった。そのあと、招待客到着。とても楽しく時は過ぎた。終いのほうでディッキーが少し絡みだした、ちょっと飲みすぎて、良心的徴兵忌避にまつわる身の上話をしゃべり始めた、いつまでも埒が明かない話を(イギリスにおける個人的自由、伝統、etc. についてのありとあらゆる決まり文句、大演説さ!!)——でも誰もがとても気分よさそうだった、ただ思いも寄らなかった客に男二人はちょっぴりぎくしゃくしていたが(それほどにもかの客は魅力的だったわけだよ)。とまあ、彼らは帰ることになり、ディッキーがジェントルマンよろしく「帰り道をごいっしょに」とクレールに申し出る。いいえ、わたしここに残りますから、と彼女。

そして銘々ベッドへ。だがそのときすでに僕は、クレールの調子がまったくうまくないことに気づいていた。彼女の世界は四方八方から罅割れ始めていた。彼女にとってこの家は想い出が多すぎる。けれどすべてが変わってしまっていた、彼女の人生のすべてでだけでなく、この家に結びついていた彼女の習慣のすべてが。僕たちは話し合ったが、それでもだめだった。

僕にはよくわかるが、彼女は一睡もしなかったにちがいない。翌朝、彼女はとても早く起きていたので、僕は彼女に、そのあたりをぶらぶらしてきたら、と言った、パリ・ビエンナーレでもみにいくといい(トロカデロでやっている)、十一時半頃には戻ってくれ。午後は君といっしょに散歩したいから。彼女は出て行く。エレーヌといっしょに状況分析を始める。エレーヌはとてもよく踏ん張ったけれど、彼女にとってもやはりこのシチュエーションはかなりたいへんだった！　クレールをどうする、彼女に何をしてやれる？　だって、明らかにクレールの具合はよくなかった。みるからに彼女は動転し、不安に苛まれ、心を痛めつけられていた。いまにもベソをかきそうだった。彼女のためになにかしてやらなくては、と僕らは互いに言った。

正午、クレールが戻る。僕らは漫然と昼食を取る、エレーヌはアラゴン、エリュアール etc. の想い出を語る。そのあと、クレールと僕は森に出かける、茸狩り！……。もちろん、茸なんてみつかりはしなかった。それでも僕らは僕のこと、君のこと、フランカ、君のことだよ、エレーヌのことを話し合った。いままでの人生すべてがなぞり返された……、僕らは歩き、歩きつづけた(ランブイエの森)、話をし、沈黙した。まずいという思いが次第に募った。僕がほとんど一方的にしゃべった。僕は感じていた、彼女が本心を言わずにいること、怖くて言葉にできずにいること、溜まる思いが彼女の中で膨らんでいくこと、いよいよ堪え難くなるまでに重くなっていくこと……

僕たちは家に戻った(一九時、夜)、爆発したのはそのときだった。彼女はエレーヌの腕の中に泣き崩れた。僕は一時間ほど彼女たちだけにしておいた、彼女はエレーヌに思いの丈を打ち明けた。僕がフランカを愛していること、それがありありわかること、僕はフランカに夢中で、もう彼女を、クレールを愛していないこと、自分の人生が終わりであること、僕が彼女をもう愛してないなら、彼女の人生に、もはや根拠も意味もないこと、それに堪えられないこと、もう彼女にどんな出口もないこと etc. 要するに、君が想像しうるすべてのこと、じっに胸を締めつけるような、あるいは心を引き裂くようなこと。エレーヌは言葉にとらわれてはいけないことを彼女に言った、愛は使い方に注意の要る言葉であること、僕が彼女にほんとうの意味での愛着を、友情、慈しみをもてること、僕が彼女のような女性を捨てるような男ではないこと。多すぎるほどの女たちが餌食になるありもしないイメージに自分を重ね合わせるのをやめさえすれば、彼女に出口はあることetc.……。時間に物を言わせなくてはならないこと、人生はつねに当人よりも遥かに想像力にあふれていること。それを彼女、エレーヌは経験的に知っていること……etc.（この会話を僕はまったく知らないことになっている、エレーヌとクレールのあいだの秘密ということに。だから**君**もこの会話は知らないことにしてくれ）。要するに、素晴らしいことがら、彼女のためになるきっかけといらか、いずれにせよ、孤独の世界、破滅の世界とは別のものに彼女の想像を向けさせることがら。あいかわらず彼女は泣いていたが（めったなことで泣かない彼女が）、しかしなにかが峠を超えた。

こうなったところで僕はエレーヌを家まで送り、長々と話し込む。午後のあいだ彼女（エレーヌ）は君に手紙を書こうとしたが、満足のいく手紙にならず（手紙を書く雰囲気でなかったことは言うまでもない）、それを破いたと彼女は僕に言う。かまうもんか、フランカが来たときに口で言えばいいさ、と僕は彼女に言う。わかったわ、と彼女。そして僕は心の中でこう考えていた。「エレーヌ、君が昨日からクレールに関してなしたことは、フランカへの手紙よりも遥かにいいことだ……、フランカにとって遥かにいいことだ!!」（そう思ってはいたが、口には出さなかった。）

それから帰宅。クレールがいた。二人で食事。別の話題。就寝。そして今朝のことだ、第二幕。僕の家、空港への道、そして空港。飛行機の出発を待っているとき。そのとき彼女は僕にしゃべった。もちろんしゃべるよう僕が助けたのだが、彼女はしゃべった。不安なこと、気懸かりなこと。人生が壊れたこと、etc.

僕は長々と彼女にこう言って聞かせた、来てくれたこと、ほんとうによかった。いま僕らはもう通じ合える、なぜなら言葉のもつ意味がわかるようになったから。フランカを愛していることを、彼女に言った、それによって僕が変わり、ひっくり返されたことを。この愛が僕に新しい大きな力と新しい大きな自由を与えてくれることを彼女に言った。彼女、クレールを忘れも、僕の人生から追い出しもできないことを。好きなときに僕に会いに来ていいこと、僕が彼女にとって友達になること、友達以上の友達（起きたすべてのことがら、すべての過去を忘れない友達）になること。いっしょにいろんなことをするための、いっしょに僕らの好きな話題について話すための方法、機会がきっとみつかること……、この人生をつくりあげなくてはならないこと、この新しい関係に思いを馳せて、それを少しずつ軌道に乗せなくてはならないこと。すべてを断ち切り、すべてを終わらせたいとの気持ちをなによりも捨てなくてはならないこと。人生が情熱や「愛」とは別の人間関係をはらみうるとの理解をもたなくてはならないこと……。怖じけないためにはしばしばものごとをしっかりみなくてはならないと、僕は彼女に言った。彼女が来てくれてほんとうによかったと。彼女はエレーヌと知り合いになれたと。やがてフランカとも知り合いになる日が来ると。フランカも知り合いになりたくていて、今年の夏、ベルティノーロへいっしょに行こうと僕が彼女を招待するよう望んでいると etc., etc.

僕の言ったすべては彼女に最良の効果をもたらしたようにみえた。そして彼女は心安らかに飛行機に乗った。僕は真実を伝えたのだった。この真実とともにでさえ自分が生きていけることを、彼女は理解したように思われる。

フランカ、これが僕のなしたこと。これが僕らのなしたこと。

このことすべては、言うまでもなく、君と僕のあいだでしか、君に対してしか意味をなさない。

そう、フランカ、君が好きだ、君が好きだ、君を愛してる――[2]この二日間、ほかの人びとにあんなに何回も言ったのだから、今度は**君に**僕は愛していると言う　チャオ　チャオ　チャオ　僕の大好きな人　誰かに君の話をするそのたび、まるで君に初めて愛を打ち明ける僕であるかのよう　チャオ　フランカ　チャオ

ルイ

（1）〈訳注〉「アルチュセールは〔一九五五年〕九月二十三日に〔南フランスの〕オーギュスタン農場で彼女〔クレール〕に出会っている。彼女は企業家の夫とその地で数日過ごしているところだった。三十九歳になるクレールは美しい女性で、その物腰には堂々とした気品がただよっていた。顔は、頬骨が張り、かなり四角いあごで輪郭がくっきりとし、口もきりりとした印象をあたえた。目はきわめて表情豊かだった。企業家の娘で、まだ若年のうちに「間抜け」と結婚してしまった彼女は、その夫とは別れ、戦時中にパリで会って大好きになったミラノの男と再婚した。十年が経つと、夫は愛人をもつようになっていて、そうした夫の浮気を口実に、彼女は自分も自由だとみなそうとしていた。だからこそ、アルチュセールと会い、サン=トロペまで踊りに行ったときに、ひと目惚れするような事態にもなったのだ。『港の防波堤でお待ちしますわ……　なにか簡単な部屋着でも着ていらして』と翌日にはもう彼に書き送っている。アルチュセールは人生で最愛の女性に出会ったのだ。といっても、二番目の女性だ。彼女のほうも、人生で最愛の男性、といっても二番目の男性との出会いだった。ふたりきりで、つまり彼の方はエレーヌなしで、彼女の方も夫なしで、

それぞれがこれからスイスやパリで過ごす時間を宙づりにしたまま、過去も未来もないすばらしい日々を二週間ほど過ごした。［…］一九六一年十月七日まで、六年間にわたって、ふたりとも真に情熱的な愛を生き、その間に書かれた書簡が、ルイ・アルチュセールからクレールに宛てたものが七百五十通以上、クレールからアルチュセールに宛てたものが五百通以上残っている」（ヤン・ムーリエ＝ブータン『アルチュセール伝』、邦訳、六六一〜六六二ページ）

（2）　以下、手書きによる追加。

六一年十月十日　火曜

チャオ　フランカ　火曜　三時　書斎　晴　外は新しい春かと思わせるばかりに快晴

僕は元気、とても元気

あいかわらず槍のように飛んでいる　まっしぐらにすべてが進む　勢いが僕を前方に駆り立てる抗い難い勢いが

それは君　それが人生　それが君とともにある僕

君によって内側で沸騰する僕　おっと、このあたりで自分をとめなくてはね！

フランカ　土曜の晩の君の長い手紙　今朝は郵便屋に安息日を

〈ヴェネツィア会議〉の君の話に始めから終わりまで僕は腹を抱えて笑った

その続き全部を読み終えてドキッとした　本の中にみつかった僕の名前のこと（これは通信用の僕の住所

だったにちがいない、名宛て人転居の際は転送願いたし……、だろ？）
神々は我々とともにおわしまする　フランカ
僕はすっかり満足している　フランカ
ほら　まだ考えているのだよ　君に事の顚末を語って聞かせたあの二日間のことを
人生の大きな一歩を画したとの印象をもっている
感情の算術にかかわる僕らの問題を憶えているだろ　どうやったらa、b、c、etc. を全部いっしょに手元に置いておけるか　こう問題が出されたけれど、答えはみつからなかった
解くには難しすぎる方程式！
でも答えをみつけた、それはまったくひとりでにみつかった、みんなが解く手伝いをしてくれた、エレーヌ、クレール、僕（ピエールとディッキーの名は言わない、彼らはなんにも知らなかったし、なにも変だなんて思っていない……、これからもたぶんけっしてなにも知ることはありえない！）、エレーヌ、クレール、僕、そして言うまでもなく**君**、フランカ、そのとき君は僕らのあいだにいたのだよ、その場にいなかったにもかかわらず、誰よりもその場に強くいた存在だった。だってクレールがそこにいたのは君（と僕）ゆえだったのだから。僕ゆえに彼女がそこにいたということは君ゆえにということだ。クレールがエレーヌにあのような態度で接したのは、とりわけエレーヌがクレールにあのような態度で接したのは、君ゆえなのだ、フランカ。しかもこの僕がすべてをしかるべき終着にもっていけたのも、必要不可欠な言葉をみつけだせたのも、エレーヌがかけるべき言葉をみいだせたのも、君ゆえだったのだ、フランカ。
どうか信じて欲しい、あの二日間、まちがいなく君はすごい仕事をこなしたんだ、フランカ、**君もまた！**

君はよく働いた、フランカ、僕らの中で、僕らをとおして。

イツダッテ解決策ハアルワ……（君ほどにはそう言わない僕もまた、この君の原則を実行したのだと思ってる！）

君のほうのことがどうなっているかも、そのうち僕に言ってくれるよね、フランカ。

自分の人生全部を君のために準備し終えたとの奇妙な、心を弾ませるような印象を僕はもつ。

著名な人物の町への訪問が予定されると、人びとは並木道や道路を改修し、家を塗り直し、滞在先の宿舎を修理し、彼を招くための大きな迎賓館、大きな貴賓席を用意する……。最高に広々とした特大の貴賓席、祝賀行進のための最高に美しい道、最高に大きな前庭を君のために用意できた気がする、この数日は特に……、いつ来てもかまわない、君は自由にふるまえる、君が来るための準備は万全、水平線は開けている、もう木々の垣根はなし、家の前に遮るものなし、見晴らしを隠すなにものも。すべて明瞭でくっきりしている、フランカ。真昼に来てもかまわないのだよ、僕の大好きな人よ、顔と体を光にさらして。

愛してる、フランカ、心の底から愛してる、頭をフルに使い　体をフルに使い　君を愛する　それは僕の前から後ろから、四方八方からやってくる、天から地からそれはやってくる　君の中に僕は僕を発見する、君をとおして僕自身が僕にとって一つの未知の国になる　踏破すべき　掘り起こすべき　耕すべき　一つの未知の土地になる　その土地が君だ
君は僕を発見する　僕とは誰かを　君以前　僕の領地の一角がまるまる闇の中にあった　未開のまま夜の

中に沈んでいた
僕は君を発見する　と同時に
自分の一部であるこの未知の国を発見する
君は僕の未知の土地　君は僕自身
君は切り離せぬ僕の影　気づかれずにある僕の影の持分
君は少しずつ照らし出されていく僕の影の土地　君は僕の人生というこの広大な空間を夜から引き出してくれる光　君に敬礼　フランカ　僕の夜明け　君に敬礼　僕の日差し
チャオ　フランカ　チャオ

ルイ

六一年十月十一日　水曜　一七時。

さっき君の土曜の手紙を受け取ったところ。
いいかい　フランカ、聞いてくれ、僕の好きな人よ、君に答える時間がほんの少ししかない
肝腎なことだけ言っておきたい

まず最初に次の大切なこと、フランカ、僕の想念に**いかなる疑いも**挟まないでくれ。
君はこう書いてる、「「オイデ」ノ語ノタビニ、ソノ背後ニワタシハアナタガワタシニ言ッテクレナイアラ

ユル想念ノ重ミヲ感ジル、アナタノ中ニアルダロウニ、ソレデイテ、アナタガワタシニ書イテクレナイコトガラ全体ガ恐レデワタシヲ凍リツカセル……—。フランカ！　フランカ！　僕は君に**すべて**の想念を伝えた、君に隠したり書かなかったものなんて僕の中に一つもありゃしない。一つもだ、わかっているたい？その後、君はクレールのことを話した月曜の手紙を受け取った。考えていることのなにも君に隠さなかったばかりか、なにもかもを僕は行動に表しもした、僕の人生の全体が一つの影も、一つの曖昧さも、一つの障害もなくくっきりと、明瞭に、透き通って君にみえるようになにもかも曝け出した。不安なく、フランカ、一抹の不安の影もなく、フランカ、君が進んでいける大通りのごとく僕の人生をあらしめるために。この夏以来君が僕の思考においてだけでなく**行動**においても僕の時間のほとんどを占めてきたことが、君にはよくわかっているのか？　ここでの僕の生活そのものの中に君の居場所を整えるために、夏と秋とのあいだに食い違い（不連続、切れ目）を生じさせないために僕があらゆることをなしてきたことが？、君の国にいる君とここにいる君とのあいだに？　僕の人生の重要なことがらなら、すべて君は知っていた、フランカ。僕の人生の重要な人物なら、みんな君は知っていた、僕が君に話したから。起きるかもしれぬ困難のことなら、これまたすべて君は知っていた、フランカ。僕が直接に、また間接に話したから。いまではもう困難はない、フランカ。すべてが明快、すべてがくっきりしている。頭の中になにもしまってなどいない、頭の中に解決すべきどんな困難もない、洗いざらい君に話してる、すべては単純明快と君に言えることに僕は誇りを覚えている、なぜなら思いもかけない容易さで、すべてに片と解決がついたからだ……こんなにもうまくいったことが僕にとって、盛り上がる力の、昂揚する歓びの源になっているんだ、フランカ。万事よし、なにも怖がること君になしと言えること、子供のように君の前で裸になれること、大声で話せること、君に対してなにも隠し立てしてないこと（いずれにせよ、君に隠し事をしたことなんて一**度も**ない）、君にはわかっていないが、こうしたことがどれほど僕に誇りと強さを与えてくれるか、僕を有るがままの僕にしてくれる君にどれほど感謝しているか。こんな経験は初めてなんだ　フランカ。それを知るべし。これは僕が君に負うよきことがらだ。「アナタノ中ニアルダロウニ、ソレデイテアナタガワタシニ書イテクレナイコトガラ……」を訝しく思うとき、それを知るべし。

次に、もう一つ君に言っておけることがある、フランカ。

急ぐ必要はない、最愛の人よ。必要なのは君が**君のリズム**に従うこと。わかってる、この夏、ヴェネツィア、引っ越しetc.のあとに、君には「一服」が、息を継ぎ直すことが必要だった(1)。急がなくていいんだ。フォルリーの生活に戻るんだ、たぶん君にはそれが必要だ。僕もまたパリの生活に戻る必要があった、君を知ってからの僕がそこでどのように生きていけるかをみるために、自分のうちに君を抱えるいまのごとく君を自分のうちに抱えて僕がそこでどのように生きていけるかをみるために。それがいまの僕にはわかる。急がないでくれ、フランカ。君自身のリズムを守ってくれ、無理しちゃいけない。

さらにもう一つ君に言いたいことがある、フランカ。義務と準備、予定の観念を頭からきれいさっぱり追い払うんだ。あらかじめ日付をこの日と決め、鉄道、列車の時刻etc.に考えをめぐらすことがひどく頭を重くさせるなら、煩わしすぎるなら、辛い苦痛であるのなら、そんなことはすべてうっちゃってしまうんだ。放リ出セ《ブッタート・ヴィア》。五分でさっと決心し、列車に飛び乗るか機会をつかまえて君がひょいとやってくる、そんな日がいつか訪れる。それで結構だ。僕は自然発生性の味方だ。予告なしでまったくかまやしない。いつなんどきやってきたっていい。僕が一日か二日の予定でパリを離れなくてならないなら（たとえば十一月末のトゥールーズ行きのように、——十月だった集まりは延期されたんだ）、君に連絡するよ……、僕のほうは前もってね。なんの問題もない。君を迎える準備なんて僕には必要ない。すべて準備は整っている、僕も準備万端だ、あらゆることが君のために準備万端なのだ。

さて、最後の一件だよ、フランカ。いま君に広げてみせたあれらの観念をしっかり焼きつけてくれ、あれら現実のことどもをしっかり頭に叩き込んでくれ。(2) 君の中で進むものを進むに任せるんだ。無理しちゃいけない、君の中で事が熟すに任せるのだ、密かにゆっくりと熟すに任せるのだ、長い時間がかかるのならかかるままに。早まった決断に飛びついちゃいけない、決断できるか試すかのように。できることは僕も知っている、君もまたそれを知っている、肝腎なのはそれじゃない。肝腎なのは事が君の中で熟すことだよ、君の自由意志と君の決断が君の中で熟すこと、或る日、君がどんな不安より強い自分を感じ取ること、或る日、君の内部であらゆることがらが単純になることだよ、僕の大好きな人。そうなる確信が僕にはある、フランカ、君も同じ確信をもってくれ。

なにがどうであれ、僕のほうが列車に乗ることもできるんだ！

チャオ　フランカ、千回のチャオ

言ったあれらの理屈にすぐにうなずいてくれ
あれらの理屈は理に適っている　なぜならあらゆる非常識を許してくれるからね(これが唯一僕の好む理だ)
それにあらゆる不安と戦ってくれる理屈でもあるから
正論は懐疑より息長し、フランカ
君を愛してる　フランカ　あれら理屈、あれら正しい理屈のすべてをとおして僕はまたそう言う　そして
「二あって一になる」ことができると君は知っているのだから
知っておいてくれ　僕がこれからも自信と力をもちつづけるのは二ゆえであること、君と僕二人ゆえであ
ること、フランカ
君ゆえとは、とりもなおさず僕ゆえ、僕ゆえとは、とりもなおさず君ゆえ、僕の力のすべてであり僕の自
信のすべてである君ゆえ
チャオ　チャオ　アモーレ

ルイ

(1)　二ページ目(「一服」から「あれら現実のことどもをしっかり頭に叩き込んでくれ」まで)の縦の余白いっぱいに〔イタリア語で〕次のようにある。「一週間とか一ヵ月とかね、フランカ……、それはほとんどなんでもないこと、現実にはなんでもないこと、君が僕を愛してくれるなら、そのことを日毎僕が知ることができるなら、日毎そのことの新しい証拠を僕がもてるなら——愛していると日毎僕が君に言えるのなら、僕の全生活を君フランカを中心に組み立てること、君のために、君をとおして、君によって生きることができるのなら、モナムール(愛していると、大好きだと、君に幸あれと強く言うための、もっともっと強く言うための語が——イタリア語に——あってくれたらいいのに　おー

フランカ)」。
(2) 最後のページの縦の余白全部を使って〔イタリア語で〕こう記されている。「クレールに電話した。すべてはとてもうまく行っている。彼女は新たな平衡をみつけだした。そのことが僕には嬉しいんだ——そのわけを君は知ってる、おー　フランカ！　ごらんのとおり、ものごとはかくも単純なのだ——君がこれほどにも簡単にしてくれたのだ、君が、僕のフランカが、おー　フランカ　僕の歓び　僕の優しさ　僕の力」。

六一年十月十二日　木曜　一六時

僕のフランカ、僕の最愛の人よ、君の手紙を**読む**僕をみることができたなら、君はいくつかの疑念、懸念 etc. を頭から追い払うだろうと思う……。〔手紙を読みつつ〕笑う僕、微笑む僕(君が眼の前にいるかのように僕は笑う、君が眼の前にいるかのように僕は微笑む)、爆発しそうな歓びから、より穏やかな感情へ、内省へ、内省から歓喜雀躍へと移っていく僕をみたなら……。僕は大声で笑う、フランカ、大声でしゃべる、大声で内省する、優しさ、讃嘆、寛大さに包み込まれていく、相手の言うことが言う前に感じ取れる人、相手はこう言うだろうと予想がつき、待ち受けつつその言葉のもたらす歓びの前味を味わえる人のように笑みをこぼす……、まちがいなく太陽が昇るとの絶対の確信をもっていて、実際に太陽が地平線に昇るのをその眼でみる人のように。完全な幸福が与えられるはずとの動かぬ予感をもつゆえに待つというそのことができる人のように[1]……。フランカ　僕は君の「シチリア気質」に笑みをこぼす、フランカ　僕は君の理性と情熱との言い争いに笑みをこぼす、フランカ　君の誠実さ、君の勇気、君の率直さに泡を食い、また君が僕に寄せてくれる信頼に泡を食い僕は君に微笑みを投げかける、微笑んでいて微笑むのをやめる、君が書きよこすことすべてに僕は真剣になる、ソレヲ軽ク受ケ流シタリナドケッシテシナイ、ほんの一秒たりとも、フランカ、——それでも僕に厄介事を、問題を吐露する君をみるたび、敵（言語、感情、現前-不在、僕のもとに来ることへの不安etc.）と格闘する君をみるたび、胸がキュンとなって僕は微笑む、それは君の勇気と信頼の気持ちが僕を心の底から動かすからだ、またしかし、なにに関しても解決策が君の手の届くところにあることを僕が知っているからだ、フランカ、——どれもこれも思い悩むほどのことではないからだ、フランカ、僕は知っているからだ、君がみずからに問い、また僕に問いかける問題のその答えを**僕たち**はすでにみつけたのだ、**僕が**すでにみつけ、君がすでにみつけたのだ（……たとえまだ君がそのことを知らなくてもね、フランカ！）。君の手紙を**読む**僕を**みた**なら、君はそのことすべてを僕の顔にみるだろう、僕の微笑みと笑いの中にそのことすべてを聞き取るだろう、——僕の沈黙の中にもまた、フランカ。

君の声、昨晩の、おー　フランカ、君の声、君の声、僕の愛しくてたまらない人よ、君の、確かに君の笑い声、君の笑い声だ、フランカ、抑えた君の声、君の沈黙、現前する君の声、無限の平穏さを不意に湛えてそこに在るその声……、そしてまた僕のすっかり変わってしまった声、だって僕は君に、フランカ、もはや抑えきれない自分の声を聞いていた、もはや抑えきれない自分の笑い声を、あの荒々しさのすべてあの情熱のすべて　あの待望のすべてを……、君に話しかけるそのたびに、僕の声が君の声に応えるそのたびに君よってかたちを変えられてしまう僕の声（なにか**ユニークな**ことがほんとうに起きている、フランカ、僕は、イイカイ《サイ》、公正無私の科学者の眼でそう言っているのだよ）、**僕は**自分の声が変化するのを**聞く**、飛び立っていく自分の声を聞く、僕より速く動いていき、どんどん駆け出して僕を引きずっていく声を、僕も走ってその声のあとを追いかけてみるが、だめだ、捕まえられない！　こんなことはみたことがない、フランカ、いままで一度だって、わかるかい？　抗い難い、どうにも手のつけられないなにごとかが起きていて、僕は自分の声に運び去られる、僕の中を駆け抜け、僕を猛スピードで引っ張っていく物凄い突風に運び去られる……、それでいてこんなにも安らかに、こんなにも嬉しく幸せな気分で！　フランカ……、そして**君もまた**（僕は思い違いをしているだろうか？）これと同じ抗い難い強風、これと同じ止め難い嵐に捕まって運び去られようとしているのだと僕は感じる（この途方もない烈風が、フランカ、ときどき奇蹟的に凪ぐことがある、たとえば君がしゃべろうとしてふとやめ、単純なひと言を言うために息を詰めたり、その語を胸につかえさえるとき、「ふらんか、アノネ《センティ》……」と呼びかける僕に君が一瞬間《ま》を置いて「ナアニ《シ》」と言うとき、そしてこの単純なひと言にまるで**すべて**がこもっているかのように君はそう言うのだ、はじけそうなまでにそのひと言はめいっぱい膨れ上がってこぼれだす、――それでいてそのひと言はまた無限の平穏、無限の空間をはらんでもいる……、そう、それだ、そのひと言は単純だが充満していて、空間のごとくに無限、空にまで、海にまで延べ広がっていく平原のごとく、――丘陵を散策しに出かけたあの日、魅惑的な農夫たちに出会ったときに僕たちが見下ろしていたあの平原のごとく……）、しかしなぜ僕がこんなことを話していると思う？　君の声のせいなんだよ、フランカ、僕の声のせい、君の昨日の声のせい、感情を沸き立たせ、すべてを光輝に変え、奇蹟を起こすあの声の交信の……

とはいえ、嘘じゃない、ほとんど夜通し考えに考えた末のことなんだ、電話しようかしまいか、あれらの人びとみなに囲まれて自分の家にいる君、その君がなんて言うか……。フランカ　まったく我にもあらず僕は君を拷問に掛けてしまったにちがいない、僕の大好きな人を、**ありがとう**と言ってくれたその愛しくてたまらない人を（心配は要らない、このありがとうの意味を僕は心得ているよ、フランカ！）

また躊躇のあの「深マリ《ペッジョ》」のことも、「ものわかりのよすぎる」人びとについての君の深い読みのことも僕は考えた……　僕「ママ」の家のあまりにも多すぎる人びとのことも、フランカ。僕は自分にこう言った、ほら、また彼女は始めるぞ！、最初のとき（現前と不在をめぐる僕の手紙のとき！）とまったく同じようにまた始めるぞ。僕は自分に言った、彼女の持って生まれたシチリア気質がまた頭をもたげる！、忌々しいシチリア気質！　フランカ　熱愛するフランカよ　最初のころの日々をかけて君に近づいていく僕、僕に近づいていく君、あのときの二人のようにいま君は震えている……。フランカ　望むものがかくも近くに、君自身のかくも近くにあることに君は震えている、おー　恋人よ、昼を前にそれが夜に変わってしまうのではと君は不安に震えている、光を前にそれがわずかな闇にすぎぬのではと君はおそれに震えている、おそれなのか歓びなのかわからぬまま自分自身であることに震えるフランカ、フランカ　君は歓びの前で震えているのだ！

もう一つ別のことがらを、モナムール。僕は君にこう言った、カントなんて君にとって金輪際知ったことじゃない！、これは挑発だった、フランカ、なんでもないことと歯牙にも掛けず君がこの小さな文句をぷいとやりすごすかどうか僕はみてみたかったのだ……、君はやりすごさなかった。やったね、それは僕に大きな歓びをもたらした、――無関心なことなんて一つもありはしないときっと君は言うはずと僕は思っていた、僕が勉強しているとなれば、あのカントのクソ野郎でさえ……、思い上がりなどではなかった、フランカ、それは先回りして君についての確信をもつことの歓びでもあったのだ、この確信が現実に変わるのをみる歓び（昇るだろうと待ち受けていたその太陽が実際に昇るのを眼にするように）こんなところだ。要するに君の手紙は理性の陽光だったわけだ。狂気の陽光は別にもたらされるだろう。理性と狂気、知っているさ、君がそのどちらでもあることを。

気にかけないでくれ、フランカ。来れないなら、僕が君に会いにいく。問題なし。

チャオ　チャオ　チャオ　フランカ　チャオ　アモーレ

ルイ

（1）　一九六一年十月九日のフランカの手紙参照。

＊［一九六一年十月十一日］

水曜　夜

午前二時。若い人たちは三十分前に帰った——今日の晩はたまたま家にいた、いまは毎晩、水木金土と舞台稽古をしているのだけれど、稽古場の鍵をもって出るのをうっかり忘れてしまって……、そのことでひどく苛ついて何度も罵り言葉を吐いたけど、でも、みて、ものごとのもつ意味は掌を返すように一転、この様変わりぶりがあなたをどんなに驚かすことか、いまのわたしはあなたの電話と入れ違いになったかもしれないと振り返るだけで震える、あなたと話すことができず、気分を晴れやかにすることもまたできなかったかもと……、すっかり晴れ渡ったわけではないけれど、あなたの笑い声はわたしの気分をほぐしてくれた、あなたの言葉よりも遥かに笑い声のほうがね、あなたが笑うとわたしはまるであなたに抱き取られるような気がする、抱き取ったわたしをあなたが宙に投げ、宙で受け取るような、まるで弄ばれる赤ん坊、わたしを宙に放り投げて後ろに従えてわたしを引っ張っていくのはあなたの笑い声、たとえ高ぶることをおそれていても、そのわたしを高ぶらせるのはあなたの笑い声、あなたが笑うとわたしはあなたのあとをついていかずにおれない、攫《さら》われるまま流れに身を任せずにおれない、あの笑い声の背後にすぐさまあなたを思い浮かべずにおれない、自分があなたから数メートルのところにいるなら、いいえ、もっともっと近く、数センチのところにいるなら、さらにもっともっと近くなってもうあなたとわたしのあいだにメートルもセンチもなにもなくなるなら（要するにすべてを、ルイ、この何千メートル、この何百万センチを歩み抜いて、端から端まですべてを歩み抜いて、あなたの唇がわたしからほんの一センチのところにあるのなら、でもその唇はあんなに遠くにある、どう堪えたらいいの？）、鬱勃たる気分、不安はきれいに消えてなくなるだろうにと思わずにいられない、あなたの手がわたしの中をまさぐってわたしの思念をザクッとつかみだしてくれるだろうにと、そうすればあなたにはわかるでしょうに、そこに「はい」の答えしかないことが、それはそれはたくさんの「はい」、わめき散らすような「はい」、囁くような「はい」、また最後の望みを託したような「はい」、幸せそうな「はい」、大文字、小文字の「はい」、溜め息のように長い「はい」、唇を軽く触れ合わすだけのキスのように短い「はい」、でもどれもこれも「はい」なの、「たぶん」なんて一つもない、わずかのかけらすら……、(わたしは行かなくてならないのよ ルイ、わたしは行かなくてならない、「好きなように」なんて言わないで、あなたは手紙を書いたと言ったけれど、何を書いたのかわたしにはわからない、明後日にならないとわからない、でも「好きなように」なんて言わないで 優柔不断のジグザグの中にわたしを置き去りにしないで、わたしを道に迷わせないで。「来い」と言って、ルイ、「幸せになるんだ、でなくては君を殺す」と言って)(でもわたしを叱ってくれてもいい、「君はお馬鹿さんだ」と言ってくれても、厳しくなってくれてもいい、いつもものわかりがよいばかりでいないで、こういう理解ある態度、善意の塊にはときどきどこからどこまで吐き気のすることがある、わたしがあなたの腕に飛び込み、あなたがわたしの肩で涙を流す、わたしがいて、あなたがいて、エレーヌ、クレール、ミーノがいて……、終いにわたしたち二人は自分に嘘をつくようになるとの予感がする、何度も互いに話し合い意見を言うことで確かに大きく前進していくでしょうけど、それに連れてわたしたちはもとあった自分たちの真実からどんどん遠ざかっていくとの予感が。あゝ、そうよ、沈黙のもつ悦楽よ、ルイ、むしろ、わかりあえないことのもつ悦楽、ナイフを抜いたり青酸カリを取り出す能力、十九世紀の古き良きお芝居を生きる能力、ものごとをその真の名で呼ぶこと、名にその真の意味を与えること、裏切り者は裏切り者で、ゆえに地獄にあたいすると、そうでなくともハッピーエンドだけは迎えられないと……)。しかしこのキロメートルというキロメートルゆえに、あなたの唇からかくも遠くにあるこの唇　あなたの手からかくも遠くにあるこの手ゆえに（あなたの唇とは同じ形をしてないこの唇、あなたの手とは同じ形をしてないこの手ゆえに）（ここで括弧を閉じたけれど、もっとなにかを付け加えたい、あなたの唇と手とのネガでありたいと、白に対する黒、黒に対する白でありたいとのみ願うこの唇と手ゆえにと、そうよ、わたしはあなたの手でつくられたい、あなたの捏ねる粘土でありたい、水を掻き分けていくあなたの身体の残す波紋、突っ切る風の背後にあなたの置いていくエア・ポケットでありたい、パナレーアやカサル・ボルセッティの砂にあなたのつける足跡でありたい、あなたの充満のもつ空虚、ただそれだけでありたい）、逆にすべてはなんとも複雑になる、歩き回る人のあまりに多すぎること、互いに重なる靴跡のあまりに多すぎること、すべての足跡をたどろうとしてわたしは道に迷う、わたしはあなたたちの中で道に迷う、自分とあなたたちの区別がつかなくなる、あなたとエレーヌ、それにクレール……、とりわけいまのクレールはわたしの存在そのもの、わたしの運命は彼女の運命に分かち難く結びついている——エレーヌのことは好き、クレールのことは否（わたしはクレールを知らない、一度も会ったことのない人を好きにはなれない）、でも彼女の、エレーヌの運命はわたしとはなんの関係もない、自分とエレーヌを同一視することなんてできない（だからわたしは彼女が好き）、逆にわたしはクレールなのよ　わかる　ルイ?、彼女に起きることはすべてこのわたしにも起きる、いまわたしがわたしの席に、彼女が彼女の席にいるのはただの偶然、時の気紛れ、じつは完全に入れ替えできる席と席、いままであったのはほんとはたった一つの席だけだった（なのにいまやあなたは三人を座らせられる席のある高等数学、合計がゼロにならぬよう等式を変形できる高等数学にたどり着いたようね）、わたしか、さもなくばクレール、だけどどっちにしても違いなんてありはしなかった、わたし、彼女、彼女、わたし、どっちが占めてもそれは同じ位置、たった一つきりの同じ位置にすぎなかった……、わたしたち二人は同じ現実、この二人だけが互いに理解できないよう運命づけられている、わたしはエレーヌの胸に飛び込める、クレールはエレーヌの胸に飛び込める、でもクレールとわたしは互いに相手の胸には飛び込めない、わたしたちは同一人物　同じ実体　同じ価値、相手の胸に飛び込むのは鏡の中の自分を抱きしめるようなもの、自分の唇に接吻しようと求めるようなもの、録音した自分の声を聞くようなもの、クレールはわたしの未来で、わたしは彼女の過去、エレーヌだけが過去も未来もない時間、彼女、その彼女が現にいま在るから、そのように時間の統一性が現に在るから、初めて過去と未来もまた実在できる……、そしてあなたは　ルイ　あなたは事のすべての真ん中を進んでいく、すべてを平坦に均したい、なんにでも当てはまる解答をみつけたい（わたしからみればそれは有無を言わせまいとする意志を意味する）、恋人たちを取り合わせて色の衝突の少ない香しい花束をつくりたいと、優しくも真心から念じつつ、そう、あなたはすべてを均しつつ、すべてを調和させつつ、物と人の中を動いていく、異質な要素を集めてふんわりした感触のいい絨毯を織り上げていく、あなたの前に、足元に延べ広がっていくその絨毯をほんのわずかしか踏まないようにして……、通り過ぎていきつつ、しかしあなたは火を点ける、爪先立ってあなたは進んでいく、なにも踏みつけないようにしつつ、しかしあなたはすべてを焼く、絹には難しいことよ、火が移らぬようにするのは、燃え上がらぬようあなたを通過させるのは、あなたはほかの人びとの心の中にある松明であり、すべてが焼け落ちるまでそれは燃えつづける、何年も何年もエレーヌの心の中に（何度火傷を負わせたの、何度傷つけたの、ルイ?）、六年のあいだクレールの心の中に（いまとなってはどこにそれを消せる消防士がみつかるの?、言葉なら、たぶん?、言葉なら、火に油を注ぐようなことはないとほんとうにあなたは思う?、独りでいるなら、人はもうそれ以上には燃え上がらないの?、それ以上に愛を募らせることはないの?、憎しみを募らせることは?)、二ヵ月半のあいだ……わたしの心の中に、ルイ(二世紀半のあいだ、人生二回半のあいだ)そしてお次は　ルイ? あなたの高等数学は三から四に移り、最後はすべてを、ガールフレンドたち　恋人たち　母親たち、許婚たち、妻たちを含むことになるの? そしてわたしたちみんなが揃ってあなたの庭をいじりに行くことに? あなたの電話がもたらした鎮静効果は、残念だけれどもう失せてしまった、午前三時四五分、わたしはへとへと。おやすみ　ルイ、明日また考えてみる、今日はこれまで。

フランカ

六一年十月十四日　土曜　一六時

フランカモーレ(1)(こうずっと前から君のことを呼んでいたが、それを書き、言うのは初めて)、大急ギデ《イン・フレッタ》このひと言。大急ギデ《イン・フレッタ》というのも、この二日間、錯乱状態にも似た公務に忙殺されていて、そのうえに信じられないような突発事故の後始末　学生同士の揉め事の仲裁、時間を食うだけの長談義、駄弁 etc.、すべてが息の詰まりそうな刺々しい雰囲気の中、ほとほと嫌になる、——それでも職務は職務としてしっかりこなさなくては……。昨日は君に手紙を書く一瞬のいとまもなかった、文字通り一瞬も、今日はなんとか一瞬だけは、フランカ。

単刀直入に要点に入る。今朝受け取った君の手紙のこと（劇団の公演と僕の電話とがあったあとの、フランカ、水曜日の夜中のそれ。）

妄想はすべて追い払うんだ、フランカ、不安を吹き払え、きっぱりそとに締め出せ。僕は君の言うあんな人間じゃない、出向いていってはみんなを仲直りさせるような、なんでもかんでも集める収集家、花束作りのプロ etc. ではない。確かに場合によっては僕はものわかりがいい、こちらに態度のとりようがあるときは人びとを傷つけないようにするためだ、続いて彼らが独力で面倒から抜け出せるようにするために、ものわかりのいい態度をとるのだ。だが僕はプロの看護士でも衛生兵でもない。人びとを叩き出すことだってできる、くそったれと叫ぶことだって！、もうたくさん、引き取ってくれ、あんたのことなんかもう聞きたくもないと、手紙に返事を書かないこと、電話に出ないこと、人を家に入れないことだって僕はできるんだよ、フランカ。あらゆる返事のうちでいちばんきつい返事であるこのだんまりを利用することだってできる、フランカ。同じ人に対し、ものわかりのいい態度ときつい態度を必要に応じて使い分けることが僕にはできる。僕は神話の登場人物じゃない、自分の人となりをつくるのに僕に神話は要らない、君は優しさと呼ぶ面でしか要は僕を知っていない、僕がどんなにきつくなれるか知らないんだ。そのことを君に証言できる人間なら、男でも女でもいる。昨日、今日と二日間、僕はこの学校でナイフを振りかざして喧嘩した、獰猛に、いきり立って。このことを一度しっかり頭に叩き込むんだ。僕が自分の問題すべてを解決してきた人間であるわけでないこと、なにもかもがたやすくあるような人間でないことも銘記せよ（喧嘩で暮れたここでのこの二日間はおそろしく難儀で、生きるのも堪えるのもとても辛い時間だった、いまでもそのショックと余波を自分のうちに強く感じていて、それはまちがいなく、あと数日は続く）。僕だって人生の中を突き進んでいるんだよ、少なからぬ問題を解決してきたが、しかしときには苦しむ能力だってもっている、なんらかの状況の中でなんらかの困難を前に力なく弱々しくなれる能力を。僕はいまだに傷つくことができる。僕は神さまなんかじゃない、微笑みでもポーカーフェイスでも平静さでもない。齢四十（三！）の一人の男だ、じゅうぶんに苦しみ悩んでいる男、人生の中をときに確かな、ときによたよたした足取りで突き進んでいる男だ。このことも頭に入れておいてくれ。

さてと。では今度は〈高等数学〉。エレーヌと自分とについて君の言うこと（君たちは違っていて、同じでなく、ゆえに君は彼女を愛せる、同じ席を占めていないので）、それはまったくそのとおりだ。ほんとうで、正しく、正確で、根拠もある。クレールについて君の言うことも、或る意味で、かなりなまでほんとうだ。そう　彼女は君の未来で、そう　君は彼女の過去だ。そう　君たちは**形式的には**同じだ。僕がかつて彼女を愛したという意味で、確かに。僕がいま君を愛しているという意味で。形式的には比較可能な位置関係ではある。だがまた根本的に違う位置関係、比較を欠くそれでもある。そのことを痛感したから、彼女、クレールは未来をあれほど怖がったし、いまもあれほど怖がっている。フランカ、聞いてくれ。黙って聞いてくれ。少しでいいから僕の〈高等数学〉の意味のなんたるかを学んでくれ。それは、どう組み合わせたらa、b、c、d、etc. を一つの式の中に収められるか（いまもとってある紙の上で、今年の夏、僕らが大笑いしながらやったように）を問うパズルではない。全体を扱う〈数学〉じゃなくて、それはそれぞれのことがらを、しかるべきそれぞれの場所に置くことをしているのだ。整頓することをね。僕の数学については心配ご無用、それは自分の行き先をよく心得ている。それをどこへ向かわせるべきかを僕はよく心得ているし、自分がどこへ行くかを僕はよく心得ている。有るがままの自分、僕の知る自分、その自分の人生には二つの席がある、二つこっきり、それ以上はない。あらゆる通常の席のそとにある席、エレーヌの席が一つ。そしてそれ以外の席がもう一つ。君だってこう言っている、エレーヌは時間のそと、過去と未来のそとにいると。この点で僕らの意見は一致する。しかし君が言っていないのは、もう一つの席が一**つしか**ないこと。僕の幾何学全体はこの二つの場所、この二つの空間、この二つの席に集約される。この第二の席は君のものだ、フランカ、君だけのものなんだ、この席を、誰であれ、ほかの人と君が分け合うなんてことはほんの一瞬だって問題にならない、その席を占める君をほかの人びととわずかでも関連づけるなんてことは。今年の夏、クレールがB〔ベルティノーロ〕に来ることを僕が望まなかったのも、はっきりはわからないまま人知れず、しかし確実にこの理由が働いていたからだ。君自身の言う理由、エレーヌの腕の中になら君はちゃんと飛び込める、彼女は君と違うので、でもクレールの腕の中にはだめ、彼女は「身分的に」……君と同一人物だから。僕の〈高等数学〉はどこからどこまでユークリッド的で、一つの場所（一つの席）はただ一点をしか占めることができない、——二つの点を占めることはできないんだ。このことも、フランカ、頭に叩き込まなくていけない、君にそれを呑み込ませ、受け入れさせるためだったら、喧嘩腰のあらゆる議論を吹っかけることも辞さない用意がある、どんなにでもきつく、どんなにでも粗暴になる用意が。

それさえわかってもらえたなら、あとはもうなんであれ、大して重要ではない。それさえわかってもらえたなら、君は僕がクレールに伝えたことがら、僕が彼女にかけた言葉etc.をしかるべき場所に置き直すことができるだろう（まったく別の空間、まったくの他所《よそ》、全然異質な世界に、前の世界とは関係ない別世界に)。わかってくれただろうか、誰とでも肩を抱き合うなんてことは考えたこともない、そんなのはたくさんだ、背筋がゾッとして吐きたくなる、問題じゃないんだ、「猫に食べさせるおじや」のようなあのわけのわからぬ心のぐちゃぐちゃなんか、「乾燥グリーンピース」を煮詰めてつくった濃厚なスープのように濃く心にかかる帳《とばり》なんか、誤解に付き物のあんながらくたなんかetc.(もっと続けることだってできるぞ、この場でいかにも使ってくれと言わんばかりの語彙に事欠くもんか)、「みんなが揃って」僕の庭をいじりに来るなんてことも考えたことはない、庭が何を象徴しようが問題外だ、反吐が出そうなそんないかさま家族なんぞ思ってみたこともない……。これさえわかってくれたなら、次のことが何を意味するかもわかるはずだ、クレールに対して友情の基本的な義務を果たすつもりが僕にあること、僕が野蛮でも、傍若無人でも、厚顔無恥でもないこと、彼女が僕なしの生活に旅立てるよう初めの一歩を手助けするつもりが僕にあること、**彼女からそうして欲しいと言われれば**、それを僕が拒めないこと。

というわけだ、フランカ、もうこの手紙を閉じなくてならない、ひと言のつもりが、結局のところ、手紙になってしまった。全部を大急ぎで書いてしまった。たがそれはなんでもない。僕がどこへ行こうとしているか君に知ってもらいたいだけだ。自分の行き先を僕が知っているというそのことを君に知ってもらいたいだけ。このことを暗記して忘れないようにしてくれ。

チャオ、フランカ、チャオ　チャヤオ　チャヤオ

ルイ

(1) 〈訳注〉「Francamore」は、「Franca」と「amore（恋人）」とをくっつけてつくったいわゆる「かばん語」。

六一年十月二十一日　土曜

チャオ　アモーレ。一週間も君に手紙を書く暇なし。こっちは厖大な仕事の山だ（新学期）。次に軽い流感にかかった（毎年恒例の流感）。最後にかのフランカ様のご訪問を受けた。(1) そのうち君に彼女のことを語らなくてはね（それだけの価値もある）、それは僕の日常生活の少なからぬことどもをひっくり返した（ひっくり返したは rovesciato《ロヴェシャート》 だっけ？、それにちがいない、精神的な意味でなく「物質的な意味でひっくり返した」を言うときは、精神的な意味でなら sconvolto《スコンヴォルト》 と言うんだよね、違う？）。そのあとは鬱陶しいばかりの天気　雨　風　寒さ、霙《みぞれ》混じりのにわか雨、ほんのときどき思い出したように空に日が射すだけの。公務と理論的な仕事とを組み合わせようとしていた（易しくない）一ヵ月のすぐあと、これだ。続いて学生、副校長と大喧嘩もやらかした、要するに棚にはパンがたんとある（フランス語の言い回し＝やるべきことがたくさんあるって意味）。

君は元気か？

知っていること、知らないこと、みたこと、みることのできなかったこと（僕にみる眼がなかったか、人がみさせてくれなかったせいで）、あらゆることがらを落ち着かせる時間を少しもたなくては。それにあの男の人、うちに働きにきている女性(2)の旦那さんのこともある、その人はいま死にかけていて、物質的、法律的etc.ありとあらゆる種類の問題を片づけるために彼女、奥さんの手伝いをしなくちゃならない。加えてエレーヌ、彼女はまずい状態に入り込んでいて、僕が抜け出す手助けをしているところetc.

これでよし。必要だったこの前置きのあと、君を君の名で呼ぼう、フランカ。君の名フランカで君を呼ぼう。

チャオ　フランカ。チャオ。

無事に着いたことと思う。

もちろん僕も帰りかけてまた列車を逆方向にたどった、君がさっさと行ってしまったからね、窓越しからだけでも（そして涙越しに）君の姿を確かめてみようと思ったけれど、誰の姿もなかった、僕からみえないようにデッキに立ち止まっているのでは、と頭の中で言った。するとすぐに発車の時刻、君の乗ってる客車のところまで来たときには、もう列車が動き出していた。

僕は独りその場にいた。がらんとしたホーム、それは独りぼっちの気持ちを信じられないくらい膨らませる。次にまた家に帰り着くまでの道のりがその気持ちに輪をかける。次に空っぽの家がまた。最後に、君は独りぼっちの気持ちを身をもって知ってると僕は口に出して言い、携えて暮らすには辛いあれらの心象を追い払おうとする。その気持ちはいまも続いている。君の寝室に再び入る気にも、君のベッドで寝転ぶ気にも、シーツを畳む気にもまだならない（でもいつかはどうしてもそれをしなくては、出発のときのあれら心象を再び追い払うためだけであれ）、フランカ。

（ふと思う、このベッドが君のベッドであったことはあまりなかった。ふと思う、物理的現前を支えはしていても、しかしその現前とはひどくちがう平面の上で僕らはこの数日間を生きた。単なる物理的現前のその向こうに言葉と沈黙はあった、僕は君の本質への接近を、君は僕の本質への接近をまるで時間と空間のそとで互いに試みようとしていたかのよう。一種の無時間的出会い、無時間的出会いの始まり、僕らがあの手この手の求め合いをすべて試み尽くすにはあってないほどにも短すぎる束の間の出会い……、無時間性そのものにも時間が要る！　僕は君のもとからいくつかの特徴をつかみとった、或る見方をすれば知識をなしても、しかし別の見方をすれば疑問をなしもする特徴。僕にはそれら疑問に対する答えを君の中にみいだすだけの時間がなかった。おそらくはまた、いくつかの点について君は答えを胸の奥にしまっておくのがいいと思ったのでもあったろう、その答えをもっとあとにとっておくために、あるいはその答えがまだ熟していなかったからか、準備できていなかったために。）

たぶんそのことも含めて僕には時間が要る、君から掻き集めたすべてのことがらを僕の中で落ち着かせるために、僕がみた君のその向こうをみるために、君の顔の顔、君の顔そのものより深いところにある顔をみるために。

君もまた息を継いでくれ、僕のフランカ。雨に濡れる僕の大きな鳥よ。寒さに震える僕の大きな鳥よ。

僕のみる君は僕の腕の中でちぢこまり、両眼を閉じ、僕の言葉に耳を傾けている、と、突然笑い出す、僕の心臓を射抜く笑い声。では、ごきげんよう　フランカ、僕の大好きな人よ、僕ハ君ニ言ウ　チャオ　チャオ　チャオ　チャオ　いつまでも

ルイ

僕の家に[3]『ローマ、ナポリ、フィレンツェ』を忘れていった。すぐに郵送する。でも送る前にそれをちょっと読みたい。いいかい？

いま三時。今日は素晴らしい太陽が出ている。昨日は副校長とランブイエの森に行くはめになった　茸狩りにね。僕らはみごとな茸（ヤマドリタケ）を山ほど摘んだ。僕に対する副高校の評価は跳ね上がった、なにしろいい場所（茸の「生息地」）をみつけたのは僕だからね……、僕はほんとうに森の人間だよ。

その夜、僕は十時間寝た。ごきげんよう……

ルイ

（1）フランカは一九六一年十月十五日にパリにやってきて、二十一日まで滞在した。
（2）高等師範学校の掃除婦の一人。
（3）〈訳注〉以下全文イタリア語。

【一九六一年十月二十二日】

君をまた探さなくては、フランカ。どうしようもなく奇妙なことだ。君がやって来て、しかし僕は君が来

たというそのことで、なにか君の一部を失くしたような感じなのだ。お察しのとおり、これからが本格的なお仕事！

そこのところから僕はごく自然に次の結論に達する、それは僕の待ち構えていた、僕の知っていた現前を君がここではもたなかったからなのだ。したがって、君が僕の**知っていた**それとは**別の**現前をもったからなのだ。

先に進むが、いいかい？　この推論をさらにたどってみる。君はここで奇妙なかたちの現前をもった。僕の知っていた現前、ベルティノーロにぞくす現前、フォルリーにぞくす現前 etc. とはおよそ違うそれを。君は、言うなれば、**抽象的**な現前をもったのだ。僕が君に期待していた一連の仕種、僕の知っていた一連のふるまい etc. がすっぽり抜け落ちていた。

君はあたかも**抽象的**な存在になったかのよう、――僕もまた君にとって抽象的な存在になったかのよう。いちばん最近の手紙で僕は君にこう言った、僕たちは互いに相手の**本質**に接近しようとしている二つの存在のごとしと、僕は君の、君は僕の本質に。本質はつねに抽象的なものだ。言うまでもない。本質とは眼にみえる具体的な偶有性を剥ぎ取られた純粋な内面、純然たる内部のことなのだから。次のように考えることもなるほど一つの説明ではある。

誰もが知っているように、事物の本質を抽出するには実験の条件を変動させればよい。ならば、もちろん、存在の本質についてだって。

僕たちは環境を変動させることを試みた。ロマーニャの代わりにパリ。いつもの生活、いつもの世界から独り遠く離された君。僕のほうはもはや独りでなかったが、しかしいつもの生活、仕事、友人たちetc. に取り囲まれていた。

このことは僕たちに周知だった。

僕たちはこの変動のもたらす実験結果に注意を凝らしていた、変動によって起きるはずの（君の、僕の）本質の解離に……、そのあまり僕たちはこの本質にかかわりのない他の一切を忘れた、ゆえに僕たちもまた当の本質と同じほど**抽象的**になった。

次のように考えることもなるほどまた一つの説明ではある。

この変動の科学的でない面をいまと同じ平面に置いて考えることもできるだろう、環境変えとそれの効果etc. を。環境変えのもたらす抽象化（僕はベルティノーロをとおして君を求めようとしていた。君はまだフォルリーにいるかの自分であることができたetc.）。

なるほどこれも一つの説明ではある。

あいかわらず同じタイプの説明ではある。

ただ僕はそれは真の説明なのかと思う。それが真実の**すべて**なのかと。

僕が自分にそう問うもとになっているのは、君がなした二、三の考察と、君がなさなかった、君がなすことを欲しなかった別の二、三の考察だ（なぜ君はそれをなすのを望まなかったのか？　僕が考えているのは、たとえば水曜日の夜のこと。また君がエレーヌに関して使った奇妙な言い回しのこと、わたしたちはたぶん二人で彼女に「贈り物《ウン・レガーロ》」をすることができるでしょう、と君が言ったときのそれ……）。

はっきり声にされたいくつかの言い回しと君が自分のために言いためらった言い回しとをつなげてみると、

例、「来るのをこんなにためらったのは、来るのをよそうかと思ったのは、エレーヌのことが」……

例、「彼女に贈り物をするために、わたしたちはたぶん二人いっしょに力を合わせることができるでしょう……」

例、「来れて嬉しい。あまりはっきりと自分では形を与えることのできないなにごとかを教わった。それを**あなたたち二人**から教わった、（これは**授業**、わたしが演劇を習いに来ている人たちにほどこす授業にも似た）、――これをわたしは**生涯**忘れることがないと思う」……

こうした言い回しを一つ一つつないでいき　それらの言い回しに君の沈黙、いくつかの黙説 etc. を付け加えてみるとき、僕はこう**自問する**、僕の言ったあの**抽象化**には**別の**説明があるのではないか。

僕はまちがっているかい、フランカ？　むしろ、正しい道を行っているのではないかい？

フランカ、聞いてくれ、すぐに答えるには及ばないから。どんな質問にも答えることができるとは限らないものだ。それどころか、答えを言葉にできないというそのことゆえになおさら言葉にできない、そういう質問がありさえする。熟する時間、長い時間を答えに与えてやらなくてならないこともときにはあるのだ。答えよと言われて答えられるものではない。長い（苦しくもある）経験から僕はそのことを知っている、フランカ。自分にかかわってそのことを僕は知っている。だから、君についてもそのことは理解できる。

そのうえで僕は自問する、あの**抽象的**現前の理由（君が抽象的になったことを僕がみいだしたのはあの夜のことだ）（あの夜初めて）（ほら！、ごらんのとおり、手始めに僕は君を毛布でくるむようにちゃんと括弧に入れる、君が寒くないように、僕の大好きな人よ……）は、君が**僕のことより遥かにエレーヌのことを慮って**パリに来たのだとの事実から、単純に出てくるのではないかと。(1) **僕よりエレーヌに会う**ためにパリに来たと言っているのではない。だって君がパリに来たのは、会うとか会わないとかの**ため**じゃない、――これは二の次の側面だ、――君が僕よりもエレーヌにかかわる**気懸かりを抱えていた**からだ。**気懸かり**という語には君の容れたいと思う意味をすべて込めてごらん、心配、或る種の不安、根本的な疑問を明るみに出したいとの欲望、死活にかかわる根本的な、中心的なetc. なにごとかを現実のものにしたいとの欲望。この語を最も広い意味で解してごらん、**配慮**という隠れた、限られた心配という狭い意味でだけでなく。そうすれば、**気懸かり**は、ぎりぎりのところに在る一つの深い問いという意味ももってくるにちがいない。この語をその最善の意味で解してごらん、――そのうえで、僕が真実に近づいていないかどうかを言ってくれ。

僕が真実の近くにいるなら、その真実は、僕の言ってるあの**抽象的**現前を君が僕にとって、僕に対して、もったことのわけを説明してくれる。君のいちばんの**気懸かり**が僕以外の誰かに及んでいたなら、わけは簡単にわかる。僕は理解しようとしているだけだよ、フランカ、それだけのこと。その僕の手伝いをしてくれ。

言っている**気懸かり**の内容と意味を明るみに出すことを試みて、僕の手伝いをしてくれ（時間をかけていいのだよ、急がせるつもりはない）。なぜ君にとってエレーヌはあんな役割を果たすの?[2] どうして彼女は君の眼にあれほどの、ほとんど魅惑と言ってさえいいほどの重要性を帯びて映るの? 好きになるほどにも僕のどこに君が興味を抱いたのかはかなりよくわかる。なぜエレーヌという人格が君の中で、また君にとって、あのような役割を果たすのかは同じほどにはわからない。すぐに言っておきたいが、一つの推測、誰であっても言葉にできるだろう推測はすかさず斥けておく、君がエレーヌに興味をもつのは**僕が原因だ**とする推測。この推測を僕は拒否する、だってそれは**完全に誤っている**と思うから。君が**僕とはまったく関係ない**理由からエレーヌに関心をもったということは僕には明らかだ。ほかでもない、この理由を知りたい、――この問題をはっきりみるためだけでなく、なによりも君をもっとはっきりみるため、**君をもっとよく知る**ため。

付け加えておけば、僕の蒙を啓くことで、フランカ、君が僕の手伝いをしてくれることができるなら、きっと君は君自身の手伝いをすることにもなると思う。つまり、君の中に在る重要ななにごとかを**ほどく**こと、解放することになると思う、――僕にははっきりみえないなにごとか、しかし僕にその重要性はみえるところのなにごとか。

今夜はたぶんこれでじゅうぶんだ、フランカ。日曜日だし、真夜中でもあるし。
今日もまた森へ出かけ、何キロものヤマドリタケを持ち帰った（約二〇キロ……!!）。
昨日ミーノにとても長い手紙を書いた。[3] そう、とても長い手紙。
その手紙が彼にあまりに露骨で乱暴と映らないといいけれど。
おやすみ　フランカ。おやすみ　僕の最愛の人、チャオ　チャオ　フランカ……

ルイ

（1）余白にフランカによると思われる感嘆符。
（2）余白に感嘆符。
（3）タイプされた四ページのこの手紙の写しがアルチュセールの遺された資料の中に保管されていた。

六一年十月二十三日　月曜　一六時。

昨夜書いた手紙を読み返した。結局、送ることにする。

たとえ僕の仮説がまちがっていても、そこから君は利益を引き出せると思う。仮説を訂正することができると思う。それら仮説は僕が君をどうみたかを君が知るその助けになるはずだ。

君がここで体験したいくつかのことがらは、君がここに滞在していたそのときにはもろに言葉にするにはあまりに身近にありすぎた、あるいはあまりに強烈すぎたとの表象［ママ］[1]を僕はもっているが（君の沈黙のいくつかから、僕ははっきりそう感じた）、時間的距離がとれたいまなら、おそらくそれを口に出して言ってもかまわないだろう……（「時間的距離」を必要としたのは、今回はたぶん君のほうだ、フランカ……）。

君が帰ったあと、エレーヌは二日間、ひどく重い発作に陥った。君のせいじゃない。それは彼女自身の問題で、彼女がいつもくぐる反作用期のせいなのだ（治療の反作用、もっと正確に言うと、精神分析家が**除反応**と呼ぶもの。除反応というのは大量の情動が集中的に放出されることで、そのとき患者は原初にあったいくつかの情動的な場面、いちばん苦しく、いちばん**起源に近い**場面、つまり神経症の起源に結びついている場面を**生き直す**。この**除反応**にはつねに浄化《カタルシス》と解放をもたらす働きがあり、その現れ方は決まってとても演劇的なのだ）。専門的な観点からみて、彼女の除反応は**うまくいった**と言えると思う。

運悪く君は彼女の側が反作用（除反応）の時期にあるその真っ最中にやってきてしまった。君が彼女と話したいと思っても、やっぱりこの運の悪さはどうしようもなかった。エレーヌの情動的反作用と君の側の緊張とが混ざり合って、実質的にどんな会話も不可能な状態をつくりだしていたのだ。エレーヌの状態だけを考えても、会話はまったく不可能、ほとんど了解不可能だった（耳の聞こえない者同士の対話……）。君はこうしたことがらに経験がない、こうした状態に慣れていない。だから深刻な結論や帰結をあれこれ引き出さないようにしてくれ。君が引き出せる結論はただ一つ、これほど無防備になり、これほど「解き放たれて」しまった情動はほとんど制御を受けつけないということ。それは雷のようなもので、一度始まってしまったらもうお手上げ。雷が止むのを待たなくてはならない、混乱が収まるのを、——会話が再開できるのはそのあとのことだ。

君とエレーヌのあいだの問題は単純だなどと言いたいのではない。彼女の抱える問題は単純ではないし、君のも、フランカ、単純ではない。僕が言いたいのは、あのときは会話を試みるのに最も間《ま》の悪いときだったということだ。経験からそのことははっきりしていた。

君がエレーヌに尋ねたいと思っていた質問のいちばん肝腎な点については（すなわち、君が僕を愛し、僕が君を愛しているこのときに、君たち二人のあいだに友情が成り立ちうると彼女が考えているか？　二人でこの方向に進むことに彼女は同意しているか？）、この質問のいちばん肝腎な点については、彼女の答えはイエスだ。君と僕のあいだに起きていることがらは、君と彼女のあいだにこれから起きるだろうことがらとは関係ない、と彼女は考えている。二つのことがらが別々であるようにと彼女は願っている。そしてこの条件——二つのことがらが別々であること——のもとで、君たち、君と彼女は友達になれると彼女は考えている。この件に関する杞憂をみんなごく速やかに忘れる必要が君にはある、と考えているのだ。なぜなら、（君たちの友情の可能性にかかわる）君の側のこの杞憂、君の側のこの問いは、彼女からみて、二人の友情を妨げるいちばんの障害なのだから。これが彼女の見方だ。可能性についての質問なんかもうしないこと。その質問の以前に在る質問ももうしないこと。あの友情がどんな現実的な内容をもてるかをみるために、具体的な行為を試みること。

これがまさしく彼女の最も基本的な立場だと僕は思っている。もちろん、彼女は、火曜の夜の話し合いで、そのことを君にわからせることができなかった、僕がいま君に言った状態のせいでね。この状態がいまも続いていることを思えば、一朝一夕ですべてが丸く収まるなどとは、もちろん僕は君に言えない。ゆっくり事はなる、というのが僕の考えで、彼女に主導権を握らせてやらなくてはいけない、なによりも、彼女がこの状態を完全に抜け出すことが必要なのだ。

ただ僕がこうしたことを言ったのは、うねる海の中で君に不動点を、アルキメデスの点をもってもらいたいからだ、――そして君に問題を問題に見合った真の言葉で立ててもらいたいから。

言うべきことを言ったいま、フランカ、君と別の話題について話せるなら嬉しい……、とはいえ、あの件は君にとってとても重要だったし、おそらくいまでもまだとても重要でありつづけているだろうから、君にきちんと話をしておくのがいいと考えた。

チャオ　アモーレ、チャオ　フランカ。

君からの手紙を待つよ。

短いひと言、たった一個の符丁であっても。

チャオ　チャオ

ルイ

(2)いやだ　いやだ　いやだ……、僕ニ手紙ヲ書クノニアマリ待タナイデ欲シイ、ふらんか！　ヤガテウマクイク。（ただし僕のことは語らないで！、まだ！、それは別の機会に！）

チャオ　フランカ。

ルイ
チャオ

（1）〈訳注〉「expression」となっているが、ふつうに考えれば、ここは「印象 impression」となるであろう。原文中にある「もろに言葉にする exprimées de vive voix」に引っ張られたのかもしれない。

（2）以下、手書きの追加。

六一年十月二十四日　火曜。一七時

フランカ、昨晩、月曜の二二時に君に電話した。ミーノが電話に出た。君は眠っていた。君を起こさないようにと僕は彼に言った。

眠りの中の君がこんなに間近にいるのを意識しているのにその眠りを妨げまいとしている、そんなふうな奇妙な印象。

あのとき、ここで君が眠っていたときのような、あのときも僕は君を起こさないようにして君をみつめていた。

君を見守っていた、遠くから、しかし君のすぐ傍らで。

ミーノは僕に言った、君はとても疲れている、molto stanca《モルト スタンカ》と、旅行、帰ってからの家でやらなくてならな

いあれやこれや etc. で
僕もへばっている。

君の目を覚まさないようにして僕は君に近づいた、フランカ。ここのところ、これはよくあることだ。これからもどれだけ続くのか？　これからもどれだけのあいだ僕は君の眠りを尊重しなくてはならないのか？

君に長い手紙を書いた、続いて二通目の手紙を、日曜の晩と月曜日に。その二通を君はいっしょに受け取った。僕は君の沈黙の**中で**語っていた、君の沈黙に**ついて**（君の沈黙に潜んでいるものについて）語ろうとしていた、だが果たしてほんとうに君の沈黙について語ることができただろうか？　その沈黙について僕は思い違いをしたのでは、フランカ？

手紙を書いてくれていいのだよ。好きなことを。なんでも。取るに足らぬことでも。どんな言葉であれ、君のその言葉をとおして僕はしっかり君をみつけるだろう。

チャオ　フランカ、チャオ　チャオ　アモーレ、あの疲《スタンケッツァ》レはすでに通り過ぎたかい、もうすぐ通り過ぎるかい、教えてくれ。チャオ　僕の大好きな人よ

ルイ

【一九六一年十月二十五日】

[手書き[1]]

独りぼっち　淋しい　遠い
水曜日。テニスをした
ひどいテニス。疲れ切っている
　うまくいっていない
眠ろうとするが　よく眠れない
　不規則で　奇妙な
体温　掛かりつけの
医者は　ラテン語の病名を
みつけられない　それでも僕は両の
手をもち、僕はみつめる　自分の
　両の足を　両の
眼を、どちらも二つで一つ
　そうでないのは心臓といくつかの
ごく些細な細部（肝臓、脾臓 etc.）
僕は太った、超！やばい

超（不調、ふちょう）、淋しさの符丁
……僕の淋しさは井戸のごとし
凍って役立たずになった冬の井戸
なんにも食べていない
ラディッシュ一個　一個だけ
骨　裸の太陽
淋しい　淋しい　僕の心
一人の女の
一つの炎のせい
漆黒の　暗い　夜
もう自分をみる勇気がない　鏡の
その中に　もう自分の手を
みる勇気がない、もうなにも
自分の影をさえ
僕は灰　灰
灰、僕は彼女の沈黙、灰
そして夜　僕は黙りこくる彼女だ
ほつれた髪の彼女

それでも僕は彼女が好きだ
僕の歓び
苦しみ
歓び

(1) 手紙はおびただしいデッサンで飾り立てられているが、それらデッサンの再録は見合わせた。大部分は、この手紙の独特な配語法を説明するデッサンである。

【一九六一年十月二十五日】

［電報］〔「大好きな人よ」を除き、全文イタリア語〕

僕は君の近くに　君とともに　君の中にいる　フランカ　いつでも　霧の中にあってさえ　たとえ君がそんなふうにはいかぬと思っていても　すべてはいつか晴れ渡る　すべてはいつかほんとうの解決をみつける　金曜の真夜中に電話する　君は僕の夜だ　僕は君の太陽になる　僕に絶対の信頼を寄せてくれ　フランカ　大好きな人よ　ルイ

六一年十月二十五日　水曜

フランカ、いま零時三〇分、君宛ての電報を出しに唯一開いている郵便局に行き、街なかから戻ったところ。

行きも帰りも夜のまっただ中を突っ切った。

この夜の前にいくつもの別の夜を突っ切った。こんなふうに君の、フランカ、君の夜をもほんとうに突っ切ることができていたなら、突っ切って君をみつけ、君に達し、君に追いつき、君の中に在るなにか生き生きしたものに触れ、君の中からなにか、一つのなまの言葉、一つの「はい」をつかみだすことができていたなら、おー　フランカ……

君の沈黙が何を意味しているかはわかっている。はっきりとは、確かにはわからないのは、織り出された沈黙の中心に何があるのか、その沈黙がどんなテーマにかかわっているのか、誰に、何にかかわっているのかということ（しかし直感的にはわかる）。それでも沈黙の意味はわかる。僕が去ったあとのパナレーアのときと同じ（問題は違うが）沈黙。そうではないのか、フランカ？

わかってる、君が話そうとしないのは、君自身を超える強い力のせい、夜の海が君を呑み込んでしまったせい。これもまたわかっているが、君が話そうとしないのは、自分以外に話す相手がいないから、自分以外、みるものもまたなにもないから、君の前には人も物も一切存在しないから。そのことを君は、あの日々のことを語ることで僕にむかって言ったのだ、いま何が起きているかを僕に悟らせるほどにもじゅうぶんに言ったのだ。

君の周りに広がるこの砂漠を僕も味わったことがある、さらに君の中にもあるこの砂漠を。

僕は君のそばにいる、フランカ、君とともに、君の中に、わが全霊もろとも。

金曜の夜、真夜中に君に電話するときには、この手紙がすでに届いていることを願う（演劇があるのなら、まだ演劇をやるだけの力が、劇場へ行くだけの力が君に残っているのなら、君が劇場から帰宅していることを願う。そのことを考えて、真夜中を指定したのだ。）

恋人よ　僕が君の考えていることとずれたことを言っているのなら、聞き流してくれ、気にしないでくれ。夜の中を進むことを僕は強いられている、フランカ、君の夜、君が受け取らされた夜、君を取り囲む夜、君が自分の周りに広げた夜、むしろ、君の周りに拡がっていった夜。夜の中を手探りで進んでいくときには、どんなことにでも躓くことがある、まちがった道をたどってしまうことが。だがそれでも、フランカ、たとえ夜の中でまちがった道をたどっていても、僕は君の夜の中にはいるのだ、僕が進もうとしているのは、君の夜の中でのこと、僕が道をまちがえても、君の夜の中でまちがえるのだ。すべては君を場所にして起きていくのだ。

僕は理解したつもりだが、君の思念のいくつかはエレーヌとのあの「しくじった」話し合いの周りを回っていた、彼女とのあのしくじった出会いの。このことが当たっているなら、君に言っておきたいいくつかの重要なことがらがある。まず、君が味わったと思われるあの経験（あのしくじった出会いの経験）を僕もまた長い経験をとおして身をもって知っている、長く、何年にもわたって積み重ねられていった、何年にもわたって繰り返されていった、苦しくて辛くてたまらない経験だ。何年にもわたって、なるほど持続的にではないが、特定の時と場合に応じて頻繁に僕は、エレーヌとのしくじった破局的な対話のもつ修羅場という修羅場にさらされてきた、僕もまただ、いちばん最初に僕が、誰よりも深甚にだ。僕はほんとにもがき苦しんだ、ずたずたになり、ときにはすべてを台無しにすることもある反作用の中でそれを生きもした。君にこんなことを言うのも、自分が何を話そうとしているかを僕が自覚しているということ、君が何に苦痛を感じうるかが僕にはわかっているということを、君に知って欲しいからだ、僕の言ったことが確かに当たっているならだが。いまではニレーヌは僕にあのような反作用を示さなくなったし、たとえ彼女がそれを示したい気分になっても、どう対処すべきかを僕は心得ている、またその一方で僕自身が大きく変わった、もう苦しんだりしなくなり、それと並行して、彼女をほんとうの意味で助けることができるようにもなった、なぜかと言うと、彼女の反作用が何に反応しているのか、その反作用にどう反応すべきかがわかったからだ。反作用が起きたときの彼女の態度（この態度を彼女は君に対してとったはずだと僕は考えている）は腹に据えかねるひどい態度であるというこのことを君は知る必要がある、ほとんど我慢の限界にある態度、相手に火傷を負わせる態度、許し難い傷を負わせるごとしの態度（この語を使ったのは君だが、君は正しい。僕だってそのように感じていた、傷を負わせるごとしと）。傷口にされてしまったとの印象、硫酸で灼かれるとの印象、この灼かれる感覚から逃れられないとの印象、なによりも悪いことに、自分が**その火傷にあたいする**との印象、向けるべき彼女への反論がない、彼女に対抗するための武器がないとの印象、自分の身を守る手立てがないとの印象、――相手を、彼女を、さらに深く傷つけないでは。この堪え難い苦痛を甘受しなくてならなかったのだ、自分はこの苦痛にあたいする、なぜなら、相手を、彼女を、さらに深く傷つけないでは、自分の身を守ることも、及ぶ苦痛をあらかじめ避けることもできないとの引き裂かれた気分にされつつ、――さらに、彼女をわずかでも傷つけることはどうしてもできない、それほどにも彼女自身の苦悩は人間の尺度を超えていると感じつつ。これが僕の感じつづけていたこと、おそらくこれがまた、君が或る程度まで感じ取らざるをえなかったことでもあるだろう。そうではないかい？

かつて僕は、フランカ、こんな状況に立たされるたび、立たされるがままにそれを受け入れ、苦しむがままに苦しむことにしていた、それは避けようとしても避けられないなにごとか、運命のようなものだと考えながら。そうしたことすべてを僕は、一種、背負い切れぬ矛盾として生きていた。そこから解放されたいとも思ったが、その手段が僕にはみえなかった、唯一方法があるとすれば、それは彼女をもっと深く傷つけるというそのことしかなかったからだ、そんなのは考えただけでも僕には堪えられなかった。いまなら何が起きていたのかを理解できる（これはなんと言っても、自己分析のもたらした眼から鱗の落ちるような成果だ）、あのふるまいを繰り返す手前までエレーヌが追い詰められるようなことがこれからもまだ一時の閃光のごとく起きることがあっても、僕には何が起きているかがわかっている、僕はもう苦しむことをせず、ごく速やかにじつに効果的に、彼女自身の八方塞から彼女が抜け出す手助けをすることにしている。

そう、僕には問題の所在がわかっている。ふつうに考えるだけでは届かないほどに深い生の反作用、常軌を逸した苦痛を彼女にもたらした遥か遠い子供時代に起因するそれ、彼女自身の力に負えないほどに強い反作用、抗い難い力で彼女を運び、彼女を支配するその反作用が、エレーヌの問題なのだ。つまり、**絶望にみちた**原初のふるまいの（彼女にとって）抗い難い**反復**、そのふるまいをとおして彼女は、誰かの援助を**請うことと拒むことを同時になす**のだ。この矛盾が具体的に意味するものを、フランカ、君が思い描けるのかどうか、僕にはわからない（それは言葉ではない、生に根ざす基本的で盲目的な力、すさまじく強力な情動の力なのだ）。この矛盾を理解するには、両親に（すなわち、父親に）助けを求める小さな子供、父さん、助けてと呼び求める小さな子供、――だが父親は答えない、助けにやってこない、――父親は子供を助けにやってくる代わりに、子供に近づいてきてその子を撲るのだ、そんな子供の置かれた状況がどんなものかを想像しなくてならない。子供は父親に助けを求める、だが父親は**子供を助けない**、**なるほど、やってきはするが、子供に近づきはするが、――しかし子供を痛めつけるためにそうするのだ**。子供にとってはどのようにしても許し難い、これは状況だ、子供を絶対的に引き裂く、これは**解決なき**矛盾だ。この状況、この種の状況は子供の情動的なふるまいに次のような、それ自体堪え難い矛盾をひきおこす、助けを求めることと助けを拒むこと（その助けが助けとは反対のもの、拳ではないかとのおそれから）を同時になすとの矛盾。誰かの助けを**必死に**請うこととこの助けを**必死に拒むことを同時になす**との矛盾。僕は思うのだが、いや、確信しているのだが、絶対的に確信しているのだが、エレーヌはこの種のふるまいを発作的なふるまいのたびに、あの「しくじった出会い」のたびに反復していたのだ。彼女は苦しみ、苦しくてたまらないと助けを求めていた、――だが同時に、差し延べられる助けを彼女はすさまじくも荒々しく拒むことをもしていた、彼女は「助けて」と自分が呼びかける相手その人から自分を守ろうとしていたのだ、あたかも**彼女の首を絞めに**彼女に近づいてくる男から自分を守ろうとするかのように。こんな場合、彼女を助けるために**彼女に向けて**なされるどんな所作をも彼女は生への脅威と無意識のうちに感じ取り、それをそのようなものとして無意識のうちに生きるのだ。助けを求めつつ、同時に、差し延べられる「助け」を無意識のうちに**攻撃**と感じ取って、その「助け」からこれ以上ないほどの荒々しい力で身を守ろうとするのだ。僕はことがらを単純化しているが、それでもこれは真実だ、真実の最も基本的な部分だ。

実際、この種の無意識的なふるまいに立ち会った人は、僕がいま描写してきたものを感じないですまない、解決不可能な矛盾であるとの感覚、**助けてあげたいとの思い**と同時に、**相手を傷つけることしかなしえないとの感覚**を。だから「傷」と言うわけだ、じつにそのようなときの彼女は生々しい傷であり、彼女と面と向かう人もまた生々しい傷になる。

エレーヌは**いま現在**この反作用から解放されるその途上にある。自己分析のいちばん厳しい、いちばん劇的な、それにまたいちばん豊かでもある通過点がこれだ。彼女はあの反作用のおおもとを自分の中から根こそぎにしようとしている最中なんだ、他のあらゆる種類の反作用を支配している反作用、彼女の生をかくも困難なものにしてきたその反作用の。彼女がいままで経験したうちで最も重要な、根本的で決定的な瞬間をいま彼女が通過しようとしていると述べた僕の言に間違いはない。彼女の医者もまったく同意見だ。

なるほど、これもまた疑いのないところだが、君は彼女のこの反作用を「再発」させた、この反作用が現れるきっかけとなった（客観的には少しも君が原因であるわけではないのだよ、フランカ）。だが、そのことに君が特別にかかわっているなんて思わないでくれ。いまの状態では、君以外の人びともまたこの何日間のあいだにこの反作用をめざめさせるきっかけをつくってきたのだよ。ここが最後の峠なのだ、いちばん激しい痙攣なのだ。君が特別である理由はただ一つ、エレーヌがいちばん心待ちにしている（真の友情を、真の手助けを）人物、その人物が君であるというそのことだと思う、――まさにそれゆえに君はまた、すでに説明したおそれと防衛の激しい反作用をひきおこす人物でもありえたわけだ（彼女がいちばん強く助けを待ち望んでいる相手は同時に、彼女のいちばん強い自己防衛の対象となる人物でもある。なぜなら、その人物は、傷つけられるのではと彼女がいちばん強くおそれている相手だから、――僕が君に指摘した矛盾した機制から言ってそうなのだ)。僕の説明が明快であったのなら、フランカ、君がエレーヌと面と向かったときのあの状況での何が彼女の主観的反作用に帰せられるかを、いまの君は考慮することができるはずだ。堪え難い矛盾であるとの、君を身動きできなくしてしまったあの感覚が何に由来するかを理解できるはずだ、行き止まりであるとの、解決なしとの感覚、抜けようとしても抜け出せぬ出口なしの堂々巡りであるとの感覚。それはすべて、エレーヌの反作用的ふるまいのもつどうしようもない構造から来ているのだ、それはすべて現在の状態とは無関係な力のせい、遥か昔の彼女の幼年時代の苦しい経験、今日まで彼女の生全体に影を落としてきたそのかくも深い根をもつ経験にかかわる力のせいなのだ。

僕の説明が明快であったのなら、君にはまた理解できるはずだ、なぜ僕が君に、時間のなすがままに任せよ、やがてすべては丸く収まると言ったのか。なぜ僕が君に、この点に限ってさえすべてはいつか晴れ渡る、すべてはいつか解決をみつけると言ったのか。エレーヌは自己分析をとおして、ようやく真の解決をみいだそうとしているその途上にあるわけだ、あの反作用からみずからを解放しようとしているその最中にある。彼女はもがき苦しんでいるが、しかしその苦しみは、今回初めて、行き止まりなしの苦しみ、解放へ向かう苦しみ、解決に通じる苦しみになっている。ならば、誰もエレーヌに解決をもたらすことのできなかったそのわけが君にも理解できるだろう、この問題の解決は彼女自身が（医者の助けを借りて）みつけださなければならなかったということが。だから、**彼女に代わって**解決をみいだすことを、彼女に解決をもたらすことを、君も僕も、誰も肩代わりしようにもできないのだということもまた君は理解できるだろう。最後に、**待つこと**が必要だと、時間のなすがままにさせなくてはと僕が言うとき、イタリア語の「pazienza〔気長《パツィエンツァ》〕」のようなあらゆる役に立ってまたなんの役にも立たない表現を使おうとしているのでないことも、君は理解できるだろう。そうではなく、僕は極めて明確な意味をもつ表現、厳密な内容を具えた表現を使おうとしているのだ、いま変わりつつあるものがその終局に達するのを待たなくてはならないと、解放のプロセスの（ごく間近の）終わりを待たなくてはならないと。この終わりはもうみえてはいても、しかしそれより速く進むことはできない、その終わりを待たなくてはならない。

もう一つ考えたことを付け加えておきたい。僕は最終的に次のような確信をもつにいたった、――エレーヌもまたそれを理解する寸前にいて、そのことは彼女のいくつかの言葉の端々から僕には理解できる――すべてを慎重に考え合わせると、君とエレーヌとの「しくじった」面会は、僕が君に言っている解放のプロセスにおいてそれを促進する積極的な役割を果した。このプロセスの流れの中で、君は、望まず知らず、重要な（それどころかおそらくは決定的な）役割をまちがいなく果たしたのだ。ほかならぬ君が、最も激越で最も臨界的な反作用をひきおこしてくれたのだから（君が帰ったあとの、フランカ、君が帰ったあとの夜を徹して、エレーヌの反作用はふだんとは格段に違う深甚さをもったのだよ）。そんなふうに言うのも、この反作用はそれからの解放のためにはこれ以上ないほど激越に「再発」させられなくてはならないから。かの記念すべき火曜の夜に君たちが出会ったときには、そんなふうになるとはエレーヌも君も（そしてまた僕も）考えていなかった。ところが、さにあらず、まさしくそのように事態は進んだのだ。なんらかの神慮が、劇を進行させるのに必要な役割をここぞというときに配分したのだと信ぜずにはいられない。かくのごとしだ、解決をもたらす恩寵の代行者に人は知らぬ間に、それどころか自分が解決の手助けをしているとさえ、自分たちをとおして解決が前進しているとさえ気づくことなしになることがある。そうしたことすべてを劇の内部で生きている本人たちが、にもかかわらず当の劇を結末に向かって進行させていくことがある。浄化《カタルシス》をひきおこすこの役割を君が果たしたにちがいないとの確信を僕はもっている、——そしていつかもっとあとで（pazienza《パッツィエンツァ》!）エレーヌ自身もそのことに気づくにちがいないとの確信をも。

フランカ、いま二時（夜中の！）、早寝のこの僕が、すぐに眠くなるこの僕が、今日ひどいったらありゃしないテニスをしてしまったこの僕が、フランカ、フランカ……。しかし僕の夜なんぞどれも君の夜に比べたらなんでもありゃしない、君の夜を少しでも掻き消すためなら、それら僕の夜を進んで捧げよう。今回は君にほんとうに**本質的なことがら**を言ったと思っている、あの点にかかわって君を苛んでいるかもしれぬ疑問の大半に答えるために君はそれを使うことができるとも。いずれにせよ、君がそうすることを僕は心より願っている、夜なる僕の心の底から、昼なる僕の心の底からも、君の心の底から……

では　フランカ、夜明けも近づいていることだし、君におはようと言うことにする、おはよう　僕の最愛の人よ　チャオ　フランカ　チャオ　チャオ……

ルイ

＊［一九六一年十月二十六日］(1)

ルイ、手紙を書く必要のあるときは、説明し合わねばならぬ必要があるそのときは、そうしましょう、でも神への愛を垂れる二の次の回勅だけは特に避けましょう、絶対に必要な言葉、あなたが必要だと思う言葉だけにしましょう、わたしが抱えるすべての問題のうちでもいちばん避けて通れぬ問題だけに、ただそんな問題すべてがわたしの中にあるなんて知らなかったわ——だってそうでしょ、自分のことになると人はどんなに盲目であることか。あなたの手紙をとおしてわたしは自分が複雑で屈折した波打つ心の持ち主であることを発見したところよ、自分でもよくみえぬ秘密に、ブラックホールにみちた心の……、シチリア産の心を（その「自家製」の複雑さとともに）もっていると思っていたのに、突然、わたしは自分の中にそれとは知らなかったエディプス・コンプレクスの心、舶来の心をみいだす。わたしが愛しているのはあなただということ、わたしが会いたくてたまらなかったのはあなただということ、わたしがいちばん心にかけているのはあなたの愛だということ（あとの**全部**、残りの**すべて**はあなたに従っていく、あなたに付いて歩いていく、あなたを称えて行進していく）、それが疑えるなんて、**あなたが**それを疑えるなんてわたしは知らなかった。パリでは、パリでさえ、パリであったのに、ルイ、あなたはけっしてこの愛を疑いはしなかった、あなたへの愛のことよ、ルイ、いったいあなた以外の誰への愛だというの？　あなたのほかに何が愛せるというの？、口、眼、鼻、額（駅で隙間をぬってみえた指二本ぶんのわずかな額、他の頭の上に突き出た指二本ぶんの頭、きっかり指二本ぶんの、でもそれはまちがいなくあなたのまだうっすら日焼けを残す堅く広い額だった、大きな頭蓋に貼りついた大きな額だった、指二本ぶんだけのルイの額、けれどその額の下にはルイの残りのすべて、人波、スーツケース、コウモリ傘にちらちらと隠されてはまた現れるルイの残りのすべてがあった、まるで一つのモザイクの中に紛れた別のモザイクのタイルのようにあたり一面ルイのちっぽけな断片だらけ、モザイクを復元するには空中に飛散するタイルをつかみとっていかなければならないかのよう、ローデン織のコートの端々、手の動き、怒りで険しくなった眼、いや、破片だけではないわ、重なり合うコートの分厚い遮りを日の光が破ってつくるルイのもろもろの大きな切れ間をも、再びいくつか黒い雲、それが一瞬彼を覆ってしまう、でも雲は素早く流れゆき、ついに視界いっぱいに広がる彼、視界は迫ってくる、迫りすぎてバラバラに、粉々になり、そして間近でみる顔に変わる、堅く広い額に、優しい眼に、口に……、でもまた彼の小さな破片のほかはなにもなくなる、在るのは額と眼だけ、ただ眼だけ、青い宝石、もはや一筋の青い閃光だけ、そして暗くなる……。暗闇……、眼のほかにはもうなにも、手の中、鼻の中、口の中、歯の中、舌の中に眼のみたずさえて、愛撫する　抱きしめる、吐息を漏らす、嚙む　味わう。[2]

これくらいでじゅうぶんだわ、こんなのはたやすいもの、こんなのはあいもかわらぬ方便、**変わらずにいない現実**をやりすごすためのね、こんなのはお文学の文体、一つの名前といっしょに出発するだけでもうやめられなくなって、空が、海が、水平線が通り過ぎていき、人生の全部が通り過ぎていく（あなたの名の綴り字が！　Louis というあなたの名の綴り字　わたしの名、Louis、わたしの名 Franca、わたしの名の五文字[3]は陸地の五つの部分のよう、あなたの手の五本の指のよう、あなたの名の五文字のよう）、もうじゅうぶん、この調子でならきっと何冊もの本だって書ける、**ここからはあなたが言うように真実について語りましょう**。どんな真実について、ルイ？　どんな秘密をわたしはあなたに語るべきなの？　エレーヌのこと?、それがわたしの秘密で、わたしの真実なの? あなたがこう言っているエレーヌ、「僕にはわからない、なぜエレーヌが或る役割[4]を果たすのかetc.、どうして彼女は君の眼にあれほどの重要性を帯びて映るのかetc.、なぜエレーヌという人格が君の中であのような役割を果たすのかetc.……?」、こんなのおかしいわ! じゃあ、ルイ、あなたはなぜエレーヌのことを愛しているの?、なぜあなたの人生の中で彼女はこれこれの役割etc.を演じるの?、あなたは耳にタコほどにもわたしにこう説明してくれたわ、これはふつうの意味での愛じゃない、最初の一瞬からとても特殊なことがらだったと、もちろん、あなたたちが二人でセックスすることができるとしても。

で、わたしは、わたしのほうは彼女とセックスする必要はない(こんなばかばかしい説明にたどり着かなくていけなかったのかしら?)、でも、それ以外の、あなたが彼女の中にみることのできたすべて――彼女、あなたが自分の人生そのものの一部のように必要とする彼女、第二のと言っていい誕生をあなたにくれた彼女、あなたにとっての唯一の女性(母親、妻、友人、姉、恋人)である彼女、あなたの人生にとって唯一取り替えの利かない存在、あなたにとってなしで生きられぬ必然性(十五年の歳月を生きてきた席。もう一方の二番目の席については、わざわざ言う必要ある?、**占めようとするなら必死にならねばならぬその席、時に応じて取り替えの利く席、そこには、ガゼル[5]のような優しい大きな眼をした誰をでも就かせることができるのではないかしら、あなたがこれから出会う有象無象の黒い太陽のどれか一つを置くことが?)**――ともかく、彼女の掛け替えのなさ、彼女の価値、彼女の特殊性を証明するそうしたすべて、あなたがみてきたそうしたすべてを、やはりわたしだってみることができる、だって、言うまでもないわ、彼女、エレーヌがあの黒い髪も含めてそれらをもっているから。わたしはまったく率直にエレーヌのことが好き――知り合ってたちまちジョヴァンナを好きになったようにエレーヌのことが好き（ジョヴァンナと知り合ったときは、幸いにもこれほど込み入ってはいなかったけれど）、だって、男、女、たとえ馬であってさえ、そこにわたしのより、ほかの誰のより大きな**刻印**をみつけたら、わたしはその人を好きにならずにいられない……、学校の先生や上級生に示した敬愛をそのまま蘇らせるのは、わたしの「優等生」気質、拒むことを知らぬわたしの人となり、鉄でできた手、熟練した手、力強く確信にみちたその手を感じさせる他人によってかたどられ、つくられていくことができるというわたしの能力、そしてわたしは敬愛によってしかそれに応えられない、情熱によってしか、そう、情熱、それ以外のなんだって言うの？、わたしの最高の持ち物によって以外（情熱とそこに伴なうすべて、懸念、緊張、胸の高鳴りなど、情熱に伴なう魅惑的なおまけ、でも、そんなのはもううんざり、情熱なんてもうたくさん、シチリアなんて、イタリアなんて、黒いのであれ、金色に輝くのであれ、太陽という太陽も）。いまここでこう説明する必要なんてあるのかしら？、エレーヌへのあの「**敬愛**」（これが最高にぴったりした語）は、あなたへのわたしの愛からなにも奪いはしなかった、なにも、**わたしが愛している人**（すべての思念、すべての欲望とすべての歓びを込め、すべての想い出とすべての計画、すべての狂気、笑い、涙とともに一日中わたしが愛している人）はあなたであるという事実から、なにも、エレーヌへのあの慈愛は、あなたへのわたしの愛といっしょに、まったく別の平面で同居していたのよ、あの慈愛がわたしへのあなたの愛と同居できるのとそれは同じこと。

続けましょう　ルイ　この告白を、この告白でない告白を、だってあなたに言ったすべてをわたしは隠したことなんて一度もないのだもの。あなたはわたしにこう質問する、H〔エレーヌ〕のせいで君はパリに来たのか？、あるいは——でも、これも同じこと——**エレーヌのせいで、君は来ないほうがいいと思ったのではないか？、そうよ、ルイ、そのとおりだわ**　ルイ（それ以外の、あなたにかかわる山ほどのことがらがあったことは、あなたの空想の、あなたの知性の、想像に任せるわ）、あなたはわたしをこう質す、**君はエレーヌになにか「贈り物」をしたいと思ったのかい？**、そうよ　ルイ、そのとおり　わたしは「彼女の」家の中に入りたくなかった、パリでなく、別の場所でも会える[6]と考えていた、わたしがその場に行って彼女を苦しませなくてもいいと、そう言うのも、あのときは[7]わたしがその場に行くことにとても大きな意味があると考えていたから、あなたの愛にみちみちていると、与えることができるほどにも、プレゼントできるほどにもあなたの愛をもっていると、自分のことをそう思っていた、**その一部を犠牲にしても、「あなたたちの」生活を乱しはせぬほどに**と、**なんていうおバカさん！　大樽一杯の恋の媚薬をもっていると思っていたけれど、じつは、もっていたのはちっちゃな小瓶一本ぶん、その瓶をわたしは、パリでもどこででも、好きなところで飲み干せた、その瓶は誰に迷惑をかけるというのでもなかった。**

最後の質問、あなたはわたしの手紙を引いている、「わたしは授業を受けた」、これもまたそのとおり　ルイ　まったくそのとおりよ、そのとおり　そのとおり　一万回のそのとおり、わたしを頭のてっぺんから爪先までぺちゃんこにした授業、わたしをずたずたにし、わたしをぎくしゃくした操り人形に変えてしまった授業、わたしを、わたしの善意を、わたしの気懸かりを（わたしの気懸かり、エレーヌが彼女の手紙の中で言っているあの「一撃」のことよ、「嵐のリズムで進む動転」とも彼女は言っているけれど、それをわたしは、クレール**とわたし（それにあなた）**の件にかかわる動転のことだと考えていた——**こんな自惚れをいまは許して、だってあいかわらず樽と瓶の話なのだもの、でも残りのすべてはそこから始まった、パ**

リに行くべきかどうか、最後の最後まで思いあぐねた迷い、あなたの家には泊まるまいとの決心、エレーヌにわたしが彼女をあなたとは別に愛していると信じさせねばとの思い、贈り物をしたいとの強い気持ち、わたしの味わった動転、Hはわたしと会って嬉しいかしら、わたしの友情を喜んでくれるかしら、前のようにまた手紙を書いて、わたしは事をあまりに遠くまで推し進めてしまったのではないかしら、それを知りたいとの思い、あなたの問題をきっぱりと目次にあげたいとの思い――この問題はほんとうのこと、どうしてそれを隠せるなんてできるの？――あなただってそうしたわ、ミーノとの比べ物にならないくらい単純なシチュエーションで、それも手紙で……、ええ　なるほど、あの「一撃」、あれは問題が別だとあなたはわたしに説明した、火曜の午後三時にわたしにそう説明した、でも時すでに遅し、わかる？　あの「一撃」はもう前にわたしの中にもろもろの問題を突きつけていて、それらの問題はあのときより遥か以前からわたしの中にあった。それから三時間もしないうちにわたしはエレーヌに会った、あなたの説明にではなく、あれら自分の問題に馴染んでいたわたしは、だから、それらの問題について彼女に言いたいと思っていたことがらをすでに自分の中にもっていた、わたしがこれからもけっして二度と忘れることのできないのは、鬱勃たる気分、パリでのあの夜の屈辱感なのよ、あの夜、リーナのよれよれのマントを羽織って、風と雨と寒さの交じる中、コウモリ傘を持て余していた、理解せねば、理解させねばとの思いで（エレーヌもまたあなたと同じようにわたしの言葉を解釈したかもしれぬとの観念、あなたの手紙からそれとなく多少とも聞き取れるその観念は、いまのわたしを怒りと恥であのとき以上に猛り狂わせる）頭が回らなくなっていた、冷静さを保たねばとの思いで頭がいっぱいになっていた、でも、あのときのわたしは大声でわめき出したくてたまらなかった、Hの笑い声、彼女の言葉にぼろぼろにされて。迷いはいよいよ深く、惑乱はいよいよ甚だし、自分を見失うなんていまではかくも簡単なこと、自分に戸惑うなんて、しかもその理由を理解しないでさえも……、ここまで来てしまうと、わたしのラテン的意識――理性的なのよ、それは、信じて、全部がガリレイ以前であるわけじゃない――は**カタツムリの角のように退却を始める**、わたしが求めるのは殻だけ、**その中にすべてを、角も尻尾も頭もしまい込む**（それに情熱、なによりも隠すべきこの不純なるものも）、あとはもう「他人のことはほっとく」だけ。火曜の晩以後に起きたすべては吐き気のするあの晩に結びついたままだった、明けても暮れても、あの晩からうまく逃れたい一心だった、上手に立ち去りたい、素知らぬ顔で立ち去りたい一心だった、切り抜けようとあらぬ限りの力を振り絞った……。誤解なんてこれぽっちもありはしないとエレーヌは言う――ご立派なこと　わたしはまだそこまで達観できていない、わたしにはわかっている、**ただ一点についてだけはわたしは誤解をしなかったということが、何がカエサルのもので、何が神のものかを知るというその一点**、そして神というのは、ルイ、**あなた**のことだった、でも、悲しいかな、わたしはあなたのための教会を首尾よく建立できなかった。**鍵**を与えてくれる聖ペテロのような人がきっと必要だったわ、だって**あなたはそれをわたしに与えてくれなかった**（わたしは助けを必要としていたのよ　ルイ、すぐにも、**あの瞬間にも、どうしてそれをわかってくれないの？**、**あなたがきっと助けてくれる、そう思ったなら、ほんのわずかな助けであれ、それを求めてあなたの足下にしがみついていたわ、わたしたちのあいだにもたくさんの行き違いがあったのかもしれない**、手袋[8]とシャンペンのこととは違うことがらをたぶんいくらか報告していたかもしれないのに、**でも、ルイ、あなたは助け舟を出そうとは望まなかった、あるいはそうすることができなかった**、話を切り出そうとするとあなたは話をはぐらかし、わたしをあの印象派美術館の見学に出した、一生、あの美術館を恨むわ、**話す最後の機会、あなたといる最後の機会だった最終日に**あなたがわたしに買ってくれたすべてのネクタイ同様――あれらネクタイがわたしの喉を絞めたのだもの――、パリも恨むわ、もう二度とパリには行かない、わたしが願っているのはただあの街がわたしの記憶から遠ざかってくれることだけ、あの街がわたしの意識の奥底の片隅に埋もれてしまってくれることだけ、ベルティノーロからできるだけ遠くに。あなたに抱擁を

フランカ

（1） 書簡中、フランス語で書かれた部分を二つのアステリクス「*」で括り、イタリア的語法でフランス語にされている部分も大半をそのままのかたちで保存した〔訳文では、この手紙に関してのみ、フランス語の箇所の明示をすべて省略した。必要なアステリクスがいくつかおそらく脱落しているせいで、フランス語の部分を正確に特定できない。フランカの他の手紙については、フランス語の部分を示す二つのアステリスクに代えて、《 》を使用した〕。

（2） 〈訳注〉 括弧は閉じられていない。

（3） 余白にこう手書きで記されている。「いま、自分の名が六文字だと気づいた、妙なこと！、手紙は書き直せない――だから、こう考えてみて、陸地の五つの部分プラスワンのよう、あなたの手の五本の指プラスワンのよう、あなたの名の五文字プラスワンのよう。」

（4） 余白に感嘆符。

（5） 〈訳注〉 アフリカ・アジアにみられるウシ科の動物。

（6） 余白にフランス語で「あなたとわたしが」と付記。

（7） 余白に「パリに行ったとき」と付記。

（8） 〈訳注〉 エレーヌに言われてアルチュセールがフランカのために買った手袋。一九六一年十月二十九日のフランカの手紙参照。

六一年十月三十日　火曜

フランカ

これは[1]秋最後の薔薇と夏のラヴェンダー。僕の庭の。君が僕の季節のめぐりの中に、自然の秩序、植物と雲の誕生と死の中に戻ってきてくれるための。僕の人生を区切っていくこの時間の一部に君がなってくれるように。

君の名。その六文字。僕の名の五文字。君の声。君の顔。君の手。終わりなき一つの歌が僕の中で長い上昇線を伝って高まっていく、体の中と心の中で。優しさと絶望を歌う歌。自分以外のなにもみずからを画すものなしと知っている空間のような限りない信頼を歌う歌。音のない僕の声。沈黙である僕の歌。でもその歌がなかったら、僕は君に手紙を書くことさえできないだろう。僕の中で君を歌うその声がなかったら、君に話しかけることなんかできないだろう、別の声で、理性でしか　理性　理性でしかない別の声で。その別の声をすべて僕の声にするために欠かせぬ理性の延々たる迂回、理性の長丁場の仕事。

君の手紙。読み、読み返し、また読み返し、いったい何度。まさしく「原典解釈[2]」、じつにそう。君のおバカさん加減は僕を大いに怒り狂わせた。君の剥き出しの勇気、フランカ、君の構えることのない率直さ、すっぴんの君のあの顔、真実を言おうとの、真実の面目を保とうとの君の努力、それらは僕の胸を言いようのないほどに打った。君に手紙を書くには息を整えねばならなかったほどだ、次に書くことがらを歴史家の言葉づかいで君に言うには、いかなる情緒も交えずドラスチックな簡潔さでことがらの核心をつかもうとする歴史家の言葉づかいで——そうできるならだが。

*

これから本質的な点を一つ一つ取り上げ直していく。そのたびに、そうだ、そうではない、を僕は言う。光を当てることのできる暗がりには光を当てるため、解釈を与えていく。それでも暗いままのことがらについては、暗いままだと君に言う。僕らの中に少しは暁が射すかどうか、それはおのずとわかる。

1／君が愛しているのは僕だということ、君が会いたいと思ったのは僕だということ、それを疑ったなんて金輪際ない。この愛を、そこがパリであっても、フランカ、僕は疑わなかった。けっして疑わなかった、いまも疑っていない。良かれ悪しかれ起きたすべては、僕にとって、いま言った確信の駄目押しの証拠、証明だ。

2／パリに来た君のエレーヌに及ぶ「気懸かり」の大きさに確かに僕は驚いた。驚き、戸惑い、虚を衝かれた、なぜなら君の思考の内面的な**ロジック**が僕には**理解**できていなかったからだ。その点について僕は君とは別の証拠を糧にしていたからだ、その点について君とは別のロジックを糧にしていたからだ。それより先に在った**君の**証拠　**君の**ロジックを君の手紙は理解させてくれた。いまなら僕にももっとはっきりみえる、いまの僕は君の中で何が起きたか理解していると思う。なぜ君を助けることができなかったかもまた理解していると思う、なぜあの問題とあのロジックの前に君を独りおいてきぼりにしてしまったのか。

そう、フランカ、確かにもろもろの**誤解**があるのだ。誤解は**あって**おかしくない。外国語を使っていることだけを言っているのではない。出会ったばかりの二人が出くわす客観的な困難のことを言っているのだ、互いの最も深い部分が相手を自分にとって運命に変えると知った二人、そのことを発見した二人の、――相手のすべてを**知る**ことの難しさだ。僕らはそれぞれ遠いところからやってきた。僕らのいま在る姿、僕らが口にすることがら、僕らが用いる語、僕らがもつ明快か曖昧な思考、そういう一切合財が一つの世界を表現する、僕らの過去の生活すべてであるところの世界を。僕らを超えるこの生活は、僕らがその生活を与えたいと思っている相手**をもまた**超える。僕は君を知り**始めた**、フランカ、やっと始まったばかりだ、君もまた僕を知り始めたところだ。すべてをいっぺんに知ることなんか僕にはできない、君だってそうだ。僕が知っているのは、たとえときに痛みが伴なうことがあっても、君を知るのはいいことだということだけだ。僕はまた知っている、僕が初っ端に君について抱いた観念に君は一致しない、続いて君について訂正したその観念etc.にさえやはり一致しない。この観念をたえず訂正しなくてならないことを僕は知っている、そのようにしてそれが真実に近づいていくことを、――つまりこういうことだ、君の言葉の一つが、君の仕種の一つがもつ意味について、或る場面で僕が**完全に勘違いをする**ことがあると僕は知っているのだ。根深い誤解が生じることがあると知っている。誤解が生じうるというそのことを受け入れて、誤解を訂正し、批判していかなくてならないことを知っている。

誤解の一例、エレーヌの言った「一撃」が、君と僕――それにクレール――とのあいだの出来事にかかわっていると君が考えたその誤解。それは**まったく別のことがら**にかかわっている、それは君に言ったとおりだ。言われていたのは、まったく別の世界のこと、その本質において夏の一連の出来事とは完全に無縁な世界のこと。それは全部君に説明した、君は僕に耳を傾けてくれた、僕を信じてくれた、だからそのとき僕は誤解は**完全に解けた**と考えた。

ところが僕は勘違いをやらかした。あのとき誤解の餌食になったのは僕のほうだった。情報を訂正するだけでいい、細かな点（あの「一撃」）、重要ではあってもニ次的なその一点を訂正すればいいと僕は思っていた。**部分にかかわる**瑣末事だと僕はそれを考えていた。僕は勘違いを犯した、この瑣末事が、じつは、**君の思考の全体**に、君の思考全体の仕組みに、君の気懸かりのすべてに、君の態度の全体、君の心配のすべて、君の不安のすべて etc. に及んでいた。君の手紙を読んで僕はそのことを理解した、「残りのすべてはそこから始まった……ええ　なるほど、あの「一撃」、あれは問題が別だとあなたはわたしに説明した、火曜の〔午後〕三時にわたしにそう説明した、でも時すでに遅し、わかる？　あの「一撃」はもう前にわたしの中にもろもろの問題を突きつけていて、それらの問題はあのときより遥か以前からわたしの中にあった。それから三時間もしないうちにわたしはエレーヌに会った、あなたの説明にではなく、あれら自分の問題に馴染んでいたわたしは、だから、それらの問題について彼女に言いたいと思っていたことがらをすでに自分の中にもっていた……」。うん、わかるよ、フランカ。わかる、どんなふうに他の**すべての**問題が君の中であの中心点に結びついていたかを僕は理解していなかった。あの点が**中心**であり、君の中のすべての問題が**あの中心点の周りに**配置されていたことを理解していなかった。いまでは僕にもわかる、僕の説明はこの配置全体を整理し直すほどにはじゅうぶんではなかった。この中心が間違いであることははっきり説明した、この中心を僕は君から取り除いた、――しかし、この中心の周りに置かれた問題の配置全体には手をつけずじまいだった。中心をめぐる誤解は確かに解けた、――しかし、この中心の周りに配置されたものはそのままその場に残った、解消されはしなかった。

そこのところで、第三の誤解が炸裂した。君とエレーヌとのあいだでね。君たちはまったく縁もゆかりもない二つの世界だった、同じ言葉を話さず、互いの気懸かりが対峙するそのときになんの共通するものももたない二つの世界だった。君たちは互いに相手に痛みを味わわせた、この痛みに妙薬なしとの印象をもちつつ、――そして二人とも、それぞれの側から、恥ずかしさと屈辱感[3]、最悪の苦痛の中に投げ込まれた。

そして最後の誤解、もしくはこの誤解の連鎖の最終的な帰結、君の沈黙、それに僕の沈黙。口をつぐもう、自分の中に、殻の中に引きこもろう、もうそととのどんな取っ掛かりも与えまい、ただ立ち去る用意だけをしようとの君の努力……。これは或る程度の距離をとり、起きたことがら全体をよく考え、批判してみたいとの君の欲求だと僕は受け取った（君は僕の質問に答えようとしなかった、贈り物についての、「授業」についての……）、――それはまた、起きたことがら全体の前に独りで立ちたいとの欲求でもあると……。僕は夜の中にいたが、君の側からの、いわば、声なき祈りのごとく思われたものを尊重しようとした、このことがらを前にわたし独りにしておいてとの口に出されない要求のごときものを、人はときに独りにならねばならぬこともあるから。僕は愚の骨頂のような仮定も含め、次から次へといろんな仮定を立てていった、特にあの「贈り物」をめぐって。君の沈黙に信を置き、それを尊重してしまった僕はまちがっていた、じつにあれは、いまとなってははっきりみえるが、叫びだった、助けを求める声だった。僕は君が心の底から沈黙を欲しているのだと思い込んでいて、その沈黙が牢獄であるとはみえなかった、君の最も深い欲求をまさに否定するものであるとは。この過ちは悔やんでも悔やみきれない、それは過ちなんてたやすいもんじゃない。

3／すべてが理解でき、君の思考がどんな**ロジック**をもっていたかが（あの中心とその周りに寄せ集められたすべての問題が）はっきりみえるいま、フランカ、そのロジックを現実と突き合せることを試みてみたい、僕らが自分たちについて抱く観念をいっしょになって変えるために。

まず最初に理解し、知らなくてならないのは、なぜ君の思考の**ロジック**が場面のロジックに（逆に場面のロジックが君の思考のロジックに）対応していなかったのかということだ。その理由を言うのはとても難しい、フランカ、僕がまちがったことを言ったなら、お願いだ、僕を正してくれ、すぐさま言葉尻だけをとらえないで、この僕もまた理解しようと**努めている**のだと考えるだけの余裕をもってくれ。君はパリにやってきた、フランカ、僕へのあふれんばかりの愛とエレーヌへのあふれんばかりの「敬愛」とを携えて。この愛と敬愛とを混同することなく、それらを同一平面に置くことなく、君はやってきた。しかしまた君は、**エレーヌと僕とのあいだ**に在る感情的な結びつき（「あなたにとっての唯一の女性」etc.）についての或る観念を携えてやってきもした、その観念は、言わせてもらえば、エレーヌ‐僕の組み合わせのもつ意味をとても限定していて、しかもその意味にとても高い道徳的な価値を授けていた。君‐僕の組み合わせのほうはそれに比べれば問題なしだった、まったく問題なしだった、それはそれのみで独立した一つの世界だった、パリ　トゥールーズ、どこででも僕らは会うことができた、君がいて僕がいる、それだけですべてだった。逆に〈君〉‐**エレーヌ**は厄介だった、彼女にこの「敬愛」を表すにはどうしたらいいか、どう彼女にこの「敬愛」を**受け入れる**ことをさせたらいいか？　一筋縄ではいかないことはすでに（君たち二人の文通をとおして）君にはわかっていた、君はじつに大きな障害、人知れず働く抵抗感を感じていた。まさにそこに、そのとき、**僕‐エレーヌ**の組み合わせが、加えて彼女の手紙についての君の解釈（あの「一撃」）が割り込んでくるわけだ、君はこう自問していた、「彼女はわたしの友情を喜んでくれるかしら、前のようにまた手紙を書いて、わたしは事をあまりに遠くまで推し進めてしまったのではないかしら、あなたの問題をきっぱりと目次にあげたいとの思い（を君は抱いていた）、――この問題はほんとうのこと、どうしてそれを隠せるなんてできるの？」……。僕を愛することが心ならずもエレーヌを苦しめてしまうのではないかと君はおそれていた。君はおそれの根拠を例の「一撃」についてなした解釈に求めようとしていた。そういうわけだ。そしてそのときすでに君はあの「贈り物」のことを考えていた、あの無償の贈与、彼女への敬愛の証拠、一種の犠牲、重大で象徴的で、ほとんど宗教的と言っていい犠牲のことを、それは彼女にこうはっきり示すためのものだった、わたしはあなたゆえにあなたを愛している、わたしにとって世界でいちばん貴重なもののその（小さくない）一部をあなたに与えることができる。あの「贈り物」はいわば君自身を彼女に対して示す証拠だった、あの贈り物はこう言おうとしていた、「みて、エレーヌ、わたしはあなたを苦しめにきたのじゃない、あなたを苦しめずにあなたを愛せるかどうかを尋ねるためにやってきた、あなたゆえにあなたを愛しているということをあなたに示すためにやってきた、――ルイゆえにではなく――その証拠に、わたしにとって限りなく貴重なものをあなたのために自由に喜んで手放すことができる。「あなたたちの」家に入ることだってやめられる、わたしはルイとのあなたの生活のほんの一部にさえ触れずにルイを愛することができる、彼とのあなたの生活のなにをもあなたから取り上げることなくルイを愛することができる……」。当たっているかい、フランカ？　そしてここで君は**君‐僕**に戻ろうとした。自分にこう言い聞かせた、わたしはルイのもとにこんなにも愛と歓びの蓄えをもっている、使い切れないほどの蓄え、このわたしの富全体からみれば、エレーヌへのこんな贈与など痛くも痒くもない出費にすぎない。巨額な贈与だけれど、その贈与がわたしの富からなにも奪わないほどにわたしは豊かでもある。それどころか、この贈与はわたしを富ませる、なにしろそれは、わたしの無尽蔵の富を実際に現実的に示す証拠、それを華々しく証明するものなのだから。当たっているかい、フランカ？　君の中でものごとはまさにこんなふうに**構えられて**いたかい、これがまちがいなく君の思考と君の態度の**ロジック**だったかい、君が生き感じていたロジックだったかい？　まさにかくのごとしだったかい？　一つ一つ別々にあった問題、——それでも或る特定の問題（君‐エレーヌ、「贈り物」）から出発すれば、円環は閉じるのでは？

ものごとが君の中で確かにこうであり、これが君の「気懸かり」のあいだの内面的な**均衡**、それら「気懸かり」の**配置**、**位階秩序**であったのなら、僕はこう納得し、君もこう納得する、この均衡をかたちづくるすべての要素が、君がパリで**出くわした**ことがらによってひっくり返されたのだ。

君がパリで出くわしたのは、なによりまず、エレーヌの側の（君に対するそのときの）[4]理解し難いふるまいだった、相手を理解しよう、受け入れようとする態度の欠如、拒絶だった。君は彼女のもとで**奇妙**このうえない現実的なことがら、抑制されてはいても人を深く傷つける或る種の暴力に出くわした。この暴力、それの両義性、それの起源については君に長い手紙を書いた。たぶんいまなら君にもわかっているはずだ、なぜ君にも彼女にもあの衝突が生じたのか、しかもその理由の大半が君とはまったくかかわりのないことが。

この衝突は、**君の意図と思考の内的な均衡全体**、**その配置全体を**「吹き飛ばした」、ばらばらに砕き、ひっくり返した。じつにエレーヌは、エレーヌが触発した衝突は、この配置に**由来する**もの、君のロジックの中でこの配置に結びついているものすべてを撥ね返した。なかんずく、あの贈り物のロジック、かくも深くに根ざす、感情的にかくも深くに根ざす感じやすいロジックのその全体が覆され、もっとひどいことに**否定**された。君の「贈り物」は拒否された、エレーヌがにべなく突っぱねた、残りのすべてをも突っぱねね、君を理解せぬまま、必死に君から、君の底意と（自分のファンタスムの世界で）思い込んでいたものから身を守ろうとして、――**そして僕もまた「贈り物」の観念を突っぱねたのだった、**にべない拒否によってではなかったが、その贈り物のことを理解しないことによって、あるいは、君にこう言うことによって、なんの差し障りもなく君は僕の家に泊まれる、迷惑がる人なんて誰もいない。その途端、「贈り物」に連座して、君が命のごとく大事にしていた深い理由にも間接的に疑惑が及んだ、「贈り物」を可能にしていた理由だ、あの「贈り物」そのものを証拠、具体的な証明とする愛の無限の蓄え、その無尽蔵の豊かさだ。汲めども尽きせぬこの蓄えが、言うなれば、「否定」され、君の眼に蓄えは小瓶《ボッティリエッタ》に変わってしまった、どこにでもごろごろしているありふれた小瓶《ボッティリエッタ》……、ここ、あそこ、どこででも君はその小瓶を飲むことができる、おやっ、なんて誰も気にとめはしない。まさにここで君は、フランカ、だってこの「蓄え」で問題にされていたのは僕だし、この「蓄え」をきっかけに僕と君とのことが問題になっていたのだから、君は抗い難いこんな印象に襲われた、事のなりゆきは君と僕とのあいだに在る命にも代え難いなにかを**否定**しようとしている、最高に貴重なもの、君‐僕を損ねようとしている、その君‐僕は原則としては確かに他と区別されていたが、しかし事実としては、君の中で働いていた連鎖する帰結のロジックによって他と同じ運命の中に引きずり込まれかねない状態だった。

だがここのところで君は、フランカ、全力で、残るあらん限りの力を振り絞って踏ん張ったのだ。君の踏ん張りは人間の力の限界を超えていた。僕に助けを求めたかったができなかった。君は自分の中に引きこもった、その君に唯一できたのは「カエサルのものと神のものを混同しない」ことだった。帰結の織り成すロジックに抗して、君は君にとって在った僕の意味、君にとっていま在る僕の意味を壊さぬよう守り抜いた、この思考の体系全体の座礁に巻き込まれぬよう僕を守った。君がそうなし、いまもなしていることの、そうなすだけの力がいまだ君に残っていることの証拠は、**君が僕に手紙を書いた**というそのことだ。まったく君はよくやった、フランカ。そうすることで君は、パナレーアのあとでもそうだったように、すべてを救ったのだ、君自身を救い、たとえまだ自分ではよくわかっていなくても、僕を救った、僕たちを救ったのだ。そのじつ、いまや君は寸前に迫りくる破局にもう独りで立ち向かっているのじゃない、この試練を乗り越えようと君の理性と僕の理性が（それにまた理性以上に深いものが）いっしょに力を合わせているのだ。

いまや、フランカ、いまや僕らの眼にあの連鎖の道筋ははっきりみえるのだから、今度は逆方向からことがらを捉え返さなくちゃならない。何が失われ、何が無傷のままだったかをちゃんとみるには、最も深部に在るもののほうから改めて出発する必要がある。力と愛のあの無限の蓄えは損なわれなかった、あの蓄えそのものが否定されことは一瞬たりとなく、それはいまもちゃんとあって底なしなのだということのことをみなくてはならない、——損なわれたのは、君が想像した事態、君の思い過ごしによる事態の中で君がその蓄えに望んだ**使い方**だけだったということをみなくてはならない。君のもとから、君の深い意図、君の愛、僕に寄せる君の信頼から到来したものは、この試練の中でどこも傷つきはしなかった。場面としっくりいっていなかったのはあの蓄えの**用法**だった、なぜなら、やりとり（手紙）と説明不足の言葉とが生み出した誤解という誤解の中にあっては、君は独りでは、自分の力だけでは、とてもではないが場面の実際を思い描くことができなかったからだ。一ヵ月ものあいだ一つの観念（「一撃」）に囚われて生きてきて、その観念を三時間でまたたくまに変えようたってできっこなかったからだ。ほんの数週間の経験で知れることがらなんて、相手が人であっても場面であっても、いつも当人の想像以上に錯綜しており、それどころかそんな想像とは懸け離れているからだ。誤りに導いた道を、ここのところから出発して**逆方向に**最後までたどり直してみなければならない。あの**タイプの贈り物**がなぜ無益であり所を得ていなかったか、なぜ誤認の**余地**を与えたかを理解する必要がある。同時にまた、エレーヌが君とも僕とも別にある彼女固有の試練から抜け出せたそのとき、君のエレーヌに対する**敬愛**は未来を、ほんとうの未来をもつようになると理解しなくてはならない。彼女を愛せるかなんて彼女に尋ねるには及ばないと理解すること。君は僕とは別に彼女への、彼女の問題への関心をもつことによって、彼女ゆえに彼女を愛せると理解すること。彼女に彼女自身を語らせ、その彼女に耳を傾けることによって、――もちろん、彼女が望むなら、彼女に君を語るままに語らせることによってでもいい、しかしなによりもまず彼女に彼女自身を語らせることによって（彼女は自己を語りたいとの大きな欲求をもっている、支えが、手助けが欲しいとの大きな欲求を、原初に在ったおそれをめざめさせずに真の手助け、ほんとう友情をみいだすことができると自分で自分に納得させたいとの大きな欲求）。**いまは**、そしてまだこれからも或る程度長いあいだは、君や僕のこと、君のイニシアチブのことを彼女に話すのを避けることによって……etc. 要するに、フランカ、必要なのは、君がエレーヌと僕とのあいだに存在する現実それをできる限り正確に、神話なしに、理解しようと試みることなのだ、とてもややこしい現実だが、しかし或る意味では君が思い込んでいるより遥かに単純で、抱え込んでいる問題も遥かに少ない。僕にだって彼女を完璧に理解しているなどという自負はありはしない、ただ僕は知っているのだ、**エレーヌ**の問題が彼女にとってひじょうに苦しいもので、ひじょうに込み入ってはいても、それはいまでは**なにはさて措きエレーヌとエレーヌのあいだの問題**であって、エレーヌと僕のあいだやエレーヌと君のあいだの問題じゃない、――エレーヌ‐僕という現実は単純な、たやすい現実であることが僕にはわかっているのだ。このことを僕らは二人いっしょになって理解しようと試みることができる、これはまた僕らの人生でもあるのだ、フランカ、君と僕との。そこさえくぐれば、たぶん君は君の周りにうろついている疑問、第一の席と第二の席にまつわる疑問をも思っているより早く始末することができるだろう、そしてこう気づくことが、なんだ、こんなのは疑問なんてもんじゃないわ、人生はわたしたちのどんな代数学よりも想像力にあふれている。

　これでよし。これは回勅なんかじゃないつもりだが……、回勅なんて眼も当てられない！　それは世界が〈創造〉されたのはこれこれの理由なりとだらだら述べること！　でも、そうであったってかまやしないさ、なにしろすべては君宛てなのだもの。

おはよう、フランカ、おはよう、僕が魂のすべてを込めて熱愛する人よ

ルイ

（1）手紙に添えられた花のこと。
（2）〈訳注〉フランスの国語教育の一環をなす、文学作品の分析研究のこと。
（3）余白に、「Hに対するどんな恥ずかしさ、どんな屈辱感？」とフランカによる手書きの付記。
（4）余白に、「いまの？」とフランカによる手書きの付記。

＊［一九六一年十月二十九日］

日曜 夕

わたしの愛しいルイ、あなたに対してこんなにも公正であることができたらいいのにと思う、こんなにも腹を割ってあなたに話すことが、あなたに寄せる全幅の信頼をこんなにもあなたに感じ取らせることができたらいいのにと思う、わたしの沈黙をあなたがどう受け取ったのかはわからないけれど、なんにせよ、わたしにわかっているのはあなたに手紙を書けなかったというそのこと、わたしはそうすることが**どうしても**できない状態にいた、それ以外のこともまったくなにもできない状態、まったく歴史的でない、まったくの「自然」の状態にいた、まるで生まれかけているか、死にかけているかのよう……、わたしがそんな状態の真っ只中にあっても、あなたの手紙は届き続けた。あなたの手紙はわたしにとても奇妙な効果を及ぼした、まず最初は激しい反撥、H〔エレーヌ〕にまつわるあれらの問い、僕の考えはこうだったと明快に示す一方で中身のわからぬ鍋を遠巻きにためつすがめつするあのやり方、深触棒《ソンデ》を使ってわたしの心の中をみきわめたいとのあの強い欲求、そうしたことのどれもがこらえられる限界まで再び発作を煽った、そんなときだった、わたしがあなたに手紙を書いたのは、もう何を書いたのか憶えていない、自分を見失わずにいられたことを願う、そうしようと一生懸命だったことしか記憶にない、でもそのときわたしの頭の中はすっかり煮え立っていて、相手を傷つけたくてたまらなかった、相手にぐさっとくるなにごとかをなんとか口にしたくてたまらなかった、自分の痛み、苦しみから自分を解き放つすべを相手の痛みの中にみつけようとして。そのときのわたしの気持ちがどんなだったか、そのときわたしが堪えていた惨たらしい苦しみがどんなだったかをこれからもけっしてあなたに説明することはできない。パナレーアとさえ比べものにならないくらいだった、パナレーアのときは場面がどんどん動いていた、あなたが去っていく、でもそれは、よかれ悪しかれ、なにかに向かって開いていて、開いているということがすべてだった、そこに終わりというものはなかった。今回はそれとは逆の感覚をもった、なにかが手の施しようもなく終わったとの感覚、あなたを愛している、一日中でもあなたのことを考えていられる、これからもあなたをなんらかの想い出に結びつけておける、H問題は彼女の病気の或る段階に結びついていて、やがては解決される、そうしたことのどれもこれも、**なにかかが手の施しようのないほどに壊れた、内側から壊れたとの意識、むしろ知覚、確かな直感の前では**なんの意味もなかった。誰もがみずからの世界を自分の中でずたずたにしてしまった、原因はこれだあれだなんて、これこれの解釈を与えることができるなんて、これこれの解決策を出せるなんてどうでもいいこと、そんなことはみんな**歴史にとって以外の意味はもっていなかった、歴史の再構築にしかかかわっていなかった。**そうであったからわたしはあなたの手紙に返事をしないでいた、言うべきことがなにもなかった、自分のためにもあなたのためにもできることはなにもなかった、この「わたし」とこの「あなた」でなんらかの意味をもつ一つの「わたしたち」を再びつくれる可能性なんてまったくなかった、わたしたちはそれぞれ別の動詞をもつ代名詞になってしまっていた、いえ、確かに同じ動詞をもってはいたけれど、それぞれの「わたしたち」がそれぞれのうちに自閉してしまっていた。わたしはあなたを愛していて苦しんでいる、あなたもわたしを愛していて苦しんでいる、この二つのことがらはそれぞれが単数の個人にしかかかわっていず、互いに触れ合わないままだった、教科書文法が復活しようとしていた、自分の瓦礫を眺めつつ沈黙という慈悲にすがりつくこと以外、どちらにもほとんどなすすべがなかった。だからあなたに手紙を書かなかったのよ、ルイ、わたしはただ言葉なき状態だけが欲しかった、起きてしまったことがらを変える力なんて言葉にはまったくなかった、一通か二通したら、書いてもむだとの諦めに浸されてあなたもわたしに書くのをやめるだろうと思っていた、あなたの手紙を一通読むたびに、これがたぶんあなたの書くおしまいの手紙、わたしが受け取る最後の手紙と思っていた、わたしが封を開ける最後の、わたしが読む最後の手紙、底なしの恐怖、日々味わっていたのよりも遥かに真っ暗で先のみえぬ絶望的な恐怖がわたしを苦悶のどん底に沈めた。あなたの手紙を**待っていた**のだわ、そのことに気づこうともせずにわたしは震えながら封を開けた、期待と不安に震えながら、まるでそれら手紙からわたしのもとに最後通牒か奇跡的な救いでもやってくるかのように、そう、救い、**まるであなたが、わたしの知らぬ道をとおって、現実を変える力をみつけだしてくれるとでも言うよう、現実の流れを変え、変えたその傷一つない現実をそのもつすべての可能性とともにわたしに手渡してくれる力、これからまだ書き込んでいける白いまっさらなままのページ、**これから埋めようと思えば書き損じも抹消も汚れもなく埋めていけるページ。続いてあなたからの電報、夜にやってきたあの訳のわからぬ電報、その理由、その意味を探してわたしは頭の中をああでもないこうでもないとまさぐってみたけれど、説明はつかなかった、――まるで初めて、一挙に、あなたがわたしの中で起きていることを感じ取ってくれたかのようだった、一瞬にしてあなたがわたしの真実の姿をほんとうにみてくれたかのよう、パリにいて想像できるような姿でなく、ここにいるこのわたしの姿、そしてわたしを助けなくては、助けることができる、助けてやりたいと感じてくれたかのよう、あなたがやにわに食らわせようとした**あの鞭の一撃**がまさにその助けだったのよ、わたしは最初それを、あらゆる傷口を再び開けるあまりにもひどい残酷さのように感じた、かつてもちえたすべての意味、かつてもたらしえたすべての歓びを使い果たし、いまでは意味のなくなったあれこれの語、あれこれの表現をまだ使えるなんて、それらがめざめさせるもののこともそれらが剥き出しにする苦痛のことも考えずに使えるなんて、とわたしは獰猛な怒りでぶるぶる身を震わせた。その勢いをかってわたしはあなたに手紙を書き始めた、何を書いたのかもう思い出せないけど、そんなのは大したことじゃない、いまではこう単純明快に知っているのだもの、**そのとき生が再び流れ始めた、確かに憤怒がいっぱい詰まっていて、いわば肉体に悪魔が宿っているようだったけれど、その悪魔は生きていて、闘いたい、自分を問い詰めいたい、必要なら他人を問い詰めることだって辞さないとの欲求をもっていた、うずくまったままでいたい、沈黙の中で単純に死んでいきたいとの欲求をもうもたない悪魔**……、こうしてあなたに手紙を書いたあと、わたしは自分を取り戻した、**絶望はしていたけれど生きていた**、最初は、もちろん、とても混乱した意味で生きていて、まだ恨みつらみで膨れ上がっていたけれど、やがてだんだんと晴朗になっていった、**このなりゆきはあなたの手になる作品なのよ**、あなたの最後のほうの手紙は、来るたびに小匙一杯の平安を運んできた、デッサン付きの手紙はわたしをほろりとさせ、あなたにふつうの手紙を書き始めることができるとふと思ったほど、幸せいっぱいの手紙、波風のない静かな手紙を、例の電報に続いて、別の、水曜の夜の手紙（それをわたしは今日、日曜に受け取った！）、ほんとうにあなたに感謝したい手紙、唯一わたしに少しの苛立ちもひきおこさなかった手紙、拳の一撃のようなあの「しくじり」を明快に、正直に、正確に、真摯に説明しようと試みることでわたしにただありがとうの気持ちをひきおこすばかりの手紙、注意深い分析、他の手紙と違って質問ではなく説明の手紙――むだな質問だったわ、ルイ、わたしにはわからないのだもの、わたしのほうが答えを知りたいくらいなのだもの――、自分を理解させよう、明快に説明しようとのあの意志、しかもそこに、自分の沈黙に邪魔されないでいたら、**沈黙の中にいて、理解することを望もうとしない明らかな意志**に邪魔されないでいたら、このわたしにだって理解できたほどの信頼を込めて、人びとに、理性に、言葉に寄せるかくも大きな信頼、わたしに寄せてくれるかくも大きな信頼、ルイ、あなたは信頼するという行為を成し遂げたのだわ、どこまでも忍耐強くあんなふうにわたしに手紙を書き続けることによって、そのたびに本質的な概念をわたしに復習させることによって、わたしが最後に理解に行き着けるよう、わたしのためにあれら概念を取り上げ直しては嚙み砕くことによって（でもなぜなの、ルイ、いまのわたしはこのなぜを自分に、またあなたに尋ねないではいられない、なぜあなたはパリですぐにそうしてくれなかったの、あのしくじりがわたしに何を言っているのかわかっていたのなら？）、**誓ってあなたに言うけれど、わたしの惨めな気分には二つの起源があった、起きた出来事と、そしてあなたのわからなさ、みずからを遠巻きに置こうとするあなたのやり方、木で鼻を括ったかのようにふるまうやり方、わたしを独りおいてきぼりにしようとする意志、口をつぐもうとする意志、わたしにしゃべらせまいとする意志、それとなく感じ取られるあなたの無言の非難**……、あなたが水曜の夜にわたしに書いたことのほんのわずかでもあのとき言ってくれていたなら、**あなたによって守**

られている、理解されているとわたしが感じ取っていたなら、**自分を責める気持ちをあんなに強く感じないでいたなら、あるいは、その自責のなんたるかをあなたが理解し、わたしに理解させてくれていたなら、あんな崩壊感覚をもたずにすんだでしょうに）。**この手紙で**無言の非難**のことを言った、それにはあなたへの説明が要る、なにしろそれが**すべての禍の大元**なのだもの、つまりわたしはまずなによりも**あなたに対して自責の念をもった**ということなのだけれど、わかる？、わたしの動機がどうであったにせよ、わたしの意図がなんであったにせよ、その前にわたしは自分に、いわば、**あなたに対する責務**を課していた、**いや、むしろ、あなたがその責務をわたしに委ねた、**だってあなたはすべての困難を熟知していたのに、それでもわたしに信頼を置いてくれたのだもの、ほかの人になら望みなしとみえたかもしれないような企てを成功に導くのに必要な機転と愛とを駆使する能力が奇跡的にわたしには一つも欠けることなく揃っていると映ったかにあなたには思えた、わたしが首尾よく事を成し遂げるとあなたは信じていた、たぶんそれであなたはわたしのことを物凄いと思ったのよ、**別の人を苦しめずにあなたの生活の中に入っていける人**を初めてみつけたと——別の人とは、もちろん、エレーヌのこと——、それどころか、その彼女に新しい道を開くことのできる人を。ところがわたしはすべてをやり損ねた、もう一度言っておくわ、たとえことがらの鍵をすべて握っていたとしても、じつは鍵など一つももっていなかったのだけれど、やはりわたしはあなたの期待を裏切ったでしょう、あの火曜日、あの永遠に呪われた夜、**あなたのもとに帰らずに済ませられるなら、あなたの望んだように事は運ばなかったとあなたに言わずに済ませられるなら、わたしはなにを惜しんだでしょう**（それに、パリをさ迷っているあいだじゅう頭から離れなかったあの観念、**あなたが喜んでくれるはず**だったのに、わたしはすべてを台無しにしようとしているとの観念、結果を知ったときのあなたの苦悩のことを考えるその苦悩……）、悪いことをしたとわたしは感じた、あなたに対して埋め合わせのつかない悪いことを、この思いがわたしの頭の中を真っ白にした——その思いはいまも続いている、ほかの人ならそう思うかもしれないが、気にするな、僕がそんなふうに思うわけがないじゃないか、たとえそう言ってくれても）——でも、まちがいなく、あなたの態度は他のどんな感情をも殺してしまうほどまでにあの自責の念をこじらせただけだった、あなたの態度はわたしに自分をこう感じさせた、能無しで、おバカさんで、見栄っ張りで、間抜け……、おまけに——これはほんとの意味での告白、言わないで意識の奥にしまっておこうとしたことがらだから——一種の嫉妬があった、この言葉をもらしてしまった以上、続けなくてはいけないわね、そう、一種の嫉妬、**なぜなら、起きたことがらに、うん、うん、なるほど、とあなたがおざなりに反応するや、もうわたしのことなんか眼中にないようにみえたのよ、眼中にあるのは別の女性、あなたの優しさが向けられているのは別の女性、あなたの愛着が及んでいるのは別の女性、あなたがそこにいるということの救いの行き先は別の女性**……、わたしがそこにいるのはおまけとして、帰りの列車の待合として、悪事の**お仕置き**として、できるだけ速やかに下ろさねばならない重石として、引きずって歩く足枷の鉄の玉として……、二時半に僕はエレーヌとお茶の約束がある　君は例の美術館にでも行ってくるといい、あの美術館をみたいって言っていなかったっけ？、もちろん、わたしはそう言った、もちろんわたしは見学にいく、ほんの三十分だけさ、二時間にまで引き延ばされることになる三十分、お次は、昼飯は君の友達のところですませればいい、そう、それがいい、ベルナール〔・ドルト〕となら、**これで君たちはお互い話し相手ができるってわけだ、ベルナールとお昼をすましたらいいよ、ベルナールとお昼ご飯で、もちろん、わたしはかまいはしない、お次はあの手袋、Hといっしょに選んだん**

だ、――エレーヌに感謝――そしてお次はあの花、エレーヌが君のために花を買ってあげなさいと言ったんだ、エレーヌに感謝、そしてお次は「はい、彼女をあなたに戻すわ」、エレーヌにもう一度感謝、もうたくさん、やめ、細部のことなんか考えたくもない、ただこう説明したいだけ、わたしは自分のことを物のように感じた、「物象化」されていると（あなたの生徒さんたちには、「物」についての宿題が出ていたのではなかった？、《たとえば、諸君、これがその例だ》）……、そういうことすべてとは反対の手紙、あなたの一連の手紙がいまは手元にある、あなたのいまは肯定的である意思が。どう考えたらいいの　ルイ？、どうすべきなの　ルイ？　現前と不在の問題をまたぞろ持ち出すことはできない、その問題はすでに、時期尚早に出され、時期尚早に、しかもたぶん不器用に解決された、訳知り顔をするのでない以外、こんな問題をもう一度持ち出すことなんてできはしない、「君らしくなかった一連の仕種」の観点からその問題を立てることはわたしにはできない　どんな仕種のことなのかわたしにはわからないのだもの、いずれにしても、火曜日以後、もうどんな仕種もできなくなっていた、火曜日以前ではわたしの到着はまだ新鮮すぎて、以前のようにふるまっていいのかはっきりした目安をみつけられないでいた、なにはともあれ、愛の糧となるのは古い仕種を繰り返すことではなく、新しい仕種を発明すること、それができないなら、続けることは無益、つくられていくどんなことがらもすでに体験されたなにごとかの平凡な繰り返しにしかならない、言うなれば、プラトンの洞窟の神話、影を人生のもとに引き戻そうとする試み……。ベルティノーロは、ルイ、もう存在しないのよ、これが真実、そのことをわたしは、喪服を着たあの最後の日、はっきり意識していた、あなたが発つ直前、一瞬、あなたの首にしがみついたあの日、たぶんあのときこう言いたかったのだわ、行っちゃ嫌　ルイ、わたしといっしょにいて、行ってしまったら、わたしたちはもう二度と会えない、あなたは変わる、わたしも変わる、次に会ったときは二人とも異邦人になっている、もう同じ言葉を話さない見知らぬ同士に、いま有るこのわたしたちについての想い出も助けにならない、むしろわたしたちの愛を邪魔することになる……、わたしは判断を誤った、その後もなにかがあった、手紙の世界が、魔法にかかった奇蹟の世界があった、わたしたちは自分を内も外も新たに創造した、わたしたちはまったく違うかたちで愛し合った、ベルティノーロのすべての想い出の背後にあったのはけっしてベルティノーロの現実、二ヵ月前の現実ではなくて、**すべてが新しくつくりだされた**現実だった、それ自体を糧として生きている現実、過去に負うものとていくつかのイメージ、いくつかの輝きだけの現実。あれらの手紙をとおしてわたしはあなたについてなにごとかを知った、たとえいっしょに十年生活してもけっして知ることがなかったであろうなにごとか、あの短い一ヵ月半では、言うまでもなく、知ることのなかったなにごとか、別のルイ、そのルイをわたしは「別の人」として愛した、彼自身として愛した、ちょうど赤ん坊のときに愛した子供を愛し続けるように、たとえ子供に赤ちゃんのときの仕種と面影が微塵もなくなっても愛し続けるように——いくつかの動作のほんのわずかな記憶さえ失せてしまっても——、でも、その子供があの赤ちゃんであったことがなかったなら、きっと愛せない、子供が生涯あの同じ赤ちゃんのままであったなら、きっと愛せない……

あなたはわたしにこう言う、僕のことを信じろ、僕に絶対の信頼をもて……、わたしはあなたを信頼している　ルイ、あなたを信頼したい、あの赤ん坊をわたしはあなたに託す、まだ赤ちゃんのままのこの愛を、その赤ちゃんがうまく生きていけるかをみるのはあなたの役目、あなたがその赤ん坊を立派な大人に育て上げたいと思うか、それともそこに置き去りにして孤児院に捨てたいと思うか、親権はあなたの手に握られている、親権を行使するのはあなたの役目よ　ルイ、チャオ　ルイ。

フランカ

［一九六一年］十一月一日。　水曜　一七時

《フランカ、電報、ありがとう、手紙（日曜、夜の）、ありがとう。[1]》

よし、承知した、君は僕に赤ん坊《バンビーノ》を預けた、正しいことをした。たとえ君がそう言う前であっても、君がそうするとわかっていた。ほかに方法はなかった、そうでなくては君はフランカじゃなかった。すでにずいぶん前から僕は子供の面倒をみてる。やがて僕がその子を連れて行くとき、母親は僕の育て方に不満はもたないだろう。

《とても疲れている、フランカ。疲労困憊だ。なぜだかわからない、たぶん、あれやこれやのたくさんのことがらのせい、山のような仕事、ここ学校、ここパリ etc. で起きたすべてのことがらのせい。まず生徒たち（「物」をテーマにした小論文に関して一人一人にたくさんの説明をしなければならなかった、心理学的‐教育学的説明だ、何時間も何時間も話さなくてはならなかった）。次に副校長、校長、ここには駄弁、用心深さ、狡知があふれかえっている。再び生徒たち、ただし今度は（政治状況に結びついた）より一般的なことがらのいくつかが話のテーマ etc. 妹と彼女の抱える厄介事。両親（父が病気になった、母も、それで両親のところに行って、これまた話して、話して、説明しなくてならなかった)。言うまでもなくエレーヌ、そして彼女の治療の進展(なんでもないことで風が立つやら雷雨になるやら破れ穴があくやら、君のこと、僕のこと、彼女の仕事のこと、あれやこれやの出来事 etc.)。かてて加えて校医までが家族のことで相談があると言う、それに掃除のおばさんの旦那さんのこと、その旦那さんはいま死にかけている[2] etc. というわけで、あまりにくたくたなので、イタリア語で君に話しかけているというわけ。》

日曜の晩の君の手紙。君に返事をと思った。いい手紙だ。君はよく働いた、フランカ、文句なし、君を信頼したこと、君に望みをかけたことは正しかった、すべての兆しが逆のことを言っているにもかかわらずこう考えたことも、君は器用な働き者、この愛はしかるべき人物の手に預けられている、厳しい試練の中にあってさえ、順風満帆のときと変わらずうまくふるまう力が君にはある。君に返事をと思ったが、思いとどまらざるをえなかった。今日はそうするだけの気力がない。たぶん明日なら。僕は神さまじゃないよ、神々はけっして疲れたりしないものだ。

君にお別れのキスを、フランカ、すべてはうまく行くさ、僕のフランカ、チャオ　チャオ　フランカ、ぐっすりお眠り、なにはともあれ、ぐっすりとお眠り。

夜に信頼を、夜にも。

ルイ

(1)〈訳注〉以下、《 》で括った部分はイタリア語で書かれている。

（2）〈訳注〉六一年十月二十一日の手紙参照。

六一年十一月一／二日

二二時〜二時

説明の続きだ、フランカ。ごめんよ、でもこれは欠かせない。だって、君が君について僕に光をもたらしてくれたいま（木曜の第一の君の手紙に続いて、日曜の手紙、第二の手紙）、僕はもっと先に進んで、僕がどう対処し、何が起きたかをも君に話すことができる。

十四日土曜、僕は君の電報を受け取ったのだった[1]。ところで、君にこう知らせおかなくてならない、十月十五日の日曜、昼近くに僕は君にこう言おうとして電話しそうになった、**来ないでくれ**と。でも僕は電話しなかった。なぜか？

来ないでと僕は君に頼みたかった、なぜなら、土曜から日曜にかけての夜、続いて日曜の朝、H〔エレーヌ〕の調子がとても悪かった——あらゆる兆しから僕にはわかっていた、彼女が過敏になっている、新しい発作に入り込もうとしている（こういう時期では発作はどんどん増幅されていく）、反応をコントロールできなくなるおそれがある。こんな間合いに君が来たら、**大惨事**になりかねないと僕は考えた。それで君に電話しようとした。

でも僕は君に電話を入れなかった。なぜ？　こう考えたからだ、この態度変更を君は**理解**してくれないだろう、「いい」と言っておいたあとでのこの「だめ」、あんなに懇願し、あんなに電話したあとのこの拒絶。数分では僕の側の事情を君は呑み込めないだろうと考えた、なぜなら事情を理解する、いずれにせよ、説明するには、何日かが必要だった。僕は考えた、たとえ僕のほうの事情が君に垣間見えたとしても、君は、フランカ、君はもう何日も何日もあんなに待っている、この旅行のことで引き裂かれるような緊張を味わっている、こんなときに、来ないでくれと言ったら、**大惨事**になりかねない。君はすでに山ほどの問題を抱えていた、僕の知っている問題もその他の問題も含めて、そこであんな理不尽な頼みをしていたら、それらの問題がさらにいちだんと膨れ上がっていただろう、君の疑念はいちだんと濃厚になっていただろう。こっちのほうでもリスクが大きすぎた。

この二つのリスクのうち、どちらかを選ばねばならなかった。どのようにしても、どっちにしても、重大なリスクは避けられない。納得づくだった。僕は第一のリスクを選んだ、**君に電話をかけないことにした**。僕は全力でHに掛かりきった。少し具合がよくなったようにみえた、ともかく山は一つ越えたと、しかし遅すぎた、もう選択の余地はなくなっていた。午後も終わる頃にはすでに賽は投げられていた。もうすぐ君がやってくる。

君に知っておいてもらわなければならないが、フランカ、君の滞在中、あのやめた電話のことがずっと頭から離れなかった。その後もずっと、いったい何度考えたことか！　ドジを踏んだかな？　いや、そんなことはないと。君に素直にこう尋ねたい、すべてを考え合わせたとき、僕は正しいことをやったと君も思うかい？　もし旅行を取り止めてくれと僕が頼んでいたら、**あのとき**、それを君はどう受け取り、どう理解し、どう解釈したと思う？、君の置かれていた状態、君のもとにあった思念、躊躇、切望、おそれのことを考え合わせてみてくれ。僕としては、君を奈落に突き落とさずにはあんな頼みはできないと思った。僕が思い違いをしたのかどうか率直に言ってくれ、いまや僕たちの知るところとなった現在を過去に投影せずに。

正しかったにせよ誤っていたにせよ、とにかくあのやめた電話は一連の出来事と僕のふるまいにとても重くのしかかった。

月曜、僕らは「僕らに」特有の問題のいくつかについては話し合うだけの時間はもった……、不在　現前、続いてクレール。火曜、君がとんでもない誤解をした例の「一撃」について説明するだけの時間を僕はもった。君が後になってから僕に話してくれた思考と感情の配置全体が、君のあの解釈ミスによって危うくなっていたなんて思ってもいなかった。

すべて説明したのだから、曇りはもう全然ないと、Hに言うべきことは何かを君は承知してくれているだろうと僕は思い込んでいた、君のことを理解させ、受け入れさせるには、彼女を納得させるには、彼女の生活と友情の中に入り込んでいくには、エレーヌにどんな態度で臨むべきかのヒントをそれとなく君に与えたと考えていた。とんとん拍子に事が運ぶものではないにしてもすべてはうまく行くだろう、との希望をともかくもっていたのだ、なにしろ、日曜日一日をかけてエレーヌをうまく助けることができたと思っていたから。君には火曜日に事の次第をきちんと明らかにしたと考えていた。僕は漠然とした信頼を君に寄せていた。その場に合わせて臨機応変に対処する君の才能を信頼していたから、僕は、Hの前ではこうふるまえとか、こんなふうに話をもっていけとか君に敢えて言う気には一瞬もならなかった（これもまた気配りであり慎みだった、——逆の態度をとっていたら、それはほとんど領域侵犯になっていただろう）。

帰るときになって、あの夜、僕はすぐにいちばんの不安を察知した、——君に電話をしようかと僕に考えさせたあの不安だ。君たちの表情から、あのリスクが思い過ごしでなかったことが読み取れた。Hを自動車で送っていったとき、彼女の言葉の端々に僕は大惨事をみてとった、彼女自身には自分が何を言っているのかはっきりしてはいなかったが、僕にはそれらの言葉の**意味**がちゃんとわかっていた（鳥たちが空気の重さで雷雨の近いこと、もうすぐ雷雨の急襲があることを知るようにだ、僕にもそんな動物的な予知能力がある）。帰宅したとき、僕は君の眼の中にも同じ大惨事を察知した。

もはや事態を正面から見据えるしかなかった、とりわけ、というのも、すべての感情が鎖を断ち切っていく中、僕もまた嵐が猛然と襲いかかってくると感じていたから、とりわけ冷静さを保つしか。

明らかに君たちは理解し合えず、互いに痛みを与え合った。しかもなんという痛み！　だが、痛みくらいではまだ事態に深く踏み込んでにいない。エレーヌの暴力、思い過ごしの危険から死に物狂いで自分を守ろうとする彼女の暴力、それがどこからやってきているのか、そのときの僕にははっきりとはみえていなかった。その暴力が**何の上に**固着していたのか、何に関してそれが爆発したのかさえ見抜けていなかった。君の絶望、君の恥辱、君の屈辱、それらについても僕には理由がわからなかった、起源がみえていなかった。結果はそこにあったのに、正確な原因が見分けられなかった、僕にみえていたのは君たちが互いに痛みを与え合ったというそのことだけだった、――しかも言葉を尽くしても鎮めることのできない痛みを、苦しみ、試練、怒りまたは沈黙によってしか和らぐことのありえない痛みを。

被害の大きさと痛みの広がりはみえた、だがこの大惨事の**メカニズム**がみえていなかった。Hの示した反応のメカニズムをほぼ明快に見通すのにたっぷり一週間かかった。そしてそれがみえたときに僕は君にそれを説明した。一週間かけてやっとすべてのベールをたくし上げ、ことがらの奥に気づくことができた、君を前にした彼女の反応を子供時代のあの原初の反応に関係づけることができた。君に事の次第を話すことができるようになるまでに、疑問の余地のないことがら、ほんとうの意味で疑問なしのことがらを君に言うまでに、そして君の手をとり、あの闇の世界の奥に連れて行くのに一週間かかったのだ。

君については、フランカ、すぐには鮮明にみえてこなかった。翌日、君がHとの会話(2)の要点を僕に話してくれたとき、突然、なにか奇妙なものが僕をバシッと叩いた。僕は驚いた、君はHに、すでに彼女に言ったことをまた言ったのだ。驚いたさ、だって前日の僕の説明を君が理解してくれたものとばかり思っていたからね、――というか、ともかく、僕の説明は君の態度の指針になりうるものと思い込んでいたから、ところが僕が確認したのは、君が僕の説明を自分の態度の中に織り込まなかったということだった。理解したことと為したこととのこの矛盾はなぜ？　なぜなのか？　僕には合点がいかなかった。それが呑み込めたのは、やっと君の最初の手紙を受け取ったとき、先週の土曜日のことにすぎなかった。その日まで僕は夜の中にいた。あの問題の水曜日、君は例の「贈り物」についていわくありげに語ったが、それ以上は言葉を継ごうとしなかった。君の側についても一つの世界が僕の手をすり抜けていた、その世界のロジックもその世界の動機も僕の手の届かないところにあった、君の反応と君の赤裸々な苦悩とを取り巻くあらゆる感情に覆われていた。

僕は夜の中にいたんだ、フランカ、それでも奈落のさらなる奥に落ちまいとして、行動に出なければならなかった。いま、まるで戦術上の問題でもあるかのように、こんなふうに平然と奈落についてしゃべれるのは、僕らがすでにそこを言い出したからだ、たとえ言い出したことにいまだ疑念が残るとしても。しかしあのときは「戦術」なんてもんじゃなかった、最も大きな裂け目が生じそうなきわどい地点に出向いていって、一日ごとなんて悠長なことはしていられず、**一時間ごとに**行動をとらなくてならなかった。生きていくのは並たいていではなかったんだ、フランカ、天地神明に誓ってもいい。からっきし自信はなかったけれど、そこでも事態の最も危うげな流れに真正面から対処しなければならなかった。Hの状態はどんどん悪くなる一方だった。水曜日のお昼近く、突然、彼女が合図を送ってよこした、僕のよく知る「調子」

であり「音色」だった、凶の予兆だ。大急ぎで彼女を支えてやらないと何が起こりかねないかわかっていた。だからあの水曜日の正午、僕は君と別れ、「三十分」だけと言って君を美術館に「送り込み」、二時間以上もしてから再び合流した。二時間どころかできればもっともっと長くかけたかった、僕のためにも、君のためにもだ、フランカ、信じてくれていい。そんなわけで僕は、木曜の午後、君が友達の家にいるあいだ、彼女を看るために戻った。僕は堰を破った大河を前にした人のようなものだった、流れに攫《さら》われるかもしれないのに、それでも大変だと喚きながら、もう必死に決壊箇所を塞いで流れを食い止めようとしていた。だが、そうしつつも僕は君を前と変わらず信頼していた、漠然と、本能的に、ほとんど子供のように深く君を信頼していた、それほどにもその信頼は素朴なものだった、君は、少なくとも君だけは強くあってくれるにちがいない、君は、少なくとも君だけはすべてのことがらをしかるべき場所に置く理性の力をもっていてくれるにちがいない、君は知性と感情の同盟だ、君なら心情から理知へと移っていける、君ならわかってくれる、いや、すでにわかっている、時間は君の兄弟で僕の兄弟だ、そのことを君は知っている、そして君はどこかで、時間のほんの少し向こうのほうで、僕を待っていてくれる、君なら僕にやらねばならぬことをやらせてくれる、そのうち僕は君のほうへ行く、君は僕を待っていてくれる、これは必要なことと、これが正しい道なのだと知っている人のように待っていてくれる。イタリア的気長《パツィエンツァ》とフランス的忍耐《パシャンス》との結集。君はあらかじめの解決、あらかじめの結果だった、すべてが集まって、すべてが解消される点だった。この信頼を、フランカ、僕は一度も捨てたことなどない、そして捨てなかったことで僕はまちがわなかった。だって、この信頼あらばこそ、僕は君に手紙を書いた、最初は意味不明の手紙だったが、続いて明快な手紙を、まずは夜の手紙、続いてもっと光を放てる手紙を。あの信頼あらばこそ、いまも僕は君にこの信頼のことを語れる、僕自身の別の側面だったこの信頼を、あの試練の中、君の出発から——そして君から——僕を隔てていたあの二日のあいだに僕がもっていた別の僕自身を。君のほうは沈黙の中にいた。この沈黙が、少なくともその一部が、僕の望みをかけたあの力の確証でないなどとは僕には信じられなかった、少なくともその一部が、たとえその一部が小指の先ほどの小さな一部であれ、あの理性、僕が僕の味方として欲したあの理性の証拠でないなどとは信じられなかった、たとえ心の嵐が収まるまでは物言わぬ理性ではあっても。君の沈黙のもつそういう別の側面を、僕は君の苦痛そのものとして強く感じ取っていた、できるだけ場所をとらぬよう、できるだけ表面を苦しみにさらさぬよう縮かんだ苦痛(人が寒さから身を守ろうとして縮かむように)、——それは君自身の一部、君が苦しみを再び掻き立てぬようにとあらゆる接触から守ろうとしていた一部、叫び出さぬようにと僕からさえ守ろうとしていた一部。僕は知っている、苦しむには独りでいるほうがいいこともある、それは堪えられぬものから自分を守る一つのやり方だ。君の沈黙のあの別の側面でなされたこの身の守り方を僕は尊重した、フランカ、そのとき僕は、漠とはしていたが、しかしまた本能的な確実さの伴なうこんな感情を抱いていた、君を助けたいという一途な思いだけから不用意に、君の動機、君の反応が僕にはわからぬと言ってしまえば、君にさらなる痛みを与えることになりかねない。僕の疑問への答えを君から引き出すのにどうしても発せねばならない言葉が出かかったとき、また、君が受け取ったと言う、そして生涯忘れられないと言う「授業」とはなんなのかと君に尋ねたとき、いま言った痛いほどの、堪え難いほどの感情が僕の中に生じたのだった。まさにそのとき僕は別の奈落の縁に立ったのだ、僕があまりに近くに寄ろうとすれば君の中で口を開ける奈落の。

いまなら、そう、いまなら、はっきりわかる、別のやり方をすべきだった。しかし、君のおかげで、すべきでなかったと知り、あらゆることがらを明快に見通せるそのいまにあっても、あのとき人間として別の行動がとれたかどうか僕には判断がつかない。僕らは二人とも悲劇を紡ぐ糸に絡め取られていて、その悲劇を僕らは様々なシンボルを使ってしか、沈黙、苦しみ、惑乱を盾にしてしか生きることができなかった。君だって、助けて！と叫び声を上げるところだった　フランカ、だがその声はいかなる言葉にもならなかった。君がひと言でも発してくれていたら、そのたった一つの言葉を発してくれていたら、僕は話すことを始められたかもしれない。しかし君が叫び声を上げるには、まず僕がしゃべらねばならなかった。あの助けを、君が無言の声で精一杯呼び求めていたあの助けの一部を、僕が君に与えなくてはならなかった。僕らは円環の中にいた、互いの傍らで石になって。君は「物」だった、僕らは二人とも石のように不透明で固まったままだった。こうしたことすべての中に、フランカ、たぶん君は僕の限界、僕の過ち、僕の弱さ、さらには僕の幻想を認めることができるだろう。この真実に君が動じないなら、この真実が君に僕のことを恥と感じさせないなら、この真実を手にとってくれ、手元に摘み取ってくれ。僕のほうもまたこの真実を君に委ねる、そして君がいつかこの小さな（平凡な）真実をより大きな真実、その名によりあたいする真実に変えられたなら、それは君の功績だ、フランカ、君の財産であり僕の財産だ。ただ一つ僕は君に誇ってこう言える、これが僕という人間だ、フランカ、これが有りのままの僕だ、素っ裸の僕だ、君に何も隠していない、そうだ、そうじゃないと君は言いたいことを言っていい、僕は自分を君のもとに預ける。僕は君を信頼している、僕は続ける。

続けようと思えば、まだ君に話し続けることができるだろう。こう君に言うことができるだろう、自分のしくじりや無理解について君は僕に責任を感じたが、僕もまた自分のしくじり、無理解すべてについて自分の責任を感じた（その責任をいまも感じている、おー　どれほど）。君に対してと自分に対する罪責感。君の誤りに驚いてしまったことにさえ罪責を感じている、それどころか、あの水曜の正午、その驚きを苛立ちに近いものとして感じてしまったことにも。そう正直に言える、フランカ、だって僕もやはり決定的な語をもらしてしまったのだ、君が使った嫉妬という語に劣らぬ卑しい語だ。いや、僕の苛立ちは嫉妬より遥かに卑しいとさえ思っている、じつに苛立ち紛れに君のことと自分の力では照明を当てられない状況のことをいっしょくたにしてしまった、或る意味で僕は自分の力のなさの責任を君になすりつけたのだ。でもそれ以上は落ちなかった、そこまで落ちぶれたのはほんの一瞬のことだった。そのこともまた僕は君の判断に委ねる。そのことを君の思うがままに扱ってくれ、フランカ、褒めたいなら褒めてくれ、叱りたいなら叱ってくれ。君がこの嫌な想い出を燃やしてくれんことを願う、せめてそこから小さな炎が立ち、何を燃やしたかを忘れさせてくれるように。

いま、午前二時、また再びの午前、十一月一日の続きである午前。僕は君を両腕に抱きとる、フランカ、フランカ、フランカ　最愛の人よ

ルイ

（1）　この電報は発見されていない。

（2）〈訳注〉原文は「conservation」となっているが、「conversation」の誤植または誤記として処理する。

【一九六一年十一月三日】

[手書き][1]

金曜

君は元気かい？

僕は　昨日　君に手紙を送った

No.～No.　どれだけのNo.だったか　ともかく　もう思い出せない

何枚もの便箋　そしてまた

　便箋

嵩張ってしまって

封筒（busta《ブスタ》）の中にぎゅうぎゅう詰め

フランス語のbusta《ブスタ》[2]　それのこと

あるいは　側面からみると[3]　それは

（十七世紀フランスの司教たちが使った言い回しで言う）[4]

「女人」の上に付けられている

（その側面の形は歴史的状況に応じていろいろ変化していく）[5]

〈教書〉を運ぶ女性――司教は教書をすべ

て封筒に入れたわけではなかった（十八世紀の恋文にみられる特殊なやり方、若い女性が封筒——busta《ブスタ》
——をbuste《ビュスト》〔胸〕の谷間にそっと滑り込ませるのだ、残念ながらいまでは廃れてしまった手紙の運び方
（あゝ、こんな風習はもうなくなってしまった）　これは、要するに、君にこう伝えるため　あの手紙の前
にもっと短い手紙を一通書いたと　その手紙は、トテモ疲レテイル《スタンキッシモ》　ふらんか　クタクタ《ロット》だと君に言うた
めのもの　そのほか　あれやこれやを
でも　そんなに不幸な気分じゃない
僕を疲れさせているのは　仕事の一切合財　万人への長広舌
校長への　副校長への　会計課長への　会計課長補佐への　ありとあらゆる種類のガクセイたちへの　妹
への
わが母への　わが〈父〉[6]への　管理人への
　　どれもこれもへとへとにさせる
短いあの手紙は　書いたが送っていない
だって　大した手紙じゃないもの。さて　お腹が空いた　なにか食べに行ってくる　ほんものの魚と牡蠣
と羊の腿肉と
ヒツヨウなもん[7]　すべて
よかったら
メシ　おごるよ
お腹　空いているだろ　君も？

なにはともあれ　お利口さんにして　静かに眠りなさい
僕である君の心の底から
　　　　　キミニクビッタケノボク
　　　　　わかっているわ　ルイ
おっと！　気づいたよ、あの「疲れの」手紙は君に送ったんだった――昨日、投函したんだった、この手紙とまちがえて!!!　なんていう抜け作！、ま、どうでもいいや
僕は君に首ったけ　フランカ――チャオ
　　　　　　　　　　　　　　　　　　　　アモーレ　ルイ　土曜　午前

（1）　手紙はここに再録しなかった多くのデッサンに飾られている。デッサンの大部分は手紙の特殊な書面構成を説明するためのものである。
（2）　〈訳注〉「封筒」を意味するイタリア語「busta」に対して、ここで言われる「フランス語の busta」は、「胸」、「バスト」を意味する「buste」のこと。「busta」というフランス語はないが、「buste」はイタリア語の「busto」（意味は、もちろん、フランス語に同じ）から来ている。つまり、ここでは、busta（封筒）→busto（バスト）→buste（バスト）という音と意味との連想によって話が紡ぎ出されている。
（3）　正面と側面とからみた女性の乳房を描いたデッサン。
（4）　この手紙でのアルチュセールによる括弧の使い方をそのまま保存した。
（5）　〈訳注〉これは、もちろん、横からみたオッパイの形が加齢とともに変わっていくことを暗に言っている。
（6）　〈訳注〉「わが父《モン・ペール》」は聖職者への呼びかけとして使われる。ここでは自分の父親と前に話に出てきた司教とが掛けてあるのだろう。

（7）〈訳注〉この手紙には（またほかの手紙でも）、発音される音声やリエゾンによって有音化する音を転写する書法が用いられている。「tout skifo（＝tout ce qu'i'faut＝tout ce qu'il faut）」、「moi kitador（＝moi qui t'adore）」、「aux zélèves（＝aux élèves）」、「des zuîtres（＝des huîtres）」など。こういう「遊び」または「技法」についてはいちいち注記しないが（日本語の表記法をいくらか変えることなどによって対処した場合あり）、アルチュセールの手紙の原文にはカリグラム（図形詩）につながるこうした「視覚効果」が散見されることをこの場を借りて読者に知らせておく。耳と眼の結合！

［一九六一年十一月三日］

金曜　夜

水曜夜の君の手紙、フランカ　僕はmôme《モーム》（ガキ、子供のこと）のように幸せさて。ベルナール・ドルトの住所だったね　パリ五区ブーランジェ通り三四番地。
ほかになんか言わなくちゃいけないことがあったっけ？　そこそこやってる、疲れもそのうち尻尾を巻くさ！　マンテーニャ、特にキリストの洗礼はしっかりみること
そう言えば、君のスタンダールは僕んとこにある　そのうち返しに行く、たぶん近いうちに。でも、君が僕に知らせずイタリア中をうろつき回ってばかりいたら、ドツボにはまっちまう！
少しは体を休めること、眠って、えーと……、あ、そう、そう、食べなきゃ！、違う、違う、食べるのはなんもうまくいかんときにするもん（君はデブったはずだ!!、何キロか白状せよ!!）、食べちゃいけない、お利口さんでいてくれ、髪型を君らしく決め、美しく、おしとやかでいてくれ、君の中に落ち着きを、君

の表情に落ち着きを、体に落ち着きを、――落ち着きと言っても、命に、生きることへの意欲にあふれた落ち着きのこと、思考　動き　欲望 etc. でいっぱいの落ち着き。そのうちちゃんと説明してあげる。さっき言った　ドツボにはまっちまう！　の意味はこう、君がうろつき回ってばかりいたら、どうやって君に出会えるって言うんだ??

こっちは仕事とやることがてんこ盛り。でも、清々しい秋日和で、陽射しもある、まあ、悪かないってこと。事件に次ぐ事件……、これについては言わぬが花。

ちゃお　君、ちゃお　君ニ、ちゃお　ちゃお
僕には君がピチピチしている　まるで鱒のよう
水のように清冽で生きのいい鱒　チャオ　チャオ

ルイ

六一年十一月六日　月曜。一八時

チャオ　フランカ
僕のもとには君の犬どもがいる　すべての司教と彼らの属性とに匹敵する犬どもだ
(かつてパリの重さが一回分のミサに相当したように[1])
哲学の番犬ども

僕がアホなことを言おうものなら
あるいは　君がアホなことを言おうものなら
要するに　その犬どもが歯を剥き出して唸り始める

より自由になったと君が感じているのはいいことだ
わかってる　ここからは別の話をしよう
言ってくれ　君は何をしているのか　調子はどうだい
ピンパは元気でいるか（ぼかぁ②　近いうちに彼女に手紙を書くつもりだ）　ミーノは元気か
それを言ってくれ　言ってくれなくてもいい　まったく別のことを言ってくれてもいい　言ってくれ　何を望んでいるのか　君のもとに何がやってくるのか　君のもとから何が逃れていくのか　君の頭を　手を心を「petto《ペット》〔オッパイ〕」（翻訳不可能！）を　お腹を　髪を　脚がたどる秘められた大きな道を　腕の大きな羽ばたきを　何が通り過ぎていくのか
はいと言ってくれ　いいえと言ってくれ　シャンソンを歌うように　ともかくなにかを言ってくれ

常軌に収まらぬこと　収まること　はちゃめちゃ
この二週間　じつによく働いたもんだ　君も僕も　ヴァカンス万歳！

ではまた　フランカ　Francaという君の名　いいな

口から出ていく名　耳に入ってくる名
砂漠に　沈黙の中に　放り込まれる名じゃない、君の待つ名　君が追いつく名、君が再びつかむ名　チャオ　フランカ　チャオ

ルイ

(1)〈訳注〉カトリックに改宗するときにアンリ四世が言ったと伝えられる言葉「パリはたっぷりミサ一回分にあたいする」の変奏。カトリックのミサはパリを犠牲にしてでもやるだけの価値あり、という謂。

(2)〈訳注〉原文では「je lui」（ジュ・リュイ――僕は彼女に）ではなく、音を省略して口語的に「jlui」（シュリュイ）となっている。かつての日本の歌謡曲に「ぼかぁーしあわせだなぁ」という台詞があった……。しゃちこばった文法書は、砕けた口調の早口で発音すると、このような音の省略と変音が生じると説明する。これは、しかし、相対的にとても早口である東京の下町の人間が「ひ」と「し」を区別しない（できない）ように、一種のパリ訛りと考えてもいいだろう（たとえば、『男はつらいよ』に登場するさくらさんの夫「ひろしさん」を、隣のタコ社長は「しろしさん」と発音していることに注意）。たとえ「シュリュイ」的口調がパリ以外にまで全般化しているとしても、言葉には、或る訛りをもつ者が別の訛りを真似することで、地政学的な負性を補償しようとする心理的機制が働くことがある（「大阪弁」と「東北弁」の社会学的価値の違いは歴史的・地政学的な効果にほかならず、言語または言葉自体に内在する差異ではない。つまり、それは「政治」そのものの反映だ。）。言ってみれば、エビフライと味噌カツをこよなく愛する洗練された都会人がこう啖呵を切るようなものだ、「てやんでぇ、火と詩の見分けもつかねぇどん百姓め、都のお人はせっかちでいけねぇや」！

〔一九六一年〕十一月八日　水曜。一七時

チャオ　フランカ。
今回のテニスはうまくやれた。
一種のバロメーターなんだ　テニスがさ。
仮設的、象徴的、遊戯的、投射的etc. である一種の試験。ともかく、事情次第で僕はその試験の結果を結果のままに受け取ることにしていて、そこから自分の状態を判断する。
たとえば今日なんかはそう。
プレーがうまくいくときは、いわば有頂天でしゃかりきになっている、あふれ出す粗暴さにみちみちている、無償で無意味な（力の）横溢が伴なっている
僕は僕の力を空に投げつける　なんの目的があるわけじゃない　jeu《ジュ》〔プレー〕の、je《ジュ》〔私〕の快感それだけのため
純粋に体力を使うことの歓びのため　相手から勝ち取る勝利のため
だが君は馬耳東風　僕は自問　なんでこんなことをあれこれ君に語っているのかと
なにしろ僕には君のことを話す話相手が一人もいないのだ　伯爵も伯爵夫人も公爵夫人もカルロも内装屋もbuoni Bambi《ブオーニ バンビ》〔仲のいいバンビ夫婦〕(1)もいない　夫婦がパナレーアの君のplumard《プリュマール》（ベッドのこと）でmôme《モーム》（子供）をつくったと君が言ったとき、僕はこう思った、これは笑い話じゃない、ほんとのmôme《モーム》がお腹から彼らのもとに出てきた、オギャーオギャーと声を上げ、血に塗れ、誰をも参らせる微笑みを湛えて（出産した人が仰向けに天井にみる微笑みのごとく、甘美な）、彼らは自然の豊穣さをウェルギリウス式に称えたの

だ、あらゆる家族から遠く離れ、祖母祖父ご先祖様なく、驢馬も牛もなしに、東方の三博士もなしに、電灯なしの夜の中で、曖昧模糊とした無垢なる物質の中で、薬剤師、医者なし、市長もなし、水道水も産婆もなし
彼らは子供の誕生にパナレーアの自然の純粋性を味わったのだ、文明のあらゆる配慮から切り離されたこの自然分娩において。星々に照らされて、彼らは銅製の桶で井戸から水を汲み上げ、その中で子供を洗った、父は子にむかって不器用に微笑んだ、それをみた人の誰もいない微笑み、すべては、起きたことがらのすべての細部は彼らのものだった、彼らだけのものだった、事が終わってから彼らはそれら（細部）を永久《とわ》に君に託したのだ

いや、子供は生まれていなかった、それは僕にもわかっている、子供はこれから生まれてくる
きっと男の子だ、だってその子は樫の木でできた粗末なベッドか玉砂利（河岸やさざ波寄せる浜辺でとれる丸い石）を敷きつめたベッドで生まれてくるのだから
生まれるのは一つのプログラムだ
一つの待機
九カ月の待機　九カ月の夢と苦しみ、
九カ月の（二重の意味での）patiences《パシャンス》〔忍耐と気長〕

その男の子は都会を愛するだろう
都会でヴァカンスを過ごすだろう
毛織物の上で眠り
蛇口をひねり（電気の）スイッチを入れる
その子は公共交通機関を使うだろう
地下鉄と飛行機
やがて最先端の技術を発明するだろう（テレコミュニケーション）
自分の生活をみずからの誕生と釣り合わせるために

まちがいなくきっと

そう　君の歓びがわかるよ　フランカ　僕は笑ったりしない
彼らが君のベッドの上で愛を交わしたなんて　イカすじゃないか
そんなふうにして彼らはベッドに洗礼をほどこしたのだ
（君はまだ洗礼してやっていない――そうしてやるつもりで君はベッドをつくったのだと僕にはピンときた、しかしそれが自分のための洗礼ではなかったわけだ）それもあるからパナレーア行きにもう一つ理由ができたな

（ふと思う、一瞬のフラッシュバック、マルチニック島の〈カフェ・バー〉のテラス、二人とも引っ掛けたホットパンチが回り、かなりご機嫌だった、でもこれはベルナールよりあとのこと、ここで記憶の糸がふつりと切れる、あれはいつの日だったのか？　あれはあの真っ暗な日々に到来したひとときの安息、奇蹟、希望だったのか？　いまとなっては、どうでもいいことだが）

オーケー、パナレーアのことはいつでもオーケーと言う用意がある、ただし場面設定が別ならばだ。前回の場面設定はよくなかった、それはそれで前回のパリと同じほどひどかった。交換をやろう、僕がまたパナレーアに行く、君もまたパリに来る、立てた誓いを破って、君の誓い、僕の誓い。

君が〈伯爵夫妻〉のもとに戻っていたら最高だなと思った。僕は夫妻の家が好きだ、冬で、そとに雨だったら、あの家は過ごすのにもってこいにちがいない。暖炉に少しの火、これは欠かせない。あそこにいるとほんとにホッとする。君がカルロといっしょにあそこに行っていたらいいなと思う。僕はカルロが大好きだ、彼のことをとても気に入っている、彼のがさつでぶきっちょな性格でさえ、彼の間抜けぶり、世間知らずなところさえ。彼のこうした面（面食らうこともあるあの不器用さ、呑み込みの悪さ）、そうしたすべてがたぶん僕にかつての自分の不器用さを思い出させるからだろう（その不器用さがもう僕に残っていないとして!!）、その意味でも僕は彼に兄弟のつながりを感じる、――ああした不器用さから縁を切れる、そういうお荷物を下ろさせる、不器用さは宿命なんかでない、不器用さから自由になれる、おそらく僕はその証拠であり、その証人だ。ただそうするには助けが要る、これがすべてだ。

乱筆乱文、なんにも綴じられていない、フランカ。
でも、ここのところずっと僕はすべての時間を「綴じ」すぎてきた、ものごとをことごとく結《ゆ》わえすぎてきた、理性の動きに眼を光らせすぎてきた、推論と言葉の流れを整頓しすぎてきた。理性にもやはりヴァカンスが必要なのだ。
君は、それが通っているなら、糸をみつけてくれるだろう。通っていなくても、別にかまやしない。
君はこう考えてくれるだろう、君に向けて書いているのだと、書くことがらがなんであっても、はちゃめちゃであっても、君に書くことが僕は好きなのだと、君に書きたいがために書いているのだと、こう知りたいがために
君がこの手紙を開ける
最後の……なんて今度はおそれずに、逆に、これからどんどん舞い込んでくる、積もるほどにもたくさん、と知りつつ……
チャオ　フランカ　チャオ
僕は君に首ったけ、僕の大きな鳥よ、水ほどに清冽でピチピチ跳ねてつかみ難い生きのいい魚よ、僕の震える鏡よ
チャオ
ルイ

（1）十一月五日付の手紙でフランカは、パナレーアに来て彼女と合流したらどうかとアルチュセールを誘っている。言われている内装屋はパナレーアのフランカのベッドを製作した内装屋のこと。

六一年十一月九日　木曜

せめてカントが白い浜辺を舐めにくるあのなだらかに遠浅の海であってくれたなら
その浜辺を若々しい軍人がボルセッティ(1)のカフェにむかって足早に歩いていくが
やがて歩を緩め　禁じられた空間の露出した恥部をしげしげ眺めることになろうとは、そこには（〈イタリア語〉で）こうある、〈軍用地につき駐車禁止〉、ぴんと張った乳房をもつ美しい黒い娘、彼女は水平線のごとく横たわり、なにも眼に入らぬままに話に興じていて、やっとそれと気づいたときには、すでに人影がよぎり、彼女を覆う、——影は決まって冷たい、思いも掛けぬ涼気が尻の上を掠めていくのを彼女は感じ取るが、遅し、影より前にまなざしを察知すべきであった、だが太陽の熱とまなざしの熱にどう区別がつくだろう、いずれも火であり、いずれも空からやってくるというのに？——彼女は応戦のしようもなく慌てて立ち上がり、凝視の標的となっている下腹部の上に黄色い大きなバスタオルを引き上げる、なるほど、彼女は裸で、裸であることが彼女をその場から動けなくする、一点に集まるすべての視線が彼女をその場から動けなくする、近くからの、遠くからの視線、すでに通り過ぎた視線、いまそこに在る視線、これからやってくる視線、みずからの情欲《パッション》（〈受苦《パッション》〉ならもっと高貴だろう）を証言するこの一大行列が彼女をその場に釘づけにする、それどころか、是も非もなく彼女をその場に釘づけにする熱射の、その途切れに飛ぶあの奇怪な鳥の鳴き声までもが、運よく彼女のそばに一人の男がいて、他の男どもすべてを抑える、運よく彼らは〈学校〉やミサで昼も夜も万人の徳を教えられていた、かくして、運よくであれ、残念無念であれ、いずれにせよ、一九六一年の浜辺での大いなる八月、松の木たちは残る陰を彼らの下に集め、海の砲手たちの砲撃（実戦のそれ）で熱くなった幹は太陽に焼かれる、そして彼女のほうは身を翻して腹這いに　こうすればより安全　よりみえにくくなる、とにもかくにも乳房だけは砂の上に押しつけられて平静でいられる、こわがりで　気紛れで　脆く　手にとろうとすると鳥のように逃げていくこの自然の賜物だけは、それでもまだ一つ不安が残る、お尻が丸出し、まずい、が、まあ、それは大したことではない、要するに**彼ら**だって尻はもっている、彼ら、分列行進する彼らだって、なにが危うくなるわけではない、たとえ軍隊にいても彼らはそれをもっていて　それとお付き合いする、それどころかそれしかもっていない、尻はどこにでもある　人生の中　言葉づかいの中　罵りの中　規則の中　曹長の　それにおそろしいことに！（少なくとも下級の）士官の口の中、軍隊の中　尻　尻　尻、尻が一つ余分だろうが一つ足りなかろうが、おっと失礼、二つ余分だろうが二つ足りなかろうが、彼らのお尻文化(2)の趨勢に影響なし（しかし万が一ということもあるかも、ならば、あの太陽を使って確かめたらいい！、女性の粘稠性や曲線についての或る種の観念を確かめたらいい、その観念は感じ取れないほどだが、指標と暗示を与えてくれるだけでなきに等しいほどだが、想像力にとってはそれだけでじゅうぶん、想像力の眼は頭にくっついているどんな目ん玉よりもはしっこく、いったん想像力が働き始めると、その続きは決まって次号へ持ち越し、次の夜へ、次の杯《グラス》へ、生に空白が開くときへ）――しかし、なににも増して彼女を断然有利に立たせるの

は彼女がもうなにもみようとしないこと、顔を砂の上に押し当てたまま、彼女はもうみられているという
そのことをさえみない、もうまなざしはない、もうなにもない、彼女の思念のほかはもうなにも、別のまなざしをもった別のシルエットであるその思念のほかは。
カントが僕の言う海であってくれたなら
塩辛くあるだけで無味な熱すぎるあの水（カントではなく、海）の深みにまで出るそのあいだにやがて彼女もまた水を浴びにきてくれるなら、深みに出て、深く潜って水底《みなそこ》に手で触れ、魚を眺め、石を手にとるそのあいだについに彼女がやってきてくれるのなら、海水でぬるぬるする彼女の体に僕が呼びかけねばならぬとするなら　身持ちの固い股　ふくよかな腰　見開かれたたゆたい踊る眼　諾《ウイ》　否《ノン》　髪　彼女を後ろに押し退け不安にさせる両の腕　もし僕が水と砂のあわいに長々と身を横たえるなら　たぶん彼女がやってきてくれ　僕らは　言うなれば　一つのベッドをもつだろう　身を隠すシーツといっしょに　つねに海から引き上げられてくるシーツ　重く軽いシーツ　身を隠すためのシーツ　僕らの手を隠すための　僕らの体を隠すための　僕らの笑いを隠すためのの
せめてカントがこの海であってくれたなら
くそったれ　それはこの海じゃない
この苦さは
この海の苦さじゃない
この塩もまた
この海のじゃない

やれやれしょうが
ない
チャオ

ルイ

（1） ラヴェンナの近くのカサル・ボルセッティ。

（2） 〈訳注〉ここの原語は「culture」だが、これを単に「文化」としたのでは、なぜこの語がここに置かれているのかよくわからないだろう。それをわからせるようにさせてくれるのは、文脈からみて、この語の字面が我にもあらずもってしまう視覚的意味であると言える。「cul」は「ケツ」を意味する。

[一九六一年] 十一月十一日　土曜。一五時

こんちは　フランカ。

火曜‐水曜の夜の君の手紙は昨日の五時に受け取った、この手紙が届くとは（もう）思っていなかった、君の手紙が配達されるのはふつうは朝九時か（稀に）一〇時三〇分だ、――いままで一六時に来たためしなんかなかった、――それで朝になにもないと、そういうもんだと諦め、背を丸めてしょげ返る[1]、しようがない、今日は待ってもなにもない、柔弱さと不運とがもたらす痛手から身を守るために体の内側が硬くなる、甲羅さ、いや、君の好みに合わせるなら殻か（君に馴染みの殻！）、――だから、昨日のように思いもかけない手紙が舞い込んだりすると、ほんとうに意表を衝かれる、当てになんかしていなかった、ま

ともに考えるなら当てにするほうがおかしかった、じつにああいう手紙は一つの純粋な贈与なのだ……、たとえば今日なんかがそうだ、十一月十一日、〔第一次大戦〕終戦記念日、祝日だ、僕にはなにも待つべきものはなかった、明日、日曜日だ、よって同じこと（ひょっとして君が速達でなんて考えたら？、ひょっとしてひょっとするかも？、君だったら郵便の遅れに先手を打つくらいの機転は働かせるかも？）、最善の場合であってもどうしたって月曜日の朝はやってくる、これが人生というもんさ、なんやかや言ってもほかにもやることはたんとあらーな(今年のここときたらサーカス並みの馬鹿騒ぎ！、君の予想を超えちゃってる、しかもうんと遥かにだ！、僕は働きづめで眼の回る忙しさ）、いずれ時は過ぎていく、いずれにしても過ぎる、時のご意見など訊かなくとも時は過ぎ、事態は進んでいく、君にとっても事態は進んでいることと思う、演劇、ピンパ、学校、友人たち、その他もろもろ、だがなんで君は朝方の四時なんかに床に就くんだ？　そんなに遅くまで徹夜しなくちゃならないのか？、健康によくないぞ、たとえシチリア人であってもだ、もちろん、僕だってこの前の夜は寝たのが三時半だった、木曜の晩のことだ、友達んち[2]でパーティがあってね、オトゥイユ[3]にある大きなとても美しい家さ、君のじゃなくて僕のほうの貴族でロシア生まれ、彼らのところに芋を洗うようにあらゆる類いの友人が集まった、ちょっとイカレた奴、愉快な奴、興味をそそられる奴、クルクルパー、陰気な奴、おどけた奴、頭の切れる奴、玉石混交、僕の地方版イタリア、生活（しかも夜の生活）にかかわって想像力の次元に優劣つけがたい結果をもたらしうる国民は世界に二つしかない、イタリア国民とロシア国民、それ以外の国民はまったくお話にならない、というか、いずれにせよ、かかわる想像力が軽薄すぎるか平板すぎる、唯一深く意外性があって、おやっと思わせ、奇怪で、普通じゃなくて、謎めいている想像力はイタリア国民とロシア国民のもとからしかやってこない、まあ、それはともかく、僕はとても遅くパーティから帰宅した、定刻通りにおさらばしたわけ（僕には分別あり）、しかし一時から三時にかけて二人の男の相談に乗った（これは彼らが僕を好もしく思っていたからじゃない！、そうじゃなくて、世の中には「楽天家」ばかりがいるわけじゃないってことさ！——二人は僕の知り合いで、話に僕も一枚嚙んでいたので）それでベッドに入ったのが三時三〇分というわけ、ご想像のとおり僕の起きている時間じゃない、しかも次の日、ここ師範学校はきちがい沙汰の一日になった、学内の記念碑的な揉め事あり、学生同士の感情的なぶつかり合いあり（麗しい感情なんてこれっぽっちも！、やられた仕返し、八つ当たり、腹の探り合いさ）、また学生と事務方メンバーとのそれあり、事務方は学生との付き合い方がちょっとへたくそなのだ……、同じにせよ別にせよ、きっと君もこれと似たような理由があって、あの火曜は寝るのがあんなに遅くなったのだろう、僕だって少しは君のことを知っている（少しは、少しすぎる）、君は探検しながら夜の中を進んでいる、君にとって夜は一種の始まり、出来事の発端であり、夜　すべてのものごとは隠れている、ものごとをみいだすには、まさぐる両手を突き出して手探りしなければならない、ものごとが隠れているのは夜がそれら（ものごと）を抱え込んでいるからにちがいない　そこから推測すれば、夜は豊かで、そこにはたくさんの宝物が埋蔵されている、君は影に覆われたそうした世界を前にしつつ前進しているのだ、君にとって夜とはそのようなもの、君は夜の神秘と魅惑に運ばれていく、どうして夜から逃れられるだろう？、バンビ夫婦の夜はどれだけの時間に匹敵したのか、あの〈三〉本のシャンパンはどれだけの時間に（それまでツキのなかったシャンパンは、あの夜、みずからの運命、シャンパン、に出会ったのだ、みずから清めの水、シャンパン、となることで自分の罪を洗い流したのだ、みずからの現在、シャンパン、を炸裂させることで自分の過去を洗い流したのだ、あれを救う唯一の方法は、まさしく、予定されていた目的とはまったく別の目的に使うことだった、うかつな行為のおかげであれは救われたのだ、――そしてネクタイ[4]、君はネクタイを焼いてくれただろうね、だってあれらネクタイの過去を洗い流せるものはなに一つない、あるとしたら吊るしたまま放っておくことだけだが、そんなことをしたら噴飯ものの話のネタになっちまう、様子をみにいったら、なんと人生に絶望したネクタイが、自分の家の屋根裏部屋で、梁にネクタイを引っ掛けて首を吊っていた、なんてね)、君はいくつもの夜を超えてどこまで行こうというのか、僕から遠く離れて、僕なしで、――まだ君の夜と僕の夜の共通のリズムを僕らが少しもみつけていないままに(それをみつけるにも、それこそ手探りすること、探し求めることが必要になる)、B〔ベルティノーロ〕で、あるいはアドリア海沿岸への夜の〈逃避行〉で僕が君といっしょのときは僕が君より早く眠気に襲われたが、寝入ってしまうのは君が先だった、要するに君は夜の中を僕ほどには遠くに進んでいないのに、僕よりも遥か遠くに夜を突き進もうと望んでいた、――朝五時の暁が差したのは僕のためにだった、君のほうはまだ車の後部座席で眠りっぱなしだった、君は眠りの遥か向こうにいた、その証拠にもう君を眠りから引き戻すことができなかった、ここパリにいては、君の幾晩幾夜がどんなだったかをどうして知ることができよう、実際、君がやってきたときには、僕らのあいだの〈誤解〉(大文字で始まるそれ)によってすべてが、夜も昼もが偽られていた、しかし僕はまた知っている、君にはまったく眠られぬ夜もある、それは〈二人の夜の逃避行〉とはおよそ懸け離れた理由のせいであり、ただいくつかの思念が昼の代わりとなってあまりに強く輝き、君がその光(魅惑あるいは恐怖)に堪えられないからにすぎない、さらには誰かが君にとって夜の代わりになり、じつに人は二つの夜、太陽の夜と人間の夜を同時に生きることができないからだ、しかしなんのために僕はこんなふうにだらだら言い募るのか、一息のもつリズムを欠くこのかくも長ったらしい文章はなんのためなのか、失われることを、君を失うことをおそれて途切れまいとするこの長ったらしい文章、夜のごとく終わりないこの長ったらしい文章はなんのためなのか、いまや昼間だというのに、郵便のない十一月十一日土曜、午後四時、在るのは昼間のみ、独りきり昼間が在る、これからまた僕は仕事にとりかかる、僕の愛した海のような海ではないあのカント、なんのためのこの長ったらしい文章なのか、なんのための？、理由はおそらくこうだ、眠るには一つの方法しかない、眠そうな仕種、眠るふりをして、この眠りの写しによって眠りに呼びかけ、眠りを到来させること、——それと同じで、終わりない別の持続を、切れ目、中断、亀裂のないそれを模倣するためにおそらく僕にはこの長い文章が必要なのだ、実例と魔術をとおして呼びかけるために、僕に欠けていて僕のもとにない、遠くにある別の持続、君　フランカに呼びかけるために、だってこの文章も終いにはその要約たる一つの名をみつける、この終わりない文章も終いには君を　君の息づかいを　君の夜を　君の昼を　君の人生を、六文字からなる不可分な一つ名、一つの数字《ノンブル》-最初-の-名《ノン・プルミエ》のうちにつかまえておくことができる、わかってる、駄弁を始めるつもりはない　僕は文学の誘惑の向こうにいる、ただ僕は自分が何をなしているか理解したいだけだ、自分のなしていること（たとえ、言うというそのことによってさえ、だって、言うことは為すことなのだから）はじつに自分が言いうるどんなことよりも限りなく重要なんだ、そしてこの現在、僕のなしているのは君に手紙を書くということなのだから、僕はただ自分がなんのために君に手紙を書くかを理解したいだけだ、なんのために君にこんなにも長い文章を書くのか（この文章が長いというそのことを知るまでに僕がいくらかの時間を置かねばならなかったことは君にもわかるだろう、その長さが現れるまでの時間、これが長い文章として現れるまでの時間、そうなることは始めはまったく確かでなかった、じつに始めはむしろ自分の息の「短さ」を感じていた、自分の中に一つか二つのまったくなんでもない短い文章があるのを感じていた、たとえば、元気だ、君のほうは調子はどう? みたいな、――あるいは、今日は君のかけらもなし　もっともなことだ　なにしろ十一月十一日だもの、みたいな)、実際、かくも長い一つの文章を君に書いていると知っているいま、この文章が一続きの一個の文章として――断片に切り分けられた短い文章の塊としてではなく――さらに持続していくことがはっきりみえているいま、僕は、なんのために自分がこんなふうに君に手紙を、たった一つの長い文章を書いているのかと自分の**なしている**ことの理由をはっきり自分に問い質すことができる(自分が何を言っているかではなく、なんとなれば、為すは言うより重し)、しかもいま達しているこの地点でそう問い質すことができる、いま君に書いているような仕方で(たった一つの長い文章を書くという仕方で)君に書くのはなんのためなのかを僕は知っているとそう書いているのを知ったうえで君に書くというこの地点で、――そしてこの「なんのため」を僕はすでに君に言った、別の持続を模倣する持続によってその網の中、文章の中に、狙いはつけられているのにまだそこにない別の持続を誘い込むためだと、そしてこの別の持続は、遠くか近くか、ともかく夜のどこかをうろついていて、僕に長く待つだけの根気があるなら、眼を眩ませられた獲物が僕の罠に飛び込んでくるようにおそらくそれはやってくるだろう、そのことを君はすでに理解した　円環は閉じた　僕はもう黙っていい、いまや僕は自分が何をなしているかをちゃんと言ったことになる、ならば君は、手紙にしては長すぎるなにも言っていないこの手紙を破いていい、君にはすでにすべてがわかっているわけだから、ただ僕が君にいちばん言いたかったのは、君にはすでにすべてがわかっているとそう僕が知っているというそのことだ、いまや僕らのあいだの調律はすんだ、荷は下ろした、言葉半ばで僕らは互いを理解した（この手紙は言葉半ばで終わったのだから）（この手紙の沈黙に付された半面は、残る半ばまでの言葉なのだから）、君はこの手紙をシャンパンのように焼き、ネクタイのように飲み干していい、僕の大好きなカルロかその他の誰をでも（僕の嫌いな誰をでも）伴なってか伴なわずにか君が〈伯爵邸〉から帰ってきたとき、適当な日曜日の夜にでも田園に燃した手紙の灰を残らず撒いてくれてかまわない、跡形なくなにをも、想い出をさえ残さぬようにするために、僕が再び同じやり方で君に手紙を書き始めることができるようにするために、開封した君があの手紙のように真新しい僕の手紙をみいだすようにするために、あるいは、あの手紙のように古い手紙を、そのときは君がそれを破り捨てるようにするために。

ルイ

チャオ　フランカ

（1）〈訳注〉原文の動詞は「se recroque*vi*ller」で、そこに編者による「ママ」の注記がある。ここは「se recroqueviller」となるべきだが、編者はアルチュセールの誤記をそのままのかたちで保存したと思われる。アルチュセールが意図的に綴りを変えることはよくあるが、編者がなぜこのような単純な誤記を保存したのかよくわからない。

（2）ボリス・サロモンとインナ・サロモンの家。

（3）〈訳注〉パリ一六区、ブーローニュの森とセーヌ川のあいだの住宅地。

（4）〈訳注〉「大惨事」となったフランカのパリ訪問の最後の日にアルチュセールが彼女のために買ってやったネクタイのこと、一九六一年十月二十六日のフランカの手紙参照。

六一年十一月十三日　月曜。一五時。

君[1]のためにタイプライターのリボンを新しくした、フランカ。白は白、黒は黒とくっきりした書面。自分が何を書いているのかみえる　自分が何を考えているのかみえる。今日は月曜日だが、どんな月曜日だか知りたい？、十三日の月曜日だ。三、四日前からパリの上には雨が降っている、もっと前からかもしれない、わからないがたぶんね、外出はほとんどしない（いや、先日のオトゥイユがあった、あのパーティのときも雨が降っていたのを思い出した）（昨日の晩、日曜、煙草を買いに出たときも雨だった）（僕は吸いすぎる）（もうきっぱり煙草は止めるわと君が僕を納得させることができるなら話は別だがね）（禁煙をお試しあれ）。今朝、君からの手紙が三通、水木金のが揃って。一週間ぶんの君がまとまって僕のもとに届いたわけだ。演劇、バンビ夫婦、白の便箋、スタンダール、君による古典的なジード‐スタンダール比較論（古典的、文学作品の解釈として教室で取り上げてもいいだけの価値ありということ）、君のお風呂。僕にはかなり気に入った――かなり＝大いに、だって僕らフランス人は緩叙法好み（緩叙法《リトート》と鶍《リノート》を混同しないこと）[2]――あのお風呂の話が僕にはかなり気に入った。[3]なるほど、ここでも君はいつも水の中にいたよね、こんなに君が水生‐水硬性[4]だとは知らなかった、僕は心の中でこうつぶやいたものだ　冬だもの、彼女は（冷えた爪先を）温めなくちゃならないんだ、こう心の中でつぶやいたものだ　愛だもの、彼女は体を取り戻さなくちゃならないんだ、こうつぶやいたものだ……彼女は考えなくちゃならないんだ　だって人はいつも水の中で考える、水が途切れぬあいだに静かに考えなくちゃならないんだ、僕は心の中でこうつぶやいたものだ　結局なにも知らなかったんだな、家での君がどんなか知らなかった、フォルリーではたぶん君はいつもバスタブの中にいるんだろうな。つぶやきの及んでいる先は要するに君の心だった。最初は根も葉もない憶測をとおして、次に推論をとおして、最後は必要から。悪かない。これからはもっと注意深く自然の単純なエレメントへの君のつながりを観察するつもりだ。不安と過誤を洗い流そうとするこの沐浴を。そういう経験なら僕にもある、思い出すよ、セックスのあとの不甲斐ない状態で（自分に不満なときや罪の意識をもったとき）、あるいは大嫌いな奴と会ったあとで、爪先からトサカまで（爪先から頭のてっぺんまで）全身を洗ったことが何度かある。嫌な夢、悪い夢を追っ払うためのひとつ風呂、ただしいっしょにいろんな運も洗い流されちまう。君の場合、風呂はいい結果をもたらすようだね。知っているかい、かつては（教養のひけらかし）医学の全体、（十八世紀？）とりわけ精神医学の全体が水浴びの上に成り立っていたことを？　（そこからシャワーを使った荒っぽい精神病治療法、強制的な水治療法の中になにかが残った——さらにシェルバ大先生[5]の手になる街頭デモ鎮圧技術の中にもね……）（まさにここには彼の弟子どもがうようよいる）、はて、便箋の片面で僕は君に何を語るつもりでいたんだったか？　この奇を衒った書面では、それを確かめに行けない。そんなのは、まあ、どうでもいい。君のスタンダール[6]は返して欲しい？　古き良き時代のイタリア人女性の心理をとても深く洞察した名言がいくつかある。現在でも通用する手引きになるだろう。僕はじつにこう考えていた、演劇は君にとってやがて物凄い重荷になるだろうと、この実験《エプルーヴ》が君にとってもちうる意味を知っていたからね、つまりは試練《エプルーヴ》だ。君は試練‐としての‐実験、実験‐証明というこの側面がかなり好きなので、この実験を進んで実験対象から切り離す（最終的に演劇なんかすっかりほっぽりだしちゃってもいいとの観念を君は受け入れる、——だが一度乗りかけた船を途中で下りるとの観念は受け入れない）。この粘り強さは悪かない、それ自体としてならむしろいいことだ。ここで僕はこう確認しておかずにおれない、君のもとに集まった才坊ッチャン《ラガッツィ》・才嬢チャン《ラガッツェ》のような子犬の集団にかかわるこの種の実験に乗り出したのなら、子犬たちに息をつかせてはならない、子犬たちを息を詰めた状態に置き、緊張の糸を切るどんな些細な口実も与えてはならない、でないとすべてがおじゃんになる。ただしこの実験‐証明に切迫されてしまってはいけない、自分にいくらか**猶予**を与えるのがいいだろう、息抜きの時間、休息の時間を。これは君の子犬たちに持続的な臨戦態勢をとらせるべしとの要請に矛盾するものではない、――もっとも条件が一つ付く、君が自分に与える猶予、休息が、**あらかじめ織り込み済みの**、予告された猶予、休息であること、誰にとってもあらかじめ織り込み済みで周知されていること、気力の萎えとみえる一種たるんだ投げ遣りな感じをそれにもたせないこと、そのような感じをもたせたなら、暗々裏に感染して他の全員に弛緩をひきおこすことになりかねない。了解した？　すべてを統率し、すべてを決定するのは（おおかた）君なのだから、いま言ったことが君にはできなくてならない。これは重要なことだと思うよ、君にとっても、さらに**試練**としてみてさえ。強いて待たねばならぬときが中にはある、強いて遅れを我慢せねばならぬとき、最後まで行きたいとの誘惑を強いて堪えねばならぬときが。総力戦の実験の中でなされる部分的な**断念**という試練は実験そのものを豊かにする。たとえば僕だって、場合によっては、生徒たちのために強いていくつかのことがらを**してやらない**ことがある、自分や生徒にあまりに多くを求めないよう自分に強いることが、そんなふうにして僕は、計算されたここぞといういくつかの最適な瞬間を見計らって、生徒たちに僕なしでやっていくことを教え、僕のほうは僕で**自分を抑える**こと（馬や逸る部隊や逸る自分を抑えるように）を学ぶ。それができたとき、第一の実験のときよりも高い段階に進んでいる。自己と状況を制御することで一つの段階が超えられたのだ。だが僕がここで言っているようなことなど君は知っている、というのも、僕は自分が君について何を知っているかを知っているから。

要するに、そんなことがらを僕にくどくど言ってもらう必要なんて君にはない、そんなことなら君は知っている。ただ僕としては、君のやっている演劇ほどにも美しい企てであっても、またその演劇に仮託してなされる君自身についての実験であっても、君がそれの奴隷になって欲しくないだけだ。そして(加えて)この考えには裏がある、間隔を置きつつも計算されたやり方で君の子犬たちを君なしで済ますことに慣れさせていくなら、僕が君に会いに行っても、その日が子犬たちにとって切れ目になることはないというわけだ(むしろこういう切れ目は子犬たちの教育の一環になるだろう)。会うことができるか、できるならどのようにして、どこでを君は考えたことがある? クリスマスに君に会いに行けないかなといまは考えている(休暇はたっぷり一週間ある)、どこかで、しかしどこで?、ベルティノーロ?、シチリアのジョヴァンナの家? もちろんパナレーアも頭にはある、ただ交通の便がね、いささか乗り継ぎが複雑。パリ〜フォルリーなら鉄道でお茶の子さいさい、パリ〜パレルモなら飛行機でひとっ飛び。君のほうでそれを考えてみて欲しい。パリ〜ヴェネツィアも悪くない、そのほか。こんなことを言うのも、フランスに来るのは君が嫌だろうと思うからだ、たぶんどこか別の場所、別の空を試してみる必要がある。経験的に知っているが、こういうこともやはり前もって考えておかなくちゃならない、たとえこれだというはっきりした解決が思いつかなくてもね。(こういう場合、はっきりしてしまっている見通しなんて、君の天才的な閃きとは言わないまでも、君の趣味、むしろ君の無意識の予感と反りが合わないような気がする、その予感は、なんであれ、事前にお膳立てされすぎてしまっていることがらにそれとなく胡散臭さを嗅ぎ取るからね、恋愛問題に関してはともかくそうだ）。もちろん、僕のほうが、週末[7]の丸二日間、いつ列車に乗っていつフォルリーの君に会いに行ったってか[8]わない、ただ二日じゃ少なすぎるよ、君に　チャオ　フランカ　と言う暇さえないくらいだ、しかもフォルリーだと君は独りじゃないしね、ま、それはわからないにしても、ともかく大声を出しながらただいま思案中、君のほうも動けるかどうか、それを考えてくれるなら申し分ないのだけれど（しかし二人でパレルモのジョヴァンナの家かその近くに行くとして、これは得策かな？　僕より君のほうがジョヴァンナをよく知っている、君としてはこれを得策と思う？）。むしろ、どこか見知らぬところに君といっしょに行くことのほうに僕の気持ちはぐいっと傾いている、君と僕だけ、そして思う存分羽を伸ばすんだ、二人でね、脚にも頭にも絡みつくなにも誰もなし。どうだい？　ともかく、すべてひっくるめて考えてみてくれ、フランカ、そして君の考えを伝えてくれ。

チャオ　アモーレ、千回《ミッレ》の　チャオ。

ルイ

（1）　この手紙でアルチュセールが採用した書面構成を再現することは控えた。
（2）〈訳注〉「litote」は表現を弱めて言う語法。「linotte」は鳥類のヒワ（正確には、ムネアカヒワ）のこと。
（3）　十一月八日の手紙で、フランカは自分の風呂の入り方をアルチュセールに長々と描写している。
（4）〈訳注〉「水硬性」とは、セメントやモルタルのように水を加えると固まる性質のことを言う。
（5）〈訳注〉マリオ・シェルバ、イタリアの政治家、一九四七～五三年の内務大臣時代に共産主義運動を弾圧した。
（6）〈訳注〉フランカがアルチュセールの家に忘れていったスタンダールの本、一九六一年十一月三日のアルチュセールの手紙参照。

（7）〈アルチュセール注〉 今日からクリスマスまでのあいだの。

六一年十一月十四日　火曜。一八時

君は僕を有頂天にさせる、フランカ。昨日から今日にかけて、なんと君からの手紙が五通[1]！ もたついていた郵便局の遅配がごそっと僕のもとに届いたわけだ……、でも フランカ あの違和感のことが気にかかる、調子っぱずれの太鼓を支離滅裂に叩いているあの疲れた心臓、いったいどうしたっていうんだ？ どうなっているんだ フランカ？ そういえば、出会った最初の頃の或る日、ミーノだったかジョヴァンナだったかが僕にこう言った、フランカは健康に「気をつけなくては」、特に心臓は（はっきり思い出したよ）、前に心臓に心配なことがあった、心臓だけはちょっと脆い、etc. と。そのことがずっと引っ掛かっていて、――或る日、思い切って君に心臓の調子を尋ねたことがあった（たぶん君は憶えていないだろうけど）、君の答えは、全然平気、びっくりするほど元気よ、あなた、担がれたのよ。君の言葉を信じた、フランカ、ずっと信じていた、――ところがどうだ、この違和感と来た……、これはどういうことだ？ 君が病気になるなんて考えただけでも嫌だ、君の中でなにかが踏ん張りを失くし、君が疲れ、この疲れが似たような気力の萎えをひきおこすなんて。どんなだか僕に言ってくれ、フランカ、「ああかもしれない」「こうかもしれない」の夜に僕を置き去りにしないでくれ。それでも僕は「かもしれない」を想像してしまい、こう独りごちる、この頃ずっと君は君を与えすぎた、演劇のため、君の子犬たち全員のため、友人たちみんなのために自分をあまりに消耗しすぎた、仕事から帰って朝方の四時に僕に手紙を書くことさえあまりまともなことじゃない、etc.　君に起きたすべてがこの疲れ、この自己の濫用のせいだと僕は思っているが、それが正しいのかどうかはわからない。心配だ　フランカ、君に禍が振りかかるなんて許さない、禍が振りかかるために君はつくられているんじゃない、どうであれ、なんであれ、そんなふうに思うことに僕は我慢がならない。

この手紙を読む頃にはきっと君は床を離れているだろう、でも、約束してくれ、いままで以上に用心すること（神かけて誓ってくれ……）、約束してくれ、体力を使いすぎないこと、昨日、僕は君にこう言った、ときには歩を止めることができなくてはならないと、――まるで君に襲いかかろうとしているものを見透かしていたかのごとく。（愛しい人よ、君が腹痛を起こした日のことを突然に思い出した、まだ知り合って間もない頃で、僕は君にヴェルヴェーヌ(2)を、君の呼び方ではレモン草を煎じて飲ませた、君はいつものようにすべての窓を閉ざして大きなベッドに臥した、――君がシチリアっ子であることを伝える想い出、家の中にいるときは太陽を避けようとするシチリア人の性分――僕は少し君を看病した、医者からもらった薬を使って不器用に、心の薬を使ってそれよりはいくぶん器用に、そうだったと思う、そうであったと少なくとも思いたい）君の哀れな心臓、フランカ　僕は初めてこの哀れな心臓のデッサンが僕の眼のまえで描かれていくのをみている、いっぱい言葉の詰まった心臓、君が僕に届けてくれる言葉以外そこに入る余地をもたぬ心臓、君は優しい、君は知っているか、なされてしかるべきよう、愛に襲われた若者たちがなすよう、ものごとをなそうとする君の熱意がどれほど人の心を打つか、君は全部をなそうとする、たった一つも省略しようとしない、幸せの儀式のすべて、人生への信頼と愛への信頼を受け取らせる秘蹟のすべてを君は遵守する、それがまた僕が君を好きな理由の一つ、この信頼ゆえに、この子供性（意識的なそれ！、最高のそれ！）ゆえに好きなのだ、君の中に生きているこの偉大な子供性、それはかつての名残として生きているのじゃない、いまをそのまま生きているのだ、僕の未完成な大きな子供、子供のように病気になっているこの子供、子供のように無防備なこの子供、君がパリに来て以来、僕はこの無防備な子供のことをどれだけ思ったことか……、僕が思っていたよりも君はもっと無防備だよ、フランカ。君はとても防備が固いと僕は思っていた、いまでも防備は固い、それまでに僕が見知った君のすべての武器、僕は見誤らなかった、いまも君はそれらの武器を携えている、それらの武器は君にふさわしい武器だ、それらの武器は君の手にしっかり握られている、——だが君は**また**無防備でもある、君は二つを兼ねている、武装していると同時に無防備、そのことを僕はきちんと知ってはいなかった、無防備さより防備のほうが上回っていると僕は思っていた、じつは君は武器をもっていて、また武器をもたないのだ、このコントラストが僕は好きだ、フランカ、このコントラストそのものが好きでもあるのだ、——たぶん君が夕方の疲れ切った僕の表情が好きなように、隠せおおせぬ真実、日常生活のあらゆる外面の下に透けてみえる真実を人が好むように……、僕もまたこのところずっと、とてもくたびれている、だが君の場合のように危険信号を受け取ることはない、僕はとてもくたびれているいが、それでいてますます多くのことをこなしている、易々と、みごとに、しかしかくも厖大な仕事でくたくたになっている、人びとにかかわる仕事、人びとの魂にかかわる仕事、彼らの精神と心にかかわる仕事、そこには「手を加え」なきゃならぬことがわんさとある……、僕はグロッキーで、それは顔に現れる、「血色が悪い」と誰もが僕に言う、やつれた表情、憔悴した顔、まさに、だって鏡を覗けばそれは僕にもみえる、それでも僕は乱れぬ呼吸で続ける、僕は力を使い果たしてはいない、貯めた大量の力が残っている、いわば僕に知られていない力、どこか知らぬところから僕のもとにやってくる力、どこか知らぬところ、いや、それでも僕はその出所を知っている、あの夏からだ、君からだ、あれら奇想天外な　難しい　たやすい　深い　手でさわれるほどにも生々しい　測り難い出来事のすべてによって変形された僕の生活全体からだ、いろんなかたちでそこから出てきたすべてからだ、とても雑多で多様で、互いにとても離れていることもあり、起源からはほとんどつねにとても離れているあれこれのかたち、列挙の必要なし、一覧表の必要なし、足し算の必要なし……、やがてそれはみえるようになるのだもの、たとえば僕が短い休暇を使って君に会うときに、息をつくための、呼吸をするための、息を継ぐための、君の腕の中で眠るための休暇（君は僕の看護をしてくれるよね、フランカ？）（僕を疲れから守ってくれるよね）——しかもこの頃の僕は続けざまにいい夢をみている、興味深い夢、職人が言うように「感触のいい」夢、僕の無意識は調子がいい、健康の中でもこれがいちばん大事なこと、——それらの夢についてはそのうち君に話す、そしたら僕にとってすべてが快調だということがわかるだろう、——そんなことよりなによりも、まず君にとってすべてが快調になったら、つまるところ、君の体調がよくなったら、そして二人で荷をほんの少しでも背負い分けることができるようになったら、僕は君の荷の一部を引き受け、君に僕の荷をほんのわずかだけ手渡すことにしよう、僕は君の眼が好きだ、フランカ、君の顔の中でそれが閉じるときも、それが見開かれているときも、それが僕をみつめるときも、僕は君の肩が好きだ（これを君に言ったことは一度もないと思う）腕とのそのつながり方、置いた手に心地よいそのなだらかさ、そう　僕は君の肩が好き、君のもつそのほかのたくさんのものも、それを僕はまだほとんど知らないけれど、それらのものをも知る時間をこれからかけなくてはならないだろう、おとなしくしていてくれ　恋人よ、僕のために休息してくれ　じっとしていてくれ、僕のために疲れから身を守ってくれ、僕のために休んでくれ、僕には君の力が必要だ、君のすべての力が、僕は君を早めにベッドに就けるだろう、――そして君が一晩中ぶらぶらと野山や君の〈伯爵〉夫妻たちの家や、そのほか君の女友達の - 愛人たる - 〈医者〉たちのもとに出歩かないと僕がちゃんと確信できるように、僕は君のそばで寝るだろう、君の眠りを見守るために、今夜にでもそうしたい、フランカ、十一月十四日火曜のこの夜にも、生徒たちとの三時間の演習のあとのこの夜、演習はカントの宗教理論について（!!!）、演習で僕は宗教とカントについてひどく不快なことをしゃべった、だが大学レベルの実習としてはじゅうぶんなことを、君もまた研究者だ、君はたくさんのいろんなことを知っている（先日もまだピエール〔・ゴディベール〕は、去年、君ともったランボーについての議論にすっかり眼を回していたよ！）しかし君が何を知っていようが、僕が何を知っていようが（僕の知っていることはごくわずか）、そんなのはまったくどうでもいい　大事なことは君が病気でなくなること、でなくちゃ、僕は看病しに君のところに押し掛ける、ほんとうに押し掛けるぞ！、自分の仕事と君の看病を同時にこなすために学校全体をフォルリーに引き連れて、それに電話も管理人も引き連れて、それればかりか校長も副校長も、そのほかすべての職員を、そして僕は彼らに言う、これが例のフランカさ、はるばる移動するだけの甲斐あらしめるシチリア人だ、彼女は色黒で　武器で覆われてはいるが、やはり裸で、パリにいるときなんかバスタブで過ごすんだ、フォルリーではもう体を洗わない、これが彼女の宗教さ、もろもろの思念、もろもろの情熱（一つの情熱）（複数形はいかんぞ！、複数はなし！）と取り結ぶ関係以外に彼女は宗教をもたないからね、彼女は美しい肩をしていて　少なくとも僕はそう思っている　おしとやかで　早寝で、ブレヒトとベケットが好きで、茸を見分けるコツなんかなんにも知らないが、なによりも自分で学ぶことを望み、教えるのが好きで、教えられた知識なんて一つももっていず、要するに魅力のある人で、豊かな髪にいつも閉口していて、要するに彼女は僕を魅きつけるわけだ（この移動の前に僕も散髪に行ってこなくちゃな）、諸君、僕の言っていることが正しいとは思わないかい？　イタリアでは雨が降ると家の中で火を焚く、寒ければ僕たちは同じベッドに寝に行く、この国の人たちはそんなふうにするんだ、諸君、できるなら別の女性を探すがいい、僕は探さないよ　もうみつけてあるからね

チャオ　チャヤオ　アモーレ　チャヤオ　フランカ　チャヤオ

ルイ

（1）　十一月八日、九日、十日、十一日、十二日の手紙。十二日の手紙はフランカの心臓に問題のあることを言っている。
（2）〈訳注〉クマツヅラ、ハーブの一種。

六一年十一月十五日　水曜

大急ぎの手紙、仕事に明け暮れる気ちがい沙汰の一日　僕のフランカ、それでもこの手紙は君のためのものだ、生きてるっていう合図（生きているぞ、生きているぞ、生きているぞ）君に書くことは僕にとって生きることだ、僕の手紙を読むことは君にとって生きることだ
そう、夜中に僕が何をしているか君は知ってる、君は簡単に僕を探し出せる

これからは僕の日々についてもいくらか詳しく話すことにする、君がもう少しそばで僕についてきてくれるようにするために
月曜日のこと、火曜日のこと、水曜日のこと　木曜日のこと　金曜日のこと　土曜日のこと　日曜日のことを君に言うだろう
一週間のすべてを君に言うだろう
どの週も似たりよったり　こうして君は僕のカレンダー　僕の地球全図を手にする
こうすればまた、早く床に就きたいときに君はそうすることができる、昼間に日が暮れる前に十回も僕に出会ったことになるのだから……

ついては、次回、君に言うことにする、すべてを君に書くことにする

今日の午後はテニスをした　とても素晴らしいプレー　そのあと一六時三〇分帰宅、風呂を浴びる、たくさんの人と面会、二人の卒業生　ソルボンヌの教授　彼らといっしょに一般言語学研究会を発足させるつもり、副校長と面会、校長に電話、懲罰委員会の問題で「助教《カイマン》」（師範学校の若い教師）と面会（委員会は土曜に開かれる、僕はそこで一般報告をおこなう）、さらに師範学校の学生二人と面会、それから君に手紙を書く、四、五回、電話あり、いま一八時五〇分、一九時、イタリア宛て郵便物の最後の収集、君への手

紙を出しに急いで郵便局に、そのあと床屋に行くつもり（法界坊だ！）、帰宅して夕食の用意、独りの食事、そして気が乗らなくなるまで勉強してから（カント）、寝る（たぶんテニスが寝入る助けになる）、そして明日になる、火曜……

こんなのは生きていることにならない　こんな生活は!!

チャオ　フランカ、君は僕の深い歓びだ、君を愛してる、君に手紙を書くのが好き、フランカと君の名を書くのが好き、このドシッとしていて、それでいて震えている大きな名、チャオ　僕の大好きな人　チャオ　フランカ

ルイ

【六一年十一月十六日】

木曜　一七時

［手書き］

あいかわらずのめまぐるしさ、フランカ　なんというサーカス！――いつもは毎週木曜の朝に内務委員会が一つある、出席者十五人ほどで、一一時から一二時三〇分まで、校長の要領を得ない長広舌、副校長の刺のあるコメント etc. 付きでそれは続く――一一時前に「面会」（生徒、教師、etc.）――今朝は委員会

がなかった、午前中いっぱいを「面会」に使った――お昼、正確には一三時二〇分、ピエール［・ゴディベール］がいっしょに昼飯を食うためにやってきた　その前に食糧を仕入れにちょいと市場まで行ってきた。彼に料理をつくってやった。一五時、彼が帰り、入れ替わりに母がやってきた。一五時一五分、母が帰った――そのあと、事務的な手紙――一七時三〇分、授業、一九時三〇分まで――授業後、エレーヌに会いに彼女の家に行くつもり、彼女は流感に罹っている。それが終わったら帰って寝る――これがいつもの木曜！　いま一七時（毎週木曜の午前中は、判で押したように例の委員会があり、続いて面会、そのあと午後は授業だ――これで君に**僕の居場所**がわかる）。言うのを忘れたが、奥さんの問題で友人が面会に来た、分析治療の相談（彼女はいま「発作」の最中、みごとな発作！）　彼に助言を与えた。

君にも助言を与えようか　フランカ？　僕を愛せ、これがいの一番の助言。そのほかの助言は……、そんなの必要かい？　いの一番のあれさえ君に必要かい？　君を腕の中に抱く　僕の愛しい人。

ルイ

金曜　一八時（六一年十一月十七日）

［手書き］

ほら　どうぞ　フランカ　僕の庭の薔薇　君のための[1]――六月の薔薇、農夫のような薔薇、がっちり固まった背中をもち、上背が低く、体が締まり、いくらか酸っぱい強い芳香を放つ薔薇　それがいっぱい咲いた、少なからぬ数を（十〜二十本）花柄を短くして摘み、**きつく結わえて**花束をつくった、背の低い花瓶の中ですべての花の頭が密にくっつき合うように――絶品――花束作りの名人という君の知らぬ僕の一面……、でも、春に僕の庭をみにくれば、その一面を知ることになるよ。君のほうの調子はどうだい？　昨日も今日も君からなんも来ない。でも、週明けにあんなに手紙をもらった！、だからきっと辛抱できるだろう。この頃はちょっぴりきつい日が続いている、ちょっと疲れていて、ときには戦意を少し喪失することもある（ドンパチが多すぎる）。イタリア共産党『中央委員会議事』録[2]をみつけてくれるだろうか（二十二回大会についての）？　こちらでは論争のこだましか聞こえなかったが、それがいかにも面白そうなこだまなのだ。『ヌオーヴィ・アルグメンティ』がトリアッティの声明を公表したらしいのだが。今年の一学期は重い――仕事で重いだけでなく、吸う空気がね。ジョヴァンナからはなにか音沙汰はあったかい？　「吸う空気」からしてパリは文字通り息苦しい――幸い、学生たちが何回かデモをやっている（今週は二回）、堂々としたデモだ。明日はたぶんもっと重要ななにかがある。明日になればわかる。そうした経過のどこででも僕は君のことを考えている　フランカ、ti《ティ》 penso《ペンソ》〔君のことを考えている〕（あるいは penso《ペンソ》 a《ア》 te《テ》…〔イタリア語では〕どちらも言えるのかい？）、でも君は遠い　この距離を生きるのはたやすくない、この大きすぎる距離、ときどきそれは堪えられないもののように現れることがある。チャオ　フランカ、チャオ　この生活すべての向こうに、この生活の障害、脅威、すべての向こうに、チャオ　アモーレ

ルイ

[3]ね、スペシャリストが言っているのだよ！、こんなにみごとに乾燥させた薔薇はほんとに珍しい、とね？、これはいちばんきれいなやつ、それを君に捧げる……、すごいだろ、この腕前――渦巻状になった葉、こ

の怖じ気づいた花芯をごらん、それが絹のようにどんなに滑らかか確かめてみて、そして僕の腕自慢が嘘かどうか言ってごらん！　自慢の君にほとんど劣らぬ自慢の腕　フランカ

（1）花が手紙に添付されている。
（2）この資料はアルチュセールの遺された資料の中にみつかった。
（3）以下は、手紙の冒頭への付加。

六一年十一月十八日　土曜。一五時

モナムール　そうこうしているうちに君は僕の手紙を受け取っただろう、――火曜と水曜、あの〈イカレた女の子〉(1)のまさかと思うような話や、音沙汰のないことの失望について君が僕に手紙を書いているあいだも届かなかった手紙を。僕にだって君からなにも来ないことがある、たとえば昨日と一昨日がそう、フォルリー〜ユルムの私鉄が全面ストだった。郵便というのはそんなもん、礼儀を弁えようとすればフランスの郵便はと言うところだし、ガチガチの愛国者であろうとするならイタリアの郵便はと言うところだ。ついで出し抜けに集団でお出ましになる（今日、君から二通の手紙）、朝と夕、昼と夜、こんなバイオリズムなど郵便はお構いなし、ただ呑み込んでは吐き出すだけ、すべてを抱え込んですべてを与える、それも出し抜けに。このことを心得ておくべきだ、フランカ、打ち続く沈黙の土地で精神を上手に導いていくにはね。

君の〈イカレた女の子〉……、たまげたね！、まるで地を行く十九世紀、ウジェーヌ・シューかジョルジュ・オーネか、ミステリー、血筋、夜、夜と昼の逆転、闇医者、謎の〈大物〉、それに春までのあの奇妙な賃貸借契約、どれ一つをとっても……、こんな波瀾万丈を生き抜いた君に拍手（君が近いうちにこの冒険から抜け出せることを祈るよ、春が早めに来ることもね）、いやはや、それが手紙で君が説明している条件を履行することだとはいえ、夫　子供　女中　アパルトマン　田舎　愛人　しかしその条件に深慮も入れなくちゃ（もし君が生まれつき思慮深かったら、夫　子供　女中 etc. まで受け入れるだろうかね……？）君のストーリーはどこから味わっても味わい深い、その味わい深さは（ときにはたまらなく美味だ、可笑し味と喜劇性が利いていて、——ドラマの中に投げ込まれるあれら物言わぬ登場人物たち、夜にひしと肩を抱き合うバンビ夫婦、竹庵たち、リーナ、オーケーと言っておいて、なんってこったと天にむかって両手を広げるミーノ、しめしめと思ったのだろうが、代価が高くつきすぎると気づき、夜になって意見を翻すフランコ、君もまた動き回る、ただ何にむかって動き回っているのか、何が問題なのか皆目わからずにいる、それでもともかく動き回る、そうしなくちゃならない、そして劇の渦中にすべての脇役たちを巻き込んでいく）、その味わい深さは、と僕は言いかけたところだった、アイロニーの香りがする、君が自分自身の状況に向けるアイロニーの……、そのアイロニーが君を救っている、でなくてはこのストーリーは悲劇と受け取られてしまうはずだ、あるいは、こんなに軽率だった君をぶん殴らずにいられなくなるところだ……。なにはともあれ、拍手喝采。話の顛末をしっかり知らせてくれ。（ここにいてもミーノの声がもう聞こえてくるよ、後未来形[2]で……、のちに彼が腕をぶんぶん振り回し、それに合わせて声にたっぷり抑揚をつけて〈事〉を語って聞かせるそのときの声が、そしてミーノが注釈を加えつつ物語を続けているあいだの君の顔が眼に浮かぶようだ！　こいつはほんとに見ものだな）。

この類いの、これほど味わいのあるストーリーなんて僕にはないな……、場面と舞台装置のこれほどの転換を伴なったのは。僕は僕の側のストーリーの中で精一杯やっているよ、それはもっとありふれたストーリーだけれど（もしかして僕の用心深さのせいかな？）、それでも中には、「こんがり焦げめのついた」（または「衣魚《しみ》に食われていない」、これは、ふつうじゃない、ひどく突飛な、意外な、という意味〔のフランス語の言い回し〕……）ストーリーもある、ただそれらは必ずしも手紙に書いて語れるというしろもんじゃない、というか、ともかく登場人物たちを実際に知っていなくちゃ味わえないんだ……

こちらでも生活は続いている。政治情勢のせいでとても緊迫した生活が。遠くにいてもそれはわかるだろう。国中にじわじわとファシズムが染み込みつつある、世論への恫喝をとおしてね（プラスチック爆弾[3]、それは人びとを怖じ気づかせ、沈黙に押しやり、口出しさせぬようにする、反対運動を妨げ、いかなる反対運動をも先回り的に阻止する、漠然とした恐怖心を蔓延させて人びとの感覚を麻痺させ、自分が犠牲にならぬが得と人びとに悟らせる、狙われているのは別の人びとなんだからと）――その一方で、進む国家装置掌握、実業界のオルグされたか強いられた同調etc. をとおしてね。全方位的に恐怖を煽り、また同時に安心感を与えること、言っておかなくちゃならないが、やつらは一筋縄ではいかないんだ。二重の方法を使ってあいつらは遠くまで行くことができる、恐怖心に駆られた人びとは安心感を求める、だが人びとに安心感を与えるには人びとに恐怖心を吹き込まねばならぬというわけさ（プラスチック爆弾と手紙攻勢、司教、市長、ユダヤ教徒、新聞社、議員etc. etc. への手紙、それらの手紙はこう言う、ＯＡＳは政治的野心を秘めた運動ではない、我々は権力奪取をめざしてはいない、我々は共和国憲法を尊重する、我々は自由の擁護に立ち上がっている、わかったか‼、そう言っているあいだにも、右で左でプラスチック爆弾が炸裂しているというわけ‼）そうやって恐怖心と恫喝とを沈静化策に結びつけて（そんな策など誰も真に受けちゃいない、きちんとした理由があってだ、しかし怯懦はその策を信じさせることができる、きちんとしない理由からね）、やつらはやがて来る降伏交渉での地歩を確保しようとしているんだよ。これは情勢をかたちづくる要素の一つにすぎない、ありがたいことに要素はほかにもたくさんある、ただ奥のほうに引っ込んでしまっているが……

まあ、こんなことなど君はみんな知っている、フランカ。だが情勢に時間も努力も体力もとられる。しかも情勢に取っ組むだけでなく、ほかにもやるべきことがわんさとある。ヴァカンスに焦がれる、どれほどか君にはわかるまい、喉から手が出るほど休戦が欲しい、休息が、息継ぎが、支えてくれる大地のリフレッシュが（息と力を回復するためにアンタイオス[4]のように足を再び大地につけること）。そうしたもろもろをとおして僕は君のことを想っている、この現場に君はいる、しかし君は別の世界を生きていて、その世界もまたその世界の問題、日課、困難、愚行で君を攻囲している。この世界、君のと僕の、どちらの世界にも呑み込まれないようにすることもまた一つの戦いだ、それもまた一つの呼びかけ、一つの希望、活力の源、どこよりも深いところから突き上がる欲求だ。浸水してくるこの二つの世界に対する戦いを忘れないこと、これもまた日一日と過ぎていく生活であり、これもまた君を愛することだ。チャオ　フランカ、僕は君の手をとる、僕のそばにおいで、チャオ　フランカ　美しく偉大であってくれ、優しく強くあってくれ、忍耐強く　頑固で　勇敢であってくれ、すべて僕のためにそうあってくれ

[5]さよなら　君を愛している　チャオ　フランカ　アモーレ

（1） 女友達の頼みでフランカが自宅に下宿させたユダヤ人娘のこと、「春まで空気のいいところで静養する」必要があるというのがその表向きの理由だった。フランカ一家のほぼ全員がコミカルなドタバタ騒ぎに巻き込まれたあと、この娘が体調を崩す。急遽往診に呼ばれた医者は闇中絶のせいだと見抜き、彼女を入院させる。
（2） 〈訳注〉 フランス語の時制「前未来」の反対語としての造語（もちろん、文法的には「後未来」なる時制は存在しない）。「前未来」は、一般に、未来の或る時点からみてすでに完了していることがら、「未来における過去」を言う時制だが、それにはまた過去への推測という一用法がある。ここで言われる「後未来」は、たぶん、「すでにこうなるだろう」との未来についての予測の謂だろう（ミーノがこういうふうにしゃべって聞かせるにちがいないといまからでも想像がつくということ）。
（3） アルジェリア戦争終末期にＯＡＳ〔一九六一年から六三年にかけてアルジェリアの独立に反対する右翼が組織した「秘密軍事組織」〕によって準備されたプラスチック爆弾テロを指す。
（4） 〈訳注〉 ポセイドンとガイアから生まれたギリシャ神話中の巨人で、母なる大地に触れるたびに強くなる。
（5） 以下、手書きによる付加。

【一九六一年十一月十八日】

〈宮仕え心得一般〉。
第一巻。
第二章。

自然的順序と文化的順序双方より見たるわが〈生活〉の〈各週日毎〉の〈区分〉に関する小注。

フランカ、姓マドーニア、フォルリー在住、の〈啓蒙〉〈教育〉〈日常の指針設定〉を目的に纏められたる〈昼〉〈夜〉〈季節〉の区切りに従いつつ、始まりから順次、わが〈時間〉の〈主要〉部分が割かれていく場所と対象とについて、〈主〉が彼女に教えを授け給わんがために

故にまずは月曜　規定通りの睡眠の未だ醒め遣らぬ靄《もや》と、それに付随せる〈日曜〉の靄（その時に応じて瞑想　労働　森　野山　スポーツ等が残す靄）とを一掃、朝食（グレープフルーツジュース、ブラックコーヒー）を摂取して後、下名者は、〈校長室〉にて、幾人かの管理職列席の下、〈上階会議〉（二階）による〈宮廷〉諸案件の審議に参加、会議に携わること、九時三十分より、問題の緊急性次第にて、また〈校長〉の移り気、気分で長広舌に流れるか流れぬか、〈副校長〉の気が晴れるか晴れぬか、それらに反応せし他の地方諸侯の気分に応じ、十時、十一時、十二時、或いはまた十三時に及ぶ。続いて、周知の大小の案件を巡り若者または管理主体との面接。その後、界隈の市場の〈贔屓の店〉にて買い出しを為し、厨房にて独りでか、〈大広間〉にて友と差し向かいにて（例外的に〈女人〉が座ることあり）食事（簡素なり）。午後、何も無し。即ち、〈自宅〉にて仕事、生徒の訪問 etc.　夜、食事（きちんとしたる料理）上記参照。〈定刻通り〉の眠り。

斯くして火曜、午前中いっぱい、これを〈執務室〉にて公務として様々なる面接に費やす、電話あり、呼び鈴あり、我々の意見を求める頻繁なる〈校長〉の呼び出しあり。正午となっても、面接終わる兆しなし。食事その他。午後［十五時〜十七時］[1]、〈上級生〉を集め、彼らの〈精神〉修練及び〈知的育成〉を目的とする若干の秘密なる題目について、〈教育〉と公称される形式に則り、詳細に及ぶ〈演説〉を為す。晩、食事、雑多なる仕事、或いはまた友人宅訪問。

斯くして水曜、一般に火曜に後続するとされるこの日、午前中は面談と面会の定常の流れを繰り返すが、それは当日の〈状況〉の勝手なる動きとこの邸に在住する総ての人物たち[2]の思い付きにて左右される。午後、横に張られたる網によって区切られし白線付き寄せ木張り床にて、優に二時間（十四〜十六時）、集団的娯楽に興ずる、〈島嶼人〉〔イギリス人〕によって〈テニス〉なる名を冠されたる一種の球戯なり、右、球戯を通し、我、〈敵方〉の説得・教化に力の限りを尽くせり、寄せ木張り床を後にする頃には、得てして我は消耗・疲弊し尽くしておるが、この試練を生き延びたことの満足感をもまた自らのものとしつつ、パスカルの言いし、かの言葉を想起せん、人間なるもの、確たる自己をもてりとの信にもあらず、球にうつつを抜かすほどにも自己を見失うことしばしばなり、続いてその足にて我は、〈血〉と〈思考〉の二つの巡りを回復させせんがため、なみなみと注いだる熱湯に身を沈めに〈私室〉に赴く、その後、己の研究をその流れの到達点からさらに続けるべく机に向かうなり。

斯くして木曜、〈夜中〉の夢と寝苦しさとに反響する前日の〈体操〉がその時の運動と使った力との余韻で時折波立させる一夜が明け、またぞろ行政客体との〈面接〉をなし「十時〜十一」、わが〈愛すべき校長〉の〈執務室〉にて、〈週第二回目の〉うっとりするほどにも素敵なる〈国政審議〉に臨む、校長の機嫌は〈最高潮〉に思われ、〈政府〉要人全員の介添えもあって、彼は、言った〈国政審議〉にて演説と〈保留〉とをきらびやかに連発し、それらは、当意即妙の返答によって払われる寸分の隙もない配慮から、次々と常に採択されていく。そこでもまた、時に応じて自他を擦り合わせるか互いに背馳していく思考の大規模な交錯の中、〈宮廷内の大小の案件〉が俎上に載る。続いて「十三時」、誰もが餌箱に急ぐ、じつに人間は〈演説〉のみにて生くるにあらず。午後、火曜同様、〈弟子〉どもをお供に会議をまたぞろ途中にておいとまし、理論的に最高に興味深い諸問題について彼らと話し合いつつ、且つまた彼らの話を聞きつつ、〈教員および人間としての将来〉に添うよう彼らの育成を為すなり。火曜は十五時から少なくとも十七時まで、木曜は十七時三十分から十九時三十分までがこの育成に充当される。続いて、その日の気分により、独りで、または誰かと夕食を摂取するか、外の空気を吸いに出掛ける。

続いて金曜、普段より熟睡した後、午前中、またもや〈面会〉「十時〜十二時」をこなし、午後は、ケースバイケースで、己の〈研究〉に充てるも自由、〈そぞろ歩き〉に充てるも自由、はたまた一刻の猶予も許さぬまったく別の〈案件〉に充てるも。

〈土曜〉は〈金曜〉にあらゆる点で比較でき且つまたあらゆる点で等しい。

〈日曜〉、精密純粋〈科学〉を進歩させんがために〈自宅〉に蟄居するか、斯くあらぬ場合は〈表向き〉〈主の掟〉を守り、わが〈領地〉や〈他人の領地〉、また〈国の領地〉（〈国有林〉）に足を延ばす。
通常、お伴に〈女人〉一人を従えて、かの〈女人〉は〈話し相手〉となり、またその手に〈茸籠〉を携えるなり。

以上の時間割を勘案するについては、それの図式的たる所以を考慮されたい、じつに〈心得〉に記載なき様々なる〈緊急会議〉については、そこにて言及は為されておらぬ、例えば〈副校長命会議〉〈経済会議〉〈学監会議〉〈医療会議〉〈教員会議〉等、ありとあらゆる種類の会議のことなり、それら会議は予定外にわが〈日々〉に詰め込まれるが、しかしまた〈不可避的なる詰め込み〉として一般に予定内に入れられてもおる。
更にまた、宮仕え生活の〈潤い〉とも言うべき諸種の〈事件〉、自然の力によって懐胎されていくよりは、むしろ宮仕え生活そのものが絶えず生み出さずにおかぬ種類のそれらについても、その他、〈外部的状況〉がわが〈生活〉の順行の中に投げ入れてくる〈波紋〉についても、そこにて一切言及は為されておらぬ。

上記に基づき、来る金曜十九時四十分、日没と共に己が〈居所〉を離れ、モンスーリ公園付近に赴き、〈友人〉宅を訪問（遥か昔のわが〈恋人〉の一人、彼女は〈建築家〉を愛人となし、その男に三人の〈子供〉を孕まされたのであった）、二年も会っていなかったこの友人に、この種の場面設定に〈相応しくある言葉〉を掛けるつもりなり。次にわが屋根の下に帰還し、そこにて〈同い歳〉の〈友〉(3)に邂逅の予定、ゲルマニアでの〈幽囚時代〉に知遇を得たその友は、現在、ロレーヌの〈大工場〉にて〈波形鋼板〉を製造しておる、――彼は戸口の足拭きの下に置きし鍵を取り出し、わが留守宅に入っておろう――、かくして、我は、よし、久しぶり、との思いの丈にて彼の肩をしかと掻き抱き、〈奥さん〉（わが昔日の〈恋人〉にあらず）と子供たち、〈工場〉と〈仕事〉、〈頭〉の具合を尋ねるであろうが、〈この種の場面設定〉では、何を尋ねてもすべてが厳密な意味での楽しみと化す、そしてその後、就寝とあいなろう。

然あらしめ給え《アーメン》

ルイ

（1）ここにブラケット［ ］で囲んだ時間の指示はすべて、ブラケットをつけて手書きで余白に付加されている。
（2）〈訳注〉高等師範学校は校舎、学生寮、官舎が一体化しており、アルチュセールは教員生活全体をとおして官舎に住まった。
（3）ピエール・クールヴォワジエ。

六一年十一月二十日　月曜。一六時

僕のフランカ、惨メデヤリキレナイ、どれほどか汲んでくれ、どん底の僕、しかしなんてこった　君の無精に証言を求めるとは、ほんとに惨メデヤリキレナイ　ちょっと耳を貸してくれ　土曜　日曜　月曜丸三日間　朝から晩まで切れめも猶予もない立て続けの三日間、晴れだったかどうかなんて知るもんか、たとえ冬で日が短くてもその三日間は長ーい、仕事　接客　電話、スコップで昨日掘り返した庭　自動車etc. etc. なんやかやで短くあっても、この三日間、君はなしのつぶて　僕のフランカ　惨メデヤリキレナイ!!　ナニヲモタモタシテルンダ？　ナンデ僕ニ手紙ヲ書カナインダ？　あゝ！　惨めな僕　いったいどんな星のもとに生まれついてしまったのか、天秤座[1]だよ、天の秤なんざ知ったこっちゃないけどさ、君からほど遠からじ、遠からじといっても空のしるしのお話だ、お互いのタンジョウビにお互いの顔をみたことを思ってもみてくれ、ほとんど隣り合わせの二人のタンジョウビ、そのあいだにあったのは考えるのにちょうどいいくらいの時間だけ、君を測り取り、君を愛し　君のいない寂しさを感じ　君のことを想い君のことで頭がいっぱいになり、夜に君の夢をみて、昼も手にしたフェルトペンと小学校の想い出（他人が口にする僕の想い出、小学校の想い出というのは決まって自分以外の人についての話さ、――戦争の想い出話とおんなじ）とのあいだでぼんやりと君の夢をみるのにちょうどいいだけの時間、勝手にしやっべてろ　このおたんこなす！、僕はほんとはほかの場所にいて　あのフランカ　僕の〈乱れ髪〉フランカのことを想っている（想いつつ、僕はわがヴェルレーヌを一句捻ったりもする

まさしく悪しきこと最たる櫛なりき
なにゆえわが魂の櫛のかく多きことか
そのわけを知らぬとは……

ヒヤー！、ゾッとする駄作！、君が呆れないことを願うばかり（フォルリーの人びとはすぐに呆れる、と

フォルリーを案内するピオヴェーネ(2)が言っている、彼はジャム製造については語るが、フェルト製造(3)は語らない、森林動物保護区、イイズナ、オオヤマネ、アナグマetc. の飼育については語るが、小学校の想い出は語らない）（（余談をしっかり終わらせるために括弧を少なくとも三つ、話を先に進めよう！））（彼はベルティノーロゆえに歓待の伝統を語る、しかし神秘ノ童女《プパ・エゾテーリカ》(4)についても、フランコについても、カミッロについても語らない、なんという致命的な言い忘れ）（（（おっと、余談を終わらせるための括弧をもう一丁、せめて四つくらいはつけておかないとね、いや、念のためにもう一つおまけだ））））君が呆れないことを願う　僕の〈乱れ髪〉さん　雨に濡れそぼち寒さで凍える鳥、水のように澄んだ眼をした僕の大きな鳥さん、君の長い羽毛は蹴爪のような踵の上にしっかり乗った踝にまで届く（君の背丈を思えば、高くない踵、中くらいの踵、僕は自問したもんだ、その踵は高いか中くらいか、高いほうに僕は賭けたが、しかし大は小を兼ねるとも言う、今年の夏、僕は高い踵をじゅうぶん愛でた、君の足を剥き出しにするサンダルに踵が堪えているときは特に、そして裸の残りを全部みたいとの激しい思いが突き上がった、そんな思いをひきおこすのにちょうどいいくらい隠されていて、またちょうどいいくらいに剥き出されている足のそこから上の裸を、――君が嫌いなあの青いドレスは似合いすぎるほど君にぴったり似合っていた――君のサンダルは怖いほどにエロチックだった（この怖さは恐怖としての怖さではなく、欲望のまたの名だった）（どの文章に僕は乗り込んだのだっけ？）））））　どうかこの大胆さを仕返しの沈黙で僕に償わせるようなまねをしないでくれ、どうか　どうか！、しかし要はこう君に言いたかったのだった、君が僕に手紙を書かなくとも、あるいは僕が君からなにも受け取らなくとも（郵便局のせいで、そうじゃない？）、これは彼女のせいなんかじゃないと精一杯自分に言い聞かせる、それに君のほうにはあの二人の下働きの話の続きもあるし（あの話を読み返した！、二度も三度も!!、それどころかエレーヌに読んで聞かせさえした、彼女はナンジカンも抱腹絶倒したあと、君を大褒め、一生懸命だったのは承知している、わかっている、だが彼女は君の不注意、connerie《コヌリ》〔ドジぶり〕（＝間抜けのことを言う俗語だが、もっと下卑た言い方）、君の滑稽さに拍手喝采、もちろん、ミーノにも大拍手、間《ま》や澱みをなんとか会話で取り繕うのをやってのけたミーノ　これはちょっとした発見だな、真剣だったのはわかっている、じゅーにぶんにわかってる、なにせ僕は話を読んだ！、読み返したんだから!!、これからも読み返すよ!!!）というわけで、君にはあの下働きの話の続きがある、彼女は一匹こさえちまったんだから、[5]フランコが彼女にもう一匹仕込むのをなんとか阻止しなくちゃならんぞ！、そして彼女を神から授かりしレオナルディーノの乳母に雇うといい、それはそうと、あまり急いで神の摂理に帰依してはいけないよ、レオナルディーノが摂理の援護をもう必要としなくなるまでたっぷり時間をかけて帰依を遅らせるのだ、摂理を宙吊りにしておくのだよ、いいかい？、で、つまりは、僕はこう言おうとしていたのだった、たぶん君は下働きの話とその話のあれやこれやの顛末にかかずらっていて、ＰＴＴ《ペーテーテー》〔郵政省〕以外にそのことが君の音信不通にあずかっていると、――だが僕のほうは、君からなんの音沙汰がなくてもいままで通り君に手紙を書き続ける、なんの音沙汰もないときは、**君に抱擁を**[6]なんて君に言ったりしない、（ただひっくるめて考えてみると、抱擁はちっとも不快なことではない、僕たちは抱擁の仕方が足りないくらいだとさえ思う、君がここに来たときだって、僕たちはじゅうぶんには抱擁し合わなかった、そのときはまだメロドラマあるいはギリシャ悲劇に――お好きなほうをどうぞ！――入り込んでいなかったとはいえね、僕は**抱擁し合うこと**に全然反対じゃない、反対なんてとんでもない！、めっそうもない！、むしろ僕は賛成派だ!!）、ところが明らかに君のほうは、**僕**

を抱擁するとき、ニュアンスをつけたいといった感じなのだ（「なにはさておきニュアンス」）、素知らぬ顔でさりげなく君は僕にこう言っている、わたしがあなたを抱擁するのは次善の策、小さな、しかしはっきり感じ取れるニュアンスをつけるための（じつは感じ取れるか取れないほどのニニアンス。もし彼がそのニュアンスを理解するなら、それは彼にとって悪くないこと、そうやって彼が理解力を養うなら、それは彼にとっていいこと）、あなたを愛しているとあなたに言いたくないとそうあなたに言わないためにわたしはあなたを抱擁する、そう君は僕に言っているのだ、結局これは、動きなく秘めて、抑えて愛する愛し方だ、（怒りや反撥や悲しみを抑えるという意味での）抑えがしっかり利いているので、その愛し方はこうじつにはっきりと感じ取らせる、ここから先へは行けないと、君がその先へ行こうとしないのは僕のことを思ってなのだと、だから、それ以上のことを君に求めるなんてなんとしてもしてはいけないと、事情を弁えるなら、これはこれですでに麗しい行為だ！、あゝ、でもしかし!!、そうだね、また僕は君に意地悪をしている、フランカ　僕の愛する人よ、でも意地悪をするのは君が好きだから、僕は自分を知っている、そんなふうに意地悪をする理由は、騙せるもんか、君が好きだから、僕には自分がわかっている、ほんとだよ、この意地悪は優しさ以外のなんでもない、君を優しくからかうこと、いったいそれを君に説明する必要なんてあるだろうか？、君ももうれっきとしたおとなだ、独りでそれくらい理解できるよね、そうだろ？、君には教養がある、本から得た教養だけでなく、心で学んだ教養が、そうだろ？（この「そうだろ？」はうってつけの使い方、文献学的に考証してみて言うのだが、この夏、君が連発したごとくに「そうでしょ？」をあたりかまわず文中に詰め込んで使うのは、これからはおよしなさい、――しかし少なくとも君の〈書簡集〉の中で僕が確認したところでは、君はこの欠点を直した、おみごと、でかした）三十五

（三十六？）歳の心で学んだ教養、丘陵を、起伏に富む野山を駆け巡ってきた心、少なからぬ海を股に掛けてきた心、君には経験がある、そうだろ？（注記同上）、経験が欠けているところでは代わりに洞察力、〈女人〉が言わっしゃる直感というやつがある、先を見通す直感、そうだろ？、そうさ、僕は君を信頼している、でも明日、君から音沙汰がなかったら、僕は修道会に入ってやるぞ。跣足《せんそく》カルメル会修道士になって、すぐに我らがラヴェンナ地区（そこではかつて人びとがレモネードを飲んだ）の僧兵隊に手紙を書き、僧衣とサンダルと頭巾を手に入れる。そうなったらもう君には路上で僕に声を掛けるしか手がなくなるんだぞ、しかも請け合っていいが、ひどく苦労するぜ、なにせ神の延ばす腕は遥か遠方にまで及び、〈地表〉に道は数限りなくある。

ルイ

チャオ

（1）〈訳注〉アルチュセールは一九一八年十月十五日生まれ、天秤座（九月二十三日〜十月二十二日生まれ）。フランカは一九二六年九月十三日生まれだから、二人の誕生日は一ヵ月しか違わない。
（2）フォルリーの案内書。
（3）〈訳注〉工業用フェルトを製造するフランカの夫ミーノの会社についての言及か？
（4）〈訳注〉十一月十八日の手紙に出てくる「イカレた女の子」のことか？
（5）〈アルチュセール注〉子供のことだよ
（6）〈訳注〉手紙末尾の挨拶の決まり文句。

六一年十一月二十一日　火曜。一四時二二分

チャオ　僕の美しい恋人（僕にとって君は空気に似たなにかをもつ、風に通ずるものを、いつの日か時間がとれたなら、この空想の外皮を剥いてその「芯」[1]を取り出さなくては）それはそれとして、国際郵便の空想、気紛れのほうは、今日になって君の金曜の手紙を届けにきた、子供新聞（社会学的段階）についての火曜の手紙も着いていなくちゃならないはずなのに、それはまだ手元にない、今日、手元にあるのは教会での結婚式と〈傭兵〉と〈飛行機乗りたち〉というわけだ。活動家たちのもとに意識（共産党員としての）と習俗（宗教的な）との矛盾のあることはかつてルヴェル[2]が告発していたもんだ。ついては、しょうのないバンビ夫婦ほどの好例を僕は思いつけなかった（情ケナクテモ、ばんび夫婦モ僕ノ友達ダヨ）、ルヴェルもまた好例さ、彼に会ったら、そう言ってやるつもり。じつにいまルヴェルはどこにいるのか、どこに行こうとしているのか？　そう実りをもたらすような道を行ってはいないな、彼は名声に捕まっている。それはない、君の〈教養的段階〉をからかっているなんてことはないよ[3]、それを尊重しすぎるほど尊重しているからこそ、批判の横槍や、どうせ君には胡散臭いと思われてしまうだろう賛辞によって掻き回さぬようにしているだけさ。僕がやるのとまったく同じように、書きたいときに書きたいことを書いてくれ、ただ僕には、これは認めなくちゃならないが、叙事詩的な閃きがめったに湧かない（教養的な、と言うつもりだったけれど、よく考えてみれば叙事詩的と言っても同じことだ）。それが湧いていたら、マリエンバート[4]について君に演説を一席「ふるまう régaler」（フランス語の言い回し[5]）ところだったろう、この映画をかれこれ二週間前にみて、素晴らしいと思った、そう思った理由は制作者たちの意図とは確かに大し

て関係ないのだけれど（きちっと言えば、その理由は、この映画が分析で何が起きるかを言うフロイトの基本的なテキストを稀にみる明察力によって具体的に例解しているからだ、この映画にはすべてがある、ま、要点は、そのうち、僕らが神の思し召しを受けて、君の啓蒙主義譲りの合理主義がいくばくか揺さぶられる日にでも説明するよ）、しかしそれを別にしても、やはり教養ともまたほとんど関係ない、自分の教養を振り回すことに僕はとても消極的だ、第一、僕はなにも知らない、よく言うわって君は思うかもしれないけれど、これはほんとの話、君のほうが僕より遥かに物知りだ、だからと言ってそのことに特別のメリットがあるわけじゃない、考えてもごらん、なんにも知らない人間より物知りであることなんて難しくないもの！、さらに僕が知っていることがらというのは、鉛筆や想い出や電話と違って、自分がどうこうできるってしろもんじゃない。そういうことがらはいつも夜の底から僕のもとに帰ってくる、いつも一種の闇から僕の中に湧き上がってくる、毎回僕はお産をしなくちゃならない、これは文字通りの分娩作業、とびっきりの重労働だ、僕には独学者の一面がある、物を憶える才能がまったくない、これは誰の眼にも（生徒の眼にさえ）明らかなことで、憶えるには信じられないような努力が要る！、それに君も知ってのとおり、僕は基本的に物忘れがひどく、毎回、最初から始めなくてはならない、みつけだしたことさえ、毎回、もう一度みつけださなくてはならない、だって、そもそもみつけたっていうそのことを忘れちゃってるからね。本質的に僕は自然のリズムのごく近くにいるんだ……、冬に入るたびに、春が来ることを忘れてしまう自然、だから、春を produire《プロデュイール》〔生産〕するために、毎回、改めて労働をやらなくちゃならない、春を pro-ducere《プロドゥケーレ》 する〔前に‐引っぱり出す〕ために、春をおめみえさせるため、春の面目を新たにするために。そのことを弁えておいてくれさえすれば、わかってくれるだろう、君がスタンダールとかそのほか誰の話をしても、僕には君に返スベキ台詞《バットゥータ》の用意がない、僕の手元にはなんにもないし、頭の中にもなんにもない、でも、ひょんな日に僕は君に、中身の詰まった晦渋であるかとても明快であるかする大演説をぶつことになるかもしれない。僕を使うことを学ぶんだ。肝腎なことは言った、そのうえでなら、そう、若者向けのあの文学のナンセンスなことはもちろんそのとおりだ[6]、教育心理学者の諸説と若者向けの出版物とのあいだの矛盾が顰蹙ものであるのはそのとおりだ、しかし批判する人は作って売る人じゃない。そこに禍のタネのすべてがある、それがこの馬鹿野郎社会の条件の一つになっている、いつの日か吹っ飛ばしてやらねばならぬ条件の。だが、そんな社会の習俗**をも**改革することは、一朝一夕でなせるもんじゃなかろう。或る種の文学を禁止することはできる、社会体制を変えればそんなのは朝飯前だ、でも教会や司祭や人生最良の日〔結婚式〕への人びとの好みはそう簡単には変わらない！　僕の妹とその旦那も教会で結婚した、でもそれはただ妹の（僕の）両親を喜ばせるため、そうしなきゃ、母は確実に死んじゃってる（義理の弟にはすでに離婚歴があった、母が腰を抜かしたのはわかるだろ！、幸いにも神は偉大である、弟は最初の結婚式を教会で挙げなかった!!、したがって宗教的に言えば、彼は一度も結婚したことがなかったわけだ!!!)、バンビ夫婦との違いは、夫婦の両親は神を信じていないが、僕の両親は信じていたし、いまも信じているということ、僕の「放蕩」（＝僕が結婚していないこと、僕にあまたのガールフレンドがいること……）にもかかわらずだ、それでも僕は君にちゃんと言えるが、フランスでも、神さまを信じていない共産党員が自分の子供に教会で式を挙げさせることはみられる、もちろん、イタリアでほど極端ではないけれど、やっぱりこれにはがっくりする。おっと、そう言えば、君に一つ言いたいことがあった、社会学とは関係ないことがら。クリスマスのことを訊いた僕の手紙は受け取った？　ぜひ考えてみて欲しい、そして一種の返事をあまり遅くならずに送って欲しい、先をみておかなくちゃ、たとえ先がみえぬことがらであっても……

それともう一つ、あのキルケ(7)と　フランコ　カミッロはいまどうなってんの、君は渦中？　君はまだあのレインボウベラを預かっているの（レインボウベラ、鮮やかな色をした海の魚、サントロぺの僕の大好きだった老婦人から引き継いだ言葉づかいでは、レインボウベラは女ノ子《ラガッツァ》を意味する）？

また、ミーノの様子もぜひ伝えて欲しい。〈過ぎし時代〉に彼は僕の手紙に返事をすると言ったのに、なんにも来ていない。別になんてことはないから、改めて彼に思い出させなくていいよ、返事のないままの手紙、これは場合によってはよいものだ、でも彼が元気か、何を言っているかは僕に伝えてくれ。

さてと、〈大きな主題〉については損得計算と細目計算は終わったから、君にこう言いたい、いまから君のあのイメージ（手紙から立ち上がってくるそれ）のことを考えることにする、あの空気のような性質（また水のような性質、君は水の上に浮く小舟の動きに似たなにかをもつ、あるいは、岸辺でゆったりと静かにたゆとう水のきらめきに似たなにか）を少しばかりはっきりさせるために、だがそれはみつかれと命ずるだけではみつからない！、考えなくてはならない　いまから考える、そしてみつかるまでは、空気も風も海も小舟も揺れるきらめきもなく、ごく単純に君のことを考えるのだ、毎日耕している馴染みのイメージの中で君のことを考える（そのイメージのいくつかは僕の顔面に飛び込んでくる、もちこたえるのが難しいほどの荒々しさで）、いつかはきっとそれらイメージの原本がみつかると考えつつ君のことを考える！　チャオ　僕の原本《オリジナル》　チャオ　僕の起源《オリジーヌ》　チャオ　僕の優しい起源《オリジーヌ》、僕の大麦《オルジュ》と小麦、僕の大麦《オルジュ》と僕の遊女《オルジ》　僕の若い遊女《オルジ》、僕の生まれる‐女《オリ・ジーヌ》（！）　わかった　走らせるのはやめよう　僕の猛る牝馬よ　僕の想像力

よ　僕の興奮した牝馬たちよ　おとなしくしてくれ　僕の理性よ

ルイ

（1）「バンビ」夫婦の結婚式を知らせる十一月十七日の手紙で、共産党活動家の子供である二人が教会で結婚式を挙げたことにフランカは腹を立てている。
（2）〈訳注〉アルチュセールの一九五〇年代の友人、本名ジャン＝フランソワ・リカール、哲学者、ジャーナリスト。
（3）フランカ前掲書簡〔十一月十七日の手紙〕参照。「わかり始めたけれど、わたしが教養の問題に……言及するたびに、あなたは端折るか、愛情のこもった小匙一杯のアイロニーをまぶしてそれについて語る。」
（4）アラン・レネ監督の映画『去年、マリエンバートで』を指す。
（5）〈アルチュセール注〉régaler は自動詞！、ゆえに〔前置詞 de を用いて〕régaler *de*（目的語）、すなわち「je *te* régale *d'un* discours〔演説を一席君にふるまう（＝ぶつ）〕」となる。
（6）十一月十七日の手紙で、フランカは『傭兵ルック』という子供向けの漫画について語っている。
（7）十一月十八日のアルチュセールの手紙で言及されている「イカレた女の子」のこと〔キルケはギリシャ神話の太陽神ヘリオスの娘〕。

六一年十一月二十二日　水曜

君から来る手紙にはとてもわくわくするんだ、フランカ。

封筒がそこ、テーブルの上にあるときの、あの小さなときめき。

今朝、その封筒は一時間以上も開けられないまま僕の前にあった、パスカルの偉大な専門家である副校長(1)と

〈真空論〉の断片が提起する理論的諸問題について話し合っていたあいだじゅう。

事を急がなかった、お膳は整っていた、君の手紙はそこにあった、確実に、熱いままに、現に、近くに。

こんなふうに待つことが僕は好きなのだ。

彼が帰った、僕は開けた。君の日曜の晩の手紙だった、君にはほんの一瞬の暇しかなかった、素敵な一瞬だった、長い一瞬だった
君だった。


君の手紙が好きだ、フランカ。

でもときどき僕は、それら手紙を取り巻く沈黙地帯を残らず踏査したくなることがある。


たとえば健康についての沈黙。

君はなんにも言ってくれない。あれこれ質問をしたのに、僕の心配を要約した質問を。

わかっているとも、演劇術を使った僕の「養生法(2)」はたぶん君の性《しょう》にぴったりとは合わない、それはあらかじめ感じてはいた(それでも試しに「宿題《コンピティ》」は全部進んでやってみてくれ、僕が勧めた「宿題《コンピト》」も効果的なよい訓練になるはずだ)。

それにしても君の健康についてはなにも伝わってこない、君がもったあの違和感に限ってでさえ。

クリスマスの相談もするはずだった。

そのほかいろんな問題、いろんな人びと、いろんな状況も沈黙の中。
エレーヌ、ミーノ、クレール etc.
君と会うことも。

十一月の初めに送った「回勅」のあと、君はこう言った、話を変えなくてはいけない、うかつに手を出せば火傷するいまの、また過去のことがらからは一定の距離をとらなくてはと。とてもよくわかるよ、君の気持ちを僕は尊重したし、これからも必要なあいだは尊重し続けるつもりだ。
しかしこの契約も賃貸借契約[3]や国家の友好条約とおなじで、ときどき更新するのが望ましい、結んだ理由をいま一度確認してそこに立ち返るためにだ、いまも当初の理由の**主人**であり続けているか、惰性から知らぬまに自由にふるまえなくなってはいないかを確かめるために（慣れ性やそのほかの態度）。当初の理由に対して**いまどんな位置にいるのか**、当初の理由の奴隷になっていないか、その理由にたぶらかされていないかを知ることが望ましい。

とはいっても、理由を**すべて目こぼしなしに**一つ一つ取り上げ直す必要はない。それどころか、理由のうちの一つをでさえ、それをまるまるはっきり俎上にのせる必要もない。
理由の一つをそれとなく**仄めかして**くれるだけで、理由全部との取り結ばれている関係をしかとつかむことができるものだ。

ほんの些細なことがらでも、言葉にしてくれれば、それだけでじゅうぶんな指標になる、ただし、最低限その些細なことがらは必要だ。

すべてをなにもかも洗いざらい話せと強いているんじゃないよ、フランカ。そんなのがいいわけない。でも、たとえばクリスマスのことについて、せめてひと言欲しい、いい、だめ、もう一つ上乗せして、なぜいいか、なぜだめか。

クリスマスでの再会を万に一つ君が怖がっているとしても、そのことを僕はごくすんなりと呑み込むだろう、一を聞いてすべてを理解するほどに僕は君を知っているつもりだ、もし気懸かりなら、それを言ってくれてかまわない、フランカ、それを言っても君はなにも失いはしないよ。懸念をほんのわずかな気味でさえ感じるなら（しかもそれが場所、時、日課 etc. に根ざすような理由のせいであっても）、それを大声で言葉に出してくれたほうが君の得るものはきっと遥かに大きくなる、いちばん最初にパリに来ることの不安を打ち明けてくれたときのように（たとえ君がこの点についてすべてを言わなくても、僕には君の言葉の少し先までみえるだろう）

君のパリ訪問後に僕らはたくさんのことを話し合ったはずだという感じがするたぶん**それ以前には**じゅうぶん話し合ったことがなかったからだろう。
あの経験から学んだのだから、いままでのやり方を改めたらどうだろう？
君がほんとに望むなら、僕は君にその道を開く。

だがこの呼びかけは時期尚早かもしれない。そうだったら、そのことも僕はすんなりと呑み込む。

そうだったら、ただこう言っておくれ、時期尚早だ、と。

僕は呑み込む。

いいね？

チャオ　アモーレ　チャオ　フランカ
ルイ

（1）　ジャン・プリジャン。
（2）〈訳注〉六一年十一月十三日の手紙参照。
（3）〈訳注〉原語は「bails」で、ここに編者による「原文ノママ」の注記がある。アルチュセールは「bail」の複数形のつもりで「bails」とsを付加しているのだが、その複数形は、正しくは「baux」。というわけで、フランス人でもフランス語をまちがえるという陳腐な一例。
（4）　手書きの追加。

六一年十一月二十二日　水曜

腹を抱えて笑った、僕のフランカ、君の日曜の手紙を読みながら。服を脱ぐミーノ、時間稼ぎに立ち去るフランコ、少なくともそのときだけは！　ばっちり絵に描いたよう！

手紙の少なからぬ細部に興味を掻き立てられた。

まず最初に、カルロに対する君の視点の変化。彼が君をして立ちいたらせた状態。そんなふうに君は僕に言ったことがなかった、君が誰に対してであっても、とりわけ彼に対してああいう身体的な嫌悪を感じることがあるなんて知らなかった。ともかく、君はそんな素振りなどつゆみせなかった。きっと君は他人にこういう嫌悪を感じるのだろうが、ただそれを表に出さないだけのこと？　一見の価値あり。だが君の変化も興味深い。この変化は大歓迎だ、だって僕はカルロにひじょうな好感をもっているからね。確かに彼には人を苛つかせる面がある（彼の笑い声は好きになれない、あれだけは彼らしさと軋みを起こすんだな）だが気のいいやつだよ、君が彼に対してもう少し邪険にならないようにしてくれたら嬉しいんだがね、むしろもっともっと彼を可愛がってくれたら。直接にか間接にか僕が君の変化に与っているとするなら（地下を流れる川はいくつもあるからね）、幸いなるかなだ！

一週間もミーノがミラノに出かけていたなんて、これも僕には見逃せないな。彼が留守にする前か、その最中にこのことを知っていたなら、君が過ごしていた今週の生活についてイメージを訂正することができたかもしれないのに。遅かりし。次回にとっておこう。僕に似た男に出会ったという話にも関心をもった。僕にもそういう体験がある、君が戻ってしまってからも僕は二、三度、君に出会ってるんだ。そういうケースで僕にとっていちばん強烈なのは、そのときの僕の中に抗い難く突き上がってくる観念、あれはたぶん彼女にちがいない、いや、きっと現実の彼女だ、彼女は予告なしにやってきたんだというね（ここで僕はまるまる一篇の小説をこしらえ上げる、なにはともあれ、君にとっても僕にとってもじつに都合よくできている小説さ、こうして君がいまいることを僕は自分に説明するわけだ)、あれが彼女なんて、ほんとにおとぎ話のようだetc. ……、ま、結局は現実が空想に勝つのだけれど、いや、空想というより現実のもつ**可能性**、そして君のものじゃありえない細部(眼、顔、身ごなし、髪型 etc.)のその明らかさを前にして、やっと僕は踏ん切りをつけるってわけだ。

というわけ。僕の場合、そんなふうにそれは生じる。

君の場合、それは違ったふうに生じる……、どんなふうに生じるのか、すごく興味あり! いずれにせよ、それは君に、君の僕に対する愛情のリアリティを感じさせたわけだ。「アナタヲ愛シテイルトイウソノコトノ啓示ヲ、マルデソレガ初メテデモアルカノヨウニワタシハ受ケ取ッタ。アナタヲ愛シテイルコトノ啓示、ワタシノ恋愛ソノモノノ啓示、アナタヲ愛シテイルト考エルトイウコトノ啓示ジャナイ、アナタヲ愛シテイルト感ジルトイウコトノ啓示ジャナイ[1]……」。感情とその感情についての思考との、興味深い区別。だが、よくよく考えてみれば、離れているときには確かにこの区別にとらわれずにはいられない、そういうとき、生きることは、生きることについて考えることの中にじつにしばしば逃避するものだ、そのほかにやり方があるだろうか[2]!

結論、近いうちに二人は道端でほんとに出会わなくちゃならない!

チャオ　アモーレ　　　ルイ

（1）　一九六一年十一月十九日のフランカの手紙。
（2）　〈アルチュセール注〉　だからこそ、誰かを愛していると**考える**ことはその人を**愛している**とまさに考えることだとの、あの実践的な具体的な啓示をあんなふうにしてもつことが肝腎なのだ、ノエマはほかならぬノエーシスについてのノエマだとの啓示（お赦しあれ!!、この衒学趣味を、だがこれは恥じらいを隠すための衒学趣味）、思考はまさしくその**対象**についての思考であるとの啓示。本文の中でああ指摘しつつ感じ取っていた以上に僕は、君の自然発生的なリアクションと発見とに共鳴する、というのも、〈現前〉と〈不在〉をめぐるかの有名な〈教皇回勅〉での僕と同じことを、なるほど違う実例と違う言語とによってではあれ、君もまた言っているから、そして君の言っていることがよくわかる僕としては、君がおそらくそうとは考えずに僕のことをまったくよく理解してくれたことが嬉しい。ほんとうにそう思っている、フランカ、現前に比べて不在はいかなる特権もいかなるメリットももっていない、この点、僕らの意見は完全に一致している。
だから、近いうちに僕らは道端で出会わなくちゃならない！

六一年十一月二十三日　木曜

フランカ、今朝、起床すると、君の月曜の手紙が机の上にある、優しく、感動的で、存在感のある手紙、〈節制〉とフォルリーの道端で出会ったあの男と、パリで何が起きているのかとの心配とが綯《な》い交ぜになった手紙。

この同じ朝、懇意にしている掃除婦の旦那さんが夜中に亡くなったことを知った、前に彼を病院から自宅に移したんだ、家で死なせるために。彼が家で死にたがったんだ。今朝、彼の死顔と対面した。僕は彼が大好きだった、とても尊敬していた、彼の勇気と誠実さゆえに、そのほかの多くの理由ゆえに。長年書記長を務めていた職員組合で、彼は光のみえぬ、それでいて一歩も退かぬ戦いを率いてきた。
この同じ朝、師範学校の或る教員[1]の話でもちっきりだった、昨晩、ここから眼と鼻の先の彼の自宅が「プラスチックされた」〔プラスチック爆弾でやられた〕。彼の奥さんがこのテロの犠牲にならなかったのは奇蹟だ。一連の抗議行動、デモ、etc. が組織された。

昨日、君に手紙を二通書いた、書くことが、おそらくは読むこともときとして難儀な手紙（少なくともそのうちの一通は）。それらの手紙の深い**意図**を取り違えないでくれ、フランカ（こんなふうに言うのは、離れているときの意思疎通の一通りでない難しさの中で、君がときに手紙やそれの意図をまったく反対の意味にとったことがあるのを思い出すから）。「いくつかの沈黙地帯」についてのあの手紙を書いたのは、ああいう考えを何日か前から囲っていて、その考えを自分の胸にだけしまっておくのは健全なことじゃないとの思いからなのだ。実際はたぶんただ一つの難しさが僕の胸につかえていたからかもしれない、君に書いたようなことがらを書くことの難しさ。あんなことがらを書くのが正しいのかどうか僕にはわからなかった、時宜を得ているのかどうか、君が僕の意図を取り違えることがないかどうか。迷った、迷った末にそうしようと思い切った、結局、こう考えたのだ、黙っているより話したほうがいい、それも僕が一番乗りで！　ともかく、その深い意図の正しいことはわかってくれ、フランカ、そしてこの手紙をとおして僕がただ一つのことしか願っていないことも、すなわち、この遥かな距離にもかかわらず、君の全体のできるだけそばにいること、しゃべる君の、黙る君の。この隔たりを縮める君の（また僕自身の）手助けをすること、それにまた、押し黙った影に、たぶんまだ必要なその影にときに覆われることのあるあの地帯を縮める手助けを。わかってくれるとは思うが、そうすることで要するに僕はいちだんと広く、いちだんと明るい空間を、僕の話に、君の話に、僕の愛に、君の愛に与えようとしているのだ。

だが、こういうためつすがめつ（いま君に書いたことがら）はたぶん余計だろう、あの意図が最も深い真心に発することは君にだってわかったはずだ、それがただこう言おうとしているにすぎないことは、君が好きだ、フランカと、君を最大の明るさと最大の自由の中で愛したいと。

パリの空はどんより穏やか。大いに仕事をしている、外出はほとんどなし。そう、月曜の晩も自宅で独り自炊し、そのあと仕事をした（カント、あいかわらずね）。

チャオ　アモーレ　チャオ　フランカ　僕の優しく美しい恋人よ

ルイ

（1）数学担当の教員ロジェ・ゴドマンのこと、ＯＡＳの爆弾でレストラパード通りにある彼のアパルトマンが破壊された。

六一年十一月二十五日　土曜

フランカ、昨日は君に手紙を書く一瞬の暇もなし。少なくとも今日のこの手紙だけは君の手元にあらんことを。生活はやりきれなくなっている。うちの学校の教員へのテロがもたらしたいろんな続き、デモ、抗議、etc. そんなやあんなやで、しかもそれ以外のこともおまけについて、いまはしっちゃかめっちゃか。もう生活なんてもんじゃない。休暇が欲しい、喉から手が出るほどに、自分だけの時間をついに手に入れ、なににも急かされることなし、こんなのは夢のまた夢だ。僕の各週日の始まり方の描写に大笑い。これは当たってるなと思ってまた一笑い！、しかし悲しいかな、薔薇 茸、etc. で暮れるあの時間は夢だよ。家ほどに僕の内側が広くありえたならなあ、そしてアッラーのもとに一つたれ!!

僕はたぶん別の生活向きにつくられている、でも別の生活をもったら（この仕事の山、運営にまつわることの擦った揉んだ、小分けされ切り刻まれたこの生活がなかったら）、それに満足できるかどうか怪しい。僕にはきっと隠れた悪い癖がついてしまっているんだ、仕事に忙殺される癖が。たぶんそれが必要なんだな、自由であると感じるために。

クリスマスを想う、フランカ。

君からの返事が欲しい、どんな返事でもかまわないから。

ずっと手紙だけで生きていくのは無理な話だよ。そう、僕らはモグラ生活をしている（モグラはtolpi「ママ」[1]?、ご察しのとおり、僕の辞書にはこの語が載ってないんだ……）野外に出かけなくては、――それがすぐに叶わなくても、やっぱりいつできるかは知っておかなくては、そのときを予定してみて、予定が立ったら、そのときを待ちながら生きなくては。そのときを待ちながら君のことを想えたらいいな。

チャオ　アモーレ、チャオ　僕のフランカよ、真心を込めて　チャオ

ルイ

（1）〈訳注〉正しくは talpe（talpa の複数形）。

【一九六一年十一月二十七日】

［電報］［全文イタリア語］

君はすごい　要求をあらかじめ見越して返事をしてくれるとは　とても嬉しい　踏ん張れ　フランカ　自信をもつんだ　土曜　すべてはうまくいく　ストップ（1）　君とともに　愛　ルイ

（1）〈訳注〉電文内容の終了を言う「ストップ」。

六一年十一月二十七日　月曜

そう、フランカ、君の手紙、特に今朝の手紙（金曜の速達）は僕を有頂天にさせた。木曜と金曜に（それに水曜もだったか、もういつだったか正確に憶えていない）、気懸かりを、むしろ心痛を少し言葉にした手紙を一、二通、君に書いた、君がどうしているのか、クリスマスについての沈黙、そのほかのテーマについての沈黙の事情を知るための。全部はもちろん絡み合っていて、クリスマスについての沈黙もまた他

の人びとや問題についての沈黙から来ているかもしれない、というわけで、ほんとを言うと、僕は心の中でこうつぶやいていた、パリに来る前にそうであったように、そのあとパリでのことを思い返しつつそうであったように、君がまた一種の不安、おそれの感情にとらわれているのではないか、その感情が今度のクリスマスについて率直に話すことをさせないのでは……。そうした反応はありえないではない、そう僕は一時期考えていた、その考えが僕のしこりになっていた、たっぷり一週間も二週間も僕は堂々巡りを続けた、僕はその考えを何度も反芻した、その考えは喉にひっかかったままだった、それでも君の沈黙は破られないままだったので、もしかしたら僕の考えていることはほんとかもしれないと心配になった……、神に感謝　杞憂だった！　それが誤りであったことが僕には飛び上がるほど嬉しかった、しかもそうした質問をしようとしていた矢先のその日に君が自分から動いて――僕の質問も僕の心痛も知らなかったのに――進んで答えてくれたので、嬉しさもひとしおだった。要するに僕らの要求と答えが交差したわけだ、それは精神と心を歓びで晴れ晴れとさせる……、そのようにして僕らは、郵便の、炭素棒[1]の、鉄道の機能不全をカバーしたのだった、今週の僕たちの、少なくとも君の試練を軽減してくれないそれらの機能不全を、というのもこの数日間、僕のほうは規則的に君からの手紙を受け取ってきた、毎日一通、昨日、日曜もそう（大学を巻き込んだ様々な出来事によって激動した一日、土曜もまた……）。

　君のおかげで僕はこうして、ちょっとばかり辛かった時期から抜け出せた。足踏み状態にいるような嫌な印象を僕はもっていた、まるで僕たち（君と僕）が敢えて大ぴらに口に出さない黙約にとらわれているかの、まるで、いつタイプライターを動かすのを止めて生の声で話すことができるようになるかを知らないまま僕らが手紙の交換に（いつまで？）服させられているかの……、そうしたことすべてには、いくらか強いられた幽閉生活の趣があった、半分幽霊のような生活（いくらか影法師のような、いくらかモグラのような、もっともモグラというのは君が自分の視角から言ったのだが）。別の接触への展望を欠くまま、僕はこの手紙による接触では飢えはみたされないとの気分だった……、それでもその飢えを引っ込め、その飢えが罰せられ、その飢えが閉じ込められるのにつきあわねばとの気分、しかもその飢えの自由を守るのに大したことなどできないままに。そこから僕の求めの声が発せられていた、できるだけ和らげようとはしたが、それでもやはり僕の中では差し迫った求めの声だった。週末のあれらの手紙の中にくぐもらせつつ、僕は君に「助けて」と言っていたのだ、「助けて」 フランカ、約束で決めて合意したこの囚われ状態から抜け出そう、暗黙の了解の上に成り立つこの応急措置から抜け出そう、少なくとも事態をそれの有るがままに名指すことでそこから抜け出そう。これは一つの叫びだったと言っていい、そのことで君が苦しまなかったことを心から願う……、だって君には痛いほどそれがわかっていて、的をみごとに射当てるごとく僕に答えてくれたのだもの。

しかしいままでは、現実に在るほんとうの空間を前にして僕は君のことを考えていける、君の国の空気をもった空間によってやっと僕は呼吸していける、なんという歓び、なんという安堵、フランカ！ そう、だからいま僕はクリスマスのことを考えている。これから君の考えた解決策をじっくり考えてみる。どちらの解決策も悪くない……、だがまた僕の最終的な決断は君の意見そのものに多く左右されるとも言っておきたい。問題の要点はこうだ、ベルティノーロに行くべきか、フォルリーに行くべきか？ それ以外は二の次だ、僕がどちらかへ行ったあと何ができるかは。僕が君たちのもとに行っても問題ないと君は思うかい、君たちのもとでも僕らは二人だけの或る程度自由な時間をもてると？ これが問題の半面だ。もう一つの半面はこんなふうに言えるだろう、僕がフォルリーまたはＢ〔ベルティノーロ〕に行かないですますことはできるか？　ミーノに会わずに君に会うことは？　これは僕には難しく思われる、できれば彼にそんな苦痛は味わわせたくない、その苦痛はまたそれなりに君にとっての苦痛にもなりかねないし。しかし、ならば、この二つの問題を一つにまとめることはできるか？　君に会いに行って、ミーノに会わずにすますなんて（人間としても、友情、感情から言っても）できないというのが、どちらかと言うといまの僕の考えで、しかもミーノに会えれば、それはそれで手放しに嬉しい（嬉しさは彼だけに会えればというのじゃないけれど！）、仮にそうしたとして、僕らは、このような条件のもとに置いた自分たちからかなりなまで自由になれるだろうか？　この疑問に答えるには、ミーノのことも、フォルリーでの君の生活の現実的な条件と可能な条件のこともしっかり知っておかなくてはならない……。だから、この二つの問題に答えを出すために、要するに君だけが僕に手を貸せる状態にある。自由の問題に肯定的な答えを与えることができると君が考えるなら、ぜひ僕は君たちに会いにフォルリー（またはＢ）に行きたい、行ってのち、二人でいっしょにどこかに出かけられるなら……

これから休息しなくては、また仕事もしなくてはというそのときに……、君は僕を働かせるコツを心得ているな、段取りにこだわる感覚と捻じ曲がった根性を併せもつ君は（!!!）

さてと、いまからは君の土曜と日曜の演劇のことを考えてみよう。これからお祈りをしにミサに行き、神さまが君を愛でてくれるよう、宗教の側で必要なことはすべてやってやる、だから大成功まちがいなし。なにか問題が出てきたら、フランカ、僕のことを考えるんだ、僕は君のそばにいて、君に答えを吹き込んでやる、万事つつがなく進むさ。僕を働かせるんだ、望ましいあらゆる質問を僕にしてくれ、そうすれば、僕は君のいない寂しさを感じずにすむ。
僕は君に首ったけ、君は僕の眼鏡に適った人、君の手紙は僕を嬉しさで舞い上がらせた、君は偉大で美しい（もちろん誰にも言わないさ、君ハ醜クマタ美シイなんてね……、これはただ君にだけ！）、思うに、結局のところあの女ノ子《プーパ》の事件でさえいかにも君にふさわしいよ！（フランコはいまはなんて言ってるの？……）。君を両手に抱きかかえる、そして君の耳にむかって、いいかい、チャオ　チャオ　チャオ　チャオ　チャオ　チャオ　チャオ　フランカ・ミーア……

ルイ

（1）〈訳注〉炭素棒は電極に使われるから、モールス電信機の送信機、要するに電報のことを言っているのだろう。

Sciopero dapertutto《ショーペロダペルトゥット》［いたるところ　スト］

六一年十一月二十八日　火曜

(1)もちろん　君のことを考えている　君のことを愛している　フランカ　昨日も今日も明日も明後日も、昼も晩も（夕べは君も僕もずいぶんおとなしかった……、いわば野性の穏やかさ、それを僕は恋人たちの知る《しかるべき手段》で粉砕せねばならなかった、言っておくが、君もそれに同意した、《嫌がらなかった》、君はまったく自分から積極的に参加した、ボローニャの僕らの友人の政治的思考に《取り付いているあのモデルは、これのことにちがいない》、制度を変えて《少数派にチャンスを》残しておく必要ありとの意見に君は賛成でなかったが、彼のほうはエロス的‐参加主義的モデルをとおして政治を考えているわけだ）《今朝は少しイタリア語を話すが、驚かないでくれ》、昨晩、僕はすべての新聞を読んだ、すべての論説、トリアッティを始めとする多くの人びとについてのそれ、また、或るイタリア人老コミュニストについてのそれ、彼は、戦中、ソ連で生活を送り、スターリンによって投獄され、個人崇拝がどうして可能になったのかと自問するんだ……、《どこからどこまでとても興味深い、フランスで言われてきたなにも増して、比べものにならないくらい興味深い》、制度化からみた少数派・多数派問題については、もちろん、賛成しかねるところが僕にもある……、だがこれは、フォルリーかベルティノーロ、またはそのほかの場所に行ったときに話すことにしよう、それはともかく、その議論全体は《真摯さと》あふれる活気《の点で強く人の心を動かす》と僕は思った、そこに僕は《希望》の根拠をみつけだした、現在が《とても必要としている》根拠だ。イタリア共産党大会の例の《レポート記事》を送ってくれたことで君は僕を大いに助けてくれたよ、来月の九日（それに十日も！）にトゥールーズで予定している講演の準備に役立ついくつかの具体的な実例がみつかったからね、《トゥールーズ地方哲学者総会[2]》でやる講演のこと、レーモン・アロンもやってくる、君のお友達のレーモン・アロン、彼のことはよく知っているだろ……、あそこの哲学者たちは僕がスピノザかルソーについて話をする〔parlassi《パルラッシ》〕（《動詞の活用はこれで正しい？》）のを望まなかった、彼らが言うには、僕を招請するに当たって、「マルクス主義者」を念頭に置いていたんだとさ、そしてかのスピノザ、かのルソーはマルクス主義のそとにあるんだそうだ!!!、それで僕はカチンときたが（《心の中でね》）、よし、それなら、と自分に言い聞かせた、それなら（そうおいでなさったならだ フランカ）二十二回大会（あるいは、彼らが望むなら、二十三回大会！）の話をしてやろうじゃないか、とね、君から送られてきた新聞に僕が小躍りした理由はこれだ（あれらの論説を人びとが読んでいたなら、同じテーマをめぐるフランスの論説を読むのはとても興味深いものになる……、なぜって、僕の頭の中はイタリアの姿勢への隠された仄めかしでいっぱいになっている《僕のイタリア語は、どうにもつき合いきれない我慢ならないしろものにちがいないが、君はそれを理解するだけの〈聖霊〉の霊感をもっている、心と体でそれの真意を見抜くだけの霊感を》……、チャオ　フランカ）。《とはいっても、彼らに何を話そうかまだ僕は考えていないが、ああしたことがらのいくつかが問題になることはまちがいない、それとグラムシ（今年の夏のベルティノーロでの読書》、だがね、それ以来、《グラムシを一行と読む時間がなかった!!、なんて生活!!!》）。君が欲しくてたまらないよ、フランカ（《この言い方を僕はとてもとても個人的な意味にとっている、イタリア語のもつそれの意味すべてを集めたそれよりもずっと遥かに強い意味に！》、まちがえないで　恋人よ）《もちろん、土曜と日曜のことも考えている（次週の土曜と日曜に君は僕のことを考えてくれ）》、君お預かりのあの女の子が君の劇の中で《女工》をやったっていいじゃないか《と》僕は考えた、そうじゃない？、《きっとすごいことになるよ、フォルリーじゅうが》感動でむせび泣く《だろう、新聞の劇評を僕に送るんだよ、新聞記者たちの動向をあらかじめ見越しておく必要あり！、宣伝もしなくちゃ!!》、そして《この成功の陰の動力》となるのは君だ、《冷静な頭脳をもつ君（偉大な船長のように、国家の偉大な舵取り役のように、「政治家の心は彼の頭脳にあり」（ナポレオン）心については、その中に僕の席を一つ空けておいてくれ、フランカ、その中にだけでなく、もうちょっと余分に心の周囲にも、左右上下》。

　僕が君を愛していることを憶えてる？　それを憶えてる？　それを忘れていなかった？　それを憶え

ているかどうか言ってくれ……、僕が君を愛していることを憶えているか　フランカ？

ルイ

（1）〈訳注〉この手紙は《　》で括った部分はフランス語、それ以外はすべてイタリア語で書かれている。編者はイタリア語の部分にフランス語訳を与えていない。それを「断念した」と注記している……。綴りの間違いや、フランス語をもとにして勝手につくられた「イタリア語」が散見されるアルチュセールのイタリア語をそのまま残すことは、資料としてならなんらかの意味をもつだろうが、翻訳にとっては無益と思われるので、すべてを日本語に移す。
（2）九月二十五日の手紙、前出参照。

六一年十一月二十九日　水曜

チャオ　フランカ　君が僕の電報を受け取ったことを願うと、そう伝えるためのこれは早書きの手紙！、また、電報のあとに手紙（一昨日、月曜、昨日、火曜）も受け取ったことを願うと、万事順調であることを願うと、それに新聞をもう一紙送ってもらいたいと伝えるための手紙。十一月二十八日付〈ウニタ〉[1]、イタリア共産党の二つの重要な文章がそこに載っているはずだ、スターリンについてのと（共産党書記局声明）、フランス共産党中央委員会の議論についての。こっちの「ブルジョワ新聞」にその抜粋が載っていたんだが、ちんぷんかんぷん。彼らがなんと言ってるか知りたい。

今日のテニスのデキは悪くなかった、ただラケットを壊してしまった……

師範学校の一生徒に掛かりっきり、迫害妄想の急な発作を起こしている、その筋の竹庵《トゥビーブ》（＝医者）に掛かるようなだめすかすのは並たいていじゃない。

君のほうの調子はどう？　僕のほうは倦怠感が全身に回ってる、それにちょっとした気の沈みも（年齢、クルクルパーな雑務への溺没、研究ができない　勉強ができない、それに……考えることも！）それでも並行して、クリスマスが僕のうちで密かに明かりになっている、一筋の希望の光のように。人生はいつもスイスイ行くとは限らない、君もそのことは知っておくべきだ。泉で水を飲む必要あり……、ときには息をつくために。

演劇に頭を集中せよ、驚くほどうまく君は乗り切ってみせるさ。自信をもつんだ。

君ノコトヲ考エル、ふらんか、君ヲ愛シテイル、君ハ僕ノ中ニイル、眼ノ前ニ、活キ活キトシテ、命ニアフレ……、ちゃお　ちゃお　あもーれ

ルイ

（1）〈訳注〉ローマとミラノで朝刊として発行されているイタリア共産党機関紙。

六一年十一月三十日　木曜

［手書き］[1]

なにもかもほんとうにありがとう　フランカ、今朝の四通の手紙、笑いをこらえられないフランコの話[2]、電報と引き換えに送ってくれた写真（代わりにこんなにたくさん写真がもらえるなら、これからは毎日一

回電報を打っちゃうよ！）、写真の中でも「《社交界の麗人》」のが特に気に入ったことを伝えておこう、なぜだかわかる？　君の肩がみえるから、《堂々たる肩》、広くて豪奢で豊満な肩（ほかの写真でみえるのは……、顔だけだよ、愛する人、それ以外の君の多くのものが欠けている、手、脛、足etc. etc.、このエトセトラがなんであるかは想像できるだろ！、というわけで、欠けている重要な要素が多すぎて《総合》がやれないんだ！、あの写真なら、顔と肩をもとにまさしく総合がやれる、それにその写真の君からは《威厳》が、《半ばむっとし半ば挑むような》雰囲気が漂っている、大きく見開かれた眼、《いまにも火を、言葉を噴き出しそうな》口、鮮烈な驚きに捉えられ、なにかに強く注意を凝らしているような感じ、要するに《その全体が僕の好みにとてもフィットする》、たぶん剥き出しの肩が《**すっぴんの**顔の印象を》強めるからだろうか？、ともかく、僕がいちばん気に入ったのはこの写真だ）（《天真爛漫さ、横顔のもつあの子供のような、少年のような、娘のような感じ》もまた大いに僕の気に染む――これは別の側面だけれど）（《社交界の貴婦人》の写真、その内部にはもっとなにかがある――眼つきには《鋭い剃刀のようなスパッとよく切れる》なにかがある、それといっしょにあふれるような優しさも――《だが》僕の駄弁なんて《君は聞く耳もたぬ》、畢竟、君に理あり）。《フランカ　ここでの仕事　こんな生活、この繰り返しの連続、うんざりだ》。わかるだろ、《僕の送っているような生活を送ると、パリにいたって人は退屈しちゃう――あるいは僕のような性分だと！》いつも**クリスマス**のことを考えている。これについては明日、君に話をする。

チャオ　アモーレ　チャオ　フランカ　《大好きな人》　ルイ。

劇の成功を祈って君に僕の「祝別」を送る――君によろしくと、ピンパに書いているところ　フランカ

《乱れ髪の写真も》僕の心を乱す——いま、気づいたんだが——そこにも君の肩（《肩》）とくっきりした唇がある……）、フォルリーへ行ったら、もちろん、僕が君の写真を撮る、絶対に。君に抱擁を　フランカ

（これは決まり文句としてなんかじゃない、もっと積極的な意味を込めて……、ピンときたかい？　いまから君のデッサンを描くんだ!!）（それはわが《魂の偉大さ》の顕現などではないこと、全然違う！）

アモーレ　チャオ。ルイ

（1）〈訳注〉この手紙もイタリア語とフランス語の混淆で書かれているので、十一月二十八日の手紙、前出と同様に扱う。

（2）十一月十四日のアルチュセールの手紙にて触れられた「イカレた女の子」の話の最後のエピソードを語る十一月二十七日のフランカの手紙参照。

六一年十二月二日　土曜。一八時

ヤア　僕ノ恋人サン　今日ハ土曜　君ノ劇ノ日

スベテガウマクイッタコトヲ願ウ、イヤ、ウマクイッタニチガイナイ、君ハタベノ女王様ダッタニチガイナイ、君ノ子供ラハウマク演ジタニチガイナイ

事ガドンナフウニ運ンダカ知ラセテクレ

あいかわらずここはサーカス

生きることが嫌になっちゃうような生活　やることがいっぱいありすぎる　息を入れる暇なし
ヴァカンス万歳!!　未来の　次の　もうすぐのヴァカンス！
それでもトゥールーズでやんなくちゃならないあの講演のアイデアがいくつか湧いた　講演は日曜日じゃなくなった（先のほうへズレ込んだ）　いつものことながらあんまり正統的じゃないいくつかのアイデア（アイデアが湧くとき　それはいつもいくらか異端的だ、だからこそ、それは湧く、これは死んでも治らない）

君も僕のアイデアを　僕のもろもろのアイデアを知ッテイル
君は僕の異端教義　僕の異端者
僕の異端の観念（僕はまた背理的な観念が、主張することの難しいそういう観念が好きだ）
僕の背理　僕の「主張することの難しい」
僕は君の中に在るこの難しさが好き（おっと、これは忘れて！、この難しさをあんまり使っちゃ いけない!!）
要するに僕は、**君に似た講演**をやりたいと思っているわけだ……
もちろん、マルクス主義政治理論が、横からみると少し上向きかげんの君の鼻をもつことはないだろう、
君のもじゃもじゃに乱れた髪をもつことも、君の底知れぬ声をもつことも
まあ　しかし　まあ　しかし

マルクス主義政治理論に声を掛け　それを捕まえ　それを取り扱う僕のやり方の中には
君といっしょにいるときの（いっしょにいたいと思うときの……）僕に似たなにかがあることになるだろう
僕はそう好んで考えている
そしてこの考えはたぶん僕の諸概念に新しいめりはりをつけてくれるだろう

チャオ　僕の異端者さん　チャオ　じゃじゃ馬さん　チャオ　フランカ　アモーレ
（ロッセッラとフランコについての君の演説にはどんなに笑わされたことか‼、君はほんとに素敵な困ったちゃんだ！）
ちょっと尻を落ち着けなさい、僕をあんまりかついじゃいけないよ　うん？　常識をもって（君の中で僕を魅きつけるのは非常識なところさ、たとえそれが常識に囲い込まれていてもね）
（よし　一丁　君に馬鹿話）
僕を好きになれ、その調子、遠慮なんかおよし、やればできるさ
僕を好きになれ、雨が降ろうが風が吹こうが、夜になろうが嵐になろうがたとえ昼間になろうが
（窓から身を乗り出している君の姿がまだみえる）（君の町のイメージ。君はよく自分の家の窓から身を乗り出すのでは？）
僕は君の肩が大好きなんだよ
そうだ　まだジョヴァンナには返事を書いていないんだった、でも今週中にはなんとか。
僕は君のうなじも大好きだよ（その先は推して知るべし）

チャオ　おとなしくしていてね、おとなしくしている？、おとなしくしていてねと言うと、まるで君がおとなしくないようだが、君はほんとはおとなしい、まちがいなくおとなしい、だからこそ僕はおとなしくしていてねと言うわけだ、結局のところ、君がおとなしくしているのであれ、いないのであれ、どっちを好きと言うべきか僕にはわからない……、おとなしくしていれば、君はそのおとなしさに退屈するにちがいない、君に退屈して欲しくはない……、[1]おっと、紙が切れた、君の手にキスを、眼に、唇に、フランカ僕の好きな人。

君ニ首ッタケ《ティアドーロ》、**嘘ジャナイヨ**《ヴェーロ》**！**

ルイ

（1）以下、手書きの追加。

一九六一年十二月四日　月曜

［イタリア語による手書き］

チャオ　神々しい恋人、優しい恋人、チャオ　フランカ　昨日、金曜の速達を、今日、木曜の手紙を受け取った。こんなふうに時間はひっくり返る！、《オケツとオツムが入れ替わる！　あのおっそろしい二日間がどうだったか知りたくてたまらない！　君も演説を一席ぶったわけだ[1]》！　君も。僕の代わりに、と言わなくてはならない、だって来週の土曜にしゃべる予定はなくなった、学会は延期された――レーモン・

アロンはやる気を失くしている……、だが僕のほうは重要なアイデアをあれこれ思いついた、神のごとく仕事をした（神になるのは半分まで、自分の足で横切る空間を残しておかなくてはね、到達すべき目的を――まだ神になっていない半分を神にするのは将来にとっておくことにする……）、一つの講演へまとまりうるような、あるいは〈ラ・パンセ〉用の論文（試論）へまとまりうるようなたくさんのアイデア、そしてその論文を君は、いちばん最近のそれを読んだときのように読むことになる（いちばん最近の論文を君がどんなふうに読んだか、僕は忘れていないぞ、ベッドの上でだ）。要するに、すべては快調に運んでいる、いままでよりうんと快調に。十二月二日の〈ウニタ〉を送ってくれるとありがたい、パジェッタ[2]の記者会見が載っているんだが、フランスではその記事がみつからない、この記者会見が必要になるだろう、特にあの講演用に。それから、考えてクリスマスのお膳立てをする――いつフォルリーに行ったらいいと思うか言ってくれるかい？　二十三日に列車で、八時四五分頃ボローニャ着のやつで？　到着が早すぎない？　僕はほんとうに君にマイってる、四六時中君のことを考えている、これでは生活がままならぬ！　いくつものはっきりした想い出が残っていて、《そいつが頭の中で跳びはねる》、忘却の底に沈んでくれない《様々な細部とともに！　君は、いわば、惨たらしい刑罰に変わるのだ》、君の姿はみえる、なのに君に触ることができない。どうしたらこの責め苦に片をつけられるか？、列車を戻らせることによって！　これが解決策（イタリア語ではたぶんいまのような言い方はしないだろう[3]――添削必要――なんなら、僕のイタリア語を添削するようピンパに言ってくれ……――ただし、僕が君に書くすべてを彼女に読ませちゃいけないよ！）、君の剥き出しの肩がもたらした成果がこれだ……、いい歳こいて!!!、（いや、君の肩がもたらしただけじゃない！、君のまなざしもが――それ以外のすべてもが）、ごらんのとおり、君にフランス語で手紙が書けないわけだ、フランス語は君から離れすぎていると僕には感じられる――逆にイタリア語を話していると、遥かに君の近くにいるように感じるんだ。まるで暗がりの中、夜の中で君に話しかけているよう、君の姿はみえず、ただ君に触りつつ……、《こんなふうにやったって、サンタクロースはどうしたって来ちゃう……、時間よ、速く流れないでおくれ！　僕の手紙は読めるだろうか？　ひどい文章だ。つまるところ》、これはテストになる、君が僕を理解できるか、みてみようじゃないか！

君に抱擁を　フランカ、フランカ、フランカ-愛《フランカムール》　ただしこの言い方の**僕独特**の意味で――君の使う意味でではなく（《寛容と苦痛の入り混じった心遣い》……）。君の全身にキスを。チャオ

ルイ

（1）フランカによる開演の辞のこと。《　》で括った文章は、手紙のオリジナルではフランス語で書かれている。
（2）〈訳注〉ジャン・カルロ・パジェッタ、イタリアの政治家、最初共産党、のちに社会民主党を率いる。
（3）アルチュセールは「列車を戻らせる」をイタリア語で「tornado il treno」と書いている。何を言いたいのか、理解に苦しむ表現。

【一九六一年十二月五日】

［手書き］

火曜　一八時

〈ウニタ〉をありがとう　フランカ　今朝受け取った（小包二つ）。とても興味深い。

明日カ今夜ニデモ君ニ手紙ヲ書ク、シカシイマハ、仕事いっぱい予定いっぱいの一日ガ終ワッタトコロ、マダ時間ノ余裕ガナイ――二十二日一九時三〇分[1]ノ切符ヲトッタ[2]。この日で君の都合はいい？　ソレヲ**急イデ**　急イデ　僕ニ言ッテクレ　恋人ヨ

君に首ったけ　チャオ　チャオ　チャオ　チャオ

ルイ

（1）〈アルチュセール注〉パリ発オリエント急行――翌日、ボローニャ着、正確な時間はわからない。

（2）〈アルチュセール注〉正確には切符を「依頼」した。まだ空席があることを祈るよ!!!

【一九六一年十二月六日】

水曜　一七時　すでに夜

フランカ　この**警察**の話はいったいどういうことなんだ[1]？（すでに昨日の晩、君はこの話をしたが、僕はちょっとした冗談かと思っていた、ともかく君はどこ吹く風といったふうに話していた、抜き差しならないことだなんて想像もしていなかった。だが、月曜の手紙（ちょっと前に受け取ったところだ、――君の手紙が午後の終わりに届くなんてほんとに珍しい）は僕を心配にさせる、今度ばかりは本気で。何が起きているんだ？　事のなりゆきをなんではっきり言ってくれないんだ？（君は半分言いかけてやめること

がしばしばある、事が**君に及んでくる**かもしれないとき、及んで君を苦しめるかもしれないときには仄めかしで終わらせることが、そんなのは嫌だ、僕はすべてを知りたい、フランカ）。ピランデッロを上演したことにかかわるこの警察の話はいったいどういうことなんだ？　想像するに、問題になっているのは、著作権（上演権）とか公共での上演に必要な役所の許可の件、財政の件よりもっと重大ななにかだ、——でなければ、君がこんな話し方をするわけがない。オ願イダカラ、僕ヲ闇ノ中ニ放ッテオカナイデクレ。豚箱行きになるかもと、たとえ悔しさからであれ、自嘲気味に言う君をみるのはあまり好きではない、それに僕は君が重大なことがらを軽々しく扱わぬことを知っている、だからああいう態度は君らしくない、どこから考えても僕は心穏やかでいられないよ。

　豚箱のほかにも君の手紙には、僕におやっと思わせるなにかがある、少なくとも君にしてはそう、だが僕にしては遥かにそう[2]、悔しさのことを言っているんだ。土曜の晩の君の手紙に含まれていたのと同じ悔しさ、つまりは昨日の晩の君の問いかけのもつ悔しさ（なぜ僕に電話しないんだ？）。

お願いだ、フランカ、お願いだ、後生だ（でないと、僕の理性がざわつきだす、昨日の晩、君は笑っていた　笑ってもいた、君の声が笑っていた、悔しさはあの問いかけの中だけのことだったのか？、あるいはあの問いかけにはなにか影が差していたのか、それはあの悔しさのほんのわずかな影でしかなかったのか？、それとも悔しさなんて微塵もなかったのか？）、後生だよ、君と僕のあいだでこんな言葉づかいをするなんていかにも水臭い。君のことを考えるとき、僕はこんな言葉づかいはしない、君に話しかけるとき、僕はこんな言葉づかいはしない、なのに僕がこんな言葉づかいをするのはなにか（沈黙、不在）を**つくら**

ないようにしているからだと君が思ってもみてくれるなら、お願いだ、フランカ、事を「自分の内部で」決めてしまわないでくれ、まずその気持ちを僕の気持ちと照らし合わせてくれ……、いよいよだ！、僕は子供のようにいまかいまかとクリスマスを楽しみにしている、それが間近だと思うだけで僕は自分をしゃきっと保てる、それだけが僕に意欲と弾みを与えてくれる、このクリスマスは子供にとってのクリスマスと同じ、奇跡《メルヴェイユ》という名のお菓子(3)、メルヴェイユ、フランカ、両手いっぱいのメルヴェイユ、欲しいだけいくらでももらえるメルヴェイユ、両手からこぼれだすメルヴェイユ！　これを僕と分かち合ってくれ、フランカ、十一月というこの辛かったひと月のあと、冬のもたらすご褒美と奇蹟を！、熱い冬を、僕の優しい恋人よ

君は僕の冬の火だ、君がどんな冬かみてみたい、僕の燃える冬よ、僕の燃える寒さよ　フランカ

君を手荒に振り回してあの悔しさを追い出してやるからな、君があいかわらずそのまんまだったら、泣き叫ぶまでぶってやるからな、わかったかい？、フランカ、僕の腕の中で君の悲しみをすべて癒すため、君を別の火で包むため

チャオ(4)　チャオ　僕のおチビさん　僕の女王様　チャオ　フランカ・ミーア、ミーア、ミーア

ルイ

(1)　十二月四日のフランカの手紙参照、その手紙で彼女は、ピランデッロの上演中止を命ずる通知を受け、従わなければ禁固六カ月の刑に処されることに言及している。

(2)　〈アルチュセール注〉　君にしては、ゆえに僕にしては――君と僕を入れ替えてもらってもいい――この文法は君の十八番。

（3）〈訳注〉メルヴェイユは、小麦粉、バター、卵でつくった生地を薄く延ばして揚げたお菓子。
（4）以下、手書きの追加。

木曜　一四時―六一年十二月七日

チャオ、君。

離れていて理解しあうのは難しい、わかってる、わかってる。

今朝、君の「土曜の夜」の手紙。その「夜」は僕を照らしてくれるが、少し遅かりし。

いずれにしても、僕は君を見捨ててしまったわけだ、僕のかわいそうな恋人よ、夜に濡れそぼつ僕のかわいそうな大きな鳥よ、壁に貼りついた僕の影法師よ、冬の路頭を迷う僕のボヘミアンよ、その君を僕は見捨ててしまった、水浸しのボロ着に覆われた僕の引き裂かれた四肢よ、歩道に捨て置かれた僕の抜け殻よ、僕の大きなぼさぼさの箒よ、凍える僕のかわいそうな恋人よ、飛び立つ山頂をなくした僕の鷲よ、その君を僕は見捨ててしまった　僕の優しい傷よ　僕の途絶えた声よ　僕の魂の悲鳴よ、その君を僕は見捨ててしまった　頭も声も心もお腹も、襲い来る寒さと風になすすべなくさらされる君のお腹と君のか弱い両脚、その君を僕は見捨ててしまった、空のように剥き出されて光に照らされる君の肩、僕はその君を見捨てて

しまった　君を　君の閉じた両眼を　君を　君の沈黙を、君　フランカ　フランカ　フランカを

哀れで不幸な男

続いて昨日、ふと思いついて僕は脳天気にもこう君に尋ねる気になる　元気かい?、チャオ、僕のこと愛してる?、いま独り?、クリスマスに行ってもいい?

事情というものを弁える基本的な感覚が僕にはほんとに欠けている
こんなふうに君に尋ねるなんて、公演はどうだった　ピランデッロだけ?、ほかにもなにか?（幸いにして僕には――たびたび電話が一時不通になったことも手伝って――細かいことをしつこく聞きたがらないという上品さがあった　幸いにも!）

なんで君からなにもないのか、元気にしているだろうか、それで君の声を聞く口実ができる（フランカ、君の声、痛いよ　痛い　痛い……、君のほうはどうなのかは知らない、――いずれにしても、電話をするのは僕からだ!――僕のほうはこうだ、「フォルリーにおつなぎします」と交換の声が聞こえる、すると**つながる**までに十五分はかかると心得ていて、さて、その十五分だが、そのあいだ僕は**震えるのだ**。物理的に僕は震える、体のいたるところが震える、指　腕　息　眼、[1]これは怖じ気なんがじゃない、おー　まったくそうじゃない、それとは正反対、だがこの正反対が震えることを欲するのだ、――ちょうど、**いちば**

ん最初に君を両腕に抱いたときのように、[2]そしてこの**いちばん**最初がそんなふうに**繰り返されるのだ、**——これは比べるもののない体験（それは世界史にふさわしいいくつかの瞬間を体験するその仕方を思わせる、人が世界史の真っ只中にいて、その証人、その俳優、そのいまであるときの、——昨日の晩の街頭での数分間がいくぶんかそんなふうでもあった。それについては会ったときに話す。）震えを抑えているときでさえ、そんなふうに人は震えるのだと思う、そのとき人が頭で、眼で、感覚で知るのは、自分が人生の本質的な地点に達し、そこに触れているということ、宗教をもたぬ人びとの宗教的な震え、——おっと、ともかく君に理論を垂れるつもりじゃない、そんなことに関心ない、一般化なんてどうでもいい、パナレーアから帰ってきたベルティノーロの君に、電話ボックスに電話したときに震えていたように僕は震えていた、それはまあいい、自分のすべての震えを網羅的かつ歴史的に回顧するつもりはない、フランカ、君は僕を痛ませる　フランカ、苦と快、君がもたらす快に僕は苦しむ、君は僕の傷、僕は君の剥き出しのひりひりする肉、僕はまるで君が怪我をしているかのごとくに君に苦しむ、フランカ、君の傷は僕にほかならず、僕とは全身傷だらけの君のことだ、二人のどちらの体が傷ついているのか、君は僕にとって僕自身の傷口だ　僕は君に病んでいる、ここしばらくそれは少しもよくならない、[3]それを君はたぶんわかっていた、回復するには君に会うことが必要だ、だが、あゝ、それでも回復しないことを僕は知っている、知っているのだ、なんという歓び、君から回復しないとは、それはすべて電話線の向こうの端のなんとも忌々しい声のせい、昨日の晩のまるで水のようなあの声、海、無限で、深くて、軽やかで、低くて太く、朗らかで、柔らかで、海のように沈黙にみち、無限の間隔に、うん　うん　うん　といううなずきに、それどころか、声に出されないうなずき、聞こえないうなずきにさえみちた声、無尽蔵の蓄えをもつあの声（人が言うように、海もまたそうだ、そこに魚と小海老の絶えることなし）（いや、生命は海に由来するとさえ言われる、地上で息絶えても、生命はもう一度生まれ変われると、海から再び生まれてくると）、海の声であり、また遠くからやってくる風の声、あらゆる木々よりも強くそよぐ風の声、どこから自分が来るのか風は知っているか？、風はどんなものよりも遠くへ行くだろう、あまたの海よりも、あまたの家よりも、あまたの人びとよりも遠くへ、風は平原と山々の主人、風は動いている空、自由自在な空、君の声もまた列車の窓外を次々と流れていく風景のよう、いつまでも終わらず　いつも新しい風景、与えられてどんどん新たに増えていき、つねにぴかぴかで汲み尽せない空間のその夢、――君の声は、君の手のように　君のまなざしのように、君の体のように、僕の体のあらゆるところに触れてくる、痛いよ　痛いよ　痛いよ　フランカ　君が僕に与えた痛み、君が僕に与えた大好きな痛み

（ありがたいことに、うまくページを替えられた！、話の筋を元に戻せるよ!!）

adoncques《アドンク》〔要するに〕（フランス語の古語、古色蒼然とした貴重な語、＝〔現代フランス語の〕donc《ドンク》、＝duncque《ドゥンクエ》〔結論〕[4]！）僕にはわかってる、僕が電話したわけを君が「知る」ことはなかったろうと。僕は君を見捨てたのに、それを僕は知らずにいた、と君は言った（手紙の中で）、それを僕が知らずにいたので、君はそれを僕に教えた（手紙によって）、そしてそれを知ると僕はすかさず君に電話をした、見捨ててなんかいないと君に言うために、――あるいは、君が仕返しに僕を見捨てていないか確かめるために。

見捨てたのかい？

答えるには及ばない、いずれにしても、このろくでなしの郵便では君の答えは一週間後になる、君の答えをもらうのに一週間も待ちたくない、気を鎮めるのに必要な時間だとしても、君を完全なしらふの状態で愛することの許し（君の許し）をもらうためであっても‼

地上ではそんな悠長なことはしていられない、そのうえにその少ない時間を国際郵便のもたつきに合わせて切り刻まなきゃならないなんて、そして何を考え、何を言うかを知るのに、国際郵便のご機嫌が麗しくなるのを待たねばならないなんて、そんなのはご免だ（君はこれにいくらか荷担する嫌いがある、顧みて自己批判せよ[5]、郵便が途絶えると、君は自分の殻の中に戻り、凛としたバアさん[6]の口吻を繰り出しつつ、高貴な感情を厳かに配ってまわる、もちろん、有益たらんことをめざして、つまり素朴な人びとにまさにこう教えを垂れるため、わたしは騙されてはいないが、しかし自分の悔しさに自制力を働かせることができ、自分の権利を放棄するだけの力があると、ほんとは公衆の面前で自分の苦いパンを頬張ってもいいのに、僕の見捨てられたかわいそうな恋人よ、でも君はそうしない、みるがいい！、無限の自己犠牲を身振りに込めつつ、君は自分のパンを街の貧しい人びとに差し出すのだ、彼らにそのパンは嚙めば甘い味がする、そしてこの聖餐にて彼らは、与えられたパンの甘さ、パンを与えた人（君）の苦さの二つの相反する質が、信じられぬことに、一つに合わさるがゆえの利益を享受する、矛盾し合うあの甘さとあの苦さが乗り越えられ-廃棄され-止揚《アウフヘーベン》されるのだ（ヘーゲル的な意味で）、苦痛にみちた無感覚状態、または、感覚されえぬ苦しみへと止揚されるのだ、苦さと甘さとを超えた贈与の行為そのものによって美化されて）

（おー、良心のわが美しき姿よ！、わが美しき良心よ、忘恩と苦悩とをともに引き受けることによって光輝を身に帯びた永遠の父母たちのその苦しみの姿！（V・ユーゴー参照、軽騎兵、「ともかく彼に水をやれ！、と神父は言う」））（しまった！、ここでページ替え、僕は何を君に言おうとしていたんだっけ？）、思い出した、君の返事にはかかずらわない、かなり惚れていると君に言うために君の返事を待つつもりはない、なぜ僕が電話したか、たとえ君が理解に苦しんだとしてもだ、その「なぜ」は目下の件とはなんの関係もない、目下の件、つまり僕は君に飢えているということ（そして昨日の君の声も、僕をダイエットさせる手段にはならなかったということ！）君に会えないことにうんざりしているということ、そのうんざりはもうじゅうぶん続いたということ、僕は二十二日の列車の切符をもっていて、二十三日にはオリエント急行の到着時間に君をボローニャの駅で待ってホームに降ろすということ――到着は明け方だ――いったい何時に君は起きるつもりなのか、僕の眠らぬ明け方よ、おー　フランカ？、そこに僕は君といっしょにいて（そことはフォルリーでなくちゃいけないわけじゃない、仮に何日間か高いところに行けて、清々しい空気を少し吸えるならね、なんとしても僕は清々しい空気を吸いたい）、ともかく、僕は高等教育機関が僕にくれる時間を目いっぱい使って君といっしょにいる、（そのくれる時間より少し長くさえなる、ほんとは二十三日の晩しかヴァカンスではないのに、僕はここを二十二日に発つのだから）一瞬たりと縮めるものか、時間に関する限り僕は君が僕のヴァカンスの長さについてモゴモゴごちたことがよく呑み込めなかった、僕のヴァカンスをともに過ごすことについてどうも君には君の卒論のパスカルが言う「背後の考え」（思惑！）があったようだが、僕の頭の中を詮索して難癖をつけ始めないでくれ、わかったかい？、背後の考えなんてありゃしない、君に会いたいだけ、制限なしに、わかったかい（公務員として課される制限内で、つまりは絶対的にだ）（現存の生産力と生産関係との発展度にかんがみると、自由はヴァカンスの公式的な日付によって限定されることがある、二十五回大会にでもなれば、もしかしたら変わるかもしれないがね、それを説明してくれるようカルロに頼んでみな、彼が生産力と生産関係でおしゃべりすると、ふつう君は彼に耳を傾ける、この用語はいつも君の上に効果をもたらしてきた）、なにしろこんなふうに君にはもうかなり長いこと会っていないからね、わかったかい？、会えば君は僕にむかってａ＋ｂ式に数学的な厳密さでこう言える時間をもてるだろう、僕が君を　僕のかわいそうな恋人を　平原とにわか雨の大鷲を　見捨てたと。いいかい、僕が来ることをみんなに言っちゃいけない、二人だけの平穏な時を少しもちたい、サーカスじゃないそれを（友人たちとはいいものだ、しかし僕が望んでいるのは君）。わかった？

そしてだね、君がおとなしくしていれば、なぜ昨日の晩に電話したのか、その理由をたぶん（たぶんだ！）君に言ってあげる

チャオ　チャオ　チャオ　アモーレ、チャオ　僕の琴線

ルイ

[7]なにかもってきてもらいたいものがあるなら、言ってくれ。スタンダール、モンテーニュ、そのほかになにか？（どんなものでも、君の望む誰のためにでも、――友人用になにか要るものがあるなら、お任せを！）

（1）〈アルチュセール注〉両脚、お腹、おー　僕の両脚。

（2）〈アルチュセール注〉偶然にだった、偶然に！
（3）〈アルチュセール注〉それは「sempre peggio〔ますます悪くなる〕」という古典的概念のもとに分類されるべきだ。
（4）〈訳注〉「dunque」をイタリア語とみなす。通常イタリア語では「dunque」と綴られるが……
（5）〈アルチュセール注〉フランス共産党では、冗談めかして（まったく歴史に根ざす一種の皮肉を込めて！）、みんなこう言ったものだ。「座りたまえ、**君の**自己批判をやってあげよう！」
（6）〈アルチュセール注〉古典的メロドラマの役柄を言う「凛とした老人」への連想を働かせて理解せよ。
（7）以下、手書きの追加。

金曜　一六時（六一年十二月八日）

愛《アムール》　わが愛《モナムール》　海《メール》
今日　君からなにもなし　わが恋人《モナムール》よ　苦き《アメール》
郵便　そう　郵便　不実なる
郵便、超えゆかば　かくもの河と山　かくもの霧と夜
郵便　そう　それは郵便
いや　それは郵便でなく　君の心
傷ついた僕の大きな鳥
翼の下にしまい込まれた君の心、降りたいだけ降るがいい　雨よ　空の水よ　尽きるまで雲から落ちるがいい

君は壁を覆う動かぬ屋根
瓦と樋の上を雨は流れ走る
頭の　腕の　体の　羽の上を
時間になるとときどき開きかけ
(いま　一六時)　僕らにもはや
時を告げる鐘はない
また再び内側にむかって閉じる眼　そとの夜など　そとの時間などなにほどのことか
僕らは内側におのれの夜をもつ　おのれの昼とおのれの暁とおのれの黄昏を
僕らは僕らの夜の中に隠遁した
まっすぐ立つ一本の
鳥の肢
他方の肢を休ませるために立つ肢
その他方の肢が、　役割交替
痺れのきた肢を注意深く支え、　その肢をお腹の下に畳み込ませ
冬眠の姿勢に就かせる
他方の肢を　注意深く　慎重に　伸ばし
地面に当たりをつけ　これぞという最終の足場をみつけだす
(この二つの動作を同時になすこと、　忘れてはいけない、　要注意)

かくしてみいだされるのは
堅固であって、しかも柔軟さを失わぬ姿勢、長く立っているには
脚力を節約せねばならぬ
(また内側でも思考の動き、呼吸、鼓動を節約せねばならぬ)
冬　動きなき死んだ季節　マーモット[1]たちの
アナグマたちの　大きな鳥たちの季節
傷ついた大きな鳥たちの
大きな鳥 - ベケット
その魂の中に冬のすべては込められる
魂のすべての動きもまた最小限に縮められる
沈黙せよ　わが魂よ　口をつぐめ　気づかれぬ自己のもとに移り行け、寝入る姿勢をとるのだ　眠りはやっ
てくるだろう　眠りは必ずやってくる
おまえをめざめさせる仕種にご用心
雨は夜の邪魔にはならない
くっつき合った小さな点のごとくに連弾されるその音は最初の夜の、その中に在る別の夜だ
これは昼か、誰が知ろう、昼と昼のあいだの一つの昼か、それはただ進み行くのみ、
わが嘴は石　生気なき木
フルートをつくる木

音楽家たちはすでに帰った
音楽は立ち去った

おーい、フランカ！
フランカ、フランカ！
フランカ　フランカ　フランカ　フランカ！
そのたびに　君の名は　家々のあいだ
都会のすべての壁のあいだに跳ね返る
ボールなる君の名、こだまなる君の名、なんとたくさんの名！
街路には僕だ　フランカ
その名はやがて僕のために君の黒い眼をきっと開けてくれるだろう
一瞬みえる　君の眼の暗い雲たち
フランカ　街路には僕だ
その名は君に別の冬を運ぶ
人びとが走り　外出し　生活する冬
刺すような乾いた冬
体が凍える　僕といっしょに走ってくれないか
知っているよ　君は鳥　僕の美しい鳥　でも鳥もまた走るのだ

寒い　君の翼の下に僕の場所を空けてくれないか
よかったら　遊ぼう　僕は君を空中に投げる
君は落ちてこない　君は鳥　君は飛ぶ
（あまり長くではなく）
（信仰《ア・ラ・フォワ》にあまり多くのことを要求しちゃいけない）
（またいっぺん《ア・ラ・フォワ》にあまりに多くのことを）
ついで疲れると君は僕の腕の中に再び落ちてくる
鳥は、たとえ大きな鳥であっても、腕の中に抱えることができる
君は滑らかで　それに知っているか　熱く　細長いのだよ
どこよりも心の在り処が熱い（一度確かめてみねば）
喉の羽毛そこに息がみえる、いちだんと生々しい息、いちだんと速い息
君がよければ、僕は君のために呼吸を始める
たとえ人が人工呼吸をしていても
僕は君のために呼吸する　君のためにあらゆる動作をする
僕は君のために話し　君のために僕の心臓は打つ
僕の血液は君のために巡り、僕の呼吸は君のために呼吸する
君のために僕は「はい」と言い
君のために尋ね　君のために答える

君のために僕は「チャオ」と言い
君のために僕は「君を愛している」と言う
人工呼吸＝自然呼吸、それは進む、それは進む
自然　それしかほんとうのものなし
ギャロップで自然は戻ってくる、僕の美しい黒い牝馬
雨より滑らかで、冬より熱い牝馬
芸術とは季節の先を進む自然のことだ、秋蒔きと春蒔きの種のことだ、それは芽を出す
君はみる　君は眼を開ける
君は眼を開ける　君はみる
（論理と時間的順序を尊重しよう）
何を君はみるか？　僕を、だ
（僕は少し隠れる、僕をみるというそのことを君はみる、との印象を一気に君に与えてはならない）
（君がものごとを自分で発見するようにせねば）
（独学者は独学者の矜持をもつ）
（発見をなすとき、人はなによりも、みいだしたというそのことを好むものだ）
みつけよ、恋人よ、みつけよ
tu brûles《チュブリュル》〔もうちょい〕（この言い方は説明できない!!、目的物まであと一息という意味、——子供の頃、目隠しして、どこと言わずに置かれた物を手探りする遊びで使われる表現、目的物に近づくと、tu brûles《チュブリュル》!と

言うのだ）
もう少し手を伸ばせ、さあ、眼を開けて
きれいな黒い君の眼を　水の　雷雨の眼
僕の雷雨

もう雨は降っていない　ちょっと散歩にでも出かけるかい
雨のあとの田園、僕はそれが好きだ
草と土の匂い
見上げれば、遮るものとてない空　君と僕の空
どう　一つ乗るかい？
ルイ

（1）〈訳注〉リス科の動物。

【一九六一年十二月十日】

日曜　チャオ　アモーレ　昨日　君からの三通の手紙を受け取った、先週の火曜と水曜のと（十二月六日と七日）それに……十一月二十九日水曜の手紙、フォルリー、ベルティノーロ etc. の件への返答。君は

言っている、郵便の気紛れと!!　「ひっくり返っちゃうほど笑える」と（実感のこもった口吻）。郵便のこのなにをやらかすかわからぬのらりくらりを勘定に入れて、そのやんごとなきおふるまいに道をつけてやること（たとえそれがキリスト教徒にふさわしいふるまいであっても……、たとえば先週の日曜の君のふるまいがそれだ、君は僕に手紙を書こうとしなかった、なぜなら……君もまた〔安息日に手紙を書くのは〕いけないことと感じた！　約定の変更は大いに評価、かの有名な「ti'abbraccio...《ティアップラッチョ》」〔「あなたに抱擁を……」〕から比べれば、格段の進歩！）

　さて、フランカ、この簡単な手紙は君にこう告げるためのもの、まずベルティノーロ〜フォルリー問題（合流の場所）はこれからよく考えてみる、それについては、後日、手紙を書く、これからも手紙を書くつもりだが、しかしもし書かなかったとしても（ずっとじゃない！、来る日も来る日もじゃない！）心配しないで、今週いっぱいはやらなければならないことが少なからずあって、それをどう片づけたらいいかまだ思案中なんだ。

トモカク、君ハ僕ノ宝物、火曜ノト水曜ノ晩ノ手紙ハ僕ノ琴線ヲ言葉ニナラナイホド激シク揺スブッタ、君ハ僕ニステキナ効果ヲモタラシタ、ソノ無限ノゴ利益ヲ僕は一滴一滴じっくり味わっている　僕ハ君ニ首ッタケ——ホントニ首ッタケ——会ッタトキニ、ソノゴ利益ノコトハ話ス、ソウ先ノコトジャナイ！

チャオ　アモーレ。ルイ

【一九六一年】十二月十二日　火曜

チャオ　フランカ、この手紙、短い大急ギノひと言は、仕事は山積みで、ぱりノ生活は神経をずたずたにするが、それにもつれにもつれているが（！）、大丈夫、と君ニ言ウタメ、君のシチリアのイトコたち[1]がまたぞろ繁殖していなかったことを願ウト君ニ言ウタメ！、ミーノが僕に心に染みる手紙、来るよう誘う（むしろ、僕がクリスマスに来てくれたらとても嬉しいと伝える）手紙を書いてきた、と君ニ言ウタメ、時間は過ぎるが、僕の感覚から言うと、その過ぎ方がどうにものろい、僕はあの来週を（まさにそれを！）待ち焦がれている、と君ニ言ウタメ、われらアルプスの向こうの悲しき大学教師、その我々には三週間のクリスマス休暇なんてない（君の国ほど教会が強くないんでね!!）たった十日ぽっきり、と君ニ言ウタメ、その十日を全部君と過ごすんだ、わかったかい、と君ニ言ウタメ、誰用であっても（君を、また君の近しい人びとを含めて）、なんであっても、パリの生産物で欲しいものがあったら言ってくれ、合図を送ってくれ、と君ニ求メルタメ、こっちはとても暑い、と君ニ言ウタメ、なぜ暑いのかわからない、と君ニ言ウタメ、フォルリーには二～三日だけ泊まって、そのあと、ベルティノーロに腰を落ち着けに行くのがいいと思っているが、賛成してくれる？、仕事と心理状態とを足し合わせて考えるに、これがまっとうな判断だという気がするが、どう？――新鮮な空気を吸いに二人で山に出かけるなら話は別だが？、ただそうするのは、君にとって、話がたぶんややこしくなりすぎる、よくよく考えてみると、やっぱり僕はあまり家族の生活に縛られたくないな、なにか考えはある？、と君ニ言ウタメ、上演の後始末にかかわる君の心配についてなんの情報も来ない、いつもながら君は僕に事の次第をちびちびとしか言ってくれない、半分が関の山!!と君ニ言ウタメ、君の手紙は僕を歓びと幸せでいっぱいにした、君の心の中で鳴り止まぬあの電話の響きのことは僕を攪拌し、僕の中で寝つけぬままにいたおびただしいイメージを床から立ち上がらせる、と君ニ言ウタメ、君ヲ心ノ底カラ愛シテイル、ソノコトハ、僕ガ君ニ会ウとき、君ニハキットワカル（僕の直感的ナいたりあ語は問題なし(2)?）、添削するとき、必ずつぶやかずにおれない、今度はどんな目も当てられない誤りをやらかしているだろうかと！、僕が帽子を髪の毛にしてしまったり、その逆をやらかすというのはピンパの発見(3)、決まってそれをやっちまったもんだ！、でも大したことはない、やる場所はいつも決まっているんだから。

君ニ抱擁ヲ　君ヲ愛シテイル　君ニ首ツタケ　君ノコトヲ考エル　君ノコトヲ想ウ　僕ノふらんか　ちゃお　ちゃお

ルイ

(1) 十二月八日の手紙でフランカは、シチリアのイトコたちがたくさん彼女の家に滞在したことを語っている。

(2) 十二月五日の手紙でフランカはアルチュセールの「直感的なイタリア語」に言及し、こう指摘している。「添削することでいつもあなたは〔自分のイタリア語を〕台無しにする。考えずに、添削せずに、読み直さずに、後ろに戻らずに書くと約束して。」

(3) イタリア語で髪の毛は「cappello」、帽子は「capello」と言う。

【一九六一年十二月十三日】

海-曜日《メール・クルディ》(1)〔＝水曜日《メルクルディ》〕

鳥の名

君を包む　名で包む
鳥で包む
君を包む　鷲と粘土で
海草と苦悩(2)で
君を包む　翼で
二つの翼で　僕の尾翼
オーカー(3)と産着で　青で
涙　で
君を包む　炎と叫びで
竜涎香と熾《おき》で
灰と暁で
夜色の陸と灰色の海で
君を包む　聖職者帽で
屋根で　果実で
明かされぬ影を君に着せる
君を捕まえる　八角形の糸
丸い眼をした僕のきれいな蜘蛛
ぎらつく環の黙せる叫び

ずたずたにされた蝿ども　おー　静寂
君のように　雪が震えていた
心臓は打つ　赤く　雪　雪
空の下のベルティノーロ
吹きさらしの木々で君を包む
年末検査のために
手帳　鉛筆を携えて
会計士たちが通り過ぎるそのとき
裸の　柔らかき　木　わが最愛の人
僕が口にするのはくだらぬたわ言　君の言うとおり　君の理（お説ごもっとも）[4]
僕は軽口しか叩けぬ
おまけにいつもおんなじ
書くことの同じさ　読むことの同じさ

君は糸なんかじゃない　君は影なんかじゃない

空間は定点にみちみちている
見分けがたく　厳密で　計算された点

僕らの物語を成就するための
幾何学　便宜

なんとおまえは長いのか　わが記憶よ
おまえは長い　長い　わが愛よ
待つに長く　みるに短し
わが長き渇き　飲むには短き渇き

飲むには長きわが短き渇き

飲むには短きわが長き渇き

（一週間後　渇きはもっと重くなり
僕はボローニャに近づく）
（僕を愛していないなら　その身にご用心《ガール》！
僕は駅《ガール》で君を殺すだろう！）
（おー　僕の微塵も瑕疵なき恋人よ）

そのときまでおりこうさんでいてくれ　そして　姿勢を保て
まっすぐに！
そして　体を洗え
そして　眠れ
そして　畏怖を込めたお辞儀をもう一度
初めての沈黙をもう一度
震える僕らの足下で崩れていく
透明で分厚い巨大な壁
初めてのおそれをもう一度
すべてをいま一度　無をいま一度
僕がなにを語ろうが　木で鼻を括るがいい
だが忘れないでくれ　君を崇めているということを！
(まあ　今日はこれくらいで存分)
お眠り
チャオ！

ルイ

(5) そして　おりこうさんでいてくれ　こんちくしょう!!

（1）最初のページの余白に花のデッサンが描かれている。

（2）〈訳注〉フランス語の音を日本語で転記すれば、「鷲と粘土で」「海草と苦悩で」のそれぞれは、「デーグル・エ・ダルジル」「ダルグ・エ・ド・ドゥルール」。また、それぞれの原語は「d'aigles et d'argile」「d'algues et de douleurs」。日本語ではわかりにくいかもしれないが、対をなす語（傍点を付した部分）のあいだに聴覚的類似性と視覚的類似性が認められる。つまり、ここで指摘しておきたいのは、語義の類似性ではなく、いま指摘した二つの類似性によって連想が紡がれているということ。

（3）〈訳注〉顔料の原料となる粘土。

（4）〈訳注〉最後の二文は「t'as raison tu cause(s)」となっている。「t'as raison」は文字通りには「君は根拠・道理をもつ」で、「cause」は「大儀」、すなわち、なんからの行為をなすことの根拠・道理を言う。ゆえに、意味の上で「raison」と「cause」に共鳴作用が起きる。この線で直訳すれば、「君は道理をもつ　君すなわち大儀」。他方、「tu causes」は「君はしゃべる」ということだが、これは「しゃべりたいだけしゃべるがいい、聞く耳もたぬ」「ご勝手に」ということ、つまり、相手を突き放す意図を込めて言う「お説ごもっとも」。

（5）以下、手書きの追加。

六一年十二月十四日　木曜　一五時。

《君[1]はほんとの恋人だ、あんな電報[2]を送ってくれるなんて、今日の明け方、それを受け取った、――パオロのことを語る月曜の手紙といっしょに……。僕にあまり時間の余裕がないのは確か、しかし君に手紙を書かずにいられない、やらねばならぬこと、読まねばならぬすべての本をほっぽりだして、君に手紙を書いているってわけ……、まるで働くことの真の理由を君の中にみいださねばならぬとでも言うよう、働くこ

との　読書することの、考えることの真の理由を君の中に……、イタリア語でどう言ったらいいのかわからないけれど、つまりは、やる時間がないことをなさずにおれなくするほどにも強い魅力を君はもつということさ……。君の手紙を読んだあと、君のことをたくさん考えた。そして、ベルティノーロの一日が（太陽のもとで、透き通る空気の中で）過ぎたあとの君の日曜の手紙がなぜ僕に少しばかり奇妙な印象を与えたのか、わかったような気がした、まるで僕にむかって自分のことを語るほんとうの自由が君にはないかの印象……、もはや君が与えることはできぬのに、そのできぬものが君のもとからやってくるのを待ち構える人がいて、他方に別の思いを心に抱いている君がいる、この板挟み状態は、もちろん、僕にもわかる。こんな状態は容易なことではない、そしてフランス語でje《ジュ》 suis《スュイ》 orfèvre《ゾルフェーヴル》（私は貴金属商だ＝思惑あってなにかを勧める[3]」と言うように、僕は自分が君に何を言わんとしているか知っている、あの板挟み状態は必ずしも容易なことではないが、しかしまた困難と苦悩は必ずしもそこから来ているのじゃない（このイタリア語は正しい？）。僕のことを考えてくれてよかった、フランカ、こんな状態に独りでいてちゃいけない、さらに君が他人を助けようとしても、古いすでに擦り切れた手段ではその人を助けることはできない、その人を独りにすることが必要だ、そこから独りで出発させることが（君の言葉を誤解していないなら、その人はすでに出発しているのでは？）、その人が自分の力だけで解決をみつけられるようにしてやること、自分のいまいる位置を自力で変えられるようにしてやることが必要だ……、その人にとっても必ずしも容易なことではないが、しかしほかに解決はありえない、他人に代わって他人を救うことなんてできやしないんだよ。沈黙が、他人を助けるいちだんと良い手段になることもしばしばある。そのことに苦しんではいけない、有為変転していく人生の全過程の中で、それは一つの深い必然性なんだ。そのことにばかりあまり気をとられてはいけない、恋人よ、もっとあとになってから君はあの人を助けることができる、君の同情を失ったわけでないと、同情は友情のもとにも入り込めると説明することができる。愛することは役に立たない、フランカ、君がそんなところで苦しむなんて僕は嫌だ、それでも君がそれに苦しまずにおれないなら、この苦さは人生そのものの苦さになるだろう、つまり人生そのものの真実に、幻想なしに人生を生きていくには理解せねばならぬ真実に。》しかしどうして僕はこんなに苦労してまでイタリア語で君に演説をぶつのかな……、たぶん照れから、あるいは君のもっとそばにいようとして。イタリア語、それは君の言葉で話すこと、誤りや舌足らずは勘弁してもらうとして、これは君の言葉を話すこと、君のそばにいること、近クニ、デキルダケ近クニ……。ソレハトモカク、君の電報は僕の心の琴線に触れた　もちろんわかっている、それほどにも君は僕に信頼を寄せていてくれるのだ、なのに僕は君にほとんど手紙が書けない、また書かないでいることもほとんどできない……、このことは、たぶん、ごく近いうちに明らかになるだろう、ただ今日は君に挨拶がしたい、フランカ・ミーア、僕の美しい恋人よ、なるほど、君んちのほうでは雪が降ったんだね、フランカ　黒い雪。ところが、こっちは春だ、日中は二〇度もある!!、なんでなのか、わけがわからない、こっちのスキー場はしょげ返っている。フランカ　僕の黒い雪。フランカ、幸せになれるように万事手はずを整えてくれ、君の望むように万事を、幸せに、幸せに、幸せになれるように!!、君の計画魔的想像力を頼りにしている……、だが、忘れないでくれ、山が欠けたって、ベルティノーロは僕にしっかり微笑みかけているよ、空気、空、田園、孤独（君だけは別にして！）（いつだって君はいる、僕といっしょに、手立てを講じなくちゃ!!、君と離れたくはない、情熱の最高に美しい均衡に必要な場合は除いてだ、君を探し出すために君を置き忘れるという楽しみ、このちょっとしたなんでもないスリルを味わうため以外はってことさ！）、そういうことすべてを考えてみてくれ、F〔フォルリー〕だと僕は君を置き忘れるだろう、だって君にはたんとやることがある、君を見失うだろう、だって君には往来する友達が多すぎる、まあ、しかし、群がるまなざしの中から君のまなざしを探し出すというのもまんざら悪くはないが……、迷うところだ、しかし空気も要る!!、そういうこと一切合財を考えてみてくれ僕の最愛の人よ、そしてなによりも全力で**僕を愛してくれ**！

間近のヴァカンスを前にして僕はガキのようだ、君には思いも及ばないほどに。君がたぶんボローニャにやってくると考えただけで!!!　午前中、たっぷり時間をかけてこの町で過ごすというのはいかがかな?、たとえ僕が居眠りをやらかすことがあっても、ともかく、君のやりたいこと、僕のやりたいことができる、どっちかが先にやりたいと思ったことを!!、僕ハ君ニ首ッタケ　フランカ　僕は君を両腕に抱く　僕は君にキスする　眼に　唇に　体に　すべて　すべてに　チャオ　アモーレ　チャオ

[4]チャオ――チャオ　チャオ　アラユルトコロニ　きすヲ

チャオ　チャオ

ルイ

（1）〈訳注〉以下《 》で括った部分はイタリア語。その後、フランス語になるが、そのうちのイタリア語部分はカタカナ混じり文とする。

（2）十二月十三日のフランカの電報、「手紙を書けないときは無理しないで。わたしの時間はすでにあなたを待つことでいっぱい」。この手紙については、アルチュセール独特のイタリア語をフランス語に訳すことは控えた。そのイタリア語こそがこの手紙全体を興味深いものにしているので〔他の同様の手紙に関してすでに言及した理由から、邦訳ではイタリア語を

残すことはせず、全文を日本語にした）。
（3）〈訳注〉モリエールの劇中の台詞から来ている言い回し。
（4）以下、手書きの追加。余白に女性の顔のデッサン。

六一年十二月十六日　土曜。正午

フランカ　フランカ　アモーレ　優シイ恋人《テネラモーレ》
もう君に手紙を書きたいという気にならない
ただ君に会いたい一心
長すぎる
でもいまやそれも短い！
しかし確実だとわかっているときにどうしてまだ待たなくてはならないんだ！、不快だと言っているのではない　こっちは今朝　切るような寒さだ　精神を明晰な状態に保たせてくれる寒さ
切るような乾いた（僕が行ったとき、B‐F〔ベルティノーロ・フォルリー〕もそんなふうに寒いのだろうか？）、しかし仕事もしなくちゃならない、ナンテ哀レナンダ　僕の重くて鈍い精神　僕はブルドーザーのようなもんさ、かつてみた、月面で徹夜で働く人にも似て　でも、ゆっくりでうまく行っている、僕がエンジンをかけるときに、こんなにゆっくりなんてほんとに珍しいこった……
だが、かまやしない

僕も（精神において）ゆっくりの年齢になったのだ（肝腎なのは君が僕のことを敏活だと思い込んでいること!!、速いと思い込んでいること!!、まさにその二つの思い込みによって君は僕を愛せるのだから!!）（僕ののろさ　重さ　加速‐減速ギアチェンジのぎくしゃく、百姓の文体　泥塗れの靴、魯鈍さ、夜の中に在る精神 etc. そういったこと、そういうもんで君が僕を愛するなんて、あるわきゃない!!）（僕がそんなふうだったら、君はけっして僕を好きにならないだろう!!）

あゝ!、人というのはいつも理解されないもんだ……、敏活だと思われていてじつは鈍い!、敏活だから愛されている、鈍くて重いことで愛してくれればいいものを!

世界というのはじつにあべこべ!!、たとえば僕なんかその好例さ（湾曲している、下がり気味、etc. のゆえに）君の肩とかが好きなんだけれど、君はわかっていない、そういうものを好きになれるということが君にはわかっていない、僕がそんなふうに君のことを好きになるのを君は嫌がっている、君は僕が斜交いに君を愛していると、脇から君を愛していると考えている

ね、ごらん、君だってすべてあべこべということにうなずいているわけだ

あゝ　惨めさに輪がかかる!!

人はこんなふうにして人生の中を進んでいくんだ

アヒルのよたよた歩き

蟹の横歩き

あべこべに斜交いに歩いてる

（考えようによっちゃあ、これは風景をみるのにうまく使える!、真正面から道路に向いてばかりいるの

じゃないから‼
家族写真でも撮るときのように背をぴんと伸ばして座り、身をこわばらせ、地平線、両の路肩、流れていく出来事から片時も眼を離さずに運転し続けるというのじゃないから、――そんなふうに運転しているあいだ、傍らや背後の（後部座席の）同乗者や友人のほうは退屈することなんてない！、彼らは笑ったり、見詰め合ったり、そとを眺めたり、要するに生きてる！（茶目っ気のあるやつ、鼻持ちならないやつ、ツイテるやつ）誰でもそんなふうに斜めに歩いている　運転席にいて、じつはまた運転席にいない、どこからみてもそこには得るものがある
ご異論は？
僕の言っていることがさっぱりわからないなら、努めてそこから良い結論を引き出すがいいたとえば、僕が敏活な精神の持ち主であるとの結論‼、いかがかな？
君より敏活
カルロよりも　ボローニャ全体よりも　特に地方のマルクス主義〈知識人〉の誰よりも敏活、そしてそのたびに君は僕を愛することの理由､更新　再審査　再保証されたその理由をもつことになるのだ､そうじゃない？（そうじゃない？、君の口癖通りさ、――じつに君はこの「そうじゃない？」を書くことはしないからな）
これはこれでめっけもんくらいにはなるだろう
昨今の難局を適切に考慮するに、ほら、君の好奇心の虫がうずいた‼、その考慮の結果、トゥールーズの例の茶話会は延期になった……、いつになるやらわかったもんじゃない、いいかげんにしてくれって僕は

言ったんだ、君たちは次から次へと日延べしては僕をコケにしている、とね。
これで君はご満悦？
しかし、そうなら、君は暴君に早変わり　恐れ入谷の鬼子母神
僕はあらゆることがらに君の答えを響かせなきゃならない
あれやこれや
やること　やったこと
まるで答えているのは君だって言うかのように‼、マダムはなんにもお答えにならぬが　しかしマダムは
なんでもお知りになりたがる　くそったれめ
お声をかける者どもの尊厳を認めるだけの感覚さえマダムがおもちにならないのなら、僕はマダムにお暇
を請う　あゝ　だが！、君は暴君に変わるのだった
それをもうちょい腰を据えてみてみたいもんだ
僕としちゃあ、暴政のなんたるかをみんなに教えてやろう！
それで君がご機嫌斜めになっても、結果は同じこと！、お役ご免というわけ‼、チャオ　アモーレ　チャ
オ　フランカ　優しい　優しい　僕の粗暴な恋人よ　チャオ　チャオ　チャオ　チャオ……

ルイ

【一九六一年十二月十七日】

domenica《ドメーニカ》 buonanotte!《ボナノッテ》 alle 22《アッレヴェンティドゥエ》 ore《オーレ》〔日曜　今晩は！　二二時〕

[1]《いま、驚くことなかれ、カントの法形而上学を読んでいるところ（あいかわらずこのverdammter Kerl《ファダムターケルル》〔くそったれ野郎〕！）おー　フランカ　手を差し延べてくれ　手を差し延べて！、僕を助けてくれ
でも君は僕になにもしてくれることができない
君は遠すぎる
しかし偶然によってか奇蹟によってか君がここにいたなら、僕にやれることはただ一つ、読書をやめ、この肥溜め野郎など放り出し、君をみること　君をみること、そして君を胸に（僕にも一個ついてんだよ）引き寄せ、お次は……
ね、どうしたって君は僕を助けることができない　しかしもう何時間も僕はこの法形而上学のこん畜生を読んでは研究していて　しかもまったくちんぷんかんぷんなので　あるいは　ほんのわずかであれ　そいつについて話すまでもないので
それで君に手紙を書いているというわけ、フランカ（君のこう囁く声が聞こえる、かのカントと彼の手になる法形而上学、くたばっちまえ!!、遠くから君の声が聞こえる。悪しきことから善きことを湧き出させるすべを君はじつによく心得ている。僕が言うほど君は馬鹿じゃない！）
で、僕はイタリア語で君に手紙を書いている（イタリア語よ、汝は我にあまたの誤りを犯させる！）なぜだかわからない、いや、わかる！、僕にとってイタリア語は森を駆け抜けることにちょっと似ている、或る種の鍛錬、それに近いことがら、乗り越えねばならぬ障害あらばこそ（コノ「superare《スペラーレ》」〔乗り越える〕ノ用イ方ハバッチリ決マッテイルダロ？）、僕は馬を駆って野原に出かけたみたいな気分になる、行き先なん

て知らない、ただちょっとした練習を自分に課したいだけ……》
だからといってどうってこたぁありゃしない、くそったれ、もうじゅうぶん
お仕事にお戻りだ
それでもその前に君に言っておきたいことがある
今朝の君の声、僕をベッドから引きずり出したあの声はちょっとした驚きだった、まさかの驚き！、こんなふうに起こされるんだったら、何度でも歓迎だ
しかしまたちょっと辛くもあった　君はこんなに近くにいて、またこんなにも遠い（空間）
君を腕に抱くのはたやすくない（それでもどれほどそうしたいことか）
君の口から出る言葉をもっとそばでみるのもまた
あるいは君の沈黙を
（距離がどんどん縮まって近づいたなら、君は知っているか、或る種の沈黙が言葉の代わりになることもある）
（電話のもたらす逆説的経験、君の心理学者たち、合理主義的でilluminista《イッルミニスタ》〔啓蒙主義的〕なその彼らだったらそう言うだろう！（〔イタリア語の〕‐aで終わる形容詞の複数形はあるか？、ある、それは‐iとなる、僕の頭にはそれを証明する別の実例がある）計算を合わせるために閉じの括弧をもう一丁）（ほらよっと）
さて　君が僕に電話したのは、僕がほんとうに　ほんとうに来るか確かめたかったからかい？　そうかい？　それに、もちろんのこと、ついでに伝えるべき鍵となるほかの理由もいくつかあった、雪、ベルティノーロ、山、etc.　僕のほうもそれは心得ているよ。しかしそれに加えて、君の頭の中を駆け回っ

ていたあの疑念もあったのでは？

心配するな、フランカ。

この手紙を受け取る頃には僕はもう近くにまで来ているよ。

空は地上にも頭の上にも落ちてきはしない、te《テ》 ne《ネ》 assicuro《アッスィクロー》〔それは保証してもいい〕僕は黙って君のそばにいたくてたまらない、寝そべって、黙って、君のしゃべるのを聞いて、口をつぐんで、君のそばで、君に凭れて、君の中で寝そべって……、痛い　痛い　痛い　e《エ》 il《イル》 mio《ミオ》 Kant《カント》〔そしてわがカント〕!!!

Ciaociaociaociaociao《チャオチャオチャオチャオチャオ》

(2)ボローニャ駅のカフェレストランで、もちろん、オーケーだ／さむけりゃ　あっついこーしーもどきでも飲んでりゃいいか？　路面の**凍結**には気をつけるんだぞ、こんちくしょう！　ジコって顔を潰すなよ　そのまんまの顔が僕のお好みだ――Ti baccio《ティバッチョ》 e《エ》 ti《ティ》 ri-baccio《リバッチョ》〔君に何度もキスを〕　フランカ

（1）〈訳注〉《 》で括った部分はイタリア語で書かれている、その中の一箇所、カタカナ混じり文はフランス語。
（2）以下、手書きの追加。

【一九六一年十二月十九日】(1)

火曜

[2]psiakrew to cholera kurwa jej maca あばずれ女
überverfluchtes mädel, dashcd girl[3]
馬鹿たれ女
君は僕をぶーたれさせた　君のbafouille《バフイーユ》[4]のせいだ
ジンセイなんて　人の-生　なんて
いつだって生きるにたやすいと　そんなふうに君が思っているなら
誰だって朝から晩までシタイヨウニしていると　そう思っているなら（また晩から朝まで！、たとえ鼻
ちょうちんを膨らませておねんねしているときでさえ、誰もシタイヨウニしてなんかいないんだよ!!）
取扱説明書　取扱説明書なんか君にやるもんか
ところが　おかまいなし　マダムは　皮肉の利いた趣意書[5]を手におでましになり
お役に立てることはごさいませんかと　のんきに　聖人君子のごとくに　脳天気にのたまわれる　おー
神さま　ご勘弁を　わが聖母よ　僕から遠ざけてくれるんだってさ　紛糾《コンプリカシオン》を　渦巻き《シルコンヴォリュシオン》を
気懸かり《プレオキュパシオン》を　指示間違い《コントランディカシオン》を　多様化《ミュルチプリカシオン》を　余波《レペルキュシオン》を　複雑多岐化《ラミフィカシオン》を　変更《モディフィカシオン》を　攪乱《アンペルリフィカシオン》を
迷惑かけます化《ジュタンメルディフィカシオン》を　見ざる言わざる聞かざる化《チューコーザシオン》を　前-間-下-位置《プレペルシュポジシオン》を　下-間-前-位置《シュポペルプレポジシオン》を
マダムは花のごとき
盆を差し出し　はい　どうぞ　マダムは前にお進みになる　御身をこちらにお持ち越しになる
はい　どうぞ　可憐で　柔和で　みてみぬふりの　同情あふれるおめめ　もちろんですこと　若いお仲間、
わたしどもはあなたをお助け申しにまいりました　わたしどもは愛の赤十字でございまする　手紙を書く

のに難儀していらっしゃるあなた　わたしどものもとにお手紙をお書きあそばせな！、苦しみをお打ち明けなさいましな　のちにそれをお返し申し上げましょう、神さまもごいっしょに！

眼に慎み深さを湛え、宗教を絵に描いたようにマダムは前にお進みになる（馬鹿たれ女！）

伏し眼がちにお進みなる

はい　どうぞと、盆に乳房を載せて（グラスでもなく、アラバナ、アルバナ[6]でもなく）聞きまちがえないで、ゴーギャンというあの偏屈がポリネシア娘の乳房を載せようとしたように、盆に乳房を載せてと僕は言ってるんだ、はい、どうぞと盆が差し出され、とっておきの施しがなされる、どこからみてもみごとな施し物、あのみようとしてもみえない乳房とは蜜のことであり乳のことであり、また、その地でとれるアーモンド、世界一歯当たりのいいアーモンドのこと（生産力の発展度を考えてみよ、その生産力の対席に座る生産関係を考慮に入れて[7]）。

君よ　僕のズベ公よ　乳房の代わりに趣意書《プロスペクテュス》ときた　探すがいい《プロスペクト》　まさぐるがいい《プロスペクト》　僕のとんちき聖女さん　君は自分のために自分の趣意書の中身をまさぐれる

だが　考え違いもほどほどに

お嬢ちゃん　ネエちゃん　思い上がっちゃいけねぇ

そんな手口に乗せられてロランが美しきオードと結婚した[8]とでも思っているのかい？

一人の誠実な男　市民にして一家の主　元兵士（勲章はもらっていない）　哲学教員協会本部事務局メンバー　その他　博愛協会　鳥類学協会　料理協会会員、すなわち僕、二人ぶんの　いや　それ以上の何人ぶんもの価値をもつ経験豊かな市民[9]　そんな僕が　おいらが　おれ様が　れお様が　そんなふうにして君の策略に引っ掛かるとでも？、僕が君の蜜に引き寄せられるとでも　おー　蜜のように僕をそそる人僕の蜜蜂よ　僕のズーズー弁ミツバチよ　君は僕が　いちばん最近の雨から　いちばん最近の土砂降りから　君の司祭のいちばん最近の祝福式から　君のふるさとの山々の鉱泉湧きいずる泉から、案の定湯治場あり、それどころか座って語らうベンチなき婚約者たちのために大きなイチイ[10]の木々に被われた公園まであるその山々の複雑極まりない泉から　落ちてきたとでも思っているのかい？　まさかこんなふうに思っちゃいまいだろうね

僕が君の泥沼に進んで足を爪先ほどさえ突っ込むなんて、親指　中指　薬指、[11]大きな指の爪先ほどさえ、それどころか、ちっぽけな指　足の小指（その他卑小などんな付属物であれ）の爪先ほどさえ（どっこい、君は僕が足以外のものを突っ込むだろうとは毛ほども思わなった！、禍なるかな、最低の被造物よ！、骨の髄まで教皇根性の染み込んだ感性のなせる業、裁判所にて座っているにせよ　立っているにせよ[12]　はたまた寝転んでいるにせよ　法服貴族のこれみよがしの小さな繋辞[13]のなせる業！、ところがどっこい、毛ほども思いやしなかった！）君の臼に挽かれるんじゃ　ろくな粉にはなるまいて　しまいどころをまちがえちまった僕の種子よ　僕の闇取引よ（小売りがわからないって、そりゃご愁傷様！、僕は卸をやってるんでね!!）僕のツバメよ　僕の臙脂《えんじ》虫　天道虫よ　僕の蕾ちゃん　股《まだ》開かぬ処女よ　君のちょびっとしかない脳みそは　僕が黙ったまま文句一つ言わず君の口三味線《クルーヴル》を真に受けるなんて　まさか考えもしなかった、君の偽りの顔色《クルール》　君の壊れた-作品《クール・ウーヴル》　破れた-坊主頭巾《クレーヴ・クール》　潰れた-タマキン袋《クレーヴ・クイーユ》を真に受けるなんて　その毒気のない蛇《クルーヴル》が藪から毒蛇《ヴィペール》を突っつき出し、口三味線の一つ一つが罵詈雑言《ヴィテュペラシオン》の、生きのいいつがい《ペール・ヴィヴ・ド・》の毒蛇《ヴィペール》の、お返しを受けるなんてまさか　しかしいったいどんなやつが君を教育したんだ　いったいどこ

で君は大きくなったんだ　どこのどいつが君に宗教なんぞを吹き込んじまったんだ、いったいどんなやつが君に教えたのか　おしゃべりすること　もぐもぐ口ごもること　ぴーちくぱーちくさえずること　歩くこと　こんにちは・さよなら・おしっこ《ピピ》・おとっつぁん《パパ》・おかっつぁん《ママ》・文明開化と口にすること　いったいどこから君は出てくるんだ　え　なんだって　淫売《ルリュール》　下ネタ女《プリュール》　泣き虫雨女《ブルリュール》　マンズリ女《パリュール》　下々の者たち《ロチュール》　抹消線《ラチュール》　自然《ナチュール》　おっと　よくしたもんで　おいらにゃ品てもんがあらーな

その証拠に　君に言ったすべてを　あなた様に言ったそのまんまにおいらはケツの下にしまって　もう鼻も引っ掛けねえや　マダム・オシリン様　その証拠に　そんなこたぁ知ったことじゃねぇし　どうでもよかんべ　あばずれちゃん　僕のあばずれちゃん、僕の優しいあばずれ女さん、僕の刺々しいあばずれ女さん　僕の刺々しく優しいあばずれ女さん　僕をむかつかせる優しい人

僕の優しい人

僕の優しい人よ　どれだけ積もる話があることか　それはホームか〈駅《ガール》〉の〈コーヒーショップ〉で会えばわかる　メモ帳《ガール》に注意！

これ　このbafouille(14)を受け取ったら、もう待たなきゃならない時間は長かないいまかいまかと君はじりじりするだろう、少なくとも一日は！　フォルリー　ベルティノーロ、僕はどっちだってかまわない。肝腎なのは君が僕といること。そのほかはどうでもいい。君のほうはこれでいいかい？　ともかく僕のほうはこれでいい。では、あなた様に謹んで申し上げます。バイバイ！

チャオ、アモーレ。

ルイ

（1）〈訳注〉もうすぐフランカに会えるというので、アルチュセールはハイテンションになっているのだろうか？　凧の糸はほとんど切れている。翌年（六二年）の一月十日の手紙で、彼はフランカに、「走行不能の酔いどれ船」状態の兆しが十二月十日〜十五日くらいを境に始まっていたことを告白している。そのことと関係しているのかもしれない。そのコンテキストさえ想像するほかない）との中にかろうじて塞き止める文体のアクロバット、その奔放な動きをなんとか日本語に四方八方に増殖していく意味を連想の秩序とコンテキストの枠組み（フランカの手紙が欠けているため、そのコンテキストさえ想像するほかない）との中にかろうじて塞き止める文体のアクロバット、その奔放な動きをなんとか日本語にはしてみたけれど……。ここでは、意味よりもむしろ、音声の連動がつくりだすリズムが手紙全体を支配している。したがって、とりあえず読者にこの手紙のもつ少なくとも「調子」だけは伝えることができたなら、と願うばかりである。

（2）最初のページの余白にこうある。「FÉBOÉFRÉ〔= fait beau et frais 快晴爽やか〕――十度／今晩、もう一発〔encoruncoup〕デモ！／ドゥブレ〔debré〕から君によろしくって！／あとまだ水曜　木曜　金曜　三日　それ以上じゃない――あと三日、これがいちばん長い――／君の言ってることは正しい、夜は味方、それはひとりでに過ぎ去る。／おとなしくね、いいかい！、路面の**凍結**に注意、無茶はいけない、ゆっくり運転するんだ。君を待ってるから。約束だ、わかった？」

（3）「jej maca」以下、ポーランド語、ドイツ語、英語それぞれによる「あばずれ女 putain d'Adèle」の変奏。

（4）〈訳注〉（14）〈アルチュセール注〉をみよ。

（5）〈訳注〉「ses prospectus zironiques」。フランス語ではたとえば「皮肉屋の男 homme ironique」「オム・イロニック」を複数形にすると複数形のしるしとして名詞の語尾に付加される「s」が次に来る母音とリエゾンして「オム・ズイロニック hommes ironiques」と発音される。「prospectus」は「s」で終わる単語で単複同形だが、ここではその「prospectus」が複数形なので、アルチュセールは「ironiques イロニック」にわざとリエゾンに伴なう音を付けて「zironiques ズイロニック」と書いているのだと思われる。あるいは、フランカがそのような不要なリエゾンをしばしばやらかすのかもしれない。というのは、この手紙のあとのほうでアルチュセールは「ma zézayante abeille」（本文では「ズーズー弁ミツバチ」と訳してある）とフランカに呼びかけている。つまり「ズズズという音を発する蜜蜂」（辞書的には「zézayante」

は「ジ/dz/」を「ズ/z/」と発音することを指すが）……

（6）〈訳注〉マドーニア荘で醸造される地元の白ワインの名前。

（7）〈アルチュセール注〉カルロに説明してもらってくれ。

（8）〈訳注〉中世の武勲詩『ロランの歌』への仄めかし。

（9）〈訳注〉フランスの諺「予備知識をもつ人は二人ぶんの価値がある」（＝備えあれば憂いなし）のもじり。

（10）〈訳注〉深山に生える常緑高木。

（11）〈訳注〉原文は「小指 auriculaire」となっているが、これを「薬指 annulaire」の書き間違い（筆の滑り）とみなした。

（12）〈訳注〉フランス語では、裁判官と検察官それぞれを「着席している」司法官、「起立している」司法官とも言う。

（13）〈訳注〉貴族の出であることを示して名前に付加される前置詞「ド de」のこと。たとえばシャルル・ド・ゴールの「シャルル」と「ゴール」とをつなぐ「ド」。

（14）〈アルチュセール注〉bafouille＝手紙。［手紙の末尾は手書き］

［一九六一年十二月二十一日］

［電報］〔全文イタリア語〕

土曜　列車を降りるとき　僕は半分眠っているだろう　君が欲しい　ぎらぎら輝く野性の太陽が　だから髪は梳かないできてくれ　僕の恋人よ　チャオ——ルイ

一九六二年

[一九六二年一月五日]

金曜　一四時

この旅はもはや終わることがない、フランカ。
僕は昨日発ったはずだ　人びとはそう言うが　まだ帰り着いていない
それでも僕はいまここにいる
机　タイプライター　状況証拠はすべて揃っている　なのに
まだ帰り着いていない

君

そんなふうにすべてはあった　夢か　だが眼は見開かれていた　夢遊病者の夢　駅　人波　列車　列車の下には車輪 etc.

ドモドッソーラ(1)でのきちがい沙汰さえ僕は夢の続きのように生きた　従う理由も抗う理由もなく　かかわりない第三者のごとく（工場で美しく箱詰めしてもらったのに、税関吏どもは荷解きを命じた、そして箱といっしょに僕をどこかの事務所に連行した、そこにいたイカレポンチの若造が言うには、あなたが我々の眼を盗もうとしたものはわが国の美術遺産、これら燭台に関する美術品持出証明書――〈官庁〉発行の！

——をお持ちでない……、駅にとどまってもらわねばなりません、etc. 決定が下りるまで……、そのとき僕は思った、先に監獄行きになるのは僕のほうだな、そしてフランカが面会に来るというわけだ）（結局、このせいで列車は三十分も立ち往生した、どう事を運んだのか思い出せないが、包みを君たちのもとに送り返すことにさせた……、そして僕は列車に戻った……、あの美しい包みはどんな荷姿で君たちのもとに届くのだろう　クルクルパーに輪がかかっているよ　あの税関は）
（すべてを君のためにとっておいてくれ　フランカ、君に届くすべてを。僕のいちばん美しい大燭台を君のもとに置いていこうと言った僕は、ね、正しかっただろ、少なくとも「君の」だけは、と……）

君の二通の手紙がここに　以前の。
ともかく君からの手紙。

生きるのは楽ではない。

君はどうやっているのか。知っている、僕は知っている、君がどうやっているか、フランカ、僕は君のやり方をみた。一つの顔から別の顔へ、涙から別の顔へ移り行くのを僕はみた。君がどうやって生きているのかを僕は知っている。
たとえ僕を助けるために君がいるのでないとしても
ほら　やっぱりまた始まった（僕のが）（僕の涙が）（君のと同じ）（君と同じ）　ごめん　ごめんよ、大丈

夫　涙は引っ込めよう、僕のみた君がそうするように、引っ込めよう、ともかく涙が引いてくれるのを待とう、そしてそいつを押し込めよう、簡単にはいかぬ（泣けば独りぼっちが薄らぐ）（孤独をごまかすこと）（ハンカチ《イル・ファッツォレット》……）痛いよ　僕の母さん、フランカ　フランカ。

今回　仕事は別の意味をもつ（君にとってもまた）、仕事にとりかかること、生きねばならないからだ、生きていることを強く実感するためにだ

(2)も一度ごめん　フランカ、僕が**まだ**帰り着いて**いない**ということをわかってくれ、この旅に終わりはない、君に手紙を書くべきではなかったかもしれないが、あの小包のことを君に伝えたかった、それが君の眼の前に届くとき——**なぜ**それが届くのかを、心配ハ要ラナイヨ《ノン・プレオックパルテネ》、あの税関吏との悶着は痛くも痒くもない、だがあの税関吏の話以外は　それ以外は　以外は以外は以外は以外は以外は以外は。

（1）　フランスとイタリアの国境の駅。

（2）　以下、手書きの追加。

六二年一月八日　月曜。一六時

楽ではない　ここでの生活

幻覚にかかったような奇妙な帰還

再び僕はここに舞い戻ってきた、いや、ここじゃない、ではいったいどこに？

構造のない時間　場所のない空間
寄る辺なき　波止場なき　浮標なき　海岸なき　走行不能の
酔いどれ船　もし僕が船であるなら　しかし海へと運び出してくれる河もなし
酔いどれ、確かにそうかもしれぬ、ただし酩酊が反意語をもつならだが、暗がりに覆われたその半面を
その影を　その裏面を　名のないその夜を

自我は抜け去り　蛻《もぬけ》の殻　中身なき壺
僕のもとに残るは言葉　すべての言葉ではない　どの言葉が残っているか知るべし

ただ一つ僕のもとに救いが残っていることを知っている
仕事という長い迂回　この力の放出の中に自己を投錨しておくこと
忍耐強く　粘り強く　読むこと　言うこと（イタリア人が言うように、僕には椅子に尻を据えさせてくれる召し使いがいない）

君にこの手紙を書くのは読んだからだ（フッサール〈幾何学の起源〉を論じたおそろしく難解なテキストを）(1)（その難しさときたら！）
かくして君に手紙を書く権利を得たわけだ
（手紙を書くそのことに君が抗議しないならだが）

フランカ
と君の名を口に出す権利を

仕事という長い迂回
空間と時間の中に場所を
時刻を
固定点をみいだすためのそれ
つまりは自分の中に
自然をみつけだすための……、だってそれがもうない！、自然がもうない、涙さえもう（今日は）よく
生くることをせねばならない　君もだ　君もだ　フランカ　君もまた

わたしもよ、と言ってくれ

さぁ《タ》なら《オ》　さぁ《タ》なら《オ》　さぁ《タ》なら《オ》　アモーレ

[2]ポケットの中にみつけた、僕のといっしょに君のフォルリー～ボローニャ往復切符を。帰って以来《ルイ》、それは眼の前に置いてある。ずっととっておくよ……

(1)　ジャック・デリダによるフッサール『幾何学の起源』への序説（PUF、一九六二年）のタイプ稿のことだと思われる〔『〈幾何学の起源〉序説』青土社、一九七六年〕。

(2)　以下、手書きの追加。

六二年一月十日　水曜

フランカ　モナムール、昨日の君の声　元気のない君　元気のない僕、ほとんど聞き取れなかった君の声、君の沈黙、君の笑い声（そしてたぶん君の涙）　フランカ

僕の側のことがらを少し君に説明しなければならない、遠くにいて電話でだなんてどうしてできるだろう

そんなの無理だ

説明するから　わかってくれ　フランカ、わかってくれることはわかっている、その証拠はすでにたんと

経験済み

調子がいま一つなんだ。

すでにF［フォルリー］で君にもわかったはずだ、必ずしもとても順調だったわけじゃない、しかもそれは部屋の配置、開け放たれたか閉め切られた窓、雪、風 etc. だけの問題じゃない[1]……、そう、僕はあまり良い時期にいなかった、すでに少し自分に違和感を感じていた、脚も口も重くなっていた etc.

帰ってきてもなにももとに戻らなかった、予想がつくだろ……、ともかく、いまの僕は動かそうとしても、持ち上げようとしてもできない鈍重な自己と抱き合わせになっているんだ……、まるで頭の上から巨大な毛布を被せられているような、巨大な塊に押し潰されそうな印象。集中力が保てない　ほんの数行でさえ読めない、……「考える」なんてなおさらのこと！、手も足も出ない、要するに僕は、おそろしく痩せこけた、ぼんくらで、意思のない存在に成り下がっちまってる、前方に空間なし、遥か向こうに地平線なし、すべては苦しくてたまらぬ無力感の中にある、――全力でこの印象、思考と感情のこの麻痺状態と戦おうとすればするほど、自然に無力感は大きくなっていく……

こうしたことすべてはちょっとした臨床像をつくっていて、それは全面的な「拒絶反応」または制止をみごとに描き出している。そのことは知りすぎるほどに知っている、なにしろこれまで僕は（これは君に言った）、荒療治（緊急措置のための）、続いて別の、より息の長い治療（分析）を要しためざましい（かつかなり重篤な）発作を何度も経ている。こうした目安を君に与えるのは、いま横断中の難しい突発的な時期を僕がどんな一般的文脈の中に位置づけようとしているかを君に知ってもらうためだ。それとまた、この突発的な時期が過去の重篤な時期とはなんの関係もないことを君に言うためでもある、過去のそういう時期の、これは遠いこだまなのだ、弱まり、くぐもった、そして或る意味では無視してかまわないほどのこだま、――何年にもわたって僕を追っかけ回してきたあの古い宿命がいまでは、言うなれば、みずからの戯画しか生み出せなくなっているといったところ（これについてはよくマルクスの或る文句のことを考える、それはヘーゲル経由の文句で、こう言っている、歴史が繰り返すとき、二度めは生真面目さを欠く……)。ただし戯画のつくりだす戯画、副作用の及ぼす副作用というわけ、それでもそれを味わうとなると、やっぱり愉快なことではない。そのことはFにいたときも、君には少しは呑み込めただろう(君が実見したこと、君がそこから見抜いたことをとおして)、(君はみたもの以上のことを遥かに多く見抜く……)

リスクもリズムも経験的にわかっている、さらに事がどう進むかも。その状態はたぶんたっぷり一ヵ月は続く、霧のかかった一ヵ月、そのあいだ、仕事に一心不乱にしがみつくこともできず、ふわふわ漂う……、勇気と挫折感とが朝から晩までぶつかり合って止まぬこの手の堪えるに辛い闇の中で、じたばたを繰り返す……、と、不意にそれが立ち去り、或る日、僕は川ハゼのようにぴちぴち跳びはねる新鮮な気力の蘇りを感じ取る……、いろんな考えも湧き出し、為すことも生きることも再び楽になる。ここで肝腎なのは、しぶとく包囲網を維持すること、新しい兵力が疲弊した兵力と交替するのを待つこと、諦めないこと。

これは、まあ、運命が僕に割り振った持ち前みたいなものさ、僕は身をもってそれを知っている。そんなふうにしてときどき僕は、最悪の事態(十年前に危うく陥りそうになっていたそれ)を免れたことの(ごく安い)対価を支払うわけだ、保障を得るために、毎年、小額の掛け金を払う必要があるのといくらか似ている。冬に対する保険料を払っているようなもの……、春と夏を満喫するために!

こういうわけさ。自分のことしか話さなかったが、この災難を君に隠すことなんてどうせできやしなかったと思う。それが始まったのは十二月十日〜十五日頃で、最初は感じ取れないほどだったが、続いて少しはっきりしだして、クリスマスのときにはもう眼にみえるほどになっていた。いまはちょっとみえすぎる嫌いがある……（ただし僕は長年にわたって養ってきたコツをじつは心得ていて、他人にそれを悟られないようにすることはできる、ただ君には隠さない、隠したくない。）二人のために辛抱してくれ　フランカ、最低限、二人のために……、僕の中で「凍りついて」しまっているすべての可能性、この時期によって僕の中で麻痺させられているそれら可能性のためには、じつに辛抱することが必要なのだとの印象をもっている……。君自身の記憶（たぶん形は違うだろうが）の中を探れば、君にだってそれは理解できるはず、この気長二《パツィエンツァ》の意味が理解できるはず！、気長二と僕は僕のために繰り返す、君のために繰り返す……。君の状態が僕よりよくなることを天にお祈りしよう。チャオ　アモーレ　チャオ　フランカ　チャオ　チャオ

ルイ

大燭台のことは気にしないでくれ、まあ、ちゃんと君のもとに届くとしての話だが……、いつか引き取りに行くよ。税関吏はまったくイカレた連中だった、教会の盗難美術品なら、ともかく差押え命令がなくてはならないはずなのにと、僕にひどく同情してくれた（といっても、客車の中でのことだが！）一人のとても佇まいのきちんとしたイタリア人旅行者が説明してくれた。押し問答であいつらの馬鹿なふるまいを認めさせてやることもできたが、そうするには1／僕は列車を見送って、ドモドッソーラにとどまらねばならなかった、2／税関の責任者に面会できなくてはならなかった、ところが責任者には会わせてくれず、相手は十八歳くらいの脳ミソ空っぽの小僧一人、こいつがやたらムキになって、だめだの一点張り……。カルロの〈リナシタ〉(2)は君宛てで返送した、ベルナールにも彼の雑誌を返送。壺はみごとな限り、とりわ

け君のは[3]　おー　フランカ　フランカ

（1）〈訳注〉後出、一月十三日の手紙参照。
（2）〈訳注〉イタリア共産党の週刊理論誌。
（3）〈訳注〉「壺」には「お尻」の意味もある。

*［一九六二年一月十三日］

土曜

傷ついたわたしのルイ、わたしの大きなルイ、大きな頭には不信がいっぱい、「難しいことがら」は、結局、パリまであなたについていったのね？　税関吏は大燭台を税関で止めたのに、その難しいことがらをそうはできなかった、持ち出しを禁じてそれを郵便でわたしのもとに送り返すことは……、そうできていたなら、わたしはあなたのそれをわたしのそれに交じり合わせたでしょうに、それらはきっとつがいになって繁殖したでしょうに、それらはそうなりうる、それらはね、わたしたちはだめだけれど、なぜって、わからない？、あれら難しいことがらなら、いっしょの生活がもたらす心なごむ歓びの中できっと互いに消し合ってゆくにちがいないからよ。ところがわたしたちときたら、あなたはあなたの難しいことがらを抱えてそっちにいる、わたしはあなたの大燭台を抱えてこっちにいて、遠さ、遥かなる遠さに服している、ちょうど泥棒たちが何年も禁固に服すように、しかしそっちでなら、あなたにはちゃんと見守ってくれる人がいる、あなたのお医者さんエレーヌがいる、それに仕事という義務があり、また進行中の出来事へのより深い道義的な政治参加がある。

わたしのほうは、あなたにあげられるものとて、ただわたしの確かな思いのみ、あなたが途方もない価値をもつというわたしの意識のみ、その価値は発作によって損なわれないどころか、より完全なものになるというわたしの意識、わたしは恋する女としてしゃべっているのではないわ、ルイ、そのような女としてなら、むしろいくつかの不満を、ただし自己中心的な、結局は表面的な不満をときに言い張ることもできるでしょう、わたしは一人の人間としてもう一人の人間にむかってしゃべっている、その足跡がほかの誰よりも大きなもう一人の人間にむかって。他の誰より以上であることは簡単ではない、他の誰より以下であると感じるのもまた簡単ではない、人はいつも欄外にいる、人間社会から、その社会の健康な凡庸さから遠く離れているとき、独りでいる気分、孤立している気分、「難しいことがら」にまみれている気分になるのよ。

でもそういうこと、そういうことのすべては、ルイ、あなたのなかにあるのであって、他人のまなざしのなかにはないのよ、あなたのいちばん大きな間違いは、他人があなたの難しいことがらを察知しているとあなたが考えていること、そのなかで生きているとあなたが自分で思っている霧を他人もまたみてとっていると、あなたの「痴呆」、魯鈍さ、沈黙、麻痺状態の重みを他人が感じ取っていると、ほんとは他人はただあなたの力、才能、知性を見続けているだけなのよ、その他人にこそまったき理がある、そうした天賦の才はけっして消えはしないもの、その才が途切れるなんてあるわけがない、ただあなたの頭のなかに不信があるだけ、才は結局は不信なんかものともせず、ずっとあり続けていくわ、あなたにとっても、またあなたの近くにいる他人にとっても、それに対して不信はあなたにとってしか存在しないのよ、それはなにも透けてみえない一つの内面的な状態であって、他人があなたについてもつ意識のうえにどんな波及効果も及ぼさない。存在の、人格の条件となっていて、ゆえに存在の、人格の、さらに他人との関係の不可欠な要素をなす発作というものもある——たとえばわたしの癇癪がそう、そのとき人がそれを非難してもまっとうなこと、だってその癇癪はわたしの人となりをつくりなしているその一部なのだもの、そして他人へのわたしの関係はその癇癪によって狭められ、損なわれる。あなたの発作は、わたしのみるところ、あなたの人格の本質的な部分なんて少しもかたちづくっていない、ただ単に人格のうえに乗っかっていて、人格を不信のもとに委ねようとするだけ、人格のもつ力へ、膂力へ、知性へ、確信へ向けられる不信、でも人格のもつそれらはすべて厳然と存在していて（しかもそれらは極端に稀な高さにある、だからあなたのなかにあの不信が芽生える、それどころか、あなたが他人と違っているから、他人の能力、他人の知性etc. と違っているから）、じつにそれらが人間としてのあなたの現実的な人となりをかたちづくっている以上、あの疑念の根拠はあなたが他人と取り結ぶ関係の水準にはありえない、それはただあなたがあなた自身と取り結ぶ関係の水準にあるだけなのよ、その証拠に、現実を疑うことのできる人は一人あなただけ、その現実について他人はまさにこれっぽっちの不信も抱いていないわ。

言いたいことをうまく説明できたかどうかわからない、難しいわ、でも説明を続けてみる、あなたの発作、麻痺状態、霧、魯鈍さ、無力感etc. はあなたのパーソナリティの構成要素なんかではないとわたしは思う、あなたのパーソナリティは、現実には**いつだって**才気煥発で、生命力にみちている、驚くほどの洞察力、明晰さetc. を具えている、他人との関係において人びとがみてとるのは、ほかならぬこのパーソナリティであって、あなたが自分のパーソナリティのうえに覆い被せる不信、自分との関係のふところに密閉されたままのあの不信なんかではない。

ここでピリオド、話題変更。言ったすべては抽象的だと、もちろん、簡単に反論はできるわ、実際、それは抽象的、なぜなら一般的な判断基準を差し出そうとしていたのだもの、なら、いまからその基準を血と肉で、熱い涙でみたさなくては

あなたの涙

あなたの涙はわたしの涙を誘い、わたしを当惑させ、わたしの涙とは比べものにならないほどにわたしを絶望させる

わたしの涙は自然に生まれるもの、あなたのは一つの奇蹟、その涙は力が流す涙で、力は反対物の、弱さの、シンボルを生み出す、相反する二つの性質が或るとき一つになりうることの（一つ同じ布地のうえにありながら少しもそれぞれの真実を失わないでいる白と黒のごとくによ、布地全部が白一色になったり黒一色になったりではなく、白であって同時にまた黒でもある）証しを目の当たりにして、わたしは肝を潰し、驚嘆する、まるで自然の不思議が、[1]反対物の総合が啓示されたかのよう、そしていまわたしがしたように、あなたも前のページに戻って、「その価値は発作によって損なわれないどころか、より完全なものになる」と書いた箇所を読み直してくれるなら、わたしの言いたかったことを理解してもらえると思う——あなたの発作は、譬えて言えば、**夜の稲妻**、それは光であるとの性質を失うわけではないけれど、光でありつつ、またその反対物、夜をも携えている——あなたの極端な複雑性、奇妙な例外性はそこに由来する。

そう言えば、夜の稲妻についてはシチリア書簡ですでに語ったことがあるのを思い出した、でもそのときは、あなたのことは全然頭になかった、全然理解していなかったのね、わたしがシチリアに結びつけるイ

メージがまた、あなたに結びつけることのできるイメージでもあったなんて。そうよ、いま、まさにこの瞬間になって初めてわたしは、あなたに対するわたしの愛の理由をも含めて、たくさんのことがらについて理解し始めた――まるでわたしもまた一筋の夜の稲妻をもったかのよう。雷に打たれた感じ。今日はこれまで。

フランカ

（1）以下、手書き。

木曜　一八時。一月十一日〔一九六二年〕

楽ではない、フランカ

一七時木曜、少しは塩梅がいい、今日の午後にはなんとか数ページ読むことができた（ただし、とらぬ狸の皮算用はしないこと）、楽ではない

霧深く　視界悪し

ふつうの世界のそとへひきこもってしまったかのよう　ふつうの世界では事物は互いに交流し合い、人びとは生を

欲望を　思考を　観念をもつ

ついでに言えば　僕は二つのタイプの

拍子に従っている、一方で好きなように流れさせること　好きなように過ぎ行かせること、フランス語で言う「laisser pisser《レッセピッセ》〔なりゆきに任せること、字義通りには「小便を垂れ流すこと」〕、――そうさせておいて同時に、特定の或る時点で水（仕事）に飛び込むこと

こんな言葉づかいをいったい君が理解できるのかわからない

それでもすべてを理解してくれる君

知性と生命感とが霧中にあるときの「状態」、ときどき僕が投げ込まれるその状態の、それは言葉づかい、――その状態は、とても遠くから、くぐもったこだまのように、かつての劇的な発作を呼び戻そうとする（なんなら、イメージを一つ、列車のあとを追いかけ続けていたが、一向に捕まえられそうにない思いをした人……、それで彼は思い知らされている、これからも列車を捕まえるなんてできっこない……）

いつかそれは通り過ぎる、希望的観測では今回はかなり速く通り過ぎてくれるはずだ、いつもより速く（去年は二カ月近くも続いたのだから、どうして今年はもっともっと速く、一週間か二週間で引いてくれないことがあるだろう？　記録更新を試みるなら？）僕を知っていることで君がどんな特権をもつかわかるだろ、僕の影と靄《もや》とを分かち持ってくれることを僕は君に免じないわけだ……、僕は裏側のどこかにいる、君は気づいてくれるか、この荒々しく唐突に下りたカーテンの背後の僕に、――元旦に　君　ミーノ　僕の三人で浜辺を歩いていたときに瞬時にして僕らを包んだあの広大な靄の帯のようなカーテン。僕は後ろだ、影そのものだが、僕はそこにいる。押し黙ったままだが、そこにいる。見分けもつかないほどだが、そこにいる。声の届く距離に、ただ僕には声を上げる力がない（いまの僕のしどろもどろを言いたいのではない、それとは別のことがら）。僕に気づいてくれ　フランカ。僕がそこにいることを君が知っている

と、君が僕を探し、僕の知らぬまに僕をみつけてくれると僕は知っていたいのだ。

大丈夫、僕の恋人よ、これっぽっちも大したことではない。ただ僕は躍動を取り戻さなくてはならない、ほとんどなにもない無から出発して、そして日なたに戻らなくては。時間が要る、辛抱が要る、消極的-積極的-忍耐が、大丈夫だ……、君にも辛抱が要る　僕の最愛の人よ、忍耐　信頼　フランカ。

ルイ

君の家でみたフェルトリネッリ版[1]のマキャヴェッリを送ってくれないだろうか、そのときは読む気力がなかったけれど（すでに！）、こちらでマキャヴェッリについての講義をやってみようかという気になっている……、それで解説の部分が役立ちそうなんだ。本は送り返すか、僕が自分で返しに行く。魔術に近い或る感情を交えてマキャヴェッリのことを考えている、まるで彼の中に、読むため、話すための、時宜に適った例外的な助力をみいだせるとでも言うように。タオ　タオ　フランカ。

ルイ

（1）　この版はアルチュセールの書棚に保管されていた。

［一九六二年一月十三日］

土曜一五時　僕のかわいそうな恋人よ、フランカ　涙に暮れる僕のかわいそうな恋人、フランカ　いとおしい人よ、泣きなさい、フランカ、泣いてもいい[1]、もちろんそうしていい、君を叱りはしない　叱るなん

て　おー　とんでもない、泣いていいのだよ、たぶんそれだけが僕の望み、それだけがこのかくも辛い、かくも暗澹たる時期での僕たち共通の言葉、フランカ、僕たち共通の言葉、僕たち共通の根、身を守ろうとする意識的な最小限の身振り、いまの僕たちがすがれる唯一のもの、実際、泣くこと以外の何を僕たちはしただろう、いまだ夜のままのあの夜明けの中にあって、時間のそとへ飛び出すほどにも速く行き過ぎるあの列車の時間の中にあって、すでにボローニャ　僕は信じられなかった、すでにボローニャ、僕は言葉を失くしていた、みずからに与えるものとて僕らには涙しかなかった、僕らの手も顔も体もすでに孤独に震え始めていた（まだ夜だと信じようとして両眼をつむる子供）。戻ってきて君に手紙を書きながら、僕が泣くこと以外の何をしただろう、フランカ、（自分のことしか語らぬ）最近の手紙で君に言ったこの辛く不毛な時期のどん底にあって、いまでも結局それ以外の何をしているだろう、苦悩に染め上げられたこの凝固した、音のしない、空虚な世界のその下のほう、その世界の奥底、どんなか見当もつかぬ廃井戸のその底から僕の中にわずかに湧く泉、僕はその泉のささやくようなせせらぎにいつも耳をそばだてている、僕の中の涙の泉、フランカ、僕は涙に浸かっている、この涙は僕の砂漠を流れる唯一の清流だ。僕は君のために泣いてつぶやく　フランカはそのことを知っていると、僕は僕のために泣いてつぶやく　フランカはそのことを知っていると、僕は君がそのことを知っていると知っている、——僕の砂漠の中にあって僕らが共有する唯一の言葉。

そう　僕の砂漠は僕らの苦しみに付け加わったおまけだ
どうかお願いだ、その二つを区別するのに必要な努力をしてくれ、僕のでしかない砂漠（僕の個人的な小さな砂漠、僕の個人的な大きな砂漠、宣誓したあらゆる公証人のもとに私有財産として排他的に登記されている砂漠、果てしない僕の慢性砂漠、僕の失明、僕の難聴、僕の昏朦《こんもう》、石と木でできた僕の頭、血管の中で凝固した僕の血、砂にも石にも土にも壁にもときとしてなれるこの権利、このうえなく磨耗した自然的諸要素のもとへの僕の退却——精神のこの地質学的世界のもとへの——実際、きちがいの中には、自分を鉱物的なものか植物的なものと感じたり認識したりする人びとが少なくともいるらしい……、レオナルド〔・クレモニーニ〕の絵画にみられる鉱物的時期、植物的時期とはおよそ別様に）……、僕のでしかないその砂漠を君のものとしないでくれ、フランカ。あの孤独の、あの涙の砂漠を、僕の砂漠の出口ない（といまのところそうみえる）地平線で覆わせてはいけない。僕のでしかない砂漠の中に君は自分をも迷い込ませてはいけない、後生だから。僕が君のそばにいたとき、君はそこに自分を迷い込ませはしなかった、だから、僕が君から遠くにいるいまも、そこに自分を迷い込ませないでくれ。じつにそうだった、君のそばにいたあのときも、僕はすでにこの砂漠を少し持ち歩いていた。僕を包囲し、僕の中に侵入し、僕を占領しようと、音もなくすでに砂漠は砂を遠くまで広げ始めていた……、攻囲と工作を始めていると思ったとき、じつはそれ以前からすでに砂漠は、みずからの論理と定めとにそぐわぬものには一切眼もくれず攻囲と工作を始めていたのだ。確かに僕はあの夏の自由自在さを持ち合わせていなかった、僕は言った、部屋の配置のせいだ、それでベッドとテーブルの位置を変えてみた。僕は言った、家の中が暗いせいだ、それで光がたくさん入るよう窓を大きく開け放ってみた。僕は言った　この鬱陶しい雪とこの雨のせいだ、それでしまいには雲間からわずかな陽光が洩れるようになった。僕は言った　これはそとに出なくちゃいけないってことだ、それで外出した。僕は言った　これは読書をしなくちゃいけないってことだ、それで本を読もうとした。僕は言った　これはもうちょっと話す機会を増やさなくちゃいけないってことだ、それでド・ゴールについて演説をぶった。僕は言った　これはフランカの翻訳の手伝いをしなくちゃいけないってことだ、それで君の傍らに腰掛け、ロベルト[2]を理解しようとしたetc. 僕は言った、僕は言った……、すでにそこには少し砂漠があった。それは僕の四季のめぐり、僕の天候不順《ズバルツィ》……、季節と季節をつなぐ僕の空洞、その空洞は或るときは一月、或るときは二月、三月、いずれにせよ冬にぽっかり空く、今回は少し早めだった。君は、たぶん君はあまりはっきりとはそれに気づかなかった、フランカ、君は僕に言った、その言葉を思い出すだけで僕の心は震えて泣き出す、なにもかもわたしの思い通りと言った、わたしは幸せと、いまが最高と……、僕のほうは逆に、この砂漠が露見するのではと不安だった、肉を具えた生きている人間と話していると思い込んでいた君が突然、僕が別の素材、石、木、土くれでできていることを見破るのではと……、独りでいるいま、僕には自分がまさにそのようにできていることがよくわかる　そのことを君に言う、何度も言う、――そのうえで君に心から頼みたい、僕の砂漠の中に自分を迷い込ませないでくれ。砂漠はいつか終わりをもつ、事の奥の本質においてそれは大したことではない、事の表面において深刻であるにすぎない、日常を生きるその生活において、最も単純な身振り、なによりも最も単純な身振りにおいて（単純な身振り、つまり、流れる水のようなそれ、空中を循環する空気のようなそれ）、ほかならぬこの身振りが僕に眼の飛び出るような対価を支払わせる、その身振りをなせるようになってもなおまだ!!、だが、事の奥の本質においてそれは大したことではないんだ、事の奥　その奥底には僕の泉の水がある、生命がある、春が僕に返してくれる生きることへの意欲がある、それは僕の中ですでに音も立てずに流れ始めている、それはいまのところ涙でしかないが、それだけが日なたに出てくる僕の生命でしかないが、しかし、しばらくしたらそれは、大空のもと、野外の真っ只中に湧き出すほんとうの泉になる……。僕の砂漠に捕まってはいけない、僕の砂漠の中に自分を迷い込ませてはいけない、フランカ。僕の一時的な砂漠。僕らを分かつ時間と空間にさらたる距離を付け加えることをその砂漠にさせてはいけない。

泣きなさい　僕の恋人よ、僕の優しい恋人よ、僕の臓腑　僕の吐息、フランカ。僕は君のそばにいる、思いっきり泣きなさい、僕は君の涙だ、その涙に僕は流れていいと命じる、僕はこの涙が好きだ、今日はその涙が僕の言葉だ、唯一の言葉だ、やがて僕らはそれを別の言葉と交換するだろう、二人いっしょにそれを翻訳するだろう、僕らにはすでにその翻訳の経験がある、原稿用紙をもう何枚か、鉛筆を、そこのソファに座って、僕も君の横に行くから、え、何　フランカ？、なんて言ったの？、大丈夫　きっと訳文はみつかる、原文を読み上げて、君に説明してあげる、一歩一歩、ゆっくりと、僕らは疲れている、だからゆっくりと　僕の恋人よ、やがて僕らはこの涙に見合う言葉をみつけだす、まだ夜だが、僕らはすでにベッドから抜け出している、それはまだ夜なのか、もうすぐ日が差す、日は必ず差す、あともうちょい、おいで、僕の肩に、そこに君の顔を埋ずめに、閉じた両眼を、顎を、いつも涙が始まるそこに、君の美しい顔を、大好きなその顔を。

ルイ

（1）　一九六二年一月十日のフランカの手紙参照。

（2）　当時、フランカはピエール・クロソウスキーのイタリア語翻訳に取り組んでいる〔「ロベルト」はフランカが翻訳中だったクロソウスキーの小説『歓待の掟』の登場人物〕。

著者紹介

Louis ALTHUSSER（ルイ・アルチュセール）

1918年生まれ。1948年より高等師範学校教員、同年フランス共産党入党。65年『マルクスのために』『資本論を読む』公刊、70年「イデオロギーと国家のイデオロギー装置」発表、73年『ジョン・ルイスへの回答』公刊、76年『ポジション』公刊、78年「共産党の中でこれ以上続いてはならないこと」発表。80年、妻エレーヌを絞殺、「責任能力なし」の判決、強制退職。1990年歿。

遺稿出版に、『未来は長く続く』、『哲学・政治著作集Ⅰ・Ⅱ』、『マキャヴェリの孤独』、『フロイトとラカン』など。

訳者紹介（五十音順）

阿尾安泰（あお・やすよし） 1954年生まれ。九州大学大学院言語文化研究院教授。主要論文、「ルソーというトポロジー」（2002年）。

飯田伸二（いいだ・しんじ） 1964年生まれ。鹿児島国際大学国際文化学部助教授。主要著書、*Francis Ponge au tournant de son itinéraire poétique*（ANRT、1996年）。

遠藤文彦（えんどう・ふみひこ） 1960年生まれ。福岡大学人文学部教授。主要訳書、L・フェリー、A・ルノー『反ニーチェ』（法政大学出版局、1995年）。

佐藤淳二（さとう・じゅんじ） 1958年生まれ。北海道大学大学院文学研究科助教授。主要著書、『表象と共同体――ルソー『ダランベールへの手紙』における「公的領域」と「私的領域」の構造』（BookPark、2000年）。

佐藤（平岩）典子（さとう〔ひらいわ〕・のりこ） 1970年生まれ。九州大学非常勤講師。主要論文、「デ・フォレの小説作品と読者」（2002年）。

辻部大介（つじべ・だいすけ） 1963年生まれ。福岡大学人文学部助教授。主要訳書、S・ジジェク監修『ヒッチコックによるラカン』（トレヴィル、1994年、共訳）。

愛と文体 Ⅰ―― フランカへの手紙 1961-73

2004年6月30日 初版第1刷発行©

訳 者 阿尾安泰 ほか
発行者 藤原良雄
発行所 株式会社 藤原書店

〒162-0041 東京都新宿区早稲田鶴巻町523
TEL 03（5272）0301
FAX 03（5272）0450
info@fujiwara-shoten.co.jp
振替 00160-4-17013
印刷・製本 中央精版

落丁本・乱丁本はお取り替えします
定価はカバーに表示してあります
Printed in Japan
ISBN4-89434-397-5

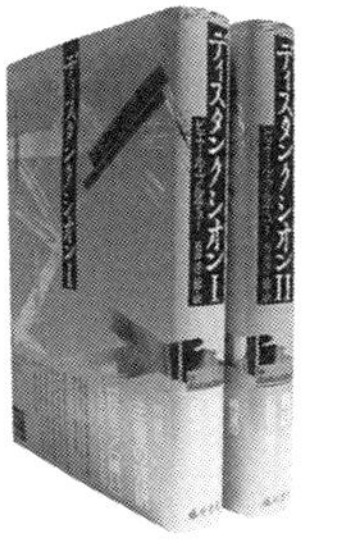

初の本格的文学・芸術論

芸術の規則 I・II

P・ブルデュー
石井洋二郎訳

作家・批評家・出版者・読者が織りなす象徴空間としての〈文学場〉の生成と構造を活写する、文芸批評をのりこえる「作品科学」の誕生宣言。好敵手デリダらとの共闘作業、「国際作家会議」への、著者の学的決意の迸る名品。

A5上製　I三一二　II三二〇頁　**各四一〇〇円**

（I一九九五年二月刊　II一九九六年一月刊）

I◇4-89434-009-7　II◇4-89434-030-5

LES RÈGLES DE L'ART　Pierre BOURDIEU

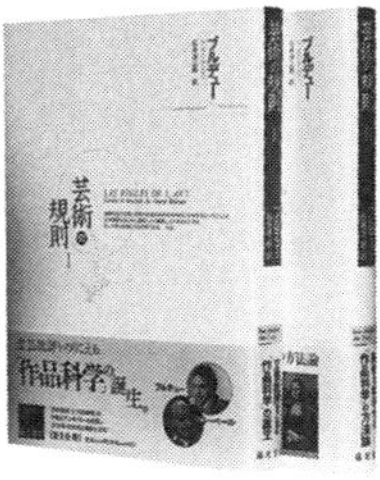

「象徴暴力」とは何か

再生産（教育・社会・文化）

P・ブルデュー、J-C・パスロン
宮島喬訳

『遺産相続者たち』にはじまる教育社会学研究を理論的に総合する、文化的再生産論の最重要文献。象徴暴力の諸作用とそれを蔽い隠す社会的条件についての一般理論を構築。「プラチック」論の出発点であり、ブルデュー理論の主軸。

A5上製　三〇四頁　**三七〇〇円**

（一九九一年四月刊）

◇4-938661-24-1

LA REPRODUCTION　Pierre BOURDIEU et Jean-Claude PASSERON

大学世界のタブーをあばく

ホモ・アカデミクス

P・ブルデュー
石崎晴己・東松秀雄訳

この本を焼くべきか？　自己の属する大学世界の再生産を徹底的に分析した、科学的自己批判・自己分析の金字塔。世俗的権力は有するが学問的権威を欠く管理職的保守派と、その逆をゆく知識人的革新派による学部の争いの構造を、初めて科学的に説き得た傑作。

A5上製　四〇八頁　**四八〇〇円**

（一九九七年三月刊）

◇4-89434-058-5

HOMO ACADEMICUS　Pierre BOURDIEU

複雑系経済学へといたる道のり

マルクスの遺産

（アルチュセールから複雑系まで）

塩沢由典

複雑系経済学の旗手の軌跡と展望を集大成。数学から転向し、アルチュセールを介したマルクスの読み、スラッファを通した古典経済学の読み直しから経済学を始めた著者が、積年の思索を経て今、新しい経済学を模索する。

A5上製　四四八頁　**五八〇〇円**

（二〇〇二年三月刊）

◇4-89434-275-8

四巻シリーズで構成されている『黒いアテナ』プロジェクトの関心は、ギリシア文明の起源をめぐる二つのモデルをめぐる争いであり、本書はその『第二巻』である。こんにち通用しているモデルは〈**アーリア・モデル**〉である。このモデルは〈ギリシア文化は北方から来たインド=ヨーロッパ語を話す人びと、すなわち「アーリア人」が素朴な「前ギリシア人」を征服した結果生まれた〉と考える。他方、古典時代のギリシア人が抱いていたモデルは〈**古代モデル**〉である。〈古代モデル〉は、〈土着のギリシア人を初めに文明化したのはエジプトとフェニキアからの植民者であり、中東の文化はエジプトや南東アジアで学んだギリシア人によってギリシアに導入された〉と考える。これにたいして、マーティン・バナールは〈**改訂版古代モデル**〉を提案する。〈改訂版古代モデル〉では、〈ギリシアの言語と文化のなかのインド=ヨーロッパ語的要素は基本的要素と認めるべきだが、この基盤にはかなりの――主としてエジプトとレヴァントから の――非インド=ヨーロッパ語的要素があると考えなければならない〉という。

『第二巻』では、青銅器時代(紀元前三四〇〇年頃から一一〇〇年頃)の間の、一方ではエジプトおよびレヴァントと、他方では〔ギリシア本土をふくむ〕エーゲ海地域とのあいだの接触を示す考古学的・文書的証拠を扱う。このアプローチは後世のギリシアの神話、伝承、宗教祭儀、言語からの情報で補強される。著者が得たのは、両地域の接触が一般に考えられているよりもはるかに広汎で大きかったという結論である。

(『黒いアテナ』原書裏表紙より)

「西洋」と「東洋」はともに「オリエント」から誕生した！

〈座談会〉

「オリエント」とは何か

岡田明憲（インド・イラン学）
杉山正明（モンゴル史）
井本英一（イラン学）
志村ふくみ（染織家）

古代より世界史の中心だったオリエント。だが歪んだ呼称が示すごとく、「西洋」においても「東洋」においても、そしてすでに「イスラーム」化した当地においても、その重要性は認識されていない。世界が再び大きく変動する今日、オリエントの重要性を気鋭の論者が改めて問う。（編集部）

文明の原点としてのオリエント

岡田　オリエントはラテン語の「日が昇る」に語源があり、ギリシア・ローマ世界から見た東、差し当たり西アジア地区を指します。いまはイスラーム世界と言って、欧米と価値観の問題、文明の問題で対立がうんぬんされているところですが、実は西アジアは古い高度な文明を持っていますから、イスラームから始めるのは問題がある。いまのイスラームと西洋との対立以前に、ギリシアと、またはローマとペルシア世界の対立があって、ペルシアが専ら東を代表していたわけです。

このペルシアは、いまのイランだけではなく、もっと東西に広いところを支配していました。ある意味で、エジプト、メソポタミア文明など古代オリエント世界のすべてを集大成してアケメネス朝ペルシアが出てきて、その後のササン朝はアケメネス朝の復興という意識を持っていた。その意味で、もう一度イスラーム以前のペルシアを考える必要がある。また現代の文明において不可欠なもの、法とか貨幣とか情報とか、こういうものが既にオリエントにおいて起源が見られる。それ故、現代文明の原点を問うときにもオリエントを問題にしなければいけない。

▲岡田明憲（1947-　）

ユーラシア・サイズの歴史

杉山　自分が卒論を書くときになぜモンゴル帝国を選んだか。当時の先生がたが中国史に傾いていたのです。東洋史といいながらもここはほぼ中国史だと。モンゴル帝国は、とにかくユーラシア・サイズで広がりましたから、関係する言語文献は主だったものを数え上げても二十数個は必要なわけです。東西が一遍に扱えますので、東は日本から、西はヨーロッパを越えてイングランドまで。このモンゴル時代は、事実、状況、史料がそうなっているから、そのままにやればユーラシア・サイズにはなってしまう。ところが、私たち日本列島に暮らす人間は、ものごとをどうしても東と西の単純な図式でとらえてしまう。しかし世界は、昔も今も決して東と西のような二項対立的な世界ではありません。東は朝鮮半島から西はオリエント世界から東欧ぐらいまで分析していくと、何か深い共通性みたいなものがあるのかもしれません。

　オリエントというのは人類文明の基本的なパターンをほとんどそこで出現せしめている。直接的にはアケメネス朝ぐらいに行くと大体すべてわかる。秦でやっていることはほとんどダレイオスがやっていること。ローマ帝国もそうです。それ以後のことがらは、ほとんど古代ペルシア帝国のパターンを考えていくと、それから外れる部分は少ない。アケメネス朝で一旦一つの形が出来上がって、それが広まっていったという気がします。

古代日本とペルシア

井本　古代オリエント文明には、ジッグラトとか階段式ピラミッドとかがあります。メソポタミア文明では、それぞれの都市にはジッグラトがありました。ジッグラトは七、八段の四角い、石と土を積み上げた塔で、てっぺんの空間に神殿があり、王がそこを訪れて巫女に選ばれた女性と聖婚と呼ばれた一夜婚を行いました。中国の元時代の漢文の本に、東南アジアのアンコール・ワットにも同じような聖域があり、そこで王が夜な夜な聖婚をしたと書いてあります。飛鳥の酒船石遺跡は山の斜面一面だけが段状になっていますが、これもジッグラトです。両槻宮が神殿にあたります。ここで天と結合する儀礼が行われたのでしょう。

　古代の日本には、西アジアの方からいろんな物の考え方や風習が入ってきました。ある人類学者の研究によりますと、紀元前三〇〇年から飛鳥時代が終わる七

▲井本英一（1930-　）

〇〇年ころまでの一〇〇〇年間に、約一〇〇万人の渡来人があったといいます。年平均、一〇〇〇人の渡来人がやってきた計算になりますが、中には高い技術や宗教や制度の専門知識をもった人びとも多かったでしょう。蘇我氏に重用された鞍作《くらつくり》一族はイラン系の工人一族で、寺院建築のノウハウを持っていました。彼らがつくる寺院や仏塔は朝鮮三国や中国のものとだいぶ違っております。日本には、中国文化や朝鮮文化と同じように、量的には少ないけど、ペルシア文化が入ってきました。

▲志村ふくみ（1924-　）

なぜかペルシアに惹かれて

志村　正倉院のさまざまなものが、あんな遠くからはるばる日本に来ている。ああやって日本に伝わってきて、そして出土したのではなく、伝世品として今日まできちんと残っていることにもびっくりしました。楽器にしても、それから染色も、唐の時代に中国を通って日本に来ているんですが、元はすべてペルシア。だから私はなぜかペルシアに惹かれて。なぜ惹かれるのかと思いますと、文字、あのペルシア語の。あれには非常に惹かれていたんです、カリグラフィーに。こんな美しい形を文字として持っている国というのはどんな国なんだろうと。

それでとうとうイランにいったのです。エスファハーンとかシラーズのモスクのあれを見たら、これはもう最高に美しいものがこの世にあるんだなと、びっくりいたしました。ペルシアという国は何か言葉が天からひらひらと降ってきて、それをそのままああいう建築の中にもはめ込んでみたりする。コーランのような、あんな美しいものがある。それはイスラーム教といいますが、何かそれ以上に、人間が神との交流の中で得た何か最高の美の証だという感じを持ちました。とくに私が惹きつけられるのは、植物は例外としてほとんどが具象ではなく抽象紋様。しかもタイルで、なまなましく描くのではなくはめこんでゆく。工芸的にというか、そういうところに私の仕事などと共通の親しみを感じます。

※全文は別冊『環』⑧に掲載（構成・編集部）

（おかだ・あきのり）
（すぎやま・まさあき）
（いもと・えいいち）
（しむら・ふくみ）

世界史の中心は「オリエント」だった！

別冊『環』❽　菊大判　口絵カラー写真4頁・本文304頁　3675円

「オリエント」とは何か　東西の区分を超える

写真24枚　写真・久田博幸

〈座談会〉「オリエント」とは何か　岡田明憲＋杉山正明＋井本英一＋志村ふくみ
オリエントとは何か　――古代オリエント世界とその思想史的意義　岡田明憲

■風土と歴史

古代オリエント　――西アジアの風土と文明の誕生　堀　晄
ヒッタイトなるものとは　――ヨーロッパとオリエントのはざま　紺谷亮一
ペルシア帝国と「王の道」　川瀬豊子
イラン語の世界　吉枝聡子
シルクロード文化　――伝説にみる思想と美意識　岡田恵美子
バクトリア王国　――中央アジアのギリシア人たち　前田耕作
パルティア王国　――過大視されてきたローマ帝国の「脅威」　春田晴郎
アルメニア王国　――ローマとペルシャのはざま　北川誠一

■宗教

オリエントとイスラーム　黒田壽郎
ゾロアスター教　――創始者のわかる最古の宗教　香月法子
ミトラス教　――ペルシア発祥の幻の世界宗教　小川英雄
マニ教　――その東進と政治　大貫　隆
エチオピア正教　――アフリカの高地にわたったキリスト教　山形孝夫
景教　――極東にわたったキリスト教　川口一彦
イラン人もかつては仏教徒だった　――西方にわたった仏教　森本公誠
中央アジア仏教　――インドと中国をつなぐ　山田明爾
ガンダーラの仏教美術　――ヘレニズムと仏教の融合　宮治　昭

■諸文化の交流と融合

アレクサンドロス大王とオリエント　――バビロンを中心に　森谷公俊
美術史からみるオリエント　田辺勝美
建築史からみるオリエント　岡田保良
ソグド人の商業ネットワーク　――中央アジアから中国まで　長澤和俊
胡服と倭人　石野博信
オリエント史からみる日本王権の成立　――穀倉と賑給　増田精一

〈コラム〉イギリス人の知的好奇心とカナート研究　岡﨑正孝
〈コラム〉バーミアン仏教遺跡の誕生　山内和也
〈コラム〉ヘロドトスとペルシア戦争　――ギリシア中心史観の否定　中務哲郎
〈コラム〉文明の交差点としてのスキタイ　高濱　秀
〈コラム〉「胡」という言葉　――胡瓜・胡椒・胡弓・胡坐・胡姫　一海知義
オリエント・フォトギャラリー　久田博幸

衝撃の遺稿出版の掉尾を飾る！　死後発見された哲学的ラブレター五百通！

第二のルイ

F・マトゥロン
Y・ムーリエ＝ブータン

二人のアルチュセール

この種の資料、なまの自伝的資料は哲学者アルチュセールの思想の擁護者たちに危惧や警戒心をひきおこすかもしれない。プライベートな生活にこんなふうに土足で踏み込めば、〔思想を生活に還元する〕素朴な単純化志向を促すのでは？　作品行為それ自体の価値を貶めようとする試みに荷担することになるのでは？　どれほど多くの私信が大作家の栄光にプラスとならず、マイナスになっていることか？　どれほど多くの創造的芸術家が、華のない舞台裏をさらす手紙、日記、私的メモを燃やすことをよしとしたことか？

一九九二年の『未来は長く続く』の刊行、続いて生前の著者「公認の」作品に劣らないだけの首尾一貫性はもつ死後出版作品の刊行によってアルチュセールは忘却のそとに出ることになったが、このアルチュセールについては読者の心配を取り除いておこう。哲学的立場において、書いたものにおいて、狂気において、妻殺しの「告白」において「typapart《ティパパール》」（＝特別な子）であった彼は、書簡においても「ティパパール」のままである。職務上の手紙であれ、政治にかかわる手紙であれ、友人宛ての手紙であれ、ラブレターであれ、書簡は、いまや読者がテキストを片手につくれるようになったユルム通りの哲学者のイメージを、歪めるものではない。

逆である。書簡の最も内密な一部、恋人たちとの手紙というデリケート極まりない問題において別の特異性があらわになるのだ。ここでアルチュセールはみずからの作品の頂点に達する一方、彼自身が別の光のもとに姿を現す。後光に隈取られた伝説とも「呪われた運命」とも違う光である。「大知識人」、刊本に添えられた書評依頼状から浮かび上がる妥協なき或る種のマルクス＝レーニン主義的教条主義の、その謎めいた理論家の背後にいたのは、『未来は長く続く』によって明かされたメランコリアの人であり、彼自身が生前に出版を禁じたいちだんと「振幅多き多様な」作品の作者であった。遺稿出版計画の実現に伴ない、いまやこの二人のアルチュセールが肩を並べている。

第三のアルチュセール

力強さ、たえず高まっていく緊張、傍らにつねにみいだされる詩的叙情と、まったこのうえなく覚醒した思考、どぎつさ、ときに絶望的なほどのアイロニー、聡明さと優しさ、情念のほとばしりをまえにしたときのまったくスタンダール的な歓喜、そして文体、どこからみてもこれらの書簡は、アルチュセールが書いたものに認められる簡潔さ、抑制といった質と

▲アルチュセール(1918–90)

はすでに絶対的な対照をなす。回顧のまなざしによって歪められることのないアルチュセールの人生の歴史を構成するためにも、理論にかかわる類縁関係を単に形式的にではなく測り取るためにも、書簡のもつ意義は明らかだ。同様に一九六〇年代をめぐる比類ない証言としての価値も。さらには、書簡における叙述の調子、叙述内容が、ときを同じくして発表されていた壮年期のテキストとのあいだにつくりだす唖然とする落差のことも付言しておこう。問題は、或る理論的テキストをその十五年後に発表された理論的テキストから眺め返すと、そこに矛盾があるということでもなければ、一九九二年に公刊された一九八五年の自伝が、人を惑す戦略的なやり方で作品の読み直しをおこなっているということでもない。青年期におけるヘーゲルへの媚び(一九四七年)と『マルクスのために』(一九六一〜六五年)とのあいだ、『資本論を読む』(一九六五年)と『未来は長く続く』(一九八五年)ないし『哲学について』(一九七六〜八七年)とのあいだには、様々な断絶または(認識論的あるいは実存的な)切断を含み込んだ時間の厚みがある。ところが、「アルチュセール主義」の固い核をなす哲学的テーゼのいくつか(たとえば始まりのテーゼ、「徴候的」読解のテーゼ)と書簡とのあいだには、数ヵ月、数日、それどころか数時間の開きしかない。つくったばかりの立言を作者が述べようとしていたその直後を勘定に入れなければ、六〇年代に発表されたアルチュセールの偉大なテキストは読むことができない。おそらくこの媒介なき間隔には、彼の思考の様々な変形と内的断裂を導くと共に、地下に流れる様々な連続性をも導く糸がある。

むしろ別の驚きのほうをきわだたせておこう。もう一人のアルチュセールが浮かび上がってくるのである。長い時間をかけて磨き上げられた公的な聖人画に類する肖像とも、取り返しのつかない殺人をもとに呪われた運命を語る肖像、やはり丹念に手が加えられ、ときに当惑も生むその肖像とも一致しないアルチュセール。『未来は長く続く』の出版後、何度となく口にされた問い、二人のルイのどちらがペテン師なのか？　答えは明快だ、どちらもペテン師である、あるいは、どちらもペテン師ではない。いや、むしろ、『モンテスキュー』とクレールへの手紙を、『マルクスのために』の序文とフランカへの手紙を同じタイプライターで叩いていたアルチュセールのほうに、ほんもののアルチュセールが求められてしかるべきである。何世代にもわたって高等師範学校の学生たちを強烈に魅了し、そのうちの何人かを集団的な真の知的冒険へと引き込んでいったアルチュセールのほうに。こうして第三のアルチュセールが我々の眼のまえに浮かび上がってくる。知の殿堂にいる神‐教祖‐ペテン師でも、悪魔に魅入られた人、きちがいでもない。このアルチュセールは同時にそのいずれでもあるのだ。

つかむべき矛盾

ほぼ自然のまま、生まれたての手垢のついていないルイ・アルチュセールの真実に迫ることを許す試金石、そのような位置づけをこの書簡集に与えるのは単純にすぎるであろう。我々が公表する手紙は、それ自体の価値をもつこと、公表が可能であることを鋭く意識されて最初から書かれた。一九六三年十一月十八日、フランカ・マドーニアに宛てて、彼は半ば冗談めかしてこう書いていなかっただろうか？　**「僕にとって書くことが永遠の自覚的行為であることの証人として君を立てる、来るべき時代において、僕の遺作とフランカとの書簡が編纂されたとき、君にそのことを証言してもらうために」**。さりげない通信文にさえ透けてみえるありたけの全力投球が、日常生活の些細なことがらにいたるまで、書簡に丹念な推敲の趣きや計算された乱雑さをまとわせる。この種の態度は文学的な「ポーズ」に

▲フランカ（1926-80）

つながっても不思議ではなかったろう。情熱の高まり、それに伴なって費やされるエネルギーが、これらの手紙からそのような危険を払拭する。なによりも恋の情熱であり、それに劣らず強く感じ取られる情熱、言語への、言葉への情熱、言葉を極限まで、それどころか言葉そのものの向こうにまで導こうとする情熱である。ふつうであれば切り離されているか互いに遮断されているはずの契機がそこにはすべて揃ってみいだされる、教育家なる語を毛嫌いしていたにもせよ、ともかく疲れを知らない教育家ぶり、高等師範学校文科書記のアイロニーのこもった愛想のよさ、友への熱い思い、政治参加した知識人の熱狂と用心深さ、一週間の精神病院入院後、おぼつかない書体で短い手紙すらうまく書けないときのどうしようもない気分の落ち込み、世界再建の様々な立案を伴なって進む精神的な立ち直り、激しい恋情、毒の効いたユーモアによって紛らわされる苦悩、ときに訪れる優柔不断、中でもめざましい作家的資質、有名な諸テキストの「文体」にもすでに仄見えていた資質だが、しかしここでは政治や自己検閲による制御、敵や論争相手の姿を借りた他者の制御を受けていない。

全体的なまとまりをもたないこうした全体を管理しようとして果たさない矛盾したピランデッロ（人間の外面と内面の矛盾相剋に力点を置くイタリアの劇作家）的主体、一つ一つの声、書くものの一つ一つがその都度それぞれに真新しい身体と特異に結びつくとの意味で物質的である個人、言うまでもなく、伝記作家がつかみたいと思うのはそのような主体、個人である。また、アルチュセールの「偉大な時期」の「歴史的」な諸テキストをいま再び読みこなしてみようとの志ある読者がつかまなければならないのも、やはりそのような主体、個人である。

（François MATHERON）
（Yann Moulier BOUTANG）

※全文は『愛と文体Ⅰ』に収録（構成・編集部）

ジョルジュ・サンド生誕二百周年！

同時代人から見たジョルジュ・サンド

ギリシャ風の端正な顔

ハイネ

フランスの最も偉大な作家ジョルジュ・サンドは非常に美しい女性でもある。その作品に表れている天性と同じく、彼女の顔立ちは人目を引くというより美しいと言える。ジョルジュ・サンドの顔はまさしくギリシャ風の端正さを見せる。だがその顔立ちは古代の厳粛さそのものというのではなく、悲しみのヴェールのように広がっている、近代の感じやすさで和らげられている。

心が広く控えめな人

バルザック

彼女は男性です、彼女は芸術家です、彼女は偉大で、心が広く、誠実で、控えめです、彼女は男性の大きな特性を持っています、したがって、彼女は女性ではないのです。

……G・サンドの『ジャンヌ』は確かに傑作です。お読みになってください。驚嘆に値します！　『ジャンヌ』をうらやましく思います。私には『ジャンヌ』は書けません。秀逸です！　……

あるべき姿の聖職者

マッツィーニ

これほど影響を受けた本はほとんどありません……この女性の生活は今日では並外れたものであり、まるで聖人のようです。その作品で説き勧めている平等や愛の思想を彼女はことごとく実践しています。聖職者をたたえるような断章があります……あるべき姿の聖職者であり、今日の彼らの姿ではありません。

……あなたの書かれたものの中で最も神聖で、何よりも侵してはならないと私に思われるのは、イエスとイエスの人間愛に対するあなたの評価です。……

預言者であり啓示者

バクーニン

僕はどんな時も彼女の作品に戻って行く。詩人にしても、作家にしても、彼女ほど共鳴できる人間は皆無だ。僕自身の思想、僕の感情、僕の関心事を彼女ほど的確に表明した人間は他にいない……ジョルジュ・サンドを読むことは僕にとって、信仰のようなもの、祈りのようなものだ。……ジョルジュ・サンドは詩人であるだけでなく、預言者で啓示者だ。……ジョルジュ・サンドは宗教的な使徒の本性を持っている。彼女の単純さは実際的で、生き生きとした真実のものだ。

清らかな無垢な理想

ドストエフスキー

おそらく彼女をのぞいて、同時代の詩人のうち何人といえども、あれだけに清らかな無垢な少女の理想を、——単に清らかであるのみならず、その無垢のゆえにあれだけに力強い理想を、——抱懐するものはなかった。……

ジョルジュ・サンドは思想家ではないが、彼女は人類を待っている、より幸福な将来を、最も明瞭に洞察していた予感者の一人で、生涯を通じて勇ましく、博い心をもって、人類の理想の達成を信じていた。それはほかでもない、彼女自身その魂の中に理想を打ちたてる力を持っていたからである。

リレー連載　石牟礼道子というひと　1

石牟礼道子管見

鶴見俊輔

昭和の日本との対峙

日本の知識人の特徴は記憶の短いことである。これまでに何度も言ったことだが、死ぬまでくりかえしたい。これを言わなくなったら完全なぼけだ。

少年のころ日本の外で暮らしたので、日本の知識人と日本の外の知識人のちがいがくっきりと心に残っている。日本の知識人が世界どこでも知識人というのはおなじものだと考えているのが歯がゆい。

日本に戻ってから日本の歴史をしらべて、私のきらいな日本の知識人の特徴は明治以後に限られることがわかった。明治以前には知識人は今のようなショート・メモリーによって生きてはいない。

石牟礼道子という名前を知ったのは、谷川雁を通してである。一九六〇年の安保闘争よりも前のこと。石牟礼さんの考えかたは当時の日本の知識人候補、新左翼の学生たちの射程を越えていた。このことは、それから四十五年たった今では、かなりの人にとって明らかになった。だが、一九五八年当時にその特質を見極めていた谷川雁は目のきく男だった。日本の知識人としてはもったいない。

石牟礼道子に原稿を頼むと、送ってきたのは「西南役伝説」という文章だった（『思想の科学』一九六二年一二月号）。

「わし共《どま》、西郷戦争ちゅうぞ。十年戦争ともな。一の谷の熊谷さんと敦盛さんの戦《いくさ》は昔話にきいとったが、実地に見たのは西郷戦争が始めてじゃったげな。それからちゅうもん、ひっつけひっつけ、戦があって、日清・日露・満洲事変から、今度《こんだ》の戦争――。西郷戦争は、思えば世の中の展くる始めになったなあ。わしゃ西郷戦争の年、親達が逃げとった山の穴で生まれたげなばい。」

ききがきの主は「ありゃ、士族の衆の同士々々の喧嘩じゃったで」と見通す力を持っていた。

明治十年は、石牟礼道子にとって、そこからその後の日本を見る視点として活用されている。やがて彼女は、気のふれた自分の祖母が昭和の日本とはっきり対

▲石牟礼道子（1927–）

峙するありさまを子供のときの記録として復刻する。狂女は昭和の日本に屈する人ではない。気のふれた彼女は、陸の孤島ともいうべき思想上の存在だった。そして彼女をつつむ豊かな水俣の海。

石牟礼道子はやがて、この海が窒素工業の災害にまみれてゆく成りゆきに、自分の存在をゆるがすもうひとつの始まりを見出す。

四十五年前に日本のジャーナリズムの外にいた石牟礼道子は、今ではその中の見逃すことのできないひとりの書き手である。だが、彼女は今も日本のジャーナリズムの外にいる。日本の知識人というときにも、この人はその外にはみ出している。それは日本の知識人全体を今日もつつみこんでいる短い記憶の外にいるからだ。

ききがきという方法

もとの「西南役伝説」に戻ろう。

「あらあらと思うと九十年は夢より早か。どしこ開くる世の中かわからん。下々の知恵が字知るごてなった現ればい。限りのわからん」

老農達の話は、永劫まで語ってもいい尽きせぬ未来へひろがってゆく。九十年の生涯に老農は時の権力を民話としてとらえる方法を身につけた。ききがきを記す中で、その方法はききてである石牟礼道子の方法として受けつがれる。

対比的な沈黙を示す「士族の末孫」の家柄が同じ村にあった。先代が敗退中の薩軍に、「士族の流れ」という理由でラチされたのである。戦いが終り、諦めた村中が葬式を行っている最中、やせ衰えたその若者が帰りついた。「宮崎に行っていた」事、いつ殺されるかと思うと飯がノドを通らず、囲いの中に入れられた気ばかりしていた事、年老いて鍬をとる合間に、そらマメ、そらマメ、と聞きとれる程には呟き、首をぶるんとふるわせたりしたが、村人の判断では、そらマメというのは、官軍の弾を運ぶ時の噺子であり、それだけが、西郷戦争の実戦に参加したこの村の、唯一人の若者から村人が知り得た謎めいた知識だった。

この民話の中には、その後現在に至る日本の知識人が現れている。

（つるみ・しゅんすけ／哲学者）

リレー連載　いのちの叫び　66

それが私の…

乾　千恵

時々口をついて出てくる、こんな歌がある。

「月に向かって私が歌うのは、月がきれいに輝いているためではない。私の歩いてきた長い道のりを、月が知っているからだ……」

アルゼンチンの偉大な歌い手、アタウアルパ・ユパンキの名作「トゥクマンの月」だ。

若い頃、革命運動に加わったこともある、反骨の「歌うたい」は、一九四三年のクーデターによって発足した軍事政権と、その流れを汲んだ独裁的な政権に反発。当局と相容れない思想の持ち主だった彼は、いたたまれなくなり、半ば亡命のような形で、フランスのパリに移住する。その出国まぎわに書いたのが、この歌だという。

「霧が立ちこめていて、どこを歩いているのか判りゃしない。この霧が晴れたなら、故郷の月に向かって、私は歌おう」

望みを月に託した一曲である。

この歌には、こんな一節もある。

「私達はどこか似ているね、一人で空にかかる月よ。(月が光を放つように)私は歌いながら歩いていく、それが私の、世の照らし方」。

優しく光る月もある、狂おしいまでに冴えわたる月もある。昼の月。夕月。夜空の月。時に親しく、時に、はるかなる神秘的な存在となる月に、ある時期私は惹きつけられ、「月」という文字を書かずにはいられなくなった。

何十枚、何百枚と、憑かれたように、つき動かされるように書き続けた。まるで体ごと大きな筆となったような時間の中で、やっと満足できる一枚が出てきた。

その、ただ一枚の「月」は、書展という形で、これまで随分いろいろな所に昇り、「いかにもお月さまが見えてくるような字ですね」という声を、よく頂いた。

ユパンキの歌ではないけれど、「月」の字が、見て下さった方の中に、何がしかの光を残してくれているのだったら嬉しい。そう思い続けている。

(いぬい・ちえ／書家)

リレー連載　いま「アジア」を観る　17

脱欧＝脱亜

濱下武志

近年、グローバルという視点からのアジア論が求められ、さらに、文化地理的観点から、東アジア地域世界の文化空間のなかで日本を周辺化するという位置付け直しも行われている。また、日本におけるアジア論の系譜につき、より長期のかつ空間認識を継起的に議論すべき必要性も提唱されている。これらは、これまでのアジア対ヨーロッパという枠組みの中で議論されてきたアジア論、日本論、近代論ではなく、むしろ、積極的にアジアをグローバルに位置付け、東アジア世界のグローバル性や、アジア対アジアという構図のなかで、改めてこれまでの議論の再検討と新たな方向の提示をおこなおうとしているといえる。

同時に、グローバリゼーションの内容の分岐も現れ始めつつあり、この特徴を歴史研究の面であらわしたものが、グローバル・ヒストリー・スタディーズと呼ばれる一群の研究である。これは、現在のグローバリゼーションが、世界のアメリカナイゼーションでもあるといわれる中で、アメリカを「歴史化」しようとするねらいを持っていると見ることも可能である。またこれらの研究は一様にアジアの歴史的位置付けを巡って、従来のヨーロッパを先頭とした「近代世界」の形成ではなく、アジアとヨーロッパとは異なる地域モデルであるとし、アジア地域の歴史的役割を強調する。そのなかで、アメリカ史をスペイン時代にまで遡り、南北アメリカ大陸の歴史を地理的「世界史」というよりヘゲモニックな「グローバル・ヒストリー」の中に位置付け、ヨーロッパとは異なる地球史的な位置付けを試みており、ある意味ではアメリカにおける新たなアジア論を通した「脱欧＝グローバル論」であるともいえる。そしてこの動きは中国の積極的な「脱亜＝全球化論」と表裏一体をなしている。

現在、これら脱欧・脱亜さらには脱米の要素をすべて含んだ東アジアの中に、日本を位置付ける文脈がどのようなものであるかが問われている。

（はました・たけし／京都大学教授）

Le Monde

■連載・『ル・モンド』紙から世界を読む　17

フランコフィル フランコフォンの英国王室

加藤晴久

一九〇四年フランスはイギリスとl'Entente cordiale「英仏協商」（「誠意ある相互理解」が本意）を結んで、エジプトはイギリスの勢力圏、モロッコはフランスの勢力圏と認め合うことによってドイツの野望を押さえ込もうとした。

この植民地主義帝国どうしの取り引きの一〇〇周年を祝うために四月五日から三日間、英国女王エリザベス二世がフランスを公式訪問した。十一月にはシラク大統領が英国を公式訪問する。その間、両国間で各種の記念祝賀行事が計画されている。

四度目の訪仏だが、女王が四度も公式訪問する国はフランスだけ。十三歳でフランス貴族の女官からフランス語を習った女王は、だから、フランス好き「フランコフィル」かつフランス語の鮮やかな使い手「フランコフォン」。五日、内外二四〇人の賓客を招いたエリゼ宮（大統領官邸）の華麗な晩餐会、翌六日、リュクサンブール宮（上院）に集《つど》った両院議員のレセプション、女王のスピーチはいずれもフランス語だった。

〇二年に亡くなった母太后、ジョージ六世王妃にいたっては九三年ロンドンに建てられたド・ゴール将軍像の除幕式を取り仕切った、九八年のサッカー世界選手権でフランスが優勝するとラ・マルセイエーズ（フランス国歌）を歌いながら祝杯を挙げた、というほどのフランスびいき。チャールズ王太子もフランス語に堪能で、九四年パリを訪れた際、「フランスは自分の心の中で特別な場を占めています。可能な限り頻繁に訪れますが、これで十分ということはありません」と述べた。

英国人はフランス嫌いと言われるが、イギリスの識者によると、それは大衆であって、エリートはフランコフィルでヨーロッパ統合派（『エクスプレス』誌、四月五日付）。ブレア首相も『ル・モンド』に寄せた「わたしのヨーロッパ」と題する論文（四月二九日付）でEUの拡大と深化の「戦略的・政治的・経済的重要性」を説いていた。フランス＝反米／イギリス＝親米といった紋切り型にとらわれていると、歴史の流れが見てとれない。

（かとう・はるひさ／東京大学名誉教授）

triple ∞ vision 38

ごろごろ

吉増剛造

「島の井への下り口」(『機』前号、このページ)の一葉の古写真(「古い写真」といわずに……)を、いつまでも眺めている古い瞳の存在が、別種の眼のように感じられて、その「別種の眼の芽生え」の感覚をだろうか、それをしばらくたのしんでいた。……感慨があった。ほんの七十年、八十年の命(いのち、……)にも、この命にだけ、初めてみせるらしい影画の世界があると。影踏遊(かげふみあそ)びにも、それは似ているのだろうか。「影踏《かげふみ》」といういゝ方には、水汲み場での女の人たちの嬌声が映っているが、それにもまして、〃水汲みの労働、……〃が、月面の天秤棒(を負う男、……)へと〃投影(a (cast) shadow, project, reflect, …)〃されて行くときの、ソノ道筋のこゝろの絲のふるえが切ない。「切ない」の英語のひとつには、*longing*(思慕、あこがれ)がある。

京都に来て、「座、—*constellation*」というイベント(京都造形芸術大学'04五月二十三日、舞台芸術センター、監督・八角聡仁氏)に参加する寸前のときを、京都御所の蛤御門前のホテルのカフェで、〃少し前の映像〃と〃もっと前の過去の映像〃と間に橋をかけることという(八角さんの書いた……)言葉を見詰めていた。「島の井への下り口」(『機』前号、このページ)の一葉の古写真上に、オキナワの宝《たから》貝《がい》を一つ、象眼《ぞうがん》するように、段々のひかりのなかに添え、上って行って下って来る？女人《おんなびと》の濡れた足元の月の匂いのようにしたのは、わたくしの指《ゆび》と手だったのだが、もうその手が、誰のものだったのか判らないようになって来ている。写真の経験、写真(という)経験を、わたくしたちは初めてしているのではないのか。〃分身や影の領域〃へと分け入って行くために「写真(という／としての)経験」が、わたくしたちの思考の襞(ひだ)の蔭(かげ)と、初めて、雲母(うんも。きらゝ)のように、幼な児の手に似て、世界をそっと、はぐりはじめている、その手の物音を聞き、こゝろの遠いところで、いまだかつて、これを経験したことのない、古人、古仏、異人さん方にもかすかな物音の信号をと、はかる(測る、量る、謀る、諮る、…)こゝろが働いていたのかも知れなかった。翻訳が出たばかり(守中高明氏訳、未来社刊)の*Jacques Derrida*『*Khôra*』(『コーラ』)から、一言(ひとこと)を、攫(さら)って、今朝の手と、手のシャッター、雨戸(「アマド」は、朝鮮の言葉で、「多分」……)を、下ろそう。〃底なき重ね写し(の入れ子《コ》)のコーラ〃。その底の底なき底のふかきおと、……。ごろごろ、ごろごろ。

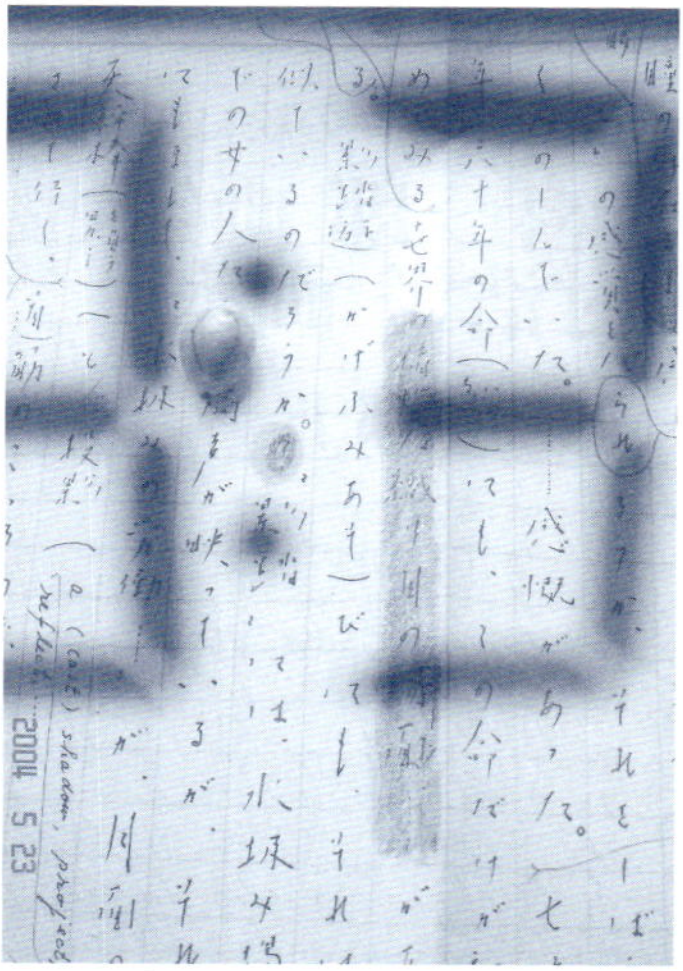

(よします・ごうぞう／詩人)

連載　思いこもる人々　39

両手を使えない方々の絵に思う

水村喜一郎 画家　木村浩子 画家

岡部伊都子

「世界身体障害芸術家協会」から「口と足で描いた絵」が届きました。

　何らかの事情で手の使えない方々が、口に筆を含んだり、足に筆をくくりつけてもらったりして描かれた絵を、ハガキに仕立てたものです。

　この会員第一号とされる大石順教《じゅんきょう》さんはお目にかかってお話しした思い出のあるお方。澤山のお仲間、それも世界中に手の無い障害者が多いので、互いに助け合って絵を描いていらっしゃるのでしょう。

　あ、なつかしいお二方が代表者の中に名をつらねておられました。沖縄県の木村浩子さん、そして千葉県の水村喜一郎さん。ずいぶん昔におたずねしたことのある木村浩子さんは、足を訓練、足指で日本画、短歌、タイプ、編物をこなす左足の画家とありますが、介護の方々に優しい生活の中から作品を産みだしておられます。今度の絵ハガキの絵は「釣人」。海に出ようとする舟。そして水村喜一郎さん、ちょうど今あなたの描かれた千手観音座像を、床の間にかけているんです。両手の無い水村さんの口で描かれた千手さま。喜一郎のサインも堂々として。

　元気な男の子だったあなたはやんちゃ坊主で、十歳の時電柱に登って電線にぶら下がり、高圧線の為しびれて地上に落ち、見ていた近所の人々がすぐ病院に運び、両腕を切り落とされた由。よく見事な絵を描いてこられました。

　東京でお作品の展覧会を拝見して感動し、又、京都でも展覧会があったように思います。障害のどん底からにじみあふれる芸術的愛の勇気。水村さんの豊かな詩情、画才を大切に愛し守っていらっしゃる奥様や坊ちゃんともご一緒に来て下さったことがありました。仲よしご家族で外遊なさったとも伺いましたが。

　このハガキの絵は、ピカピカ「両国の花火」。原画を拝見した記憶があります。うちへいらした時、水上勉先生の作られた竹紙をさしあげて、それから竹紙にも描かれましたね。

　障害を超えて描かれているコスモスやひまわり、金魚、あじさいなどなど、この絵ハガキの絵の美しさ、繊細さに、描かれた人のお心、お志、不屈のお力に敬礼しています。

（おかべ・いつこ／随筆家）

連載 帰林閑話 116

朕惟フニ

一海知義

「朕惟フニ」などと書いても、若い人には何のことか、どう読むのかさえわからないだろう。

明治二十三年（一八九〇年）に発布された「教育勅語」冒頭の言葉。

「朕（チン）惟（オモ）ウニ」と読み、「わたくしが思うのに」という意味である。

私が小学生の頃、式などがあるごとに、白手袋をはめた校長が、黒塗りの箱から巻物を取り出し、うやうやしく読み上げた。

「朕惟ウニ我ガ皇祖皇宗（コーソコーソー）国ヲ肇（ハジ）ムルコト宏遠ニ徳ヲ樹（タ）ツルコト深厚ナリ……」

小学校低学年の子供には、殆ど何のことかわからない。ただ「御名御璽（ギョメイギョジ）」で終ることは知っていて、ほっとして顔を挙げた。頭を垂れて聞いていなければならなかったのである。

退屈なので、いろいろなことを考えた。天皇はどうして自分のことを「チン」などと言うのだろう。わいせつな（という言葉はまだ知らなかったが）感じがして、おかしかった。

「心ヲ一ニシテ」を「イチニシテ」でなく「イツニシテ」と読ませ、「兄弟」を「ケイテイ」と読ませるのも、ヘンだなと思った。のちに中国文学を専攻するようになってわかったのだが、「イツ」「ケイテイ」はいわゆる漢音で、呉音なら「イチ」「キョウダイ」。

八世紀末、桓武天皇が「今後漢文は漢音で読むべし」という詔勅をくだした。そのため、以後天皇の発する勅語は、漢音で読むことになる。呉音の「キョウダイ」では具合が悪いのである。

だがこの原則、厳密に守られてはいない。「教育勅語」の「徳器ヲ成就シ」は「ジョウジュシ」と読ませているが、漢音なら「セイシュウシ」でなければならぬ。ほかにもミスがあり、天皇家は新たな詔勅を発して訂正すべきであろう。

「朕惟フニ成就マタ漢音モテセイシュウト読ムベシ。ギョメイギョジ」。

（いっかい・ともよし／神戸大学名誉教授）

（屋根の破風に施されたコウモリの漆喰飾り／ベトナム、フエ：ミンマン帝廟）

連載・GATI　54

空飛ぶ哺乳動物コウモリ

――聖書で不浄とされる蝙蝠は、中国では吉祥の動物／「飛翔」考④――

久田博幸
（スピリチュアル・フォトグラファー）

蝙蝠《こうもり》は自由に空を飛べる唯一の哺乳動物。その種類は意外に多く、約一〇〇〇種《*全哺乳動物の四分の一》で、日本には約三〇種が生息する。弱視だが、超音波を発し、その反射を感知して障害物などを的確に捉える。

蝙蝠はユダヤ教で不浄の生き物とされ、悪魔、嫉妬、恐怖などの象徴《シンボル》となる。ダブリン《*アイルランド》出身の作家ブラム・ストーカ作『吸血鬼ドラキュラ』では、彼が纏うマントが蝙蝠を連想させたことでセットにされた。

ところが、中国において蝙蝠は、明や清の時代から、「蝠」が「福」と同じ発音であることから幸福を暗示する吉祥とされ、特に中国人の五つの幸福（富貴・長寿・平安・美徳《*または健康》・天命の全う）を意味する五匹の蝙蝠の図は好まれた。さらに、赤い蝙蝠も好まれ、洪《*紅は洪と同音》福、即ち溢れんばかりの大きな幸福を意味する。

日本の煙草にゴールデンバット《*明治三九年以来販売》がある。横文字ながら不思議な懐かしさも感じる。昭和一五年～一四年の間だけ、「金鵄《きんし》」《*敵性語禁止のため》と漢字の名前が付けられた。

また、永松健夫作《*昭和五年》『黄金バット』は紙芝居の代表作として、忽《たちま》ち子供たちの心を掴んだ。黄金の髑髏《どくろ》仮面・黒マントで空を飛ぶ英雄《ヒーロー》の活躍する時代設定は、オリエント《*メソポタミア》のウル第三王朝だった。

五月新刊

国際的免疫学者、多田富雄の詩魂

多田富雄全詩集
歌占（うたうら）

重い障害を負った夜、私の叫びは詩になった――

江藤淳、安藤元雄らとの同人誌時代以後、研究生活の中で去来した詩心の軌跡と、脳梗塞で倒れて後の最新作までを網羅した初詩集。

A5上製　一七六頁　二九四〇円

「日露戦争は世界戦争だった」

日露戦争の世界史

日露戦争百年記念

崔文衡／朴菖熙訳　日韓同時出版

語られて来なかった欧米列強の東アジア政策を、韓国歴史学界の第一人者が、百年前の国際関係から鮮やかに活写し、アメリカ世界戦略の出発点を明らかにした野心作！

四六上製　四四〇頁　三七八〇円

母なる朝鮮への思いこもる珠玉の随筆

朝鮮母像

題字・岡本光平　カバー画・赤松麟作　扉画・玄順恵

岡部伊都子

日本人の侵略と差別を深く悲しみ、日本の美術・文芸に母なる朝鮮の姿を見出す、約半世紀の随筆。

【座談会】井上秀雄、上田正昭、岡部伊都子、林屋辰三郎　【跋】朴菖熙

四六上製　二四〇頁　二一〇〇円

「東京港野鳥公園」オープン15周年記念

鳥よ、人よ、甦れ

東京港野鳥公園の誕生、そして現在

加藤幸子

都市の中に〝ほんものの自然〟を取り戻そうと芥川賞作家が大奔走、野鳥たちの群れつどう〝東京のオアシス〟が実現。

四六判　三一二頁　二三一〇円　カラー口絵四頁

大活字で読みやすい決定版

〈普及版〉地中海（全五分冊）

完結

F・ブローデル／浜名優美訳

I　環境の役割
II　集団の運命と全体の動き　1
III　集団の運命と全体の動き　2
IV　出来事、政治、人間　1
V　出来事、政治、人間　2

菊判　各四五〇～六六〇頁　各三九九〇円

内容見本呈　セット計一九九五〇円

読者の声

『環』17号〈特集・都市とは何か〉■

▼この雑誌をずっと定期購読している。二一世紀の今がどういう時代なのかを知ろうとすると、その手がかりが必ず記事の中に発見できる喜び。ここまでのレベルにしていかれるのに、毎号スタッフの方々の並々ならぬ努力があることを思わずにはいられない。読み返すたびに発見あり。この時代を生きてゆく、よく生きていく当事者の一人になるための必読書の〝輪〟が既刊の『環』誌であろう。

（兵庫　高校教員　**野崎智裕**　44歳）

石牟礼道子全集　苦海浄土■

▼中学生か高校生の時、講談社文庫の一冊として手にして読んだ時のショックが今も心のどこかにズッシリといすわっています。何故この本を手にしたのか、どれ程理解したのか、はなはだ心もとなくも、それでもあの時の衝撃は相当なものでした。今回実に久しぶりに読んでみて、この書は水俣へのレクイエムであり、怒りであり、涙であり、優しさであり……あらゆる感情でゆさぶられる奇跡の様な作品ではないかと感じました。状況は悲劇であっても、患者の方にとって石牟礼道子という人に出会えたことはかけがえのない幸福だったのではないかとつい考え込んでしまう複雑な作品でもありました。

（愛知　農協職員　**鈴木健司**　47歳）

▼『石牟礼道子全集　第三巻』拝受いたしました。内容はもちろんですが装幀もまたすばらしく、ためつすがめつしております。これからも良い本をお出し下さいますよう。

（福岡　**上野朱**）

複数の東洋／複数の西洋■

▼思想・学問の状況、意味を理解する扉を開いてくれるように感じた。このような対話をもっと聞きたい。掘り下げていただきたい。

（東京　高校教員　**川辺寛子**　61歳）

哲学宣言■

▼現代のプラトン主義、真理、主体の提示などきな臭い気もしましたが、全体主義を回避する〈多〉の哲学の構想には学ぶ点も多くありました。

（茨城　予備校講師　**荒井敏弘**　32歳）

地中海〈普及版〉■

▼こういう歴史書をはじめて読みました！（狭い読書経験ですが。）なんらかの公式、型に還元して納得してしまうような無味な歴史の本とは全くちがいました。その時代に地中海とそこをめぐって生きている人々の姿が目に浮かぶように思えてきます。通勤ラッシュの電車の中、このぶ厚い本の重さに耐えながら『地中海』の世界を楽しんでいるこの頃です。厚かろうが、高かろうが、売れなかろうが（？）、よい本を出版して下さい。

（東京　会社員　**帆足忠治**　54歳）

有明海はなぜ荒廃したのか■

▼私にとってはこの本と出遭うのが、「遅きに逸した」という感があります。平成七年、八年と、私は佐賀県庁で漁業金融の担当者で、また「ノリの協業化」にも着手していた直接の責任者でした。その当時から、何となくの「うさんくささ」は感じていました。また、事態が思っているより切迫していることも感づいてはいました。当時の水産行政に絶望し、その後も行政に対する「絶望感」をぬぐい去ることもできず、うつ病と闘病しながら役所に勤務す

る日々です。最早、私に残された最後の仕事は、「若い漁業者、農業者に真実を伝える」ことだけです。そのための貴重な一冊です。

（佐賀　公務員　**大坪健次**　32歳）

吉田茂の自問■

▼イラク戦争の問題が、様々な角度から論評されている時期に、別の視点に立って、頭をクールダウンさせて、この本を読んでみると、時代は異なっても、参考になることが多々文脈の中から読み取ることが出来て、とても程良い読後感であった。

（埼玉　会社員　**出浦潤一**　47歳）

▼党首討論で菅氏が本書を採り上げ、小泉首相に「読まれましたか」と質ねたら「読んでいない」ということで、この本に関心を抱いた。アジア太平洋戦争に追い込まれる如く行動した日本の当時の環境、由来、対処に就いて理解することが出来た。併し根本原因は日露戦争に勝利し名目上、五大列強ということになったが、実を伴っていなかったこと、欧米に比し経済的に貧困であったこと、国体維持の太い柱があったことも見逃せない。情報不足、一貫性欠如、面子ということも。

（奈良　薬剤師　**高橋安侑**　74歳）

経済幻想■

▼七〇年代の始め、生産拠点の海外移転の最中にフランシス・シューの『比較文明社会論』にぶつかり、家族構造の形態が及ぼす影響に興味がもて、随分参考になりました。今回トッドの『帝国以後』から『経済幻想』にさかのぼることで、シューの分析の深化とこれがグローバリゼーションとの関連で解説されていることは驚きでした。積んでおいた『新ヨーロッパ大全』がトッドの著作であることを再認識しています。

（兵庫　コンサルタント　**石井治**　70歳）

『機』94年5月号■

▼過日、早稲田の古書店で美しい装幀の書と出会いました。永畑道子氏の著書『雙蝶――透谷の自殺』であります。書棚から手に取ると何かがはらりと落ちました。拾い上げるとそれは、『機』の一九九四年五月号でした。私は不思議な出会いを感じながら同書を購入し帰りの車中で、ひたすら十年前の『機』を読みふけりました。

巻頭に著者インタビューを据え、「環境革命」「アナール派歴史学」そして「野間宏の会」と続く構成は、二〇〇四年の今日も基本的に変わらない『機』のスタイルであり、私はそこに歳月を超え貫かれている編集者の志を感じました。

出版不況と言われる今日、売れる企画を狙う出版社が多い中で、藤原書店の姿勢は貴重であり、信頼できます。今後も御社出版物を拝読し、時には卑見も述べさせていただきます。どうぞ良書を世に問い、警鐘を鳴らし続けて下さい。

（東京　**松本朗**）

※みなさまのご感想・お便りをお待ちしています。お気軽に小社「読者の声」係まで、お送り下さい。掲載の方には粗品を進呈いたします。

書評日誌（四・一～四・三〇）

(書) 書評　(紹) 紹介　(記) 関連記事
(TV) 紹介、インタビュー

四・四　(紹) 日本経済新聞「ゾラ・セレクション」「パリの胃袋」「ボヌール・デ・ダム百貨店」「金」（「芸文百話」／「小説の中の経済①」／「ゾラ 一九世紀の株式市場描く」／浦田憲治）

(書) 毎日新聞「ボヌール・デ・ダム百貨店」（「今週の本棚」／『女たちに火をつける』デザイン空間」／清水徹）

(書) 読売新聞「パリ・日本人の心象地図」（「本 よみうり堂」／三浦篤）

(紹) 朝日新聞「物理・化学か

ら考える環境問題」
紹 サンデー毎日「不知火」（「いのちの本棚」／「旅に求める土地の魂」／阿武秀子）
紹 神戸新聞「ブローデル歴史集成」（「出版の話題」／「ブローデルの名著刊行」）
四・七 紹 読売新聞（夕）「不知火」（「本 よみうり堂」）
四・九 紹 週刊朝日「不知火」（「週刊図書館」／「耳より本」）
書 週刊朝日「ボヌール・デ・ダム百貨店」（「週刊図書館」／「本のひとやすみ」／「消費社会の熾烈な幕開け」／松原隆一郎）
四・一二 紹 毎日新聞「石牟礼道子全集 不知火」（「石牟礼道子全集刊行へ」）
紹 神奈川新聞「福祉実践にかけた先駆者たち」（「かながわの本」／「『何をすべきか』の処方せん」）
記 聖教新聞「石牟礼道子全集 不知火」（「インタビュー水俣病50年」／「作家石牟礼道子さんに聞く」／「新作能『不知火』に大きな反響」／「寂しくつらい思いをした人に届けたい」）
紹 日本経済新聞「バルザック『人間喜劇』セレクション」「ペール・ゴリオ」「セザール・ビロトー」「金融小説名篇集」（「芸文百話」／「小説の中の経済②」／「バルザック 高利貸や銀行家を活写」／浦田憲治）
四・二〇 記 産経新聞「バルザック『人間喜劇』セレクション」（「産経抄」）
四・二四 紹 熊本日日新聞「石牟礼道子全集 不知火」（「『石牟礼道子全集』刊行始まる」／「風土に培われた魂描く」／「初回は完結した『苦海浄土』三部作」／三國隆昌）
四・二六 書 公明新聞「政治」（「大衆との間にギャップ生む政治への警鐘」／三浦信孝）
四・三〇 書 週刊読書人「世論をつくる」（「事態の核心をとらえる」／「人々を翻弄する人工的な『世論』のゲーム」／浅見克彦）
四月号 書 社会経済史学「甦る河上肇」（第六九巻第六号／松野尾裕）
書 道標「不知火」（『不知火 石牟礼道子のコスモロジー』を読んで／榎田弘）
紹 彷書月刊「パリ・日本人の心象地図」（「ホンの情報拡大版」／「今月の単行本」）

七月新刊

対米依存から脱却するために

環 学芸総合誌・季刊【歴史・環境・文明】Vol. 18

〈緊急特集〉「帝国以後」と日本の選択

〈E・トッド最新インタビュー〉

〈シンポジウム・『帝国以後』と日本の選択——対米従属からの脱却は可能か?〉E・トッド+榊原英資+小倉和夫(司会)中馬清福

〈『帝国以後』から何を読みとるか〉飯塚正人/池澤夏樹/井尻千男/川勝平太/佐伯啓思/高成田享/西川潤/西部邁/濱下武志/三木亘/武者小路公秀/李鍾元/脇村孝平

〈『帝国以後』は世界でどう読まれているか〉

〈論文〉板垣雄三/猪口孝/水田正史

〈シンポジウム・21世紀はアメリカの世紀であろうか?〉ウォーラーステイン+トッド他

〈寄稿〉小林英夫/ボワイエ/シャンパーニュ(インタビュー)

〈特別対談〉大岡信+石牟礼道子

〈連載〉鶴見和子/榊原英資/一海知義+魚住和晃/粕谷一希/高銀/高野静子/石牟礼道子

「満洲」をトータルに捉える初の試み

満洲とは何だったのか

東アジアの国際関係の底に現在も横たわる「満洲」の歴史的意味を問う。

〈満洲とは何か〉中見立夫/小峰和夫/劉孝鐘/安冨歩

〈満洲で日本は何をやったのか〉山本有造/西澤泰彦/李相哲/西原和海/高媛/飯島渉/松本俊郎

〈文化の先進地だった満洲〉川崎賢子/和田博文/山口猛/大塚康博/飯沢耕太郎

〈満鉄の研究〉西宮紘/原田勝正/小林英夫/杉田望

〈中国にとっての満洲〉呂元明/陳隄/劉慧娟+徐謙/岸陽子

〈周辺地域にとっての満洲〉三輪公忠/和田春樹/ヤン・ソレッキー/フフバートル/金賛汀/鶴嶋雪嶺

〈満洲に生きた人々〉富永孝子/蘭信三/高橋幸春/能澤壽彦

〈私にとっての満洲〉木崎さと子/別役実/張鑫鳳/羽田澄子/王音/金寿奉

詩人・石牟礼道子はいかに誕生したか

〈石牟礼道子全集・不知火〉(全17巻・別巻一)

1 初期作品集

「苦海浄土」「西南役伝説」等の大作の萌芽が詰まった初期作品群。紙の切れ端に短歌、詩、随筆を綴っていた一人の主婦がそのまま偉大な詩人となる瞬間。

[解説]金時鐘　[第2回配本]

[月報]朝長美代子、河野信子、鶴見俊輔、古川直司

A5変上製布クロス装貼函入
表紙デザイン・志村ふくみ

小品の魅力を余す所なく編集

〈ゾラ・セレクション〉第1巻(全11巻・別巻一)

初期作品集

宮下志朗編訳=解説

「テレーズ・ラカン」「引き立て役」「広告の犠牲者」「ある恋愛結婚」「辻馬車」「猫たちの天国」「コクヴィルのお祭り」「オリヴィエ・ベカーユの死」。

近代都市パリの繁栄と矛盾をみすえた本邦初訳の珠玉の短篇群。

[第7回配本]

6月の新刊

タイトルは仮題

黒いアテナ 上 ＊ （全二巻）
古典文明のアフロ・アジア的ルーツ
M・バナール／金井和子訳［解説］小田実
A5上製 五六〇頁 五〇四〇円

別冊『環』⑧
「オリエント」とは何か ＊
東西の区分を超える
岡田明憲＋杉山正明＋井本英一＋志村ふくみ他
菊大判 三〇四頁（カラー口絵四頁） 三六七五円

愛と文体 I・II ＊ （全五巻）
フランカへの手紙 1961–73
L・アルチュセール
阿尾安泰・飯田伸二・遠藤文彦・佐藤淳二・佐藤（平岩）典子・辻部大介訳
四六変上製 各三九二頁 各三九九〇円

〈ジョルジュ・サンド〉セレクション プレ企画
ジョルジュ・サンド 1804–76 ＊
自由、愛、そして自然
持田明子 サンド生誕二百周年記念 図版多数
A5変判 二八〇頁 二三一〇円

近刊

学芸総合誌・季刊
『環 歴史・環境・文明』⑱ 04・夏号 ＊
〈特集・「帝国以後」と日本の選択〉

満洲とは何だったのか ＊
三輪公忠／山本有造／安冨歩 ほか

〈石牟礼道子全集 不知火〉（全17巻・別巻一）
1 **初期作品集** ＊ ［解説］金 時鐘
5 **西南役伝説** ほか ［解説］佐野眞一

〈ゾラ・セレクション〉第1巻
初期作品集 ＊
宮下志朗編訳＝解説

エカテリーナ二世 上下
ロシアにとってひとつの黄金時代
H・カレール＝ダンコース／志賀亮一訳

わたしの名は紅《あか》
オルハン・パムク／和久井路子訳

世界を読み解く 2003–4
I・ウォーラーステイン／山下範久訳

5月の新刊

日露戦争の世界史 ＊
崔文衡／朴菖熙訳
四六上製 四四〇頁 三七八〇円 日韓同時出版

朝鮮母像 ＊
岡部伊都子
［座談会］井上秀雄、上田正昭、岡部伊都子、林屋辰三郎 〈跋〉朴菖熙
四六上製 二四〇頁 二一〇〇円

多田富雄全詩集 歌占（うたうら）＊
A5上製 一七六頁 二九四〇円

鳥よ、人よ、甦れ ＊
東京港野鳥公園の誕生、そして現在
加藤幸子
四六判 三二二頁（カラー口絵四頁） 二三一〇円

〈普及版〉**地中海** （全五分冊）＊ 完結
V 出来事・政治・人間 2
F・ブローデル／浜名優美訳
菊判 四八八頁 三九九〇円

好評既刊書

〈石牟礼道子全集 不知火〉（全17巻・別巻一） 発刊
2 3 **苦海浄土** 三部作完結 同時配本
第一部 苦海浄土 第二部 神々の村（書下し）
第三部 天の魚（全面改稿） 関連エッセイ他
［解説］池澤夏樹／加藤登紀子 内容見本呈
A5上製布クロス装貼函入 各六四〇頁・月報
表紙デザイン・志村ふくみ 各六八二五円

学芸総合誌・季刊
『環 歴史・環境・文明』⑰ 04・春号
〈特集・都市とは何か〉
コルバン＋陣内秀信／イリイチ／松原隆一郎他
菊大判 四〇八頁 二九四〇円

社会学の新生
P・アンサール／山下雅之監訳
A5上製 三五二頁 二八三五円

＊の商品は今号に紹介記事を掲載しております。併せてご覧戴ければ幸いです。

書店様へ

▼いつもお世話になっています。▼今年はジョルジュ・サンド生誕二〇〇周年。小社では『〈ジョルジュ・サンド〉セレクション』（全一三巻・別巻一）を今秋発刊予定。六月一一日に福岡・福銀ホールで、持田明子さん、作家の辻井喬さんの講演とピアニスト・遠藤郁子さんのショパン作品の演奏ほかの記念イベントが開催されました。一一月三日には東京・紀尾井ホールでも開催予定。▼今月は、ヴィジュアルな装いで初心者の方にもわかるように作成した『ジョルジュ・サンド 1804–76 ―― 自由、愛、そして自然』を刊行します。フランスのみならず、世界中で日毎にサンドの評価が高まってゆく現在、日本で初のサンドの全貌を描く本セレクションは注目されることでしょう。フェアはいかがでしょうか。▼関連既刊書、ショパンと過ごした日々を描いた『マヨルカの冬』も復刊いたしました。（田尻）

東京河上会・公開講演会

〈講演〉
高橋洋一（財務省財務総合政策研究所研究員・／早稲田大学講師）
「年金改革の現状と展望」

〔日時〕二〇〇四年六月十七日（木）午後六時半〜（開場六時）
〔場所〕神田・学士会館　二〇三号室（地下鉄神保町駅下車徒歩三分）
〔会費〕一五〇〇円

＊お問合せ・お申込は藤原書店内「東京河上会」事務局まで。
電話　〇三（五二七二）〇三〇一

出版随想

▼子供が暴れ出したことが騒がれ始めて早や四半世紀。腕力の強い子が弱い子をいじめるのは昔からあったことだが、普段は大人《おとな》しい子が突然家庭や学校で暴力を振るうようになった。家庭や学校でも取りつく島もなくただオロオロする日が続いた。しかし、今やそれは事件にもならない。ニュースにならない程、常態化しているということだろう。この間、日本経済も絶頂期からどん底に落ち込んだ。高度情報化、ハイテク社会の到来だ。これを、日本国家、社会そして国民は、積極的に取り込んだ。ハイテクが日本経済の救世主と思い込んで。

▼拙はこの頃、作家の野間宏氏とご一緒に、ハイテク企業による地下水汚染調査に同行した。周辺住民に心身異常者が続出してきたのだ。その工場で働いていた人から、化学溶剤を使うとき、そのにおいがキンタマを縮み上がらせる程強烈だったという話も聴いた。我々国民が、ハイテク化で豊かで快適な生活をすごしている時、生産現場では、大変な事態が起こっていたのだ。同時代に生きる我々は、つねに、被害者であり加害者である。意識をしていないとその加害者的側面を忘却しかねない。無知であることも恐ろしい。

▼この数年、子供を取り巻く生活環境が急速にひどく荒んできている。テクノロジー化から最も遠い存在にあったはずの子供たちが、ハイテク化の大波にのみ込まれ、喘いでいる。自分達の非力な力では、守り切れない。大人はそれを見て見ぬふりをしている。親子関係や師弟関係は断ち切られ、子供たちは一人一人淋しくて淋しくてしようがない所まできているのではないか。長崎の少女による少女殺人事件にしてもしかりだ。

▼石牟礼道子が水俣の地で文明という病に警鐘を鳴らして半世紀。人間が作り出した文明が、今や人間そのものに襲いかかってきている。文明の利器が日常我々を襲うのだ。しかも、まずは力が弱い者が被害者となる。「スーパーシステム」（多田富雄）としての生命体、なかでもヨリ高度な人類のスーパーシステムが壊れかけている。それを壊したのも人類だ。

▼人類の未来を担う子供たちを救うにはどうしたらいいか。簡単なことだ。環境を元に戻してやればいい。しかしそれが難問なのだ。現状を維持しながらでは無理。根底から発想を革《あらた》める覚悟がないと絶対に無理だ。歴史に後戻りはない。ただ、歴史の自己批判はできる。やるか否か、一に我々一人一人の肩にかかっているのだ。（亮）

ジプト語を学び、さらにギリシア研究に至って、彼は重大な「発見」を二つする。ひとつは、ギリシア語の語彙の半分はインド・ヨーロッパ語系のものだが、あと二五パーセントは西セム語系（ヘブライ語――古来のユダヤ人言語もそこに入る）、二〇―二五パーセントはエジプト語だという「発見」だ。しかし、なぜかくも混交が起こったのか。それはかつて古代ギリシアがエジプトと西セム語系言語をもつ古来のユダヤ人の国フェニキアの植民地だったからだ――これがバナールの第二の「発見」だが、そうだとすれば、当然、古代ギリシアには、フェニキアのユダヤ人要素とともに、「黒い」アフリカの一部のエジプトもギリシアの構成要素のなかに入って、古代ギリシアは「白いアテナ」ではなくなり、「黒いアテナ」、そうとしか考えられないものになる。そうバナールは強力に主張する。

西欧による歴史の「偽造」

これだけでも大問題になって論争がまきおこってふしぎはないが、もうひとつ、彼は重大な主張を証拠を集めてやってのけた。それは、さっき述べた歴史の「偽造」である。それは大航海時代以来、侵略と植民地支配で世界の中心にのし上がって来た「ヨーロッパ、西洋」が、ことにそのなかで新興勢力のドイツが牽引力になって、近代になって自分たちの文明を古代ギリシアに始まるものとして、ここ二百年のあいだに元来が「黒いアテナ」だったはずの古代ギリシアを、「白い」自分たちの先祖であるのにふさわしく「白い」アテナに「偽造」してのけたというのだ。この本の副題は「古典文明のアフロ・アジア的ルーツ」だが、その第I巻（これが一九八七年にまず出版された）にさらにもうひとつつけられた副題は「古代ギリシアの偽造 一七八五年―一九八五年」とまさに激しい。また、きびしい。

『黒いアテナ』をめぐる論争

これでこの本が「ヨーロッパ、西洋」で問題にならなかったらふしぎである。案の定、大論争がまき起こり、それはまだつづいている。「聖書以来、東地中海についてのもっとも論議された本」と評した学者もいるし、「好むと好まざるとにかかわらず、バナールの事業は、ギリシア文明の起源と古代エジプトの役割についての次の世紀における認識を深いところで示している」と言った学者もいる。そして、この二つの発言を紹介しているのは『大学における異端』と題した、これまでの『黒いアテナ』にかかわっての論争を「肯定」「否定」あわせてまとめて紹介した本だが、こうした本が出版されていることだけでも、論争の規模の大きさと激しさが判るだろう。「賛否」両論半ばと言いたいが、マーティン・バナール自身が書いているように、「否」が「賛」より多いようだ。そして、「否」が古代ギリシア研究の専門家に多くて、「賛」は私自身をふくめて、この本をこれから読もうとしている読者のような専門家でない知識人――「知的大衆」に多いと、これもバナール自身が書いていた。

バナールによるパラダイム転換

こうした事態にあって、よく使われるのは、研究、本の質の理由だ。質が劣っているので、この研究、本はわが図書館には置かない――これがよく使われる理由だが、この質の問題でいつでも出て来るのは、専門家が見てどうかという問題だ。

私にはバナールの学識、あるいは、逆にバナールを「アマチュア」とこきおろすレフコビッツの「専門家」としての学識を判定する能力はないが、私にはバナールの学識、そして、研究それ自体は決して「アマチュア」程度のものとは思えない。しかし、たとえ、彼が「アマチュア」だとしても、バナール自身が主張するように、トロイの遺跡をみごとに発掘してみせたハインリッヒ・シュリーマンは言うに及ばず、クレタ線文字Bをギリシア語としてこれまたみごとに解読してみせたマイケル・ベントリスも偉大な「アマチュア」だった。シュリーマンの本業が企業家なら、ベントリスは建築家だ。

バナールは『黒いアテナ』第I巻の「序文」の冒頭に、科学における「パラダイム」転換の必要を説いたトーマス・クーンのことば、「新しいパラダイムの根本的な発案をなしとげる者は、たいてい常に、彼らがパラダイムを変えるその領域において非常に若いか、非常に新しいか、そのどちらかである」を引用したあと、中国研究を長年して来た自分が今『黒いアテナ』でしていることは、厳密な意味でのパラダイム転換ではないとしても、それと同じように根本的なことだと述べていた。私も彼のことばに同意する。

※全文は『黒いアテナ㊤』に掲載（構成・編集部）

（おだ・まこと／作家）

1989年11月創立 1990年4月創刊

一九九五年二月二七日第三種郵便物認可 二〇〇四年六月一五日発行（毎月一回一五日発行）

月刊
機
2004
6
No. 149

発行所 株式会社 **藤原書店** ©
〒一六二-〇〇四一 東京都新宿区早稲田鶴巻町五二三
電話 〇三・五二七二・〇三〇一（代）
FAX 〇三・五二七二・〇四五〇
◎本冊子表示の価格は消費税込の価格です。

編集兼発行人
藤原良雄
頒価 100 円

西欧による古代ギリシア史の偽造を暴く問題作、遂に刊行！

『黒いアテナ』のすすめ

小田 実

古代ギリシアの女神アテナは金髪碧眼の白い女神ではなく黒かった——考古学・言語学・文献・神話すべてを総合した緻密な考証から古代ギリシアのヨーロッパ起源を否定しフェニキア・エジプト起源を立証、欧米に一大センセーションを巻き起こした野心作『黒いアテナ』（全二巻）の完訳の上巻が、今月刊行される。今号では、本書に解題を寄せられた小田実氏の文章から、抜粋して掲載する。 **編集部**

● 六月号 目次 ●

『黒いアテナ㊤』今月刊行！
『黒いアテナ』のすすめ　小田 実　1
〈座談会〉「オリエント」とは何か　岡田明憲　杉山正明　井本英一　志村ふくみ　6
第三のルイ　Y・ムーリエ＝ブータン　F・マトゥロン　10
同時代人から見たジョルジュ・サンド　ハイネ他　14
リレー連載・石牟礼道子というひと 1　石牟礼道子管見　鶴見俊輔　16
リレー連載・いのちの叫び 66　それが私の……　乾 千恵　18
リレー連載・いま「アジア」を観る 17　脱欧＝脱亜　濱下武志　19
〈連載〉『ル・モンド』紙から世界を読む17「フランコフィル／フランコフォンの英国王室」（加藤晴久）20　triple∞vision 38「ごろごろ」（吉増剛造）21　思いこもる人々39「両手を使えない方々の絵に思う水村喜一郎画家／木村浩子画家」（岡部伊都子）22　帰林閑話116「朕惟フニ」（一海知義）23　GATI 54（久田博幸）24／〈石牟礼道子全集・不知火〉25／5・7月刊案内／読者の声・書評日誌／刊行案内・書店様へ／告知・出版随想

『黒いアテナ』の鮮烈な主張

昔はよく現代のギリシア人が「黒い」のは、金髪、白い肌、長身、長脚のギリシア彫像の栄光の時代のあと、ギリシアの周囲の蛮族（英語のバーバリアンということばはギリシア語の「バルバロス」から来ている。すなわち、文明人のギリシア人の耳にはバルバルとしか聞こえないわけの判らないことばをしゃべる連中はそれだけで野蛮人だ。そういうことになった）と混交、混合し、さらには蛮族中の蛮族のトルコ人の支配を長期間にわたって受けたからだと言われたものだ。最近はそうでもなくなって、あれは昔からそうだったのだと言われるようになって来ていたが、それをまちがいなくそうだと強力に主張した一書が近年になって現れた。それが、この一九八七年に第I巻が世に出たマーティン・バナールの『黒いアテナ』だ。彼はそう証拠を集めて主張しただけではなかった。元来が本質的に「黒いアテナ」だったのを「白いアテナ」に変えたのは一七八五年に始まるドイツを中心とした「ヨーロッパ、西洋」の歴史の「偽造」だと、これもまた強力、鮮烈に主張した。

ギリシア語の語彙に見られる西セム系、エジプトのルーツ

この本のことをここで長々と説明するつもりはない。すべては『黒いアテナ』自体を読めば判ることだ。ただ、ここで私なりにまとめ上げた紹介を少し書いておけば、バナールは今はアメリカ合州国のコーネル大学の教授だが（それともすでに引退しているかも知れない、それほどの年齢だ）、もともとはイギリスのケンブリッジ大学で中国学を勉強し、教えもしていたイギリス人の七十歳に近い年の学者だ。若いときには、ベトナム反戦運動に参加し（そのころ、ひょっとしたら、私は彼に会っていたかも知れない）、同時に当時イギリスでは事実上何の研究もされていなかったベトナムを研究、日本史も勉強した。両者ともに、混合しながら、同時に独自に文明をつくり出していて、それはのちのギリシア研究のいい「モデル」になった（そう彼は『黒いアテナ』第I巻の「はしがき」で書いている）。

そのあと、同じ「はしがき」のなかでの彼自身のことばを引用して言えば、「世界の危険と興味の中心となる焦点はもはやアジアではなくて東地中海になった」と彼には見えて来て、そちらに研究対象を移し、ヘブライ語（彼には少しユダヤ人の血が入っている、そう彼は言う）、エ